직독·직청!
iBT TOEFL 영단어
CHOICE 4000

초이스

행담출판

CONTENTS

더욱 실천적인 시험이 된 TOEFL

TOEFL®시험은 1964년 최초로 실시된 이후, 높은 신뢰성 아래 빠른 속도로 세계에 보급되었다. 현재까지 실시횟수가 2000회를 넘고, 실시국은 180개국 이상, 스코어 이용기관은 전 세계 6000곳 이상, 연간 응시자는 70만 명이 넘는, 명실공히 '국제기준의 영어운용능력 테스트' 라는 데 이의를 제기할 사람은 없다.

입시영어에서 TOEFL로

'더욱 실천적인 영어' 라고 말하면, 흔히 그 반대편에 있는 '대학입시영어' 를 떠올리고 'TOEFL 시험을 보기 위해서는 입시영어와는 완전히 다른 공부를 처음부터 해야 한다' 고 생각하는 사람이 많다. 하지만 이것은 큰 잘못이다.

TOEFL이 지향하는 영어는 Formal Written English, 즉 '형식에 맞게 읽고 쓰는 영어' 이다. 이것은 입시영어가 지향하는 영어 바로 그것이다. 종종 "입시영어는 딱딱하고 고리타분해서 실제로는 쓸모가 없다"고 말하는 사람을 보게 된다. 그리고 그렇게 말하는 사람의 대부분은 "그런 공부를 해왔기 때문에 나는 영어를 못한다"라고 주장한다. 하지만 이것은 영어가 안 되는 사람의 '자기 정당화를 위한 변명' 에 지나지 않는다. 그런 어리석은 말에 절대로 속지 말아야 한다.

필자는 대학입시용 참고서도 많이 쓰고 있다. 책 속에는 여러 가지 예문을 수록하는데, 이것을 원어민에게 점검하도록 하면 원어민은 대부분 "아름다운 영어표현입니다" 라는 평을 내놓는다. '형식에 맞게 읽고 쓰는 영어'를 습득하기 위한 예문이기 때문에 '아름다운 영어표현'이 되는 것은 당연하다. 이런 느낌은 독자에게도 그대로 전달된다. 그러므로 독자들은 "야~, 그 책, 정말 좋다"가 아니라, "나는 그 책을 진심으로 갖고 싶다" 라는 느낌을 갖게 되는 것이다.

"그 책을 진심으로 갖고 싶다"

TOEFL은 원래 구미를 중심으로 한 영어권 대학에 유학하여 리포트를 쓰거나 프레젠테이션을 하는 데 필요한 영어능력을 어느 정도 갖추고 있는지를 묻는 시험이다.

당연하지만, 대학에서 선생님을 상대로 사용하는 표현, 수업에서 사용하는 표현, 리포트나 프레젠테이션을 할 때 사용하는 표현은, "야~, 그 책, 정말 좋다"가 아니라 "나는 그 책을 진심으로 갖고 싶다"라는 쪽이다. '딱딱하고 고리타분한 영어'는 바꾸어 말하면, '형식에 맞게 읽고 쓰는 영어'이기 때문에 TOEFL 공부를 위한 방편에 딱 부합된다. 말하자면 TOEFL영어는 입시영어의 연장선상에 있는 것이다.

이 책에 자신감을 갖는 이유

이 책은 '입시영어'의 복습에서 시작하여, 그것을 효과적으로 활용하면서 'TOEFL 영어'에 연결될 수 있도록 편집했다. Z회(會)가 가지고 있는 방대한 데이터베이스를 토대로 『속독영단어』시리즈(Z會出版), 『노래하면서 익히는 영단어 완전제패』 시리즈(졸저·靑春出版社) 등 대학입시용 단어집과, 이미 출간된 TOEFL 학습용 단어집 등을 참고해 엄선한 4000어에 필자는 강한 자신감을 가지고 있다. 그런 자신감을 바탕으로 이 책 한 권이면 TOEFL 영단어는 완전히 제패할 수 있다고 단언하는 것이다.

'입시영어와 자격시험 영어는 다르다…'는 말에 속아 TOEFL 영어 공부를 처음부터 시작하는, 정말 어리석은 일은 하지 않았으면 한다. 입시공부 때 갈고 닦은 지식을 크게 활용하는 것이야말로 TOEFL에서 고득점을 얻기 위한 가장 좋은 방법이다. 'TOEFL 영단어 습득의 최단코스'라고도 할 수 있는 이 책을 통과점으로, 세계로 비상하는 젊은이가 한 사람이라도 나오기를 간절히 바란다.

이 책을 제작하면서 도움을 받은 사람이 많다. 영어예문을 집필해주신 Kevin Glenz 선생님, Kermit Carvell 선생님, 니시다(西田直子)님, 하야시(林彩)님을 비롯하여 예문의 번역을 맡아주신 분들께도 깊은 감사의 말씀을 드린다. CD내레이션을 담당한 Christopher Koprowski님, RuthAnn Morizumi님, 그리고 요코하마 시립대 동료로 많은 조언과 협조를 주신 하나다(花田愛) 선생님, 원고를 훌륭하게 편집해주신 Z회의 오노(大野勝人)님, 요시다(吉田晴奈)님을 비롯한 여러분의 협력이 없었더라면 이 책은 완성되지 못했을 것이다. 끝으로 이 책을 세상에 보내주신 Z회이 가토(加藤文夫) 사장님께 깊은 감사의 말씀을 드린다.

지은이

TOEFL iBT란 무엇인가?

기존의 TOEFL과 TOEFL iBT는 다음과 같이 다르다.

시행상의 변경점

1. 시험 보는 날이 정해진다.

CBT에서는 공휴일 이외에 원하는 날을 지정해 시험을 볼 수 있다. 하지만 iBT에서는 미리 정해진 날에만 볼 수 있다. 시험 실시일은 금요일·토요일·일요일이고, 연간 30~40회 시행한다.

2. Tutorial 기능이 폐지된다.

CBT에서는 시험 보기 전에 컴퓨터 조작 방법을 설명해주는 Tutorial 기능이 있고, 이 기능을 연습하고 시험에 임했다. 하지만 iBT에서는 practice test로 미리 연습해 컴퓨터 조작 방법에 익숙해져야 한다.

3. 응시자 모두 같은 문제를 푼다.

CBT는 수험자의 응답 상황에 따라 난이도가 조정되는 시스템이지만, iBT에서는 응시자가 모두 같은 문제를 푼다.

수험생에게 유리한 문제상의 변경점

4. 시험 중 메모를 할 수 있다.

기존의 TOEFL시험에서는 시험 중 메모가 금지되어 있었다. 하지만 iBT에서는 전 섹션에 걸쳐 메모가 가능하다. 메모를 할 수 있게 되면 Listening 문제에서는 들은 내용을 기억하는 데, Writing과 Speaking 문제에서는 말하려는 내용을 정리하는 데 많은 도움이 된다.

5. Reading에 Review와 Glossary 기능이 추가된다.

Reading 부분에 Review(검토)와 Glossary(용어해설) 기능이 추가된다. 구체적으로 설명하자면, Review는 미처 풀지 못한 문제를 한눈에 볼 수 있는 표를 만드는 기능이다. 이 기능을 이용하면 어려운 문제를 일단 미뤄두고, 나중에 시간이 남으면 풀 수 있다. Glossary는 전문적인 단어와 관용구의 뜻을 설명해주는 기능이다. Glossary에 나온 단어와 관용구는 다른 색깔로 표시되어 있다. (그런데 극히 전문적인 일부 표현만을 Glossary에서 설명하기 때문에 어휘력을 갖추는 것은 여전히 중요하다.)

수험생에게 불리한 문제상의 변경점

6. 문법 문제가 사라진다.

문법 문제는 PBT에서는 약 3분의 1, CBT에서는 Writing의 도입으로 그보다 낮은 비율을 차지했다. 그런데 iBT에서는 문법문제가 완전히 사라진다. 문법문제에 익숙한 수험생들에게는 불리한 일이다.

7. Speaking이 도입된다.

문법 문제가 사라지는 대신 Speaking이 도입된다. 이 부분은 일대일 인터뷰가 아닌, 마이크에 답을 하는 식으로 치러진다. 독해는 잘해도 구술에는 서투른 대다수 사람들에게는 불리하다.

8. Integrated task가 도입된다.

영어의 4가지 기능(listening, speaking, reading, writing)을 개별적으로 측정하는 것이 아니라, 통합적으로 측정하는 Integrated task가 도입된다. 더 자세히 말하자면, 다음 3가지 유형의 문제가 출제된다.

a. 읽고 들은 내용에 대해 구두로 답한다.

(reading + listening + speaking)

b. 들은 내용에 대해 구두로 답한다. (listening + speaking)

c. 읽고 들은 내용에 대해 문장으로 답한다.

(reading + listening + writing)

이런 유형의 문제는 기존의 영어 시험에서는 드물었기 때문에 익숙해지려면 상당한 노력이 필요하다.

9. Writing Section에서 직접 쓰는 방식이 폐지된다.

CBT의 Writing에서는 답을 컴퓨터로 입력하든가 직접 답안지에 쓰든가 하는 두 가지 방법 중 하나를 선택해야 했지만, iBT에서는 모두 컴퓨터로 입력해야 한다. 이제 영문 타자에 익숙해지는 것은 필수다.

이상 9가지가 종래의 TOEFL과 TOEFL iBT의 다른 점이다. 결론적으로 TOEFL iBT는 '이해하는 것' 뿐만 아니라 '표현하는 것' 에도 중점을 두어 진정한 영어 커뮤니케이션 능력을 시험하는 것이다.

이 책의 구성과 활용법

각장의 구성

대입 영어 정도의 영어 실력으로 TOEFL 수준에 도달할 수 있도록 구성되었다.

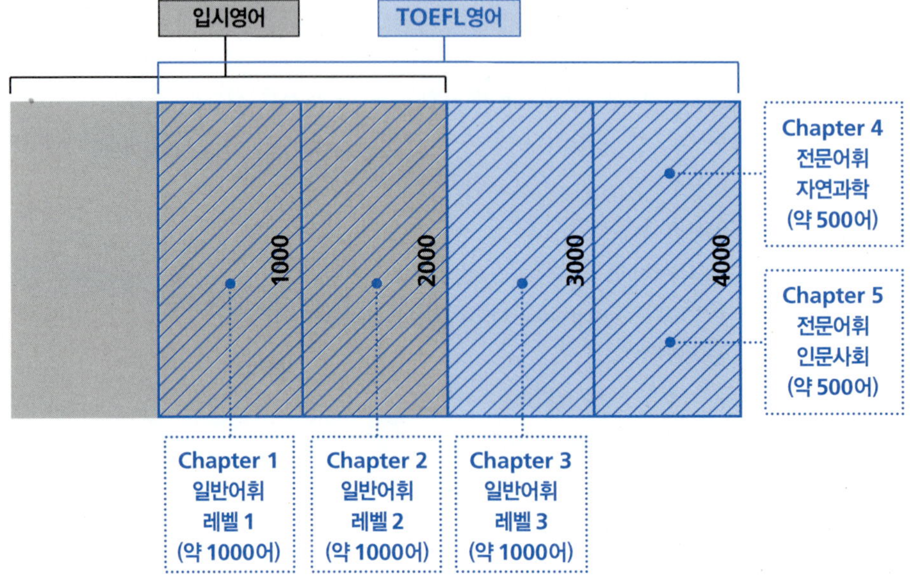

이 책에서는 TOEFL시험에 필요한 어휘를 '일반어휘' 와 '전문어휘' 로 나누었다.

일반어휘는 대입영어 수준의 영어 시험에 나오는 어휘를 발판으로 3단계(Chapter 1, 2, 3)로 나누어진다. 이 세 단계를 다 공부해 나가면 별 무리 없이 TOEFL 수준의 어휘 실력을 갖추게 된다.

전문어휘는 '자연과학 분야(Chapter 4)' 와 '인문과학 분야(Chapter 5)' 로 나누어진다. 이들 두 단원에서는 TOEFL시험에 자주 나오는 테마를 이해하는 데 필요한 단어를 제시된 본문을 읽으며 기억하도록 되어 있다.

일반어휘

Chapter 1 : 입시영어로부터의 필수어! 일반어휘 레벨 1
Chapter 2 : 입시영어로부터의 필수어! 일반어휘 레벨 2
수험영어를 생각해내자!

대입영어에도 잘 나오고, TOEFL에서도 자주 나오는 단어를 기초레벨과 표준레벨로 나누어, 각각 1000단어씩 총 2000단어를 수록했다. 예문의 난이도는 평이하다.

Chapter 3 : TOEFL 특유의 빈출어! 일반어휘 레벨 3
TOEFL 특유의 단어를 마스터!

난이도를 높이기 위해 대입영어에서는 다루지 않지만, TOEFL시험을 보려면 꼭 알아야 하는 어휘 1000단어를 수록했다. 이 장부터 예문은 TOEFL 수준이다.

　*Chapter 1~3은 각각 10개의 unit으로 나누어진다(하루에 한 unit씩 하면 30일이면 완성).
　학습 목표를 세울 때 참고하자.

전문어휘

Chapter 4 : TOEFL 특유의 분야별 전문어! 전문어휘 Natural Science
Chapter 5 : TOEFL 특유의 분야별 전문어! Humanities & Social Science
전문어휘 & 배경지식 & Listening CD로 총정리!

TOEFL의 예문은 광범위한 범위에서 출제된다. 그 수준은 미국 고등학교 교과서, 일반 신문·잡지에 실린 글과 비슷하다. 그러므로 Chapter 4, 5에서는 **TOEFL에서 출제된 예문을 이해하기 위해 필요한 분야별 전문어휘** 1000단어를 수록하고 있다. 또 각 분야의 배경 지식을 갖추도록 예문을 장문長文으로 실었다. 또 각 분야의 장문 뒤에는, 본문에 나온 단어와 미처 수록하지 못했던 중요 어구를 제시해 꼭 외워야 하는 어구를 놓치지 않도록 했다.

　*Chapter 4, 5는 각각 15개의 unit으로 나누어진다(하루에 한 unit씩 하면 30일이면 완성).
　학습 목표를 세울 때 참고하자.

페이지 구성

〈Chapter 1~3〉

❶ The opposition party accused the government of the huge debt accumulated for the last ten years.

야당은 과거 10년 동안에 누적되었던 막대한 채무에 관해 정부를 비난했다.

1 ✓	**accuse** [əkjúːz]	타 비난하다, 나무라다 ≒유 blame
2 ✓	**government** [ɡʌ́vərnmənt]	명 정부, 통치기관 파 governmental 형 정부의, 정치(상)의
3 ✓	**huge** [hjúːdʒ]	형 막대한, 거대한 ≒유 enormous
4 ✓	**debt** [dét]	명 빚, 채무, 부채
5 ✓	**accumulate** [əkjúːmjəlèit]	타 모으다, 축적하다 파 accumulation 명 축적, 집적

❸ ❹ ❺

❶ **단문 예문** : Chapter 1, 2에서는 학습 레벨을 고려해 예문은 일반적인 것으로, Chapter 3에서는 TOEFL 수준으로 되어 있다. 하나의 예문에 반드시 4~6개의 표제어를 넣어 최소의 암기로 최대의 효과를 발휘하도록 했다

❷ **예문 번역의 강조된 글씨** : 표제어와 그에 대응하는 번역을 강조하기 위해 별색의 굵은 글자체로 표시했다.

❸ **표제어** : 코퍼스(corpus)*를 참조하여 TOEFL 빈출 단어 약 4000개를 선택했다.

❹ **단어의 뜻풀이** : 단어의 중요한 뜻풀이를 선별해 실었다. 예문을 읽으면서 그 뜻을 확인해 보자.

❺ **유의어·파생어·관용구** : TOEFL시험에 자주 나오는 '유의어 문제'를 풀기 위해 알아야 할 단어를 많이 수록했다. (표제어와 같은 뜻을 가진 유의어에 대해서는 뜻풀이를 싣지 않았다.)

***코퍼스corpus** : '신체'를 의미하는 라틴어에서 유래한 말로, 한국어로는 '말뭉치'로 번역할 수 있다. 언어의 본질적 모습을 총체적으로 드러내 보여 줄 수 있는 자료의 집합을 뜻한다(『국어정보학 입문』, 서상규 한영균 저). 1990년 이후 영국 옥스퍼드대학이 1억 어절 이상의 코퍼스(British National Corpus)를 구축했고, 한국에서는 연세대·고려대·카이스트·국립국어원에서 한국어코퍼스를 구축하고 있다. 일본에서는 국립국어연구소가 1억 어를 수록한 'KOTONOH계획'을 추진하고 있고, 일반기업인 산세이토(三省堂)에서는 위즈덤 영한·영일사전의 용례 '용례코퍼스'로 만들어 공개하고 있다. —역주

〈Chapter 4, 5〉

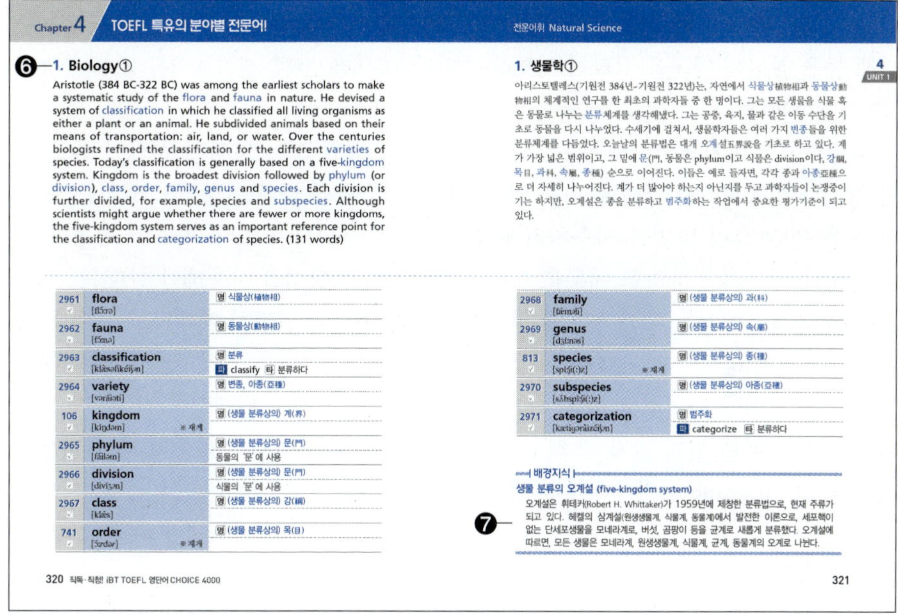

❻ **장문 예문** : TOEFL시험에 자주 나오는 주제를 다룬 예문을 실었다. 어휘력·배경지식·독해력·청취력을 한꺼번에 공부할 수 있다.

❼ **배경지식** : 예문과 관련있는 배경지식을 정리해 두었다.

이 책에 사용한 기호

품사

명 명사 타 타동사 자 자동사 형 형용사 부 부사 전 전치사 접 접속사

기타

늑유 유의어 파 파생어 반 반의어

[ ] 교환가능 / ~ 명사구의 대용 / … 동사나 절의 대용 / to do… to부정사 /
…ing 동명사 또는 현재분사

효과적 활용법~ '이해한 뒤에 예문을 암기' 하는 것이 중요!

어학 학습의 왕도는 '이해한 뒤에 예문을 암기' 하는 것이다. Chapter 1에서 Chapter 3까지에 대해서는, 우선 의문점이 없을 때까지 우리말 번역은 물론 사전과 문법책 등을 참고해 예문을 정확히 이해해야 한다. (우리말 번역은 단어 파악이 쉽도록 일부러 직역한 것이 많다)

의문점이 없어지면 이제 예문을 암기해야 한다. 시험 보는 날까지 시간이 별로 남지 않았다면 표제어만 단숨에 외워 일시적으로 어휘력을 늘리는 방법도 있기는 하다. 이 책은 일단 그런 방법을 사용하기에 편리하도록 구성되어 있다. 하지만 진정한 영어 실력을 키우려면 다양한 예문을 이해하며 암기하는 방법을 사용해야 한다.

Chapter 4, 5에서는 우선 사전과 번역을 참고해 예문을 완전히 이해하도록 한다. 그리고 예문을 소리내어 읽어보자. 이때 CD를 들어보고 따라 읽는 것이 좋다. 이 과정에서 단어의 의미를 확인하고 외울 수 있다. 또 단어를 다 외운 뒤에도 다시 한 번 들으며 복습하는 것을 잊지 말자. 특히 CD를 최대한 활용해 여러 번 들으며 따라 읽으면 Reading과 Listening 실력을 키우는 데 큰 도움이 된다.

어휘선정에 대해

『TOEFL iBT sample test』와 『The Official Guide To The New TOEFL iBT』 등의 공식 교재와 각종 모의 교재를 컴퓨터 자료로 입력한 뒤 독자적인 어휘 자료(약 12만 단어)를 만들었다. 이 자료를 바탕으로 『속독영단어』시리즈(Z會出版) 등 여러 대입용 어휘교재 및 TOEFL용 단어집과 참고서 등을 참고해 최종적으로 4027단어를 선택해 실었다.

Chapter 1

입시영어로부터의 필수어!

일반어휘 레벨 1

입시영어로부터 배운 단어 중에서
TOEFL 시험에 자주 나오는 단어를 취급했다.
(기초레벨)

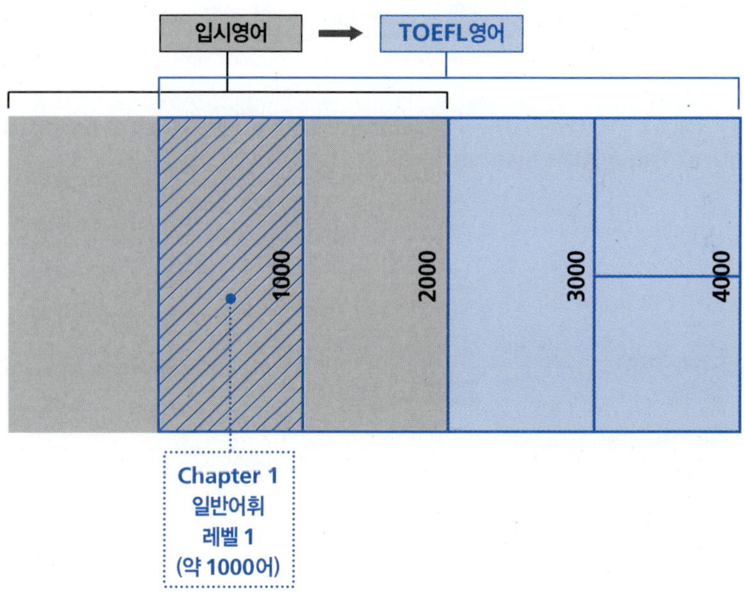

The opposition party accused the government of the huge debt accumulated for the last ten years.

야당은 과거 10년 동안에 누적되었던 막대한 채무에 관해 정부를 비난했다.

1	**accuse** [əkjúːz]	타 비난하다, 나무라다 늑유 blame
2	**government** [gʌ́vərnmənt]	명 정부, 통치기관 파 governmental 형 정부의, 정치(상)의
3	**huge** [hjúːdʒ]	형 막대한, 거대한 늑유 enormous
4	**debt** [dét]	명 빚, 채무, 부채
5	**accumulate** [əkjúːmjəlèit]	타 모으다, 축적하다 파 accumulation 명 축적, 집적

Familiar faces of the old graduates gathered at the ceremony celebrating the 100th anniversary of the university.

대학 창립 100주년을 축하하는 식전에 나이든 졸업생의 낯익은 면면들이 모였다.

6	**familiar** [fəmíljər]	형 낯익은, 잘 알려진 늑유 common
7	**graduate** 명 [grǽdʒuət] 동 [grǽdʒuèit]	명 졸업생, 자 졸업하다 graduate school 대학원
8	**gather** [gǽðər]	자 모이다, 타 모으다 늑유 collect
9	**ceremony** [sérəmòuni]	명 식전, 제전, 의식 늑유 rite 명 (엄숙한) 의식
10	**celebrate** [séləbrèit]	타 축하하다 파 celebration 명 축하, 축하회

He was astonished to see there were a lot of garbage bags discarded beneath the bridge over the bay.

그는 만(灣)에 걸쳐있는 다리 밑에 폐기된 대량의 쓰레기 가방을 보고 놀랐다.

11	**astonish**	타 놀라게 하다
	[əstániʃ]	늘유 surprise
12	**garbage**	명 쓰레기, 폐기물
	[gáːrbidʒ]	늘유 trash
13	**discard**	타 폐기하다, 버리다
	[diskáːrd]	늘유 dump
14	**bay**	명 내포(內浦), 만(灣)
	[béi]	늘유 gulf 명 만

The illegal immigrant tried to defend himself at the local court, claiming that he was innocent.

불법입국자는 자신의 무죄라고 주장하면서 지방법원에서 자기변호를 하려고 했다.

15	**illegal**	형 불법의, 비합법의, 규칙위반의
	[ilíːgl]	늘유 unlawful
16	**defend**	타 변호하다, 지키다, 정당화하다
	[difénd]	늘유 justify 타 정당화하다
17	**local**	형 지방의, 그 고장의
	[lóukl]	늘유 regional, provincial
18	**court**	명 법정(法廷), 법원, 궁정, (테니스 등의) 코트
	[kɔ́ːrt]	늘유 law-court, bench 명 재판소
19	**claim**	타 주장하다, 요구하다, 명 주장, 요구
	[kléim]	늘유 profess, assert 타 주장하다
20	**innocent**	형 무죄의, 순진한, 천진난만한
	[ínəsənt]	늘유 blameless 형 무죄의

He finally admitted that he had made the mistake of committing the crime of murder.

그는 결국 살인죄를 범했다는 잘못을 했다고 인정했다.

21	**admit** [ædmít, æd–]	타 인정하다, (입장, 입학을) 허락하다 늑유 allow, permit 타 인정하다
22	**mistake** [mistéik]	명 실수, 잘못, 타 틀리다, 잘못 알다 늑유 error 명 실수, 잘못
23	**commit** [kəmít]	타 범하다, 저지르다 파 commitment 헌신, (주의, 운동 등에의) 몰입
24	**crime** [kráim]	명 죄 파 criminal 형 범죄의, 명 범죄자
25	**murder** [mə́ːrdər]	명 살인, 타 죽이다 늑유 killing, slaying 명 살인

The doctor expressed concerns about the medical and financial conditions of the patient.

의사는 환자의 병 상태와 재정사정에 대해서 우려를 보였다.

26	**express** [iksprés, eks–]	타 보이다, 표현하다, 형 급행의, 속달의 늑유 show, indicate 타 보이다
27	**concern** [kənsə́ːrn]	명 관심, 염려, 타 관계하다, 염려하다 늑유 worry, anxiety 명 걱정
28	**medical** [médikl]	형 병의, 의학의, 의료의 늑유 therapeutic 형 치료의
29	**financial** [fənǽnʃəl]	형 재정의, 재정상의 파 finance 타 융자하다, 명 재정, 융자
30	**patient** [péiʃənt]	명 환자, 형 인내심이 강한 파 patience 명 인내, 인내력

He was suffering from stomach cancer and had to endure extreme pain.

그는 위암을 앓고 있어 극도의 아픔을 견디지 않으면 안 되었다.

31	**suffer**	자 앓다, 괴로워하다, 타 (고통 등을) 받다
	[sʌ́fər]	늑유 undergo 타 (고통 등을) 받다
32	**stomach**	명 위
	[stʌ́mək]	늑유 belly 명 배(腹)
33	**cancer**	명 암, (회사 등의) 해악
	[kǽnsər]	늑유 tumor 명 종양
34	**endure**	타 참다
	[end(j)úər]	늑유 stand, bear
35	**extreme**	형 맹렬한, 극도의, 과격한, 명 극단, 극도
	[ikstríːm, eks-]	늑유 radical 형 과격한

There is virtually no reliable evidence to support his theory about why we lose memories.

사람이 기억을 잃는 이유에 대해서 그의 이론을 지지하는 신뢰할 만한 증거는 실제로는 존재하지 않는다.

36	**virtually**	부 실제로, 사실상
	[və́ːrtʃuəli]	늑유 practically
37	**evidence**	명 증거
	[évidnəs]	늑유 proof
38	**support**	타 지지하다, 원조하다, 부양하다, 명 지지, 원조, 부양
	[səpɔ́ːrt]	늑유 finance 타 부양하다
39	**theory**	명 이론
	[θíːəri]	파 theoretical 형 이론적인, 이론상의
40	**memory**	명 기억, 기억력
	[méməri]	늑유 remembrance, recollection

Our hotel can accommodate all the athletes as well as all the accompanying officials associated with the Olympic organization.

저희 호텔은 올림픽 조직에 관련 있는 전 동행요원은 물론, 선수 전원을 숙박시킬 수 있습니다.

41 ☑	**accommodate** [əkámədèit]	타 숙박시키다, 수용하다 늑유 house
42 ☑	**athletes** [ǽθliːt]	명 선수 늑유 player
43 ☑	**accompany** [əkʌ́mpəni]	타 동행하다, 함께 가다, 동시에 생겨나다
44 ☑	**official** [əfíʃl]	명 관리, 공무원, 형 공식의, 공무상의 늑유 officer 명 관리, 공무원
45 ☑	**associate** [əsóuʃièit]	타 관련시키다, 연관시키다, 자 사귀다 늑유 link, connect, relate 타 관련시키다

The clinic didn't consider any change of schedule until someone complained about closing it for a week in December.

진료소는 12월에 1주간 진료소를 닫는 것에 대해서 누군가가 불평하기까지 어떠한 예정의 변경도 검토하지 않았다.

46 ☑	**clinic** [klínik]	명 진료소
47 ☑	**consider** [kənsídər]	타 검토하다, 고려하다, 숙고하다 늑유 ponder 타 숙고하다
48 ☑	**change** [tʃéindʒ]	명 변경, 변화, 타 바꾸다, 자 바뀌다, 변하다 늑유 conversion, transformation 명 변화, 전환
49 ☑	**complain** [kəmpléin]	자 불평하다 파 complaint 명 불만, 불평
50 ☑	**close** 동 [klóuz] 형 [klóus]	타 닫다, 종결하다, 자 닫히다, 형 가까운 늑유 shut 타 닫다

The priest preaches that we cannot save ourselves from sin even by sacrificing our lives.

1
UNIT 1

그 목사는 설사 생명을 희생으로 하더라도 사람은 죄로부터 자신들을 구제할 수는 없다 설교한다.

51 ☑	**priest** [príːst]	명 목사, 성직자, 장로 ≒유 clergyman, minister
52 ☑	**preach** [príːtʃ]	타 타이르다, 설교하다, 자 설교하다 ≒유 sermonize
53 ☑	**save** [séiv]	타 구하다, 구제하다, 전 ~을 제외하고 ≒유 rescue 타 구하다
54 ☑	**sin** [sín]	명 죄, 죄악 ≒유 crime
55 ☑	**sacrifice** [sǽkrəfàis]	타 희생하다, 제물로 바치다, 명 희생, 제물

Revenue from tax has increased due to the new economic policy by the central bank.

세수입은 중앙은행에 의한 새로운 경제정책에 의해서 증가하고 있다.

56 ☑	**revenue** [révənjùː]	명 세입, 수입원, 세수항목 ≒유 means, income
57 ☑	**tax** [tǽks]	명 세, 세금 ≒유 duty 명 세금, 관세
58 ☑	**increase** 동 [inkríːs] 명 [ínkriːs]	자 증가하다, 타 늘리다, 명 증가 ≒유 swell
59 ☑	**due** [djuː]	형 ~할 예정인, ~하기로 되어 있는 due to~ ~때문에, ~에 기인하는
60 ☑	**policy** [páləsi]	명 정책, 방침 ≒유 plan, scheme

The travel **agency recommended** Arizona as our winter vacation **destination** because the **climate** there is very **comfortable** at that time.

여행 대리점이 우리들의 겨울방학에 여행처로 애리조나를 권한 것은 현지의 기후가 그 시기에는 매우 쾌적하기 때문이다.

61	**agency**	명 대리점, (정치적) 기관, 중개
	[éidʒənsi]	파 agent 명 대리인
62	**recommend**	타 권하다, 추천하다
	[rèkəménd]	파 recommendation 명 추천
63	**destination**	명 여행지, 목적지, 행선
	[dèstənéiʃən]	
64	**climate**	명 기후, 풍토
	[kláimət]	늤유 weather 명 기후
65	**comfortable**	형 쾌적한, 기분 좋은
	[kʌ́mfərtəbl]	늤유 pleasant

Actually, I have to **adopt** a **habit** of **exercising** to stay in **shape**.

실제로, 나는 건강을 유지하기 위해서 운동하는 습관을 받아들이지 않으면 안 된다.

66	**actually**	부 실제로, 사실은
	[ǽktʃuəli]	늤유 really, in fact
67	**adopt**	타 받아들이다, 채용하다, 양자로 삼다
	[ədápt]	파 adoption 명 채용, 양자결연
68	**habit**	명 습관, 버릇
	[hǽbit]	늤유 custom
69	**exercise**	자 운동하다, 행사하다, 타 활동시키다
	[éksərsàiz]	늤유 train 자 운동하다
70	**shape**	명 모양, 모습, 타 모양짓다, 형체를 이루다
	[ʃéip]	be in (good) shape 건강하다

The flow of traffic in this region is much better in the urban areas than in the nearby suburbs.

1
UNIT 1

이 지역의 교통 흐름은, 근린 교외보다도 도시지역 쪽이 훨씬 좋다.

71 ☑	**flow** [flóu]	명 흐름, 자 흐르다 늑유 run
72 ☑	**traffic** [træfik]	명 교통 traffic accident 교통사고
73 ☑	**urban** [ə́:rbn]	형 도시의 늑유 city
74 ☑	**nearby** [níərbai]	형 가까운, 가까이의 늑유 close
75 ☑	**suburb** [sʌ́bə:rb]	명 교외 늑유 outskirts

The car's unique interior features a hidden compartment and rear seats that can be adjusted to forward or reverse positions.

그 차 독특한 내부는 숨겨진 칸막이와, 앞이나 반대위치로 조절할 수 있는 후부좌석을 특색으로 하고 있다.

76 ☑	**unique** [juːníːk]	형 독특한, 하나밖에 없는 늑유 peculiar
77 ☑	**feature** [fíːtʃər]	타 특색으로 하다, 특징을 이루다, 명 특징, 특색 늑유 aspect, characteristic 명 특징
78 ☑	**hidden** [hídn]	형 숨겨진, 비밀의 늑유 concealed, secret
79 ☑	**adjust** [ədʒʌ́st]	타 조절하다, 맞추다 늑유 fit, adapt
80 ☑	**reverse** [rivə́:rs]	형 반대의, 거꾸로의, 명 역, 반대, 타 거꾸로 하다 늑유 opposite, contrary 형 반대의

My impression of the natives that occupied this land long ago is that they were respectful toward nature.

먼 옛날 이 지방에 살았던 원주민에 대한 나의 인상은 그들이 자연에 대해서 경의를 표하고 있었다는 것이다.

81	**impression** [impréʃən]	명 인상 파 impress 타 ~을 감동시키다
82	**native** [néitiv]	명 원주민, 형 모국의, 원주민의 ≒유 indigenous 형 원주민의
83	**occupy** [ákjəpài]	타 ~에 거주하다, 점유하다 ≒유 inhabit 타 ~에 거주하다
84	**respectful** [rispéktfl]	형 경의를 표하는, 공손한 파 respectable 형 경의할만한
85	**nature** [néitʃər]	명 자연, 성질, 본질 파 natural 형 자연의, 타고난

It was selfish of the secretary to insist that he was not responsible for the organization's poor reputation.

비서가 조직의 평판이 나쁜 것은 자신의 책임이 아니라고 주장하는 것은 이기적인 일이었다.

86	**selfish** [sélfiʃ]	형 이기적인, 자기 본위의 ≒유 self-seeking, egocentric, egoistic
87	**secretary** [sékrətèri]	명 비서 파 secret 형 비밀의, 명 비밀
88	**insist** [insíst]	타 자 주장하다, 고집하다 파 insistence 명 단언, 집요함
89	**responsible** [rispánsəbl]	형 책임 있는, 신뢰할 수 있는 ≒유 reliable, dependable 형 신뢰할 수 있는
90	**reputation** [rèpjətéiʃən]	명 평판, 명성 ≒유 name, fame

Animals are slaughtered daily to supply the world's demand for meat, causing pollution and other problems on environment.

1
UNIT 1

동물들이 육식에 대한 세계의 수요를 채우기 위해서 매일 처분되어, 공해나 그밖의 환경문제를 일으키고 있다.

91	**slaughter** [slɔ́:tər]	타 처분하다, 학살하다 ≒유 slay, kill 타 죽이다
92	**supply** [səplái]	타 만족하다, 공급하다, 명 공급 ≒유 provide, furnish 타 공급하다
93	**demand** [dimǽnd]	명 수요, 요구, 타 요구하다 파 demanding 형 (일이) 힘든, 너무 많은 요구를 하는
94	**pollution** [pəlú:ʃən]	명 공해, 오염 파 pollute 타 오염시키다
95	**environment** [enváiərənmənt]	명 환경 ≒유 habitat, surroundings

The professor encouraged her students to read her article in the latest edition of the psychology journal.

교수는 학생들에게 심리학지(誌)의 최신호에 실린 자신의 논문을 읽도록 권유했다.

96	**professor** [prəfésər]	명 교수 파 professional 형 전문직의, 지적직업의
97	**encourage** [enkə́:ridʒ]	타 권하다, 격려하다, 용기를 돋우다 ≒유 inspire
98	**article** [ɑ́:rtikl]	명 논문, 기사 ≒유 report 명 기사
99	**edition** [idíʃən]	명 호(號), 판(版) ≒유 issue, number, version
100	**psychology** [saikάlədʒi]	명 심리학 파 psychological 형 심리학의

I was skeptical when she congratulated him on overcoming his hardship, but she insisted she was being sincere.

그녀가 고난을 극복한 것에 대해서 그를 축하했을 때 나는 반신반의했지만, 그녀는 진실한 기분이었다고 주장했다.

101	**skeptical** [sképtikl]	형 반신반의의, 회의적인 ≒유 incredulous
102	**congratulate** [kəngrǽtʃəlèit]	타 축하하다 congratulate ~ on… …의 일로 ~을 축하하다
103	**overcome** [òuvərkʌ́m]	타 이겨내다, 극복하다 ≒유 defeat
104	**hardship** [háːrdʃip]	명 고난 ≒유 adversity, difficulty
105	**sincere** [sinsíər]	형 진실한, 성실한, 마음으로부터의 ≒유 faithful, trustful

The kingdom became more liberal when it began reforms that allowed protests and other anti-government behavior.

항의나 그밖의 반정부 행동을 인정하는 개혁을 개시했더니, 그 왕국은 한층 진보적이 되었다.

106	**kingdom** [kíŋdəm]	명 왕국 ≒유 realm, empire
107	**liberal** [líbərəl]	형 진보적인, 관대한 ≒유 generous 형 획기적인 사건
108	**reform** [rifɔ́ːrm]	명 개혁, 타 개혁하다, 개선하다 ≒유 betterment, amelioration 명 개혁, 개량
109	**protest** 명 [próutèst] 동 [prətést]	명 항의, 타 ~에 항의하다, 자 항의하다 ≒유 objection 명 항의, 반대
110	**behavior** [bihéivjər]	명 행동 ≒유 conduct

1
UNIT 2

Her study of proverbs gave her insight into the minds of the citizens of the ancient civilization.

그녀는 격언을 연구함으로써 고대문명의 인민의 마음을 간파하는 힘을 얻었다.

111 ✓	**proverb** [právərb]	명 속담, 격언 늑유 saying
112 ✓	**insight** [ínsàit]	명 간파하는 힘, 통찰(력), 의식 늑유 intuition, perception
113 ✓	**mind** [máind]	명 마음, 정신, 지성, 타 걱정하다, 자 싫어하다 늑유 spirit 명 정신
114 ✓	**citizen** [sítəzn]	명 인민, 시민 늑유 people 파 citizenship 명 시민권
115 ✓	**ancient** [éinʃənt]	형 고대의 늑유 old

The physicians were unable to practice medicine because the flood had left the hospital without electricity.

홍수에 의해서 병원에 전기가 들어오지 않은 채였기 때문에, 의사들은 의료를 행할 수가 없었다.

116 ✓	**physician** [fizíʃən]	명 의사 늑유 doctor
117 ✓	**practice** [præktis]	타 실행하다, 연습하다, 경영하다, 명 연습, 실천 put ~ into practice ~을 실행하다
118 ✓	**medicine** [médəsn]	명 의료, 의학, 약 파 medical 형 의학의, 의료의
119 ✓	**flood** [flʌd]	명 홍수, 타 넘치게 하다, 잠기게 하다 늑유 inundate 타 넘치게 하다, 잠기게 하다
120 ✓	**electricity** [ilèktrísəti]	명 전기 파 electric 형 전기의, 전동의

My nephew studied mathematics, but also found time to volunteer to help the elderly with household chores.

나의 조카는 수학을 공부했으나, 또한 나이 지긋한 사람 가정의 잡일을 돕는 지원자 활동을 하는 일에도 시간을 쪼갰다.

121	nephew	명 (남자) 조카, 생질
	[néfjuː]	반 niece 명 (여자) 조카
122	mathematics	명 수학
	[mæθəmǽtiks]	파 mathematical 형 수학적인
123	volunteer	자 지원자활동을 하다, 명 지원자
	[vὰləntíər]	
124	elderly	형 나이가 지긋한, 초로의
	[éldərli]	the elderly 나이가 지긋한 사람들
125	household	형 가정의, 가사의, 명 가정, 세대
	[háushòuld]	늑유 domestic 형 가정의

Not only is she a genius, but she is also very generous with her time and never hesitates to use her knowledge to assist others.

그녀는 천재일 뿐만 아니라, 시간을 특히 아까워하지 않고, 남을 돕기 위해서 자신의 지식을 사용하는 것을 결코 주저하지 않는다.

126	genius	명 천재
	[dʒíːnjəs]	늑유 talent
127	generous	형 아까워하지 않는, 관대한, 아량있는
	[dʒénərəs]	늑유 liberal
128	hesitate	타 주저하다, 자 주저하다, ~할 마음이 나지 않다
	[hézitèit]	늑유 falter 자 주저하다, 머뭇거리다
129	knowledge	명 지식
	[nάlidʒ]	knowledgeable 형 지식이 있는, 총명한
130	assist	타 돕다, 원조하다, 거들다
	[əsíst]	늑유 aid, help

An energetic pioneer in the field of manufacturing, Henry Ford had the passion and intellect to make his dream a reality.

1
UNIT 2

제조업 분야에 있어서 정력적인 선구자, 헨리포드는 꿈을 현실의 것으로 하기 위한 열정과 지성을 갖고 있었다.

131 ☑	**energetic** [ènərdʒétik]	형 정력적인, 활동적인
		늑유 spirited, animated
132 ☑	**pioneer** [pàiəníər]	명 선구자, 개척자
133 ☑	**manufacture** [mæ̀njəfǽktʃər]	자 타 제조하다, 명 제조업
		produce 타 제조하다
134 ☑	**passion** [pǽʃən]	명 정열, 격정, 애정
		늑유 intensity, fervor, zeal
135 ☑	**intellect** [íntəlèkt]	명 지성, 지력(知力)
		늑유 intelligence

The maximum capacity of this shelter is restricted to 100 males and 120 females.

그 피난시설의 최대 수용인수는 남성 100명 및 여성 120명으로 한정되어 있다.

136 ☑	**maximum** [mǽksəməm]	형 최대의
		늑유 highest, greatest, biggest, largest
137 ☑	**shelter** [ʃéltər]	명 피난시설
		늑유 refuge
138 ☑	**restrict** [ristríkt]	타 제한하다, 한정하다
		늑유 limit
139 ☑	**male** [méil]	명 남성, 형 남성의
		늑유 man 명 남성
140 ☑	**female** [fíːmeil]	명 여성, 형 여성의
		늑유 woman 명 여성

When several high-wage jobs in the manufacturing industry became available, the nation experienced a huge population increase.

제조업에 있어서 얼마간의 고임금 일자리가 얻어지게 되자, 그 나라는 큰 폭의 인구 증가를 경험했다.

141	**wage** [wéidʒ]	몡 임금
		≒유 pay, earning, salary
142	**industry** [índəstri]	몡 산업
		파 industrial 혱 산업의
143	**available** [əvéiləbl]	혱 얻을 수 있는, 입수할 수 있는, 이용할 수 있는
		≒유 accessible, at hand
144	**nation** [néiʃən]	몡 국가, 국민
		≒유 country
145	**population** [pɑ̀pjəléiʃən]	몡 인구, 주민
		파 populous 혱 인구가 많은

The parents raised their child to be independent so that she could develop her abilities and acquire new skills on her own.

어린이가 능력을 키우고, 자기 스스로 새로운 기능을 몸에 익힐 수 있도록 부모는 자립심을 가지도록 그녀를 키웠다.

146	**raise** [réiz]	타 기르다, 올리다, (문제 등을) 제기하다
		≒유 boost 타 올리다
147	**independent** [ìndipéndənt]	혱 독립심을 가진, 독립한
		≒유 sovereign 혱 독립한
148	**develop** [divéləp]	타 발전시키다, 개발하다, 자 발달하다
		파 development 몡 발달, 발전, 개발
149	**ability** [əbíləti]	몡 능력, 수완
		≒유 capacity
150	**acquire** [əkwáiər]	타 익히다, 획득하다, 손에 넣다
		파 acquisition 몡 획득, 습득

1

The new cleaning cloth is made of a material that can absorb moisture and resist tearing even under vigorous use.

새로운 청소수건은 수분을 흡수할 수 있고, 세찬 사용에도 잘 찢어지지 않는 소재로 만들어졌다.

151	**material** [mətíəriəl]	몡 소재, 물질, 재질
		늑유 substance 몡 물질
152	**absorb** [əbsɔ́ːrb]	탄 흡수하다, 마음을 빼앗다, 열중케 하다
		be absorbed in~ ~에 정신이 없어지다
153	**moisture** [mɔ́istʃər]	몡 수분
154	**resist** [rizíst]	탄 저항하다, 참다
		늑유 withstand
155	**vigorous** [vígərəs]	혱 세찬, 정력적인, 원기 왕성한
		늑유 strenuous, active

The young prince dreaded his every encounter with the evil dictators but remained noble in his fight against tyranny.

젊은 왕자는 나쁜 독재자들과의 모든 만남을 두려워했으나, 전제정치에 대한 싸움에서는 고결한 태도를 유지했다.

156	**dread** [dréd]	탄 두려워하다
		늑유 be afraid of~, be terrified by~
157	**encounter** [enkáuntər]	몡 조우, 만남, 탄 조우하다, 우연히 만나다
		늑유 run across 만나다
158	**evil** [íːvl]	혱 나쁜, 사악한, 몡 악, 죄악
		늑유 wicked, bad 혱 나쁜, 사악한
159	**noble** [nóubl]	혱 고결한, 고귀한, 고상한
		늑유 sublime
160	**tyranny** [tírəni]	몡 전제정치
		늑유 despotism, absolutism

The victim of the flu virus sat in the doctor's office with a thermometer on her tongue and a needle in her arm.

인플루엔자 바이러스에 걸린 환자는 진찰실에 앉아 있었는데, 혀 위에는 체온계를 올리고 팔에는 주사기가 꽂혀진 상태였다.

161	victim [víktim]	명 환자, 희생자 fall (a) victim to ~ ~의 희생이 되다, ~의 포로가 되다
162	virus [váiərəs]	명 바이러스 파 vital 형 바이러스의
163	thermometer [θərmámətər]	명 체온계
164	tongue [tʌ́ŋ]	명 혀, 언어 늑유 language 명 언어
165	needle [níːdl]	명 침, 주사기 needle therapy 침구치료법

It didn't occur to the host that he would offend some of the more sensitive members of the audience with his bold jokes.

사회자는, 자신의 대담한 농담이 관객중에서 좀 더 예민한 몇몇 사람들을 불쾌하게 할 것이라고는 생각지도 못했다.

166	occur [əkə́ːr]	자 생각하다, 문득 떠오르다, 일어나다 늑유 happen, take place
167	host [hóust]	명 사회자, 주인
168	offend [əfénd]	타 기분을 상하게 하다, 화나게 하다 늑유 insult
169	sensitive [sénsətiv]	형 민감한, 신경질적인, 영향을 받기 쉬운 늑유 keen 형 민감한
170	bold [bóuld]	형 불손한, 대담한 늑유 brazen, shameless, daring

1
UNIT 2

One of his shortcomings is that he cannot handle pressure and tends to surrender easily when his fortunes do not look favorable.

그의 약점의 하나는, 압력에 대처할 수 없고, 또 자신의 운세가 좋아보이지 않으면 쉽게 항복해버리는 경향이 있다는 것이다.

171	**shortcoming**	명 약점
	[ʃɔ́ːrtkʌ̀miŋ]	능유 deficiency, drawback, weakness
172	**handle**	타 대처하다, 처리하다, 다루다
	[hǽndl]	능유 manipulate 타 잘 처리하다
173	**surrender**	자 항복하다
	[səréndər]	능유 submit, yield
174	**fortune**	명 운세, 재산, 행운
	[fɔ́ːrtʃən]	파 fortunate 형 운이 좋은, 행운의
175	**favorable**	형 형편이 좋은, 유리한, 호의적인
	[féivərəbl]	파 favor 명 호의, 친절심

She is a brilliant scientist who is capable of solving problems through her research that have frustrated others for decades.

그녀는 수십 년이나 다른 과학자들을 좌절시켜온 문제를 자신의 연구에 의해서 해결하는 능력이 있는 뛰어난 과학자이다.

176	**brilliant**	형 우수한, 훌륭한, 두뇌가 날카로운
	[bríljənt]	능유 intelligent, bright, smart 형 우수한
177	**capable**	형 능력이 있는, 유능한
	[kéipəbl]	능유 competent
178	**solve**	타 해결하다, 풀다
	[sálv]	파 solution 명 해결(법)
179	**research**	명 연구, 조사
	[rísəːrtʃ]	능유 examination, investigation 명 조사
180	**frustrate**	타 좌절시키다, 실망시키다
	[frʌ́streit]	능유 foil 타 (계획 등을) 좌절시키다

The passenger's luggage includes a black leather purse and an overnight travel bag.

그 승객의 짐에는 검은 가죽지갑과 일박용 여행가방이 들어 있다.

181	**passenger** [pǽsəndʒər]	명 승객
182	**luggage** [lʌ́gidʒ]	명 짐, 하물 능유 baggage
183	**leather** [léðər]	형 가죽의, 명 가죽
184	**purse** [pə́:rs]	명 지갑 능유 wallet
185	**overnight** [óuvərnàit]	형 일박용의, 하룻밤만 통용하는, 밤을 새는

You'll have to pardon his aggressive behavior; his philosophy is that if you want to study law, you have to be frank with everyone.

자네는 그의 공격적인 행동을 용서하지 않으면 안 될 것이다. 그의 철학은 법률을 공부하고 싶으면 누구에게든 솔직해져야 한다는 것이므로.

186	**pardon** [pá:rdn]	타 용서하다, 관대히 봐주다 능유 forgive, excuse
187	**aggressive** [əgrésiv]	형 공격적인, 활동적인 능유 assertive 형 단정적인
188	**philosophy** [fəlásəfi]	명 철학, 원리, 인생관 파 philosophical 형 철학적인
189	**law** [lɔ́:]	명 법률, 법학 능유 constitution, code
190	**frank** [frǽŋk]	형 솔직한, 숨김없는 능유 direct, ingenuous, candid

She gazed at the landscape and imagined the day she would have the opportunity to own a hundred-acre farm in Nebraska.

1

그녀는 경치를 보라보고, 네브래스카주에 100에이커의 농장을 소유하는 기회를 얻을 수 있는 날을 그렸다.

191	**gaze**	자 지켜보다, 응시하다
	[géiz]	늑유 stare 자 응시하다, 빤히 보다
192	**landscape**	명 경치, 지형
	[lǽndskèip]	늑유 scene, scenery 명 경치
193	**imagine**	타 상상하다, 마음에 그리다, 자 상상하다
	[imǽdʒin]	늑유 picture
194	**opportunity**	명 기회
	[ɑ̀pərt(j)úːnəti]	늑유 chance
195	**own**	타 소유하다, 형 자기자신의, 독자의
	[óun]	늑유 have, keep, retain 타 소유하다

The two men were found guilty of theft and illegal possession of a weapon and sentenced to twelve years in prison.

두 남자는 절도와 무기의 불법소지로 유죄판결을 받고, 금고 12년의 형을 선고받았다.

196	**guilty**	형 유죄의, 죄를 범한
	[gílti]	파 guilt 명 죄, 유죄, 죄악감
197	**theft**	명 절도
	[θéft]	늑유 stealing, robbery
198	**weapon**	명 무기, 병기
	[wépn]	
199	**sentence**	타 형을 선고하다, 판결을 내리다, 명 문장, 판결
	[séntəns]	늑유 judgement 명 판결
200	**prison**	명 금고(禁錮), 감금, 교도소
	[prízn]	늑유 dungeon, cell 명 지하 감옥, (교도소의) 독방

The **peculiar** artist played many strange **characters** and **performed** **parodies** of famous movie scenes to the **delight** of TV audiences everywhere.

전 세계의 TV 시청자가 즐거워할 만큼 그 기묘한 배우는 많은 색다른 역할을 해내고, 유명 영화장면을 패러디하여 연기했다.

201	**peculiar** [pikjúːljər]	형 독특한, 특유의, 기묘한, 괴상한
		능유 unique
202	**character** [kǽriktər]	명 성격, 특징, 역할, 등장인물, 문자
		파 characteristic 형 독특한, 특징적인
203	**perform** [pərfɔ́ːrm]	타 공연하다, 연기하다, 실행하다
		파 performance 명 연주, 상연
204	**parody** [pǽrədi]	명 풍자, 타 서투르게 흉내내다
		능유 satire 명 풍자
205	**delight** [diláit]	명 즐거움, 기쁨, 자 기뻐하다, 타 즐겁게 하다
		능유 pleasure, joy, happiness 명 기쁨, 즐거움

During the 1930s, the **canal burst** its banks, **scattering** debris throughout the river and **destroying** nearby structures that took five years to **repair**.

1930년대에 운하가 제방이 무너져 하천 전역에 잔해를 흩뿌리고, 인접한 건물을 파괴하여 그것을 수리하는 데 5년이 소요되었다.

206	**canal** [kənǽl]	명 운하, 수로
		능유 waterway
207	**burst** [bə́ːrst]	타 터뜨리다, 폭발시키다, 파열시키다, 자 폭발하다
		burst into ~ 갑자기 ~하기 시작하다
208	**scatter** [skǽtər]	타 흩뿌리다, 뿔뿔이 흩어버리다
		능유 disseminate, diffuse, spread
209	**destroy** [distrɔ́i]	타 파괴하다, 부수다, 죽이다
		능유 level, demolish, raze
210	**repair** [ripéər]	타 수리하다, 회복하다, 명 수리, 회복
		능유 fix, mend 타 수리하다

1
UNIT 3

Although beach visitors who are conscious of fashion may want suntans, people are advised to relax in the shade and avoid exposure to ultraviolet light.

해변을 방문하는, 유행에 민감한 사람들은 피부를 태우고 싶을지도 모르겠지만, 세간의 사람들은 그늘에서 유유자적하고, 자외선에 피부를 드러내는 것을 피하도록 충고받고 있다.

211	**conscious** [kánʃəs]	형 민감한, 알고 있는, 의식하고 있는 늑유 aware
212	**fashion** [fǽʃən]	명 유행, 하는 방식 늑유 vogue, trend 명 유행
213	**shade** [ʃéid]	명 그늘, 응달 파 shading 명 그늘지게 하기, 차광, 차일
214	**avoid** [əvɔ́id]	타 피하다 늑유 sidestep, evade, elude
215	**ultraviolet** [λltrəváiələt]	형 자외선의, 명 자외선

My father always says it is more polite to refrain from talking about religion and politics when you meet someone for the first time.

나의 아버지는, 처음 누군가를 만날 때는, 종교나 정치에 대해서 화제로 삼는 것을 삼가는 것이 예의에 맞다고 항상 말씀하신다.

216	**polite** [pəláit]	형 공손한, 예의바른, 품위있는 늑유 well-mannered, courteous
217	**refrain** [rifréin]	자 삼가다, 그만두다, 참다 늑유 abstain
218	**religion** [rilídʒən]	명 종교, 신앙 파 religious 형 종교의, 신앙심 깊은
219	**politics** [pálətiks]	명 정치, 정치학 파 political 형 정치의, 정치적인
220	**meet** [míːt]	타 만나다, 충족시키다, 자 집합하다, 합류하다 늑유 encounter 타 만나다

There was an odd scent of raw food coming from the refrigerator that no one could identify.

냉장고에서 날것의 이상한 냄새가 나고 있었는데, 누구도 그것이 무엇인지 알지 못했다.

221	**odd** [ád]	형 이상한
		능유 unusual, strange
222	**scent** [sént]	명 냄새
		능유 odor, smell
223	**raw** [rɔ́ː]	형 생것의, 날것의
		능유 uncooked
224	**refrigerator** [rifrídʒərèitər]	명 냉장고, 냉각실
		능유 fridge, icebox
225	**identify** [aidéntəfài]	타 동일한 것으로 확인하다, 정체를 확인하다
		파 identification 명 신원확인, 신분증명

The sculpture of the town's beloved science fiction author will be revealed at a ceremony tomorrow on the site of his childhood home.

이 도시 출신으로, 존경받고 있는 공상과학소설작가의 조각상이, 그의 어린 시절의 집이 있는 장소에서 내일 열리는 식전에서 드러내기로 되어 있다.

226	**sculpture** [skʌ́lptʃər]	명 조각상, 조각
		능유 statue, statuette
227	**fiction** [fíkʃən]	명 소설, 허구
		파 fictional 형 가공의, 허구의
228	**author** [ɔ́ːθər]	명 작가, 저자
		능유 writer
229	**reveal** [rivíːl]	타 드러내다, 알리다, 보이다
		능유 expose, uncover, disclose
230	**site** [sáit]	명 장소, 용지, 유적
		능유 region, area, spot, location 명 장소

The **witness** said that when the **thief escaped** through the window of the **store**, he looked **anxious** and seemed to be shaking.

목격자의 이야기에 따르면, 도둑이 가게 창문에서 탈출했을 때, 불안해 보였고 떨고 있는 듯했다고 한다.

1
UNIT 3

231 ☑	**witness** [wítnəs]	명 목격자, 증인, 타 증명하다, 목격하다
232 ☑	**thief** [θíːf]	명 도둑 늑유 robber, bandit, burglar
233 ☑	**escape** [iskéip]	자 도망치다, 타 벗어나다, 명 도망, 도망갈 길 늑유 get away, run away
234 ☑	**store** [stɔ́ːr]	명 가게, 저축, 타 축적하다 파 storage 명 저장, 보관
235 ☑	**anxious** [ǽŋkʃəs]	형 걱정스러운, 불안한 늑유 concerned, solicitous

The fish in this **stream**, on which the **wildlife** in this area **thrive**, are being **threatened** by **toxic** chemicals.

이 지역의 야생동물이 잘 자라고 있는 이 강의 어류가 유독화학물질에 의해서 위협을 받고 있다.

236 ☑	**stream** [stríːm]	명 하천, 시내, 흐름, 자 흐르다 늑유 current, flow 명 흐름
237 ☑	**wildlife** [wáildlàif]	명 야생생물 wildlife conservation park 야생생불보호공원
238 ☑	**thrive** [θráiv]	자 번영하다, 성장하다 늑유 flourish 자 번영하다
239 ☑	**threaten** [θrétn]	타 위협에 노출되다, 협박하다 늑유 menace, intimidate
240 ☑	**toxic** [táksik]	형 유독한, 명 독물 늑유 poison 명 독, 독소

Opponents of atomic energy argue that an accident at a nuclear plant could wipe out an entire city.

원자력 에너지에 반대하는 사람들은, 원자력발전소에서의 사고가 도시 전체를 파괴시킬 수도 있다고 주장하고 있다.

241 ☑	**opponent** [əpóunənt]	명 반대자, 적, (게임 등의) 상대, 대항자 늑유 antagonist 명 적
242 ☑	**atomic** [ətámik]	형 원자력의 파 atom 명 원자
243 ☑	**argue** [áːrgjuː]	타 주장하다, 자 논하다, 논의하다 파 argument 명 논쟁
244 ☑	**nuclear** [njúːkliər]	형 원자력의, 핵의, 명 핵병기 nuclear weapon 핵병기
245 ☑	**wipe** [wáip]	타 닦다, 지우다, 제거하다 wipe out~ ~을 닦아내다, ~을 분쇄하다, ~을 파괴하다

I was very grateful that my neighbor brought me a souvenir cloth made from silk thread from her visit to the religious monument.

이웃사람이 종교유적을 방문했을 때의 선물로 명주실로 짠 천을 가져다 주어서, 나는 매우 고맙게 생각했다.

246 ☑	**grateful** [gréitfəl]	형 감사하고 있는, 고마워하는 늑유 thankful
247 ☑	**neighbor** [néibər]	명 이웃사람, 근처의 사람 파 neighborhood 형 근처, 이웃
248 ☑	**souvenir** [sùːvəníər]	명 기념품, 선물 늑유 memento, token, reminder
249 ☑	**thread** [θréd]	명 실
250 ☑	**monument** [mánjəmənt]	명 유적, 기념비 늑유 memorial 명 기념비

The woman let out a sigh as she twisted the cap of the perfume bottle with her thumb and spilled some into her hand.

엄지손가락으로 향수병 뚜껑을 비틀어 손에 조금 흘리더니, 그 여성은 한숨을 쉬었다.

1
UNIT 3

251	**sigh** [sái]	명 한숨, 자 한숨쉬다, 타 한숨지으며 말하다
252	**twist** [twíst]	타 뒤틀다, 비틀다, 비틀어 돌리다 / 늘유 wind
253	**perfume** [pə́ːrfjuːm]	명 향수, 향기 / 늘유 scent, fragrance
254	**thumb** [θʌ́m]	명 엄지손가락
255	**spill** [spíl]	타 엎지르다, 흘리다, 명 엎지름, 유출

It is a custom in my family to pray at the beginning of every meal, a tradition that we have followed for decades.

식사 때마다 처음에 기도를 올리는 것은 우리 가족의 습관이고, 수십 년 동안 우리들이 계승하여 온 전통이다.

256	**custom** [kʌ́stəm]	명 습관 / 늘유 habit
257	**pray** [préi]	자 기도하다 / 파 prayer 명 기도
258	**beginning** [biɡíniŋ]	명 최초 / 늘유 start
259	**tradition** [trədíʃən]	명 전통, 습관 / 늘유 custom, convention
260	**follow** [fálou]	타 계승하다, 뒤를 잇다, 자 뒤를 따르다 / 늘유 succeed

The parents were annoyed by their son's negative attitude and warned him that he would be punished if he didn't behave better.

부모는 아들의 반항적 태도에 속태워, 더 예의있게 행동하지 않으면 벌을 받을 것이라고 아들에게 경고했다.

261	**annoy**	타 괴롭히다, 귀찮게 굴다, 속태우다
	[ənɔ́i]	늑유 bother, vex 타 귀찮게 굴다
262	**negative**	형 반항적인, 부정적인
	[négətiv]	반 positive 형 전향적인, 적극적인
263	**attitude**	명 태도, 자세, 마음가짐
	[ǽtətjùːd]	늑유 posture
264	**warn**	타 경고하다
	[wɔ́ːrn]	파 warning 명 경고, 경보, 주의
265	**punish**	타 벌하다
	[pʌ́niʃ]	늑유 discipline

The owners of the property have obviously not maintained it well, as the carpets were ruined and there was dust all over the furniture.

소유자가 잘 건물을 유지하고 있지 않았던 것은 확실하다. 카펫은 망가지고, 가구 표면이 온통 먼지투성이였으니까.

266	**property**	명 건물, 재산, 자산
	[prápərti]	늑유 belongings, estate
267	**maintain**	타 유지하다, (가족 등을) 부양하다
	[meintéin]	늑유 keep
268	**ruin**	타 파괴하다, 파멸시키다, 명 황폐, 파멸
	[rúːin]	늑유 spoil 타 못쓰게 하다
269	**dust**	명 먼지
	[dʌ́st]	늑유 dirt
270	**furniture**	명 가구
	[fə́ːrnitʃər]	파 furnish 타 비치하다, 갖추다, 공급하다

The island's tropical climate offers a fantastic atmosphere to entertain your important customers and retain their loyalty.

섬의 열대성 기후는 당신의 중요한 손님을 대접하고, 지원을 유지받을 수 있도록 멋진 분위기를 발하고 있다.

UNIT 3

271	**fantastic** [fæntǽstik]	형 환상적인, 멋진, 공상적인
		파 fantasy 명 공상, 몽상
272	**atmosphere** [ǽtməsfìər]	명 분위기, 대기, 공기
		늑유 air
273	**entertain** [èntərtéin]	타 대접하다, 즐겁게 하다
		늑유 amuse
274	**customer** [kʌ́stəmər]	명 손님, 고객
		늑유 client, guest, visitor
275	**retain** [ritéin]	타 유지하다, 보유하다
		늑유 hold, withhold, keep

He is apt to agree with anyone who can deliver a logical and objective analysis of the circumstances.

그는 상황에 대해서 논리적 내지는 객관적인 분석을 줄 수 있는 사람에게는 누구에게나 동의해버리는 경향이 있다.

276	**apt** [æpt]	형 ~하기 쉬운, ~하는 경향이 있는
		늑유 likely
277	**agree** [əgríː]	자 동의하다, 의견이 일치하다, 체질에 맞다
		늑유 assent, consent 자 동의하다, 의견이 일치하다
278	**logical** [lάdʒikl]	형 논리적인, 분석적인
		늑유 coherent, consistent
279	**objective** [əbdʒéktiv]	형 객관적인
		늑유 detached, unbiased
280	**analysis** [ənǽləsis]	명 분석
		파 analyze 타 분석하다

The concept of wealth is relative, since it is not only the amount of money and property you possess but also the quality of your life overall.

부의 개념은 상대적인 것이다. 왜냐 하면, 부란 갖고 있는 돈이나 재산의 양만이 아니라 전체로서의 인생의 질이기도 하기 때문이다.

281	**wealth** [wélθ]	명 부, 재산 / 파 wealthy 형 부유한, 풍부한
282	**relative** [rélətiv]	형 상대적인, 비교상의, (~에) 관계가 있는, 명 친척 / 늑유 comparative 형 상대적인, 비교상의
283	**amount** [əmáunt]	명 양, 총계, 합계, 자 총계 (~이) 되다 / 늑유 quantity 명 양
284	**possess** [pəzés]	타 가지다, 소유하다, / 늑유 have
285	**quality** [kwáləti]	명 질, 특질, 형 질이 높은

The book is a very amusing tale of a cosmic explorer who travels to a remote planet where the locals worship him as a god.

이 책은 주민들이 자신을 신으로 숭배하는 멀리 떨어진 행성을 여행하는 우주탐험가에 대한 매우 재미있는 이야기이다.

286	**amusing** [əmjúːziŋ]	형 유쾌한, 재미있는 / 늑유 entertaining
287	**cosmic** [kázmik]	형 우주의 / 늑유 universal
288	**remote** [rimóut]	형 먼, 먼 곳의, 외딴 / 늑유 distant
289	**planet** [plǽnit]	명 행성 / 파 planetary 형 행성의, 행성과 같은
290	**worship** [wɔ́ːrʃip]	타 숭배하다 명 숭배 / 늑유 idolize 타 숭배하다

This course's curriculum aims to educate students on the role of the subconsciousness in controlling bodily functions and growth.

강좌의 교과과정은 신체적 기능이나 성장을 조정할 때의 잠재의식이 가지는 역할에 대해서 학생을 교육하는 것을 목적으로 하고 있다.

291	**curriculum** [kəríkjələm]	명 교육과정, 커리큘럼 curriculum vitae 이력서
292	**aim** [éim]	타 겨냥을 하다, 자 노리다, 목표삼다, 명 목표
293	**educate** [édʒukèit]	타 교육하다 ≒유 instruct, teach
294	**subconsciousness** [sʌbkánʃəsnəs]	명 잠재의식 파 subconscious 형 잠재의식의
295	**function** [fʌ́ŋkʃən]	명 기능, 역할, 자 기능하다, 역할을 다하다 ≒유 role 명 역할

The explorers assumed that the abandoned castle contained all kinds of treasure, but all they found was worms and dirt.

탐험가들은 그 버려진 성에는 여러 종류의 보물이 있다고 추정했는데, 발견한 것은 벌레와 진흙뿐이었다.

296	**assume** [əsjúːm]	타 추정하다, 가정하다, ~인 체하다 ≒유 suppose
297	**abandon** [əbǽndən]	타 버리다, 버려두다 ≒유 leave, forsake, cast aside
298	**castle** [kǽsl]	명 성
299	**treasure** [tréʒər]	명 보물, 귀중품, 타 소중히 하다 ≒유 riches, valuables, wealth, fortune 명 부, 귀중품
300	**worm** [wə́ːrm]	명 벌레, 기생충

Drivers on this narrow road must yield to cars coming from the opposite direction, which creates a hazard for those who are not accustomed to the conditions.

이 좁은 도로에서 차를 운전하는 사람은 반대 방면에서 오는 차에 길을 양보하지 않으면 안 되고, 이런 상황에 익숙해져 있지 않은 사람으로서 위험요소가 되고 있다.

301	**narrow**	형 좁은, 타 좁게 하다
	[nǽrou]	늑유 slender, slim
302	**yield**	자 길을 양보하다, 지다, 굴복하다
	[jíːld]	늑유 submit, surrender 자 지다, 굴복하다
303	**opposite**	형 반대의
	[ápəzit]	파 opposition 명 반대, 저항, 방해
304	**hazard**	명 위험한 것, 위험, 타 위태롭게 하다
	[hǽzərd]	늑유 danger, peril, risk
305	**accustomed**	형 익숙한
	[əkʌ́stəmd]	be accustomed to ~ ~에 익숙해 있다

The politician took time in his speech to acknowledge how loyal his supporters had been during the incident involving the mine workers.

그 정치가는 자신의 연설에서 시간을 내, 광산노동자에 관련된 사건의 와중에 지지자가 얼마나 충실하게 해주었는지 감사를 표시했다.

306	**politician**	명 정치가
	[pàlətíʃən]	늑유 statesman
307	**acknowledge**	타 감사의 뜻을 표하다, (진실이라고) 인정하다
	[əknálidʒ]	늑유 recognize, realize 타 (진실이라고) 인정하다
308	**loyal**	형 충실한
	[lɔ́iəl]	늑유 faithful
309	**incident**	명 사건, 사고
	[ínsədənt]	늑유 event, occurrence 명 사건, 생긴 일
310	**involve**	타 관계시키다, 말려들게 하다, 수반하다, 포함하다
	[inválv]	늑유 include, contain, cover 타 포함하다

To prevent an explosion, remove the flask from the flame immediately at the first instance of any vapors or smoke.

폭발을 막기 위해서 기체 혹은 연기가 조금이라도 처음 나타난 단계에서 즉각 화염으로부터 플라스크를 이동시켜라.

1
UNIT 4

311	**prevent**	타 막다, 방해하다
	[privént]	늑유 block 타 방해하다
312	**remove**	타 이동시키다, 제거하다, 해임하다
	[rimúːv]	늑유 eliminate, exclude 타 제거하다
313	**flame**	명 불길, 불꽃, 화염, 자 타오르다
	[fléim]	늑유 fire, blaze
314	**immediately**	부 즉시, 곧
	[imíːdiətli]	늑유 instantly, at once
315	**instance**	명 단계, 경우, 예
	[ínstəns]	늑유 example 명 예

The versatile painter is admired for her portrait of the President as well as her vivid modern art pieces.

그 재주가 많은 화가는, 그녀의 생생한 현대미술작품은 물론 대통령의 초상화에서도 칭찬받고 있다.

316	**versatile**	형 재주가 많은, 다예(多藝)한, 다능의
	[və́ːrsətl]	늑유 all-around
317	**admire**	타 칭찬하다, 감복하다
	[ədmáiər]	늑유 respect, appreciate, praise
318	**portrait**	명 초상화, 묘사
	[pɔ́ːrtrət, -treit]	늑유 painting, picture
319	**president**	명 대통령, 사장, 총재, 학장
	[prézidənt]	늑유 head, chief, leader
320	**vivid**	형 생생한, 선명한
	[vívid]	늑유 bright, brilliant

When all passengers were aboard the plane, the attendants put their baggage in the compartments and prepared for the plane to accelerate and roar down the runway.

승객 전원이 비행기에 탑승하자 승무원은 수하물을 칸막이방에 넣고, 비행기가 가속하여 활주로를 질주하는 것에 대비했다.

321	**aboard** [əbɔ́ːrd]	전 탑승하여 파 board 타 올라타다
322	**baggage** [bǽgidʒ]	명 수하물, 하물 늘유 luggage
323	**prepare** [pripɛ́ər]	자 준비하다, 타 채비하다, 각오를 갖게 하다 늘유 arrange
324	**accelerate** [əksélərèit, æk-]	자 가속하다, 타 가속하다, 촉진하다 파 acceleration 명 가속
325	**roar** [rɔ́ːr]	자 질주하다, 으르렁거리다, 명 으르렁거리는 소리

The political party's faithful supporters were united in their opinion that the opposition party's leaders could not govern and had accomplished nothing.

그 정당의 충실한 지지자들은 야당의 지도자가 통치를 행하는 것은 불가능하고, 지금까지 어떤 일도 성취하지 않았다는 의견으로 단결했다.

326	**faithful** [féiθfl]	형 충실한, 믿을 수 있는 늘유 trustful, sincere
327	**unite** [juːnáit]	타 단결시키다, 결합하다, 자 단결하다, 결합하다 늘유 join, link, connect, combine
328	**opinion** [əpínjən]	명 의견, 생각, 사고방식, 평가 늘유 thought, view, belief
329	**govern** [gʌ́vərn]	자 통치하다, 타 통치하다, 지배하다 늘유 rule
330	**accomplish** [əkámpliʃ]	타 성취하다, 달성하다 늘유 achieve, perform, realize, attain

The **shipping** company **employs** over 500 **temporary** workers, **mostly** immigrants, for its **global** delivery service.

그 수송회사는 세계적 규모의 배송서비스를 위해서 주로 이민이 차지하는 500명 남짓한 임시직원을 고용하고 있다.

331	**shipping** [ʃípiŋ]	명 수송, 출하
		늑유 transportation
332	**employ** [emplɔ́i]	타 고용하다, 사용하다
		늑유 hire
333	**temporary** [témpərèri]	형 임시의, 일시적인
		늑유 impermanent
334	**mostly** [móustli]	부 주로
		늑유 primarily, mainly, principally, chiefly
335	**global** [glóubl]	형 세계적 규모의, 세계적인, 지구 규모의
		늑유 worldwide, universal

Statistics prove that there is a **significant trend** toward bad behavior among teens whose parents are too **strict**.

통계에 의하면, 너무 엄격한 보호자를 갖는 10대 젊은이들 사이에서 품행이 불량해지는 현저한 경향이 보이는 것을 알 수 있다.

336	**statistics** [stətístiks]	명 통계, 통계학, 통계숫자
337	**prove** [prúːv]	자 (~임을) 알다, 타 증명하다
		늑유 demonstrate, verify 타 증명하다
338	**significant** [signífikənt]	형 현저한, 중요한, 상당히 많은
		늑유 major, important, dominant
339	**trend** [trénd]	명 경향, 유행
		늑유 tendency
340	**strict** [stríkt]	형 엄격한, 엄밀한
		늑유 stringent, severe, stern, harsh, rigid

Though his fall only caused minor harm, he took caution not to injure himself any further and rested to heal his wounds.

낙하에 의해서 생긴 것은 사소한 손상이었지만, 그는 그 이상 자신을 상하게 하는 일이 없도록 조심했고, 상처를 치료하기 위해 쉬었다.

341	**minor** [máinər]	형 사소한, (2개중) 적은 쪽의 늑유 insignificant, lesser
342	**harm** [háːrm]	명 손상, 손해, 위해, 타 해하다, 해를 주다 늑유 damage 명 해, 손해
343	**caution** [kɔ́ʃən]	명 주의, 경고, 타 경고하다 늑유 alterness, care, attention 명 주의, 경계
344	**injure** [índʒər]	타 상처를 주다, 다치게 하다 늑유 hurt
345	**heal** [híːl]	타 치료하다, 고치다 늑유 cure, remedy, treat

The children had a pleasant time playing their merry games until one started a physical quarrel with one of the more passive boys.

어린이들은 즐거운 놀이를 하면서 즐거운 시간을 보내고 있었는데, 마지막에는 한 어린이가 어느 정도 활기없는 남자어린이들과 몸싸움을 시작했다.

346	**pleasant** [plézənt]	형 유쾌한, 즐거운 늑유 enjoyable, happy, joyful
347	**merry** [méri]	형 즐거운 늑유 happy, joyful, gay, jolly
348	**physical** [fízikl]	형 육체의 늑유 bodily
349	**quarrel** [kwɔ́ːrəl]	명 싸움, 말다툼, 자 싸우다, 다투다 늑유 squabble
350	**passive** [pǽsiv]	형 활동적이 아닌, 수동적인, 소극적인 늑유 inactive

It is truly a pity that future generations will not be able to stroll through this pretty meadow and plant trees in its rich soil.

앞으로의 세대가 이 아름다운 초원을 빠져나와 산책하고, 풍요로운 토양에 나무를 심을 수 없게 된다는 것은 실로 유감스러운 일이다.

1
UNIT 4

351	**pity** [píti]	명 애석한 일, 불쌍히 여김, 동정, 타 불쌍히 여기다 능유 condolence, sympathy 명 불쌍히 여김, 동정
352	**generation** [dʒènəréiʃən]	명 세대
353	**stroll** [stróul]	자 산책하다, 어슬렁거리다 능유 amble
354	**pretty** [príti]	형 아름다운, 예쁜 능유 attractive, lovely, charming
355	**soil** [sɔ́il]	명 토양, 흙, 토지 능유 ground, land 명 토지

The child took a leaf from the plant and pretended that it contained poison, much to the alarm of his mother.

어머니가 무척 놀랍게도, 어린이가 식물로부터 잎을 한 장 따서 거기에 독이 있는 듯한 손짓을 해보였다.

356	**leaf** [líːf]	명 잎, (책종이의) 한 장(2페이지)
357	**plant** [plǽnt]	명 식물 plant kingdom 식물계
358	**pretend** [priténd]	타 가장하다 능유 act, dissemble
359	**poison** [pɔ́izn]	명 독, 독물, 타 독을 넣다 능유 venom 명 독
360	**alarm** [əlá:rm]	명 경보, 경고, 놀람, 타 놀라게 하다 능유 warning, caution 명 경고

It would be an honor to accept your invitation to join your metalworkers' union.

당신의 금속공조합에 참가해달라는 권유에 응하는 것을 영광스럽게 생각합니다.

361	honor	명 영광, 명예, 경의, 타 존경하다, 명예를 주다
	[ánər]	늑유 credit, distinction 명 영예
362	accept	타 응하다, 받아들이다, 인정하다
	[æksépt, əksépt]	늑유 take
363	invitation	명 권유, 초대
	[ìnvitéiʃən]	파 invite 타 초대하다
364	join	타 참가하다, 결합하다, 연결하다, 자 합하다, 만나다
	[dʒɔ́in]	늑유 participate 자 참가하다
365	union	명 조합
	[júːnjən]	늑유 association, guild

She assured me that remaining calm would best enable me to handle the crisis.

그녀는 침착한 채로 있음으로써 가장 잘 위기에 대처할 수가 있을 것이라고 나에게 보증했다.

366	assure	타 보증하다, 납득하다, 확신하다
	[əʃúər]	늑유 declare, affirm
367	remain	자 남다, ~한 대로 있다
	[riméin]	
368	calm	형 침착한, 온화한, 자 침착하다
	[káːm]	늑유 serene, peaceful, tranquil 형 평화로운
369	enable	타 가능하게 하다
	[enéibl]	늑유 allow, permit

She left in a haste and neglected to take out the trash, which she didn't realize until her neighbors complained about the tremendous smell.

그녀는 바삐 떠나서 쓰레기를 제거하는 것을 게을리해버렸으며, 이웃들이 지독한 냄새에 대해 불평하기까지 그 점을 알아차리지 못했다.

1
UNIT 4

370	**haste** [héist]	명 급함, 서두름
		늑유 speed, rapidity
371	**neglect** [niglékt]	타 게을리하다, 무시하다, 명 태만, 무시, 방치
		늑유 disregard, ignore　타 무시하다
372	**trash** [træʃ]	명 쓰레기
		늑유 garbage, refuse
373	**realize** [ríːəlàiz]	타 알아차리다, 깨닫다, 실현하다
		늑유 acknowledge, recognize
374	**tremendous** [triméndəs]	형 굉장한, 거대한, 막대한, 매우 큰
		늑유 enormous, huge, vast, gigantic

If you reject this offer, you may never attain the fame that you have desired for so long.

만일 당신이 이 제안을 거부한다면, 오랫동안 소망해왔던 명성을 손에 넣는 것은 결코 없을지도 모른다.

375	**reject** [ridʒékt]	타 거절하다
		늑유 refuse
376	**offer** [ɔ́(ː)fər]	명 제안, 제공, 신청, 타 제공하다, 신청하다
		파 offering　명 공물, 제물, 헌금
377	**attain** [ətéin]	타 손에 넣다, 획득하다
		늑유 reach, achieve
378	**fame** [féim]	명 명성, 평판
		늑유 renown, eminence
379	**desire** [dizáiər]	타 바라다, 명 요구, 욕구
		늑유 wish

The **poet** was known for **occasionally** missing **deadlines** and giving no **notice** to publishers **beforehand**.

그 시인은 때때로 마감시간을 지키지 않고, 또 출판사에 미리 통지를 하지 않는 것으로 유명했다.

380 ☑	**poet** [póuət]	명 시인	
381 ☑	**occasionally** [əkéiʒənəli]	부 때때로, 가끔	
		능유 on occasion, sometimes, once in a while	
382 ☑	**deadline** [dédlàin]	명 마감시간, 최종 기한	
383 ☑	**notice** [nóutəs]	명 통지, 게시, 주의, 타 알아차리다, 통지하다	
		능유 information, announcement 명 통지	
384 ☑	**beforehand** [bifɔ́:rhæ̀nd]	부 미리	

The foot that he **hurt** in the game began to **swell** and became so **sore** he had to have an **operation** to fix his **smashed** toe.

시합에서 다친 발이 붓기 시작해 매우 아파졌기 때문에 그는 으깨진 발끝을 치료하기 위해서 수술을 받아야 했다.

385 ☑	**hurt** [hə́:rt]	타 다치게 하다, 자 아프다, 고통을 주다, 명 상처
		능유 injure 타 다치게 하다, 상처를 입히다
386 ☑	**swell** [swél]	자 부어오르다, 부풀다, 증가하다, 타 증대시키다
		능유 increase, grow 자 증가하다
387 ☑	**sore** [sɔ́:r]	형 아픈
		능유 painful, aching
388 ☑	**operation** [àpəréiʃən]	명 수술, 조작, 활동, 군사행동
		파 operate 타 조작하다 자 수술하다
389 ☑	**smash** [smǽʃ]	타 강타하다, 분쇄하다, 자 박살내다, 명 분쇄, 대성공
		능유 break, crash

The council proposed a solution to the waste disposal problem that looks promising.

위원회는 폐기물 처리문제에 대한 실현 가망이 있을 것 같은 해결책을 제안했다.

1
UNIT 4

390	**council** [káunsl]	명 위원회 늑유 board, committee
391	**propose** [prəpóuz]	타 제안하다 늑유 suggest, come up with ~
392	**solution** [səljú:ʃən]	명 해결, 해답, 용해 늑유 answer 명 해답
393	**waste** [wéist]	명 폐기물, 쓰레기, 낭비, 타 낭비하다, 형 황폐한 늑유 rubbish, garbage, trash 명 쓰레기
394	**promising** [práməsiŋ]	형 가망 있는, 장래유망한 늑유 hopeful, encouraging

The large corporation's purchase of the smaller company led to a reduced profit in the third quarter.

그 대기업이 작은 규모의 회사를 매수함으로써 3/4분기에 있어서 수익의 감소를 결과로서 가져왔다.

395	**purchase** [pə́:rtʃəs]	명 매수, 구입, 구입품, 타 사다 늑유 buy
396	**lead** [lí:d]	자 통하다, 이르다, 타 이끌다, (~의 앞을) 가다 lead to 결과로서 ~이 되다
397	**reduce** [ridʒú:s]	타 줄이다, 떨어뜨리다, 바꾸다, 자 감소하다 늑유 lessen 타 줄이다
398	**profit** [práfit]	명 수익, 이익, 소득, 자 이익을 얻다 늑유 gain, benefit
399	**quarter** [kwɔ́:rtər]	명 4분의 1, 4반기, 25센트, 15분

The girl showed no emotion and shrugged her slender shoulders when told she was being stalked by a man holding a whip.

소녀는 채찍을 가진 남자가 슬그머니 접근한다는 이야기를 들었어도 감정을 나타내지 않고 가느다란 어깨를 으쓱했다.

400	**emotion** [imóuʃən]	명 감정 / 늑유 feeling, sentiment, passion
401	**shrug** [ʃrʌ́g]	타 (어깨를) 으쓱하다 / shrug one's shoulders 어깨를 으쓱하다
402	**slender** [sléndər]	형 가느다란, 훌쭉한 / 늑유 thin, slim
403	**stalk** [stɔ́:k]	타 살그머니 접근하다 / 늑유 pursue, chase, follow, shadow
404	**whip** [hwíp]	명 채찍 / 늑유 lash

He gave a hug to his fellow travelers and wandered off in the direction of the horizon.

그는 여행동료들을 꼭 껴안아 주고서 지평선 방향으로 걸어나갔다.

405	**hug** [hʌ́g]	명 꼭 껴안음, 포옹, 타 꼭 껴안다, 자 바싹 붙다 / 늑유 embrace
406	**fellow** [félou]	명 동료 / 늑유 friend, companion, colleague
407	**wander** [wɑ́ndər]	자 (걸어서) 돌아다니다, 헤매다, 어슬렁거리다 / 늑유 roam, stroll
408	**direction** [dirékʃən, dai-]	명 방향, 지휘, 지시 / 늑유 command, order, instruction 명 지휘, 지시
409	**horizon** [həráizn]	명 지평선, 수평선 / 늑유 skyline

The **quiz consisted** of a **sequence** of **rapid** questions which were designed to test the **mental** skills of students.

그 테스트는 학생의 지적능력을 조사하는 것을 목적으로 만들어진, 일련의 빠른 설문으로 구성되어 있었다.

1
UNIT 5

410	**quiz** [kwíz]	명 질문, 간단한 테스트
		늑유 test
411	**consist** [kənsíst]	자 (-으로) 되다, (부분·요소로) 이루어져 있다
		파 consistent 형 일치하는, 시종일관된
412	**sequence** [síːkwəns]	명 연속(하는 것), 순서, 장면
		늑유 succession 명 연속
413	**rapid** [rǽpid]	형 급속한, 빠른, 명 쾌속전차
		늑유 quick, fast 형 급속한, 빠른
414	**mental** [méntl]	형 정신의, 지적인, 지력의
		늑유 intellectual 형 지적인, 지력의

These candidates are not **likely** to **inspire** the **ignorant** citizens of this state to **engage** themselves in the political **process**.

이러한 후보자들이 이 주의 무지한 시민을 그 정치과정, 즉 선거에 참여하도록 그들을 감동시킬 전망은 희박하다.

415	**likely** [láikli]	형 있음직한, -할 것 같은, 정말 같은
		늑유 apt 형 -할 것 같은
416	**inspire** [inspáiər]	타 고무하다, 고취하다, 발분시키다
		늑유 encourage
417	**ignorant** [ígnərənt]	형 무지한, 모르는
		늑유 unaware 형 모르는
418	**engage** [engéidʒ]	타 종사시키다, 자 종사하다
		늑유 occupy 타 종사시키다
419	**process** [práses]	명 과정, 경과
		늑유 operation, step

A special antenna is attached to the TV that permits the user to receive broadcasts via satellite.

이용자가 위성중계로 방송을 수신하는 것을 가능하게 하는 전용 안테나가 TV에 부착되고 있다.

420	**attach** [ətǽtʃ]	타 붙이다, 달다 ≒유 fasten, fix
421	**permit** 동 [pəːrmít] 명 [pə́ːrmit]	타 가능하게 하다, 허락하다, 명 허가, 허가증 ≒유 allow, enable　타 허락하다, 가능하게 하다
422	**receive** [risíːv]	타 수신하다, 받다 ≒유 get
423	**via** [váiə, víːə]	전 (-을) 거쳐, -경유하여 ≒유 by way of ~
424	**satellite** [sǽtəlàit]	명 위성 satellite town 위성도시

He was found in the suit to be liable for damages totaling exactly $10,000 for his role in causing the car crash.

차 충돌사고를 일으킨 데에서 그가 한 역할에 대해 총액으로 정확히 1만 달러의 손해배상 책임이 그에게 있다고 소송에서 밝혀졌다.

425	**suit** [súːt]	명 소송, 타 (-에) 어울리다, (-에) 적합하다 ≒유 lawsuit, courtcase　명 소송
426	**liable** [láiəbl]	형 책임이 있는, -하기 쉬운, (-에) 걸리기 쉬운 ≒유 responsible　형 책임이 있는
427	**exactly** [igzǽktli]	부 정확하게, 엄밀히 ≒유 just　부 정확히
428	**role** [róul]	명 역할, (배우의) 배역 ≒유 function　명 역할
429	**crash** [krǽʃ]	명 충돌, 추락, 충격음, 자 돌격하다, 추락하다 ≒유 collision　명 충돌

The manual for this computer includes a useful section that describes the inner workings in very clear terms.

이 컴퓨터의 취급설명서에는 매우 알기 쉬운 말로 내부 구조를 설명하고 있는 유익한 항목이 포함되어 있다.

1
UNIT 5

430	**manual** [mǽnjuəl]	명 취급설명서 / ≒유 handbook, guidebook
431	**include** [inklúːd]	타 포함하다 / ≒유 contain, hold
432	**useful** [júːsfl]	형 유익한, 도움이 되는 / ≒유 helpful
433	**describe** [diskráib]	타 설명하다, 묘사하다 / ≒유 portray, depict
434	**inner** [ínər]	형 내부의 / ≒유 internal

Though their duties on the job hardly differ at all, their monthly incomes are far from equal.

그들의 업무상 임무가 거의 다르지 않음에도 불구하고 그들의 월수입은 결코 동등하지 않다.

435	**duty** [djúːti]	명 임무, 의무, 의리, 관세 / ≒유 responsibility, obligation 명 책무, 의무
436	**hardly** [háːrdli]	부 거의 ~ 않다 / ≒유 scarcely
437	**differ** [dífər]	자 다르다, 틀리다 / ≒유 vary
438	**income** [ínkʌm]	명 수입, 소득 / ≒유 revenue
439	**equal** [íːkwəl]	형 같은, 필적하는, 타 (–과) 같다, (–에) 필적하다 / ≒유 same 형 같은

In the homework assigned by the teacher, students had to draw a circle around the two objects that are alike on each page.

선생님이 낸 숙제에서 학생들은 각 페이지의 매우 비슷한 두 개의 물체 주위에 원을 그리지 않으면 안 되었다.

440 ✓	**assign** [əsáin]	타 할당하다, 임명하다
		늑유 allocate, allot 타 할당하다
441 ✓	**draw** [drɔ́:]	타 그리다, 끌다, 끌어당기다, 명 끌기, 당김
		늑유 sketch, depict 타 그리다
442 ✓	**circle** [sə́ːrkl]	명 원, 동료, 주기(週期)
		늑유 ring 명 원
443 ✓	**object** 명 [ábdʒikt] 동 [əbdʒékt]	명 물체, 대상, 목적, 자 타 반대하다
		늑유 purpose 명 목적
444 ✓	**alike** [əláik]	형 매우 닮은, 서로 같은
		늑유 similar

He begged the phone company to allow him to pay his bill the following month, but they refused and terminated his service.

그는 계산서를 다음 달에 지불하는 것을 허락하도록 전화회사에 부탁했는데, 전화회사는 거부하고 서비스를 종결하였다.

445 ✓	**beg** [bég]	타 청하다, 빌다, 구하다, 자 청하다, 빌다
		늑유 plead, implore
446 ✓	**allow** [əláu]	타 허락하다, 허가하다
		늑유 permit
447 ✓	**bill** [bíl]	명 계산서, 청구서, 지폐, 법안, 타 청구하다
		늑유 check 명 청구서
448 ✓	**refuse** [rifjúːz]	자 타 거부하다, 거절하다
		늑유 decline, turn down
449 ✓	**terminate** [tə́ːrmənèit]	타 끝내다, 종결시키다
		늑유 halt, stop

The student said she was absent from her test because she was awake until 3 a.m. the previous evening, but her professor failed her nevertheless.

그 학생은 전날 밤에 오전 3시까지 일어나 있었기 때문에 시험에 결석했다고 했지만, 그래도 역시 교수는 그녀를 불합격으로 했다.

1
UNIT 5

450	**absent**	형 결석의, 부재의
✓	[ǽbsənt]	반 present 형 출석하고 있는
451	**awake**	형 깨어서, 자지 않고, 타 깨우다, 자 (잠에서) 깨다
✓	[əwéik]	파 awakening 명 눈뜸, 각성
452	**previous**	형 전의, 이전의
✓	[príːviəs]	늑유 preceding
453	**fail**	타 불합격으로 하다, 게을리하다, 자 실패하다
✓	[féil]	파 failure 명 실패
454	**nevertheless**	부 그럼에도 불구하고
✓	[nèvərðəlés]	늑유 nonetheless

I scarcely had any reason to buy such an expensive car; I merely felt an impulse at the sight of its beautiful design.

그런 고급차를 살 이유는 나에게는 거의 없었다. 다만 그 아름다운 디자인을 보고 충동을 느꼈을 뿐이다.

455	**scarcely**	부 거의 ~ 않다
✓	[skέərsli]	늑유 hardly
456	**reason**	명 이유, 이성, 자 추론하다
✓	[ríːzn]	늑유 ground 명 이유
457	**merely**	부 다만, 단지
✓	[míərli]	늑유 only, just
458	**impulse**	명 충동
✓	[ímpʌls]	늑유 urge
459	**sight**	명 보는 것, 시계(視界), 광경, 시력
✓	[sáit]	늑유 view, vision 명 시계

Somehow the man entered the hotel rooms by force and robbed the guests of over a million dollars worth of jewelry.

어떻게든 하여 그 남자는 호텔방에 강제로 들어가서, 100만 달러가 넘는 금액에 상당하는 보석류를 숙박객으로부터 빼앗았다.

460	**somehow** [sʌ́mhàu]	부 어떻게든 하여, 어쨌든, 여하튼 ≒유 by some means, in some why 어떻게든 하여
461	**enter** [éntər]	타 들어가다, 기입하다 파 entrance 명 입구, 들어감
462	**force** [fɔ́ːrs]	명 힘, 폭력, 군대, 타 강제하다, 억지로 ~ 시키다 ≒유 energy, strength 명 힘
463	**rob** [ráb]	타 빼앗다 파 robbery 명 도난(사건) 파 robber 도둑
464	**million** [míljən]	명 100만 파 millionaire 명 백만장자

One factor in the enterprise's decision to locate its headquarters near the border is that it could more easily conduct trade with the neighboring country.

그 기업이 국경 부근에 본사를 두는 것을 결정한 하나의 요인은, 이웃나라와의 무역을 더욱 하기 쉽게 될 것이라는 것이다.

465	**factor** [fǽktər]	명 요인, 요소 ≒유 element
466	**enterprise** [éntərpràiz]	명 기업, 사업
467	**locate** [lóukeit]	타 (점포, 사무소 등을) 두다, 위치하다 ≒유 situate 타 위치하다
468	**border** [bɔ́ːrdər]	명 국경, 국경지대, 경계 ≒유 boundary
469	**trade** [tréid]	명 무역, 장사, 자 무역하다, 타 매매하다 ≒유 commerce, dealing 명 상업, 통상

The financial company is promoting a fund that they promise will collect 7% interest over a five-year period regardless of economic conditions.

그 금융회사는 5년간에 걸쳐서 경제상황에 관계없이 7%의 이자를 얻는다고 그 회사가 약속하는 펀드를 장려하고 있다.

1
UNIT 5

470	**promote** [prəmóut]	타 장려하다, 촉진하다, 승진시키다
		늑유 foster 타 촉진하다
471	**promise** [prɑ́məs]	타 약속하다
		늑유 swear
472	**interest** [íntərəst, -èst]	명 이자, 관심, 이해(관계), 타 흥미를 갖게 하다
473	**period** [píəriəd]	명 기간, 시대
		늑유 era 명 시대
474	**regardless** [rigɑ́ːrdləs]	형 (-을) 개의치 않고, (-에) 관계없이
		regardless of ~

She is very fond of fine stationery and bought a set of plain envelopes that cost over $100.

그녀는 상질의 문방구를 가장 좋아해서 100달러를 상회하는 값의 무늬 없는 봉투를 한 세트 샀다.

475	**fond** [fánd]	형 좋아서, 애정 있는, 다정한
		be fond of ~ ~을 좋아하다
476	**fine** [fáin]	형 상질의, 쾌청한, 원기왕성한, 미세한
		늑유 excellent, first-class, exceptional 형 상질의
477	**plain** [pléin]	형 무늬없는, 평이한, 단순한, 명 평지, 평야
		늑유 simple 형 단순한
478	**envelope** [énvəlòup, án-]	명 봉투
		파 envelop 타 싸다, 덮다
479	**cost** [kɔ́ːst]	타 비용이 들다, (비용)을 요하다, 명 비용, 희생
		파 costly 형 값이 비싼, 손실이 큰

CEO는 회의에 참석했으며, 그가 사임할 것인지 질문을 받자 부끄러워하는 모습으로, 그리고 겁먹은 태도로 고개를 끄덕였다.

480	present 형 명 [préznt] 동 [prizént]	형 참석하여, 현재의, 명 현재, 타 주다 반 absent 형 부재의, 없는
481	ashamed [əʃéimd]	형 부끄러이 여겨, 수줍어하여 ≒유 humiliated
482	nod [nάd]	자 끄덕이다, 수긍하다, 명 끄덕임, 묵례
483	timid [tímid]	형 겁에 질린, 두려워하는 ≒유 shy, bashful 형 수줍어하는
484	resign [rizáin]	자 사직하다, 그만두다, 타 사임하다, 사직하다 ≒유 leave, quit, give up

일부 식품이 지방자치단체로부터 승인받지 못한 재료를 포함하고 있다는 이유로, 그 회사는 수입한 스넥식품의 모든 출하를 회수해야 했다.

485	recall 동 [rikɔ́ːl] 명 [rikɔ́ːl, ríːkɔːl]	타 회수하다, 생각해내다, 명 리콜 ≒유 remember, recollect 타 생각해내다
486	entire [entáiər]	형 전체의, 완전한 ≒유 whole
487	import 동 [impɔ́ːrt] 명 [ímpɔːrt]	타 수입하다, 명 수입, 수입품 반 export 타 수출하다, 명 수출, 수출품
488	contain [kəntéin]	타 포함하다, 담고 있다, 내포하다 ≒유 include 타 포함하다
489	approve [əprúːv]	타 허가하다, 승인하다, 찬성하다, 자 승인하다 ≒유 accept, agree

The detective **indicated** that the **missing element** in this case would have no **effect** on its **legal** outcome.

그 형사는 이번 사건에서 누락된 요소가 법률상의 결과에 미치는 영향은 없을 것이라고 지적했다.

UNIT 5

490	**indicate** [índikèit]	타 지적하다, 지시하다, 가리키다 늑유 point out ~, show
491	**missing** [mísiŋ]	형 결여되어 있는, 누락된, (있어야 할 곳에) 없는 늑유 lost
492	**element** [éləmənt]	명 요소 늑유 factor
493	**effect** [ifékt]	명 영향 늑유 influence
494	**legal** [líɡl]	형 법률상의, 적법의 늑유 legitimate, valid, lawful 형 적법의

Residents of the **region** felt **bitter** that the woman who **represents** them in Congress seemed **indifferent** to the concerns of the **common** people.

그 지역 주민들은 연방회의에서 자신들을 대표하고 있는 그 여성이 일반인의 관심사에 무관심한 것 같아서 분개하였다.

495	**region** [ríːdʒən]	명 지역 늑유 site, area
496	**bitter** [bítər]	형 분개한, 쓴, 신, 통렬한 늑유 resentful, acrimonious 형 분개한
497	**represent** [rèprizént]	타 대표하다, 묘사하다 늑유 stand for ~
498	**indifferent** [indífərənt]	형 무관심한 늑유 unconcerned, careless
499	**common** [kámən]	형 일반의, 공통의, 널리 알려진 늑유 ordinary, general, universal

My dog is usually quite tame, but it is possible that if teased too much he may show his real temperament and behave like a savage beast.

우리 개는 평상시에는 완전히 유순하지만, 너무 괴롭힘을 당하면 진짜 기질을 나타내 맹수같이 행동하는 경우도 있다.

500	**tame** [téim]	형 길든, 길러 길들인, 유순한
		늘유 docile, obedient, domesticated
501	**possible** [pásəbl]	형 가능한, 실행할 수 있는
		늘유 feasible, practicable
502	**tease** [tíːz]	타 괴롭히다, 못살게 굴다
		늘유 torment
503	**temperament** [témpərəmənt]	명 기질
		늘유 disposition, nature
504	**savage** [sǽvidʒ]	형 야만적인, 미개의
		늘유 uncivilized, untamed

The committee was praised by the mayor for the progress they had displayed and was urged to continue looking for ways to attract business to the city.

위원회는 스스로 보인 진보에 대해 시장에게 칭찬받았으며, 시에 사업을 유치하는 방법을 계속해서 모색해 나가도록 권고받았다.

505	**praise** [préiz]	타 칭찬하다, 찬미하다
		늘유 applaud
506	**progress** [prágres]	명 진보
		늘유 advancement
507	**display** [displéi]	타 보이다, 펴다, 진열하다
		늘유 show, exhibit
508	**continue** [kəntínjuː]	타 계속하다, 자 계속되다
		늘유 last 자 계속되다
509	**attract** [ətrǽkt]	타 유치하다, 끌어당기다, 끌다
		늘유 draw

The survey shows a split in public sentiment toward the tactics the president is using to gain support for his war.

이 조사는 대통령이 전쟁에 대한 지지를 얻기 위해서 사용하고 있는 책략에 대한 국민정서의 분열을 보여주고 있다.

1
UNIT 6

510	**split** [splít]	명 분열, 타 찢다, 자 찢어지다
		늑유 break, cut
511	**public** [pʌ́blik]	형 일반국민의, 공공의, 공중의
		늑유 civil
512	**sentiment** [séntəmənt]	명 감정
		늑유 emotion, feelings
513	**tactics** [tǽktiks]	명 정략, 전략
		늑유 strategy
514	**gain** [géin]	타 얻다, 자 이익을 얻다, 명 이익
		늑유 obtain, get, acquire 형 얻다

When I glanced at the document, I was curious as to why so many apparent errors had not been corrected.

그 서류를 흘끗 보았을 때, 나는 그렇게 많은 분명한 잘못이 왜 정정되지 않았는지 알고 싶었다.

515	**glance** [glǽns]	자 흘끗 보다
		늑유 glimpse
516	**document** [dákjəmənt]	명 서류
		파 documentary 형 서류의, 문서의, 기록에 의한
517	**curious** [kjúəriəs]	형 사물을 알고 싶어하는, 호기심 있는
		늑유 inquisitive, interested
518	**apparent** [əpǽrənt]	형 분명한, 또렷한
		늑유 manifest, plain, obvious
519	**correct** [kərékt]	타 정정하다, 수정하다, 형 올바른
		늑유 remedy, rectify 타 교정하다

My father possesses more courage and wisdom than ordinary people, a fact that will probably not be recognized until after he is gone.

나의 아버지는 보통의 사람들보다도 용기와 지혜가 있는데, 그것은 아마도 아버지가 돌아가시기까지는 인정되지 않는 사실일 것이다.

520	**courage** [kə́:ridʒ]	명 용기
		늒유 bravery, fearlessness
521	**wisdom** [wízdəm]	명 지혜
		늒유 sageness, cleverness
522	**ordinary** [ɔ́:rdənèri]	형 보통의
		늒유 usual, common
523	**probably** [prɑ́bəbli]	부 아마도
		늒유 likely, perhaps, maybe
524	**recognize** [rékəgnàiz]	타 인정하다, 알아보다, 보고 곧 알다
		늒유 acknowledge, accept, admit 타 인정하다

The agriculture department seized the shipment of rare seeds which were on the list of prohibited flora and fauna.

농무부는 금지된 동식물 리스트에 올라 있는 희소종의 선적을 압수했다.

525	**seize** [síːz]	타 압수하다, 몰수하다, 꽉 (움켜) 쥐다
		늒유 confiscate
526	**rare** [réər]	형 희소한, 드문
		늒유 infrequent, uncommon
527	**seed** [síːd]	명 씨, 종자
528	**list** [líst]	명 리스트, 일람표
		늒유 inventory, catalog
529	**prohibit** [prouhíbit]	타 금지하다
		늒유 ban, forbid

Among all of humanity, there exists a nearly universal need for individuals to achieve glory.

모든 인간성 중에는 개인이 영광을 획득하려는 거의 보편적인 욕구가 존재한다.

1
UNIT 6

530 ☑	**humanity** [hju:mǽnəti]	몡 인간성, 인류
531 ☑	**exist** [igzíst]	짜 존재하다 파 existence 몡 존재
532 ☑	**universal** [jù:nəvə́:rsl]	혱 보편적인, 일반적인, 우주의 늑유 common, general 혱 일반적인
533 ☑	**individual** [ìndəvídʒuəl]	몡 개인 늑유 person
534 ☑	**glory** [glɔ́:ri]	몡 영광, (신의) 영광

A team from a major consulting company was asked to help the firm examine ways to improve its image and expand its operations.

어느 대형 컨설팅회사의 팀이, 그 기업이 회사 이미지를 개선하여 사업을 확대하는 방법을 검토하는 것을 돕도록 요구받았다.

535 ☑	**major** [méidʒər]	혱 큰, 중요한, 큰 쪽의 늑유 dominant, significant 혱 중요한
536 ☑	**examine** [igzǽmin]	타 음미하다, 검사하다, 검토하다 늑유 scrutinize, inspect
537 ☑	**improve** [imprú:v]	타 개선하다, 향상시키다, 짜 좋아지다 늑유 better, upgrade
538 ☑	**image** [ímidʒ]	몡 이미지, 인상, 외견
539 ☑	**expand** [ikspǽnd]	타 확대하다, 넓히다, 짜 넓어지다 늑유 enlarge, magnify

Workers from all industries attended the labor union meeting to discuss the issues of their respective occupations.

모든 산업의 노동자가 각자의 직업 문제를 논의하기 위해서 노동조합의 회합에 출석했다.

540	**attend** [əténd]	타 출석하다 파 attendance 명 출석
541	**labor** [léibər]	명 노동 ≒유 work
542	**discuss** [diskʌ́s]	타 논의하다, 토론하다 파 discussion 명 논의
543	**respective** [rispéktiv]	형 각자의, 각각의 ≒유 individual, separate
544	**occupation** [àkjəpéiʃn]	명 직업, 일 ≒유 job, profession, vacation

The lovely path to the museum was illuminated by the glow of candles and featured small hoses that produced a refreshing mist of water.

박물관으로 가는 아름다운 작은 길은 촛불 불빛에 비추어져서, 산뜻한 물안개를 만드는 작은 물호스를 두드러지도록 했다.

545	**path** [pǽθ]	명 작은길, 보도(步道) ≒유 pathway, footway, trail
546	**illuminate** [ilúːmənèit]	타 비추다, 조명하다 ≒유 light, brighten
547	**glow** [glóu]	명 빛, 달아오름 ≒유 gleam, glimmer 명 어렴풋한 빛, 희미한 빛
548	**produce** [prəd(j)úːs]	타 생산하다 ≒유 make, create
549	**mist** [míst]	명 안개 ≒유 haze, fog

The general's task was to change the arrangement of the troops so they could react to the enemy's strategy and recover quickly from an attack.

장관의 임무는 적의 전략에 반응하여 곧바로 공격으로로부터 회복하는 것이 가능하도록 군대의 배치를 변경하는 것이었다.

1
UNIT 6

550	**task** [tǽsk]	명 임무, 일
		늉유 job, duty
551	**arrangement** [əréindʒmənt]	명 배치
		늉유 order
552	**troop** [trúːp]	명 (복수형으로) 군대, 무리
		늉유 band, group 명 무리
553	**react** [riːǽkt]	자 반응하다
		늉유 respond
554	**recover** [rikʌ́vər]	자 회복하다
		늉유 get better, recuperate

We should address this issue from a variety of aspects that reflect the demands of the occasion.

우리는 그 경우의 요구를 반영하는 여러 가지 면에서 이 문제를 다루어야만 한다.

555	**address** [ədrés]	타 다루다, 처리하다, 정력을 기울이다, 명 인사, 연설
556	**issue** [íʃuː]	명 문제
		늉유 problem, topic, theme
557	**aspect** [ǽspekt]	명 양상, 국면, 모습
		늉유 facet, phase
558	**reflect** [riflékt]	타 반영하다, 자 반사하다, 비치다
		파 reflection 명 반사
559	**occasion** [əkéiʒən]	명 때, 기회
		늉유 opportunity, chance

The director stood near the exit to greet the guests as they were leaving and respond to their questions about the health insurance scheme he was selling.

그 중역은 초대손님이 떠날 때 인사를 하고, 자신이 팔고 있는 건강보험계획에 관한 질문에 응답하기 위해서 출구 근처에 서 있었다.

560	exit [éksit, égzit]	명 출구
561	greet [grí:t]	타 인사하다 ≒유 address
562	leave [lí:v]	자 떠나다, 타 남기다 ≒유 depart, go away
563	respond [rispánd]	자 응답하다, 대답하다 ≒유 reply
564	scheme [skí:m]	명 계획 ≒유 project, plan

We can only guess what her ultimate destiny will be, but I would bet that a woman as kind and honest as she will be welcomed into heaven.

그녀의 최종적인 운명이 어떻게 될 것인가, 우리들에게는 추측할 수가 없지만, 그녀만큼 친절하고 정직한 여성이 천국에서 환영받는 것은 틀림없다고 생각한다.

565	guess [gés]	타 자 추측하다, 명 추측 ≒유 conjecture, surmise
566	destiny [déstəni]	명 운명 ≒유 fate, fortune
567	bet [bét]	타 ~을 걸고 주장하다, 단언하다, 자 걸다 I('ll) bet (that)~ 반드시 ~이다
568	honest [ánəst]	형 정직한 ≒유 sincere, genuine
569	heaven [hévn]	명 천국, 하늘 반 hell 명 지옥

The media have pursued charges that an aide lied about the affair, arousing suspicion that has become a nightmare for the president.

미디어는 보좌관이 그 사건에 관해서 거짓말을 했다는 혐의를 추적하고 있어서, 이것이 대통령으로서는 악몽이 되어버린 의혹을 불러일으키고 있다.

1
UNIT 6

570	**pursue** [pərs(j)úː]	타 추구하다, 추적하다, 뒤쫓다
		늑유 chase
571	**lie** [lái]	자 거짓말을 하다, 타 (~에게) 거짓말을 하다, 명 거짓말
		늑유 fabricate 타 날조하다
572	**affair** [əfɛ́ər]	명 사건, 문제
		늑유 concern, business, matter
573	**arouse** [əráus]	타 불러일으키다, 야기하다, 자극하다
		늑유 excite, inspire, provoke 타 자극하다
574	**nightmare** [náitmɛ̀ər]	명 악몽

It has been for sheer obligation that I devoted myself to this tedious work for so long, and I have reached the limit of my patience.

내가 이런 지루한 일에 오랫동안 헌신하여, 인내심의 한계에 이를 정도가 된 것은 순수한 의무감 때문이었다.

575	**sheer** [ʃíər]	형 순수한, 완전한
		늑유 complete, absolute 형 완전한
576	**devote** [divóut]	타 바치다, 공헌하다, 헌신하다
		늑유 delicate
577	**tedious** [tíːdiəs]	형 지루한
		늑유 boring, tiring
578	**reach** [ríːtʃ]	타 도달하다, 자 손을 뻗치다
		늑유 arrive at ~, get to ~ ~에 도달하다
579	**limit** [límit]	명 한계
		늑유 boundary

He added a protein supplement to his daily vitamin tablets while doing his muscle training, helping him achieve great results.

그는 근력훈련을 하는 한편으로, 매일 비타민제에 단백질 보급제를 추가하여 큰 성과를 달성하는 데 도움을 받았다.

580	**add** [ǽd]	타 더하다 파 addition 명 추가
581	**supplement** [sʌ́pləmənt]	명 영양보급 식품, 보충하는 것
582	**vitamin** [váitəmin]	명 비타민
583	**muscle** [mʌ́sl]	명 근육 파 muscular 형 근육의, 강한, 활력 있는
584	**achieve** [ətʃíːv]	타 달성하다, 성취하다 ≒유 attain, reach

I oppose war for moral reasons, because I believe every life is precious and we should restrain ourselves from the usage of force.

나는 모든 생명은 귀중하고 무력사용을 억제해야 한다고 믿기 때문에, 도덕적인 이유로 전쟁에 반대한다.

585	**oppose** [əpóuz]	타 반대하다 파 opposition 명 반대, 저항, 적의(敵意)
586	**moral** [mɔ́(ː)rəl]	형 도덕적인 ≒유 ethical
587	**precious** [préʃəs]	형 귀중한, 비싼 ≒유 valuable
588	**restrain** [riːstréin]	타 억제하다 ≒유 control, suppress
589	**usage** [júːsidʒ, júːz-]	명 사용, 사용법 ≒유 use

You are almost certain to burn yourself if you walk on the hot concrete in bare feet, so please protect yourself with the proper footwear.

뜨거운 콘크리트 위를 맨발로 걷는다든가 하면 화상을 입는 것은 확실하기 때문에 적절한 신발로 자신을 보호해주십시오.

1
UNIT 6

590	**certain** [sə́ːrtn]	형 확실한, 확신하는
		≒유 sure, assured
591	**burn** [bə́ːrn]	타 태우다, 화상을 입히다, 자 타다
		≒유 ignite
592	**bare** [béər]	형 벌거벗은, 드러낸
		≒유 naked, nude
593	**protect** [prətékt]	타 지키다, 보호하다
		≒유 safeguard, defend
594	**proper** [prɑ́pər]	형 적절한
		≒유 suitable, right

The professor summarized the tale and explained the main themes to the class, implying that it was actually an analogy for capitalism.

교수는 이야기를 요약하고 주요한 주제를 클래스의 학생에게 설명하여, 실제로 그것이 자본주의에 대한 유추라는 것을 암시했다.

595	**summarize** [sʌ́məràiz]	타 요약하다
		≒유 sum up
596	**tale** [téil]	명 이야기
		≒유 story
597	**theme** [θíːm]	명 주제, 테마
		≒유 issue, topic
598	**imply** [implái]	타 암시하다, 함축하다
		≒유 hint, suggest
599	**analogy** [ənǽlədʒi]	명 유추, 유사(類似)
		≒유 similarity, resemblance 명 유사

There is high probability that your children will imitate your actions, so it is essential that you serve as a positive influence on them.

당신의 자녀는 당신의 행동을 흉내낼 가능성이 높기 때문에 당신이 자녀들에게 긍정적인 영향을 주는 사람이 되는 것이 매우 중요하다.

600 ✓	**probability** [prɑ̀bəbílət i]	명 가능성, 전망, 있음직함
		늑유 likelihood
601 ✓	**imitate** [ímətèit]	타 흉내내다
		늑유 copy
602 ✓	**essential** [isénʃəl]	형 가장 중요한, 본질적인, 뺄 수 없는
		늑유 basic, fundamental, inevitable
603 ✓	**positive** [pázətiv]	형 긍정적인, 적극적인
		반 negative 형 부정적인, 소극적인
604 ✓	**influence** [ínfluəns]	명 영향, 영향을 주는 사람(물건)
		늑유 effect 명 영향

The dynamic global economy is in a constant state of transition, so make sure your information is accurate and up-to-date.

동적인 세계경제는 상시 변천의 상태에 있기 때문에 당신의 정보가 정확하고 새롭도록 주의해 주세요.

605 ✓	**dynamic** [dainǽmik]	형 동적인, 활동적인, 정력적인
		늑유 energetic, active, lively
606 ✓	**economy** [ikánəmi]	명 경제
		파 economics 명 경세학
607 ✓	**transition** [trænzíʃən]	명 변천, 추이
		늑유 move, change, transformation
608 ✓	**accurate** [ǽkjərət]	형 정확한
		늑유 precise, exact
609 ✓	**up-to-date** [ʌ́ptədéit]	형 최신의
		늑유 current, modern

The river has become shallow and the so-called lakes nearby are nearly empty with dead fish floating on the surface, making for a terrible scene.

그 강은 얕아져버려 근처의 이른바 호수는 텅 비어 죽은 물고기가 호수면에 떠 있어서, 처참한 광경을 만들고 있다.

1
UNIT 7

610 ☑	**shallow** [ʃǽlou]	형 얕은 반 deep 형 깊은
611 ☑	**so-called** [sóukɔ́:ld]	형 이른바, 소위
612 ☑	**empty** [émpti]	형 빈, 비어 있는 ≒유 vacant
613 ☑	**float** [flóut]	자 뜨다, 타 띄우다 반 sink 자 가라앉다, 타 가라앉히다
614 ☑	**scene** [sí:n]	명 광경, 경치, 장면 ≒유 scenery, view 명 경치

She believes children have too much leisure time, thereby becoming idle and leading lives that are seemingly without purpose.

자녀들에게는 한가한 시간이 너무 많아, 그 결과 게을러져, 겉보기에 목적이 없는 생활을 보내고 있다고 그녀는 생각하고 있다.

615 ☑	**leisure** [líːʒər]	형 한가한, 볼일이 없는, 명 틈, 여가 ≒유 free, spare 형 한가한
616 ☑	**thereby** [ðɛ̀ərbái]	부 그 결과, 그것에 의해서 ≒유 therefore
617 ☑	**idle** [áidl]	형 게으른, 태만한 ≒유 lazy, sluggish
618 ☑	**seemingly** [síːmiŋli]	부 보기엔, 겉으로는 ≒유 apparently
619 ☑	**purpose** [pə́ːrpəs]	명 목적 ≒유 intention, motive

Even a slight tumor may be a sign of serious illness and should not be ignored.

사소한 종양마저도 심각한 병의 징후인 경우도 있기 때문에 무시할 수는 없다.

620	**slight** [sláit]	형 가벼운, 사소한 ≒유 petty, small
621	**tumor** [tjú:mər]	명 종양, 종기 ≒유 cancer
622	**serious** [síəriəs]	형 심각한, 진지한 ≒유 thoughtful, earnest
623	**illness** [ílnis]	명 병 ≒유 disease, sickness
624	**ignore** [ignɔ́:r]	타 무시하다 ≒유 disregard

The suspect made his confession of his own accord and was transported to jail in a bright orange uniform to await his trial.

그 용의자는 자발적으로 자백하여, 선명한 오렌지색 제복을 입고 교도소로 이동되어 재판을 기다리게 되었다.

625	**accord** [əkɔ́:rd]	명 임의, 일치, 자 일치하다 of one's own accord 자발적으로
626	**transport** [trænspɔ́:rt]	타 이동시키다, 운반하다 ≒유 carry, transfer, convey
627	**bright** [bráit]	형 선명한, 빛나는 ≒유 vivid, brilliant
628	**uniform** [jú:nəfɔ̀:rm]	명 제복, 형 불변의, 한결같은 ≒유 constant, consistent 형 불변의
629	**await** [əwéit]	타 기다리다 ≒유 wait for~

The online retailer stocks products in various categories such as computers and mobile phones and uses an online order form for transactions.

온라인 소매업자는 컴퓨터나 휴대전화 등 여러 가지 종류의 제품을 갖추고 있고, 거래에는 온라인 주문서를 사용하고 있다.

1

UNIT 7

630	**stock** [sták]	타 (상품을) 갖추고 있다, 비축하다, 명 재고품, 사들인 물건 ≒유 store, keep 타 보존하다
631	**category** [kǽtəgɔ̀ːri]	명 종류, 범주 ≒유 class, classification
632	**mobile** 형[móubl] 명[móubiːl]	형 이동할 수 있는, 움직이기 쉬운 명 휴대전화 ≒유 movable, portable 형 이동할 수 있는
633	**form** [fɔ́ːrm]	명 서식, 형식, 모양, 타 형성하다, 자 모양을 이루다 ≒유 shape 명 모양
634	**transaction** [trænsǽkʃən]	명 거래 ≒유 deal

One advantage of this sort of bridge is that it can be built to span a distance of three miles and still remain stable in an earthquake.

이런 부류의 다리의 이점의 하나는 3마일의 거리에 걸치고, 그리고 지진 때는 안정된 상태를 유지하도록 만들 수가 있다는 것이다.

635	**advantage** [ədvǽntidʒ]	명 이점, 유리한 입장, 우위 반 disadvantage 명 불리한 입장, 불리
636	**sort** [sɔ́ːrt]	명 종류, 성질 ≒유 kind, type
637	**span** [spǽn]	타 걸치다, 걸리다, 미치다, 명 기간
638	**distance** [dístəns]	명 거리 ≒유 length
639	**stable** [stéibl]	형 안정된 ≒유 firm, solid, steady

By most accounts, the actress' date to the dinner was a thin man with a neat appearance who somewhat resembled her ex-husband.

대개의 이야기에서는, 그 여배우가 저녁식사를 함께 한 데이트 상대는 야윈 남자로, 단정한 몸가짐을 하고 있고, 그녀의 헤어진 남편과 약간 닮아 있다.

640	**account** [əkáunt]	명 이야기, 설명, 계산, 자 설명하다 늑유 statement, report, description 명 이야기
641	**thin** [θín]	형 야윈, 얇은, 가는 늑유 slender, slim 형 야윈
642	**neat** [níːt]	형 정연한, 단정한, 산뜻한 늑유 clean, orderly
643	**somewhat** [sʌ́mhwʌ̀t,-hwɑ̀t,-hwət]	부 얼마간, 약간 늑유 slightly
644	**resemble** [rizémbl]	타 닮다 늑유 look like ~, take after ~

The doctors encountered trouble that they did not expect during the heart transplant and could not revive the patient, which greatly upset his family.

의사들은 심장이식 사이에 예기치 않은 어려움에 직면하여, 환자의 의식을 회복시킬 수가 없었다. 그리고 이것은 크게 환자의 가족을 낭패하게 했다.

645	**trouble** [trʌ́bl]	명 곤란, 고민, 걱정 늑유 difficulty, worry, adversity
646	**expect** [ikspékt, eks-]	타 예기하다, 기대하다, ~라고 생각하다 늑유 anticipate, suppose, think
647	**transplant** [trǽnsplænt]	명 이식 늑유 transfer
648	**revive** [riváiv]	타 의식을 회복시키다, 소생하게 하다, 자 소생하다 파 revival 명 소생, 회복
649	**upset** [ʌpsét]	타 낭패하게 하다, 뒤집어엎다 늑유 disturb 타 혼란시키다, 휘저어 놓다

If you wish to borrow capital, you must apply anywhere from 2 days to 3 weeks in advance depending on the amount and purpose.

만일 자본금을 빌리고 싶다고 생각한다면, 액수와 목적에 따라서 2일부터 3주간 전에 신청할 필요가 있다.

1

UNIT 7

650 ☑	**borrow** [bárou, bɔ́(:)rou]	타 빌리다
		파 borrower 명 차용자
651 ☑	**capital** [kǽpətl]	명 자본(금), 수도
		늑유 money, finance 명 자금
652 ☑	**apply** [əplái]	자 신청하다, 꼭 들어맞다, 타 이용하다, 충당하다
		파 application 명 적용, 응용, 신청
653 ☑	**advance** [ədvǽns]	명 사전, 전진, 선불, 타 나아가다, 승진시키다
		in advance 미리
654 ☑	**depend** [dipénd]	자 의지하다, 의존하다
		늑유 rely

He compared the train fares and the highway tolls to his destination and concluded that they were nearly the same.

그는 자신의 목적지로 가는 철도운임과 간선철도의 통행료를 비교하여 거의 같은 요금이라고 결론지었다.

655 ☑	**compare** [kəmpέər]	타 비교하다, 대조하다
		늑유 contrast 타 대비시키다
656 ☑	**fare** [féər]	명 임금, 요금
		늑유 price, cost
657 ☑	**toll** [tóul]	명 요금, 사용료, 보수
		늑유 charge, fee, payment
658 ☑	**conclude** [kənklúːd]	타 결론짓다, 끝내다, 마치다
		늑유 finish, terminate, halt 타 끝내다
659 ☑	**nearly** [níərli]	부 거의
		늑유 almost

He couldn't concentrate today because he can't bear being apart from his wife, but otherwise he is a very decisive person.

그는 아내와 떨어져 있는 것을 견딜 수가 없어서 오늘은 집중할 수가 없었으나, 다른 점에서는 그는 매우 결단력이 있는 사람이다.

660	**concentrate** [kánsəntrèit, -sen-]	자 집중하다, 전념하다, 타 집중하다 ≒유 focus, center, consolidate
661	**bear** [béər]	타 견디다, 지탱하다, 자 계속 지탱하다 ≒유 stand 타 견디다
662	**apart** [əpáːrt]	부 떨어져서, 개별적으로 ≒유 separately
663	**otherwise** [ʌ́ðərwàiz]	부 다른 점에서는, 그렇지 않으면, 다른 방법으로
664	**decisive** [disáisiv]	형 결단력 있는, 결정적인 ≒유 conclusive

The board of directors appointed a new sales manager, whom my boss swears is a legend for his ability to motivate employees.

이사회는 새로운 판매부장을 임명했는데, 나의 상사는 사원에게 의욕을 일으키게 하는 그 수완 때문에 그는 전설적인 인물이라고 단언하고 있다.

665	**board** [bɔ́ːrd]	명 위원회, 회의 ≒유 committee, council 명 위원회
666	**appoint** [əpɔ́int]	타 임명하다, 지명하다 ≒유 designate, nominate 타 임명하다, 지명하다
667	**swear** [swéər]	타 맹세하다, 증언하다, 자 맹세하다 ≒유 declare 타 단언하다
668	**legend** [lédʒənd]	명 전설적 인물, 전설 ≒유 myth, saga, story, tale 명 전설
669	**motivate** [móutəvèit]	타 (~에게) 의욕을 일으키다, (~에게) 동기를 주다 파 motivation 명 동기부여

This year a broad development will unfold that will fulfill the company's goal to connect its multinational operations with one standard network.

올해는 하나의 표준네트워크로 다국적사업을 연결한다는 기업의 목적을 수행하는 폭넓은 개발이 펼쳐질 것이다.

1

UNIT 7

670	**broad** [brɔːd]	형 폭넓은, 광대한
		늑유 wide, large, extensive
671	**unfold** [ʌnfóuld]	자 펼쳐지다, 열리다, 전개하다, 타 펼치다, 펴다
		늑유 develop 자 발전하다
672	**fulfill** [fulfíl]	타 다하다, 수행하다
		늑유 carry out ~, accomplish, achieve
673	**connect** [kənékt]	타 연결하다, 잇다, 자 이어지다
		늑유 join, attach
674	**standard** [stǽndərd]	형 표준의, 기준의, 명 표준, 기준
		늑유 usual, ordinary, average 형 표준의

In his reply to the newspaper's e-mail, the senator referred reporters to a previous statement that said he would not hold back the passage of the bill.

신문사로부터의 이메일에 대답하여 그 상원의원은 기자들에게 그가 법안의 통과를 저지할 생각은 없다는 이전의 말을 언급하였다.

675	**reply** [riplái]	명 대답, 회답, 자 대답하다, 타 (—라고) 대답하다
		늑유 answer
676	**refer** [rifə́ːr]	타 참조시키다, 조회시키다, 자 언급하다,
		refer to ~ ~에게 언급하다
677	**statement** [stéitmənt]	명 말한 것, 진술, 성명문
		늑유 declaration, report
678	**hold** [hóuld]	타 기다리다, 붙들다, 유지하다
		hold back ~ ~을 저지하다
679	**passage** [pǽsidʒ]	명 (법안의) 통과, 통행, 통로
		늑유 acceptance, approval 명 (법안의) 통과

The congressman introduced a bill that would require local governments to provide health services for reasonable fees.

그 하원의원은 적절한 요금으로 공공의료서비스를 제공하도록 지방자치단체에 요구하는 법안을 제출했다.

680	**introduce** [ìntrədjúːs]	타 (의안을) 제출하다, 소개하다 늘유 bring up ~ (화제 등을) 꺼내다
681	**require** [rikwáiər]	타 요구하다, 강하게 요청하다, 필요로 하다 늘유 demand, order 타 요구하다
682	**provide** [prəváid]	타 제공하다, 공급하다, 자 준비하다 늘유 supply, furnish 타 공급하다
683	**reasonable** [ríːznəbl]	형 상응한, 사리를 아는, 무리없는, 합리적인, 적절한 늘유 just, right, fair 형 올바른
684	**fee** [fíː]	명 요금, 보수 늘유 charge, price

We interpreted the boss' subtle hints as meaning that she had decided she was ready to hire a new secretary.

우리는 상사의 미묘한 암시를, 그녀가 기꺼이 새 비서를 고용하기로 결정했음을 의미하는 것으로 해석했다.

685	**interpret** [intə́ːrprət]	타 해석하다, 통역하다, 자 통역하다 늘유 translate 타 해석하다, 번역하다
686	**subtle** [sʌ́tl]	형 미묘한, 포착하기 힘든, 난해한 늘유 elusive, delicate, faint
687	**decide** [disáid]	타 결정하다, 결심하다, 자 결정하다 늘유 determine 타 결정하다
688	**ready** [rédi]	형 준비가 된, 채비를 갖춘 늘유 prepared, willing
689	**hire** [háiər]	타 고용하다 늘유 employ

UNIT 7

Congressional observers were divided as to what the bill's fate would be, but supporters mounted a campaign to persuade undecided members to approve the measure.

법안의 운명이 어떻게 되는가에 관해서 입회인의 의견이 갈렸지만, 지지자는 법안에 찬성하도록 입장을 정하지 않은 의원들을 설득하는 운동에 나섰다.

690	**divide** [diváid]	타 분열시키다, 분할하다, 자 나뉘다
		늑유 cut up ~, split, separate
691	**fate** [féit]	명 운명
		늑유 destiny
692	**mount** [máunt]	타 (운동 등에) 착수하다, 전개하다
693	**persuade** [pə:rswéid]	타 설득하다, 납득시키다
		늑유 sway, convince

A lack of sufficient self-esteem was determined to be a cause of the high suicide rate among college students.

충분한 자존심의 결여가 대학생 사이에서의 높은 자살률의 원인이라고 단정되었다.

694	**lack** [lǽk]	명 결여, 부족, 타 부족하다
		늑유 absence 명 결여, 부족
695	**sufficient** [səfíʃənt]	형 충분한
		늑유 adequate, enough
696	**self-esteem** [sélfistí:m, -es-]	명 자존심
		늑유 self-respect, self-regard
697	**determine** [ditə́:rmin]	타 결정하다, 자 결심하다
		늑유 fix, decide
698	**cause** [kɔ́:z]	명 원인, 타 일으키다
		늑유 bring about ~
699	**suicide** [sú:əsàid]	명 자살
		assisted suicide 방조자살

He was tempted to approach her because he was amazed by her pure and natural beauty that seemed to have no faults.

그는 완전무결한 것처럼 생각되는 그녀의 순수하고 태어난 그대로의 아름다움에 감탄했기 때문에 그녀에게 다가가고 싶었다.

700	**tempt** [témpt]	타 ~할 기분이 나게 하다, 유혹하다 늑유 induce, entice
701	**amaze** [əméiz]	타 놀라게하다 늑유 astonish, surprise
702	**pure** [pjúər]	형 순수한, 고결한, 깨끗한 늑유 unmixed, genuine, clear
703	**beauty** [bjú:ti]	명 아름다움 늑유 loveliness, attractiveness
704	**fault** [fɔ́:lt]	명 결점, 잘못 늑유 defect, imperfection

A modern apartment like this would be ideal, but I doubt that we can afford the rent.

이와 같은 현대적인 아파트는 이상적일 것이지만, 우리들에게 집세를 지불할 여유가 있는가는 의심스럽다.

705	**modern** [mádərn]	형 근대적인, 현대적인, 현대의 늑유 contemporary, new
706	**ideal** [aidí:əl]	형 이상적인, 명 이상 늑유 perfect, supreme 형 최고의
707	**doubt** [dáut]	타 의심하다, 미심쩍게 여기다 파 doubtful 형 의심스러운
708	**afford** [əfɔ́:rd]	타 ~의 비용을 부담할 여유가 있다
709	**rent** [rént]	명 집세, 셋집, 대실(貸室)

Out of respect to your fellow students, please observe the class guidelines and be punctual unless you have a valid excuse.

동료 학우에 대한 존경심에서, 클래스의 지침을 준수하고 정당한 구실이 없는 한은 시간을 준수해 주십시오.

1
UNIT 8

710	**respect** [rispékt]	명 배려, 존중, 경의, 존경, 타 존경하다
		능유 esteem 타 존경하다, 명 존중
711	**observe** [əbzə́ːrv]	타 준수하다, 관찰하다
		능유 keep, obey 타 지키다, (~에) 따르다
712	**punctual** [pʌ́ŋktʃuəl]	형 시간엄수의
		능유 on time, prompt
713	**valid** [vǽlid]	형 정당한, (법적으로) 유효한
		능유 sound, reasonable 형 정당한
714	**excuse** 명 [ikskjúːs] 동 [ikskjúːz]	명 구실, 변명, 타 용서하다
		능유 justification 명 변명

The PC unit that was installed last week sits upright and its hard disk rotates at a speed of 7,200 RPM.

지난주 설치된 PC설비는 똑바로 놓였고, 하드디스크는 매분 7200회전의 속도로 회전하고 있다.

715	**unit** [júːnit]	명 설비 한 세트, 단일체, 구성단위
716	**install** [instɔ́ːl]	타 설치하다, 가설하다, 설비하다
		능유 place 타 놓다
717	**last** [lǽst]	형 바로 이전의, 최근의, 최후의, 명 최후
718	**upright** [ʌ́pràit, ʌpráit]	부 똑바로, 곧추서서, 형 똑바로 선, 직립한
		능유 vertical 형 수직의
719	**rotate** [róuteit]	자 회전하다, 타 회전시키다
		능유 go round, move round, revolve

The young man's rescue of his neighbor's cat earned him a brief mention in the local paper, and moreover the eternal gratitude of the owner.

그 청년이 이웃사람의 고양이를 구조한 사실이 지방신문의 촌평으로 실리고, 더욱이 그에 대한 영원한 감사의 기분을 주인에게 갖게 했다.

720	**rescue** [réskju:]	명 구조, 구출, 타 구하다 늑유 save
721	**brief** [brí:f]	형 간결한, 짧은 늑유 short
722	**mention** [ménʃən]	명 언급, 기재(記載), 진술, 타 언급하다 늑유 reference, allusion 명 언급
723	**moreover** [mɔːróuvər]	부 더욱이, 그 위에, 또한 늑유 also, besides, in addition
724	**eternal** [itə́:rnl]	형 영원한

With regard to how we should proceed, I believe there are a few measures we can take that vary greatly in difficulty and merit.

우리들이 어떻게 나아갈 것인가에 관해서는, 우리들이 취할 수 있는 수단으로 어려움이나 이점이 크게 다른 점이 어느 정도 있다고 나는 생각한다.

725	**regard** [rigá:rd]	명 점(點), 관심, 주의, 타 (−을 −로) 생각하다 with regard to ~ ~에 관해서는
726	**proceed** [prəsí:d]	자 나아가다, 전진하다 늑유 go on, go ahead, go forward
727	**measure** [méʒər]	명 (복수형으로) 수단, 방법, 타 재다, 평가하다 늑유 means 명 수단
728	**vary** [vɛ́əri]	자 변화하다, 타 바꾸다 늑유 change, alter
729	**merit** [mérit]	명 이점, 장점 늑유 worth, value, advantage

The prime minister took a neutral stance in hopes of mending his rough relationship with his party, which was actively working to desert him.

총리는 그가 이끄는 당과의 껄껄한 관계를 개선하는 것을 기대하여, 중립적인 자세를 취했지만, 그의 당은 그를 버리기 위해서 적극적으로 활동을 했다.

1
UNIT 8

730	**neutral** [njúːtrl]	형 중립적인, 중간적인
		늬유 impartial, unbiased, unprejudiced
731	**mend** [ménd]	타 개선하다, 고치다, 수리하다
		늬유 fix, repair
732	**rough** [rʌf]	형 거친, 껄껄한, 험악한, 조잡한
		늬유 coarse 형 조잡한
733	**actively** [ǽktivli]	부 적극적으로, 활동적으로
		늬유 energetically
734	**desert** 동 [dizə́ːrt] 명 [dézərt]	타 버리다, 포기하다, 명 사막, 황야
		늬유 abandon, forsake 타 버리다

The students did an experiment in which they melted part of an actual glacier to illustrate how greenhouse gases affect the environment.

학생들은 어떻게 온실효과가스가 환경에 영향을 끼치는가를 설명하기 위해 실제 빙하의 일부를 녹이는 실험을 했다.

735	**experiment** [ikspérəmənt, eks-]	명 실험
		늬유 test, investigation, trial
736	**melt** [mélt]	타 녹이다, 자 녹다
		늬유 dissolve, thaw 자 녹다
737	**actual** [ǽktʃuəl, ǽktʃl]	형 현실의, 실제의
		늬유 real, true
738	**illustrate** [íləstrèit]	타 설명하다, 도해하다
		늬유 portray, picture, depict 타 도해하다
739	**affect** [əfékt]	타 (~에게) 영향을 주다
		늬유 influence

I tried to count these files in order, but lost my mark when I paused to answer the phone and may have missed a few.

나는 차례대로 이들 파일을 세려고 노력했으나, 전화에 답하려고 중단했을 때 표시한 곳을 잃어버려서 얼마간 빠뜨렸을지도 모른다.

740	**count** [káunt]	타 세다, (−라고) 생각하다, 명 계산
		늑유 sum up ~, calculate 타 세다
741	**order** [ɔ́ːrdər]	명 차례, 정리, 명령, 타 명령하다
		늑유 command 타 명령하다
742	**mark** [máːrk]	명 표시, (성적의) 평가, 타 표시를 하다
		늑유 sign, indication 명 표시
743	**pause** [pɔ́ːz]	자 중단하다, 잠시 멈추다, 명 중지, 휴지(休止)
		늑유 stop
744	**miss** [mís]	타 놓치다, 빼먹다, 명 실패
		늑유 overlook 타 빠뜨리고 보다

We were very fortunate to have the chance to visit this temple, the origin of many of the primary sources of Buddhism.

불교의 많은 주요한 근원의 시작인 이 절을 방문할 기회를 얻어 우리들은 매우 행운이었다.

745	**fortunate** [fɔ́ːrtʃənət]	형 운이 좋은, 행운의
		늑유 lucky
746	**chance** [tʃǽns]	명 기회
		늑유 opportunity
747	**temple** [témpl]	명 절, 사원
748	**origin** [ɔ́(ː)ridʒin]	명 시작, 기원
		늑유 beginning
749	**primary** [práimèri, -məri]	형 주요한, 최초의
		늑유 elementary 형 최초의

I was delighted by the tender note of thanks the child delivered, and I regret that I couldn't receive it in person.

그 어린이가 전달해준 다정한 감사장으로 기분이 좋았고, 직접 받지 못한 것이 유감이다.

1
UNIT 8

750 ✓	**tender** [téndər]	형 상냥한, 친절한, 부드러운
		늑유 soft
751 ✓	**note** [nóut]	명 짧은 편지, 메모, 기록
		늑유 memorandum
752 ✓	**deliver** [dilívər]	타 배달하다
		늑유 distribute, carry
753 ✓	**regret** [rigrét]	타 유감으로 생각하다, 후회하다, 명 유감, 후회
		파 regretful 형 후회하고 있는, 후회하는

Indeed, I fear that my stress is building and I'm looking for a method through which I can release my tension.

확실히 나는 자신의 스트레스가 쌓여있는 것을 염려하고 있고, 자신의 긴장을 해소할 방법을 찾고 있다.

754 ✓	**Indeed** [indíːd]	부 확실히
		늑유 really 부 실제로
755 ✓	**fear** [fíər]	타 근심하다, 두려워하다, 명 공포, 불안
		늑유 dread 타 두려워하다
756 ✓	**method** [méθəd]	명 방법
		늑유 way, means
757 ✓	**release** [rilíːs]	타 풀어 놓다, 떼어 놓다, 명 해방
		늑유 free, liberate 타 해방하다
758 ✓	**tension** [ténʃən]	명 긴장
		늑유 strain

She has the illusion that everyone can rely on her supreme abilities, but meanwhile everyone thinks she's ridiculous.

그녀는 모두가 그녀의 최고의 재능을 믿을 수 있다는 착각을 품고 있으나, 반면에 모든 사람은 그녀가 어리석다고 생각하고 있다.

759	illusion	명 착각, 환상
	[ilúːʒən]	늑유 deception, misperception
760	rely	자 의지하다, 신뢰하다
	[rilái]	늑유 depend
761	supreme	형 절대적인, 최고의, 최상의
	[supríːm]	늑유 highest, chief
762	meanwhile	부 그런 한편으로, 그에 대해서
	[míːnʰwàil]	늑유 meantime
763	ridiculous	형 어리석은
	[ridíkjələs]	늑유 foolish, laughable, absurd

He is very nervous by nature and pronounces his words in a manner that makes him seem shy and reserved.

그는 선천적으로 매우 신경질적으로, 자신을 부끄럽고 내성적으로 보이는 태도로 말을 발음한다.

764	nervous	형 신경질적인, 겁많은
	[nə́ːrvəs]	늑유 timid 형 겁많은
765	pronounce	타 발음하다
	[prənáuns]	늑유 utter, voice
766	manner	명 방법, 태도, 풍습, 작법(作法)
	[mǽnər]	늑유 way, means, method 명 방법
767	reserved	형 내성적인, 수줍어하는, 보류된, 예약된
	[rizə́ːrvd]	늑유 self-restrained

What I mean is that I owe you a very big favor, and once the moment comes you will be repaid.

내가 말하고 싶은 것은 당신에게는 많은 은혜를 받았다는 것이며, 당신에게 은혜를 갚을 때가 언젠가 올 것이다는 것이다.

1
UNIT 8

768	**mean** [míːn]	타 말하다, 의미하다, 형 비열한 늑유 indicate, signify 타 의미하다
769	**owe** [óu]	타 (-의) 은혜를 입고 있다, (-에게) 빚이 있다
770	**favor** [féivər]	명 호의, 친절 늑유 kindness, courtesy
771	**once** [wʌ́ns]	접 일단 ~ 하면, 부 한번, 일찍이 늑유 as soon as ... ~하면 곧
772	**moment** [móumənt]	명 때, 시기, 순간, 시간 늑유 minute, instant 명 순간

During medieval civilization, our ancestors, the inhabitants of this region, were surely considered barbarians.

중세문명 때는, 이 지역의 주민이었던 우리들의 선조는 틀림없이 미개인이라고 생각되었다.

773	**medieval** [mìːdiíːvl, midíːvl]	형 중세의 늑유 Middle-Age
774	**civilization** [sìvələzéiʃən]	명 문명 파 civilized 형 문명화한
775	**ancestor** [ǽnsestər]	명 조상 늑유 forerunner
776	**inhabitant** [inhǽbətənt]	명 주민 늑유 resident
777	**barbarian** [bɑːrbéəriən]	명 미개인 늑유 savage

The **clerk apologized** for the inconvenience but said he had to **deny** my request because he did not have the **authority** to issue a passport without a birth **certificate**.

그 직원은 불편을 사과했지만, 출생증명서 없이 여권을 발행하는 권한이 그에게는 없기 때문에 나의 요구를 거부하지 않으면 안 된다고 말했다.

778	**clerk** [kləːrk]	명 직원, 점원, 사무원
		유 staff
779	**apologize** [əpálədʒàiz]	자 사과하다
		파 apology 명 사죄
780	**deny** [dinái]	타 거부하다, 부정하다, 주지 않다
		유 decline 타 거부하다
781	**authority** [əθɔ́ːrəti, əθá:r-]	명 권한
		유 power, right, sanction
782	**certificate** [sərtífikət]	명 증명서
		유 document, authorization

Her **rational** arguments and **earnest** attitude **convinced** the **committee** to **grant** her the scholarship.

그녀의 이성적인 주장과 진지한 태도가 위원회를 납득시켜, 그녀에게 장학금을 주게 되었다.

783	**rational** [rǽʃənl]	형 이성적인, 분별이 있는, 합리적인
		유 sensible, reasonable
784	**earnest** [ə́ːrnist]	형 진지한, 성실한
		유 serious, thoughtful
785	**convince** [kənvíns]	타 납득시키다, 확신시키다
		유 persuade
786	**committee** [kəmíti]	명 위원회
		유 board, council
787	**grant** [grǽnt]	타 주다, 인정하다, 명 수여된 것, 보조금
		유 accord, award 타 주다

The woman who manages the office would prefer to forbid employees from accepting personal calls, but she cannot obtain permission from her supervisor.

그 사무소를 관리하는 여성은 종업원이 개인전화를 받는 것을 금하는 것을 좋아할 것이지만, 상사의 허가를 얻지 못한다.

1
UNIT 8

788	**manage** [mǽnidʒ]	타 관리하다, 경영하다, 어떻게든 ~하다
		늑유 run 타 관리하다, 경영하다
789	**prefer** [prifə́ːr]	타 (−을) 오히려 좋아하다
		늑유 choose
790	**forbid** [fərbíd]	타 금하다
		늑유 prohibit, ban
791	**obtain** [əbtéin]	타 얻다
		늑유 get, acquire

While some behaviors in infants are attributed to instinct, these arguments are contradicted by the unique traits that even young babies exhibit.

유아의 어떤 행동은 본능에 기인하는 것도 있지만, 이러한 주장은 어린 아이조차도 보여주는 독특한 성질에 의해서 부정되고 있다.

792	**infant** [ínfənt]	명 유아, 형 유아(기)의
		늑유 baby
793	**attribute** 동 [ətríbjuːt] 명 [ǽtrəbjuːt]	타 (−에) 기인하다, (−의) 탓으로 하다, 명 속성, 특성
		늑유 ascribe 타 (−에) 기인하다, (−의) 탓으로 하다
794	**instinct** [ínstiŋkt]	명 본능, 직감, 천성
		파 instinctive 형 본능적인, 본능의
795	**contradict** [kàntrədíkt]	타 부정하다, (−와) 모순되다
		늑유 deny, refute 타 부정하다
796	**trait** [tréit]	명 성질
		늑유 characteristic
797	**exhibit** [igzíbit, egz-]	타 보이다, 전시하다, 표시하다, 명 전시물, 전람회
		늑유 show, display 타 보이다, 전시하다

The **advertisement reminded** potential investors that those **reluctant** to take risk would not **reap** the **rewards** of higher returns.

그 광고는 모험을 감행하려 하지 않는 사람은 보다 높은 수익이라는 보수를 획득할 수 없을 것이다, 라는 것을 잠재적 투자자들에게 깨닫게 해주었다.

798	**advertisement**	명 광고
	[ǽdvərtáizmənt, ədvə́ːrtəs-]	※ 'ad' 라고 생략해서 사용하는 경우가 많다.
799	**remind**	타 (−에게) 알게 하다, 깨닫게 하다
	[rimáind]	파 reminder 명 독촉장, 생각나게 하는 것
800	**reluctant**	형 −하고 싶어하지 않는, 마음 내키지 않는, 꺼리는
	[rilʌ́ktənt]	늑유 unwilling
801	**reap**	타 획득하다, 베어들이다
	[ríːp]	늑유 receive, obtain 타 획득하다
802	**reward**	명 보수, 상, 상금, 타 보답하다, 보수를 주다
	[riwɔ́ːrd]	늑유 prize, award 명 보수, 상, 상금

The **crew** of the ship received an **award** for **coordinating** the **relief** effort following the tsunami **disaster**.

그 배의 승무원은 쓰나미 재해 뒤에 구원활동을 조정한 것에 대해 상을 받았다.

803	**crew**	명 승무원
	[krúː]	
804	**award**	명 상, 상금, 보수, 타 수여하다
	[əwɔ́ːrd]	늑유 prize, reward 명 상, 상금, 보수
805	**coordinate**	타 조정하다, 통합하다, 종합하다
	[kouɔ́ːrdənèit]	늑유 arrange, organize
806	**relief**	명 구원, 안심, 해방, 구제
	[rilíːf]	파 relieve 타 경감하다, 안심시키다
807	**disaster**	명 재해, 참사
	[dizǽstər]	늑유 catastrophe, calamity

At dawn, the gentle current of the river swept his raft downstream toward a giant rock covered in moss.

새벽에, 강의 조용한 흐름으로 그의 뗏목이 강하류로 이끼에 덮인 거대한 바위가 있는 쪽까지 떠내려갔다.

1
UNIT 9

808 ✓	**dawn** [dɔ́:n]	몡 새벽, 동틀녁, 짜 알기 시작하다 / 늑유 sunrise 몡 일출
809 ✓	**gentle** [dʒéntl]	혱 조용한, 온화한, 친절한 / 늑유 kind, soft
810 ✓	**current** [kə́:rənt]	몡 흐름, 조류, 혱 최신의, 현재의 / 늑유 flow, stream 몡 흐름
811 ✓	**sweep** [swí:p]	타 흘려보내다, 휙 지나가다, 청소하다, / 짜 휙 지나가다, 휘몰아치다 몡 청소, 일소(一掃)

Scientists were puzzled by the sudden disappearance of the species, which was contrary to their initial hypothesis that the population would gradually decline over time.

과학자들은 그 종이 갑자기 소멸한 것에 당혹했다. 왜냐 하면, 개체수가 오랜 기간을 거쳐 서서히 감소할 것이라는 그들의 최초 가설에 반하고 있었기 때문이다.

812 ✓	**puzzle** [pʌ́zl]	타 당혹하게 하다, 짜 머리를 아프게 하다, 몡 어려운 문제 / 늑유 perplex 타 당혹하게 하다
813 ✓	**species** [spí:ʃi(:)z]	몡 종(種), 종류 (단수·복수 동형)
814 ✓	**contrary** [kántrèri]	혱 (-에) 반하는, 반대의, 붜 반하여, 몡 반대, 모순 / contrary to ~ ~에 반하여
815 ✓	**hypothesis** [haipáθəsis]	몡 가설, 가정 / 늑유 assumption
816 ✓	**gradually** [grǽdʒuəli]	붜 서서히, 점차로 / 늑유 little by little 조금씩
817 ✓	**decline** [dikláin]	짜 감소하다, 쇠하다, 타 거절하다, 사퇴하다 / 늑유 diminish, dwindle, shrink 짜 감소하다, 작아지다

Success in agriculture requires adequate control of the insects that plague farmers of wheat and other crops.

농업에 있어서의 성공에는 밀 등 작물의 농업경영자를 괴롭히는 곤충의 적절한 통제가 필요하다.

818	**agriculture** [ǽgrikʌ̀ltʃər]	명 농업
		파 agricultural 형 농업의
819	**adequate** [ǽdəkwət]	형 적절한, 적당한, 충분한
		유 sufficient, enough
820	**insect** [ínsekt]	명 곤충
		유 bug
821	**plague** [pléig]	타 괴롭히다, 성가시게 하다, 명 역병, 전염병, 재해
		유 annoy, irritate, bother 타 괴롭히다
822	**wheat** [hwíːt]	명 밀, 소맥

The party lost confidence in its senate candidate, feeling he wasn't competent and didn't have a clue how to handle domestic problems.

그 당은, 당의 상원의원 후보가 유능하지 않고, 어떻게 국내문제에 대처할 것인가의 실마리를 갖고 있지 않다고 느껴, 그를 신뢰할 수 없었다.

823	**confidence** [kάnfidəns]	명 신뢰, 자신, 비밀
		파 confident 형 확신하고 있는, 자신이 있는
824	**candidate** [kǽndədèit, -dət]	명 후보자
		파 candidacy 명 입후보
825	**competent** [kάmpətnt]	형 유능한
		유 capable
826	**clue** [klúː]	명 실마리, 단서, 힌트
		유 hint, indication
827	**domestic** [dəméstik]	형 국내의, 국산의, 가정의, 사육되어 길든
		유 household 형 가정의

While the poll results show that a majority of residents support the measure, that figure is misleading since the data was calculated in an improper way.

여론조사의 결과에 따르면, 거주자의 과반수가 그 법안을 지지하고 있지만, 그 데이터는 부적절한 방법으로 산출되기 때문에 그 숫자는 오해를 부르게 되어 있다.

1
UNIT 9

828	**poll** [póul]	명 여론조사, 투표, 자 투표하다 늑유 vote
829	**result** [rizʌ́lt]	명 결과, 자 (-으로부터) 생기다, (-으로) 끝나다 늑유 consequence, outcome 명 결과
830	**majority** [mədʒɔ́(:)rəti]	명 과반수, 대다수 늑유 bulk 명 대부분
831	**misleading** [mìslíːdiŋ]	형 오해를 부르는, (사람을) 현혹시키는 늑유 deceptive, delusive 형 (사람을) 현혹시키는
832	**calculate** [kǽlkjəlèit]	타 계산하다, 추정하다 파 calculation 명 계산

The child yelled to her mother when she saw the vicious beast in the yard biting a rabbit's throat.

그 어린이는, 흉포한 짐승이 정원에서 토끼의 목을 물고 있는 것을 보고, 어머니를 향해서 소리쳤다.

833	**yell** [jél]	자 고함치다, 소리지르다, 명 울부짖는 소리 늑유 shout, cry
834	**vicious** [víʃəs]	형 흉포한, 악덕한, 사악한 늑유 wicked, cruel, harmful
835	**beast** [bíːst]	명 야수 늑유 animal
836	**yard** [jáːrd]	명 정원 늑유 garden
837	**throat** [θróut]	명 목

The **agreement** states that the two firms would **establish** a
concrete framework to **integrate** their networks.

이 두 개의 회사가 양사의 네트워크를 통합하기 위한 구체적인 틀짜기를 확립할 것
이라고, 협정에 적혀 있다.

838	**agreement** [əgríːmənt]	몡 협정, 조약, 합의 능유 pact, treaty 몡 협정, 조약
839	**establish** [istǽbliʃ, es-]	탄 확립하다, 설립하다 능유 institute, found 탄 제정하다, 설립하다
840	**concrete** [kánkriːt]	혱 구체적인, 명확한, 몡 콘크리트
841	**framework** [fréimwə̀ːrk]	몡 틀짜기, 뼈대 능유 frame, substructure
842	**integrate** [íntəgrèit]	탄 통합하다, 집약하다 능유 unite, join, combine

The technicians in the **chemistry laboratory** worked to **alter** the
constitution of the **cell**, to no avail.

화학연구소의 전문가들은 세포의 조성을 바꾸려고 노력했지만 허사였다.

843	**chemistry** [kémistri]	몡 화학
844	**laboratory** [lǽbərətɔ̀ːri]	몡 연구소, 실험실 laboratory animal 실험동물
845	**alter** [ɔ́ːltər]	탄 바꾸다, 자 바뀌다 능유 change, vary
846	**constitution** [kànstət(j)úːʃən]	몡 조성, 구성, 구조, 헌법, 체질 파 constitute 탄 구성하다
847	**cell** [sél]	몡 세포, 전지, 독방

These mammals have a keen ability to adapt to new surroundings, a genetic trait they have inherited from their parents.

이들 포유동물은 새로운 환경에 순응하기 위한 뛰어난 능력, 즉 부모로부터 이어받은 유전적 형질을 갖고 있다.

1
UNIT 9

848	**keen** [kíːn]	형 뛰어난, 날카로운, 예민한, 열심인 늣유 sharp 형 예민한
849	**adapt** [ədǽpt]	자 순응하다, 적응하다, 타 적응시키다 늣유 fit
850	**genetic** [dʒənétik]	형 유전적인, 유전자의 파 gene 명 유전자
851	**inherit** [inhérit]	타 물려받다, 상속하다, 명 계승, 유전, 유산 파 inherent 형 본래부터 갖고 있는, 고유의

She is fluent in several languages, and can instantly translate even vocabulary that are specific to obscure fields.

그는 여러 언어에 유창한 사람으로, 알기 어려운 분야 특유의 어휘라도 즉석에서 번역할 수 있다.

852	**fluent** [flúːənt]	형 (언어에) 유창한 파 fluency 명 유창함
853	**instantly** [ínstəntli]	부 즉석에서, 당장에 파 instant 명 순간, 형 즉시의
854	**translate** [trǽnsleit, trǽnz-]	타 번역하다 파 translation 명 번역
855	**vocabulary** [voukǽbjəlèri]	명 어휘
856	**specific** [spəsífik]	형 특유의, 특정의, 구체적인, 명확한 늣유 particular
857	**obscure** [əbskjúər, ab-]	형 알기 어려운, 불명료한, 타 모호하게 하다 늣유 unclear 형 불명료한

I worry about the welfare of children exposed to such violence, especially if they do not frequently have interaction with positive influences.

나는 이러한 폭력에 노출되어 있는 어린이들, 특히 그들이 좋은 영향과 빈번하게 상호작용이 없는 경우의, 그들의 행복에 대해서 우려하고 있다.

858	**welfare** [wélfɛ̀ər]	명 행복, 복지, 생활보호 · 늑유 well-being 명 행복, 복지
859	**expose** [ikspóuz, eks-]	타 노출시키다, 폭로하다 · 늑유 uncover, reveal, disclose
860	**violence** [váiələns]	명 폭력 · 파 violent 형 난폭한, 폭력적인, 심한
861	**frequently** [frí:kwəntli]	부 빈번히 · 파 frequency 명 빈도
862	**interaction** [ìntərǽkʃən]	명 상호작용, (사람과 사람의) 교류, 말의 주고받음 · 파 interact 자 상호작용하다, 서로 영향을 주다

The crowd stared in utter disgust at the terrible sight of the accident.

군중은 심한 혐오감 속에서 그 사고의 끔찍한 광경을 응시하고 있었다.

863	**crowd** [kráud]	명 군중, 타 (-에) 밀어닥치다, 자 떼지어 모이다 · 늑유 throng 명 군중, 혼잡
864	**stare** [stéər]	자 응시하다, 빤히 보다 · 늑유 gaze
865	**utter** [ʌ́tər]	형 심한, 완전한, 철저한, 타 발언하다, 말하다 · 늑유 perfect, complete 형 완전한
866	**disgust** [disgʌ́st]	명 혐오, 타 (-에게) 혐오를 품게 하다 · 파 disgusting 형 정떨어지는, 정말 싫은
867	**terrible** [térəbl]	형 무서운, 굉장한, 끔찍한 · 늑유 awful, dreadful

After her divorce, she withdrew from society, dining alone every day and seldom leaving her apartment.

이혼 후, 그녀는 세간으로부터 물러나 매일 혼자서 식사하고, 자신의 아파트에서 나오는 일이 거의 없었다.

1

UNIT 9

868	**divorce** [divɔ́ːrs]	명 이혼, 타 이혼하다
869	**withdraw** [wiðdrɔ́ː, wiθ-]	자 물러나다, 철수하다, 타 물러나게하다, 철회하다 능유 retreat 자 틀어박히다, 물러가다
870	**society** [səsáiəti]	명 세간, 사회 파 social 형 사회의, 사교적인, 사회적인
871	**dine** [dáin]	자 식사를 하다, 타 (−에게) 식사를 내다
872	**seldom** [séldəm]	부 좀처럼 ~ 않는, 드물게 능유 rarely, hardly ever

Chasing a rabbit that had gotten loose from its cage, the boy scratched his knee on a log, causing it to bleed slightly.

우리에서 도망친 토끼를 쫓다가, 그 소년은 통나무에 무릎을 스쳐서, 조금 피가 났다.

873	**chase** [tʃéis]	타 쫓다, 추적하다, 자 쫓다, 명 추적 능유 pursue
874	**loose** [lúːs]	형 풀린, 매지 않은, 헐거운 능유 free, untied
875	**scratch** [skrǽtʃ]	타 할퀴다, 할퀸 상처를 내다, 명 할퀴기, 긁기
876	**log** [lɔ́(ː)g]	명 통나무, 원목 log cabin 통나무집
877	**bleed** [blíːd]	자 출혈하다 파 bleeding 형 출혈하는

If sleep is interrupted due to external conditions, you may become vulnerable to fatigue or even fever during the day.

수면이 외적조건에 의해서 방해받을 경우, 피로해지기 쉽게 되든가, 아니면 낮동안 발열까지 할 가능성이 있다.

878	**interrupt** [ìntərʌ́pt]	타 방해하다, 중단하다 능유 disrupt
879	**external** [ekstə́ːrnl, iks-]	형 외적인, 밖의 능유 outside
880	**vulnerable** [vʌ́lnərəbl]	형 상처를 입기 쉬운, (−에) 약한 파 vulnerability 명 상처받기 쉬움
881	**fatigue** [fətíːg]	명 피로, 타 피로하게 하다 능유 weariness 명 피로
882	**fever** [fíːvər]	명 발열, 열, 열병, 열광 파 feverish 형 열이 있는, 열광적인

Disposing of such chemicals so close to the wilderness could endanger the animals that make it their habitat and cause ecological disaster.

그런 화학약품을 황야에 매우 가까운 장소에 폐기하는 것은, 그곳을 생식장소로 하는 동물을 위험에 빠뜨리게 하고, 생태학적인 재해의 원인이 될 수 있다.

883	**dispose** [dispóuz]	타 배치하다, (−할) 마음이 내키게 하다 dispose of ~ ~을 폐기하다, ~을 버리다
884	**wilderness** [wíldərnis]	명 황야, 미개지, 사막
885	**endanger** [endéindʒər]	타 위험에 빠뜨리다, 위태롭게 하다 능유 threaten, jeopardize
886	**habitat** [hǽbətæt]	명 생식장소, 서식지
887	**ecological** [ìkəládʒikl] [ékəl-]	형 생화학적인, 생태학의 파 ecology 명 생태학

He peered into the telescope to track the movements of the stars in the Galaxy, hoping to unlock the mysteries of the universe.

그는, 우주의 신비를 풀어내기를 희망하면서, 은하계 내 별의 움직임을 추적하려고 망원경을 자세히 들여다 보았다.

888	**peer** [píər]	자 자세히 보다, 응시하다, 명 동료 ≒유 stare, gaze 자 응시하다
889	**telescope** [téləskòup]	명 망원경 파 telescopic 형 망원경의, 망원경으로 본
890	**track** [træk]	타 뒤를 쫓다, 추적하다, 명 작은 길, 족적, 철도선 keep [lose] track of ~ ~의 진로를 쫓다 [놓치다]
891	**unlock** [ʌnlák]	타 해명하다, 자물쇠를 열다
892	**universe** [júːnəvəːrs]	명 우주, 세계 파 universal 형 보편적인, 우주의, 세계의

1

UNIT 9

An anonymous letter regarding adult literacy was published in an annual review of sociology issues.

성인의 읽고 쓰는 능력에 관한 익명의 편지가, 사회학 간행물의 연차서평에 발표되었다.

893	**anonymous** [ənánəməs]	형 익명의
894	**literacy** [lítərəsi]	명 읽고 쓰는 능력, 식자(識字)능력 파 literal 형 글자 그대로의
895	**publish** [pʌ́bliʃ]	타 발표하다, 출판하다 파 publisher 명 출판업자, 출판사
896	**review** [rivjúː]	명 서평, 비평, 복습, 타 비평하다, 복습하다
897	**sociology** [sòusiálədʒi]	명 사회학 파 sociological 형 사회학의

Listeners were stunned that such a sophisticated journalist would stereotype people based on race, but he claims his words were taken out of context.

청취자들은, 그런 교양있는 저널리스트가 인종에 기초하여 사람들을 고정관념으로 보는 것에 충격을 받았으나, 그는 자신의 말이 문맥을 무시하여 받아들여졌다고 주장하고 있다.

898	**stun** [stʌ́n]	타 충격을 주다, 깜짝 놀라게 하다 늬유 shock, amaze, astonish
899	**sophisticated** [səfístikèitid]	형 교양이 있는, 세련된, 정교한 파 sophistication 명 세련
900	**stereotype** [stériətàip]	타 고정관념으로 보다, 명 고정관념, 유형 파 stereotyped 형 판에 박은, 진부한
901	**race** [réis]	명 인종, 경쟁, 자 경쟁하다 파 racial 형 인종의, 민족의
902	**context** [kántekst]	명 문맥, (문화적·사회적) 상황, 배경

The rocket was launched into the atmosphere, breaking the barrier of gravity and rising into the new frontier known as outer space.

로켓은 대기권을 향해서 쏘아올려져, 중력의 벽을 돌파하여 대기권외의 우주라고 알려진 새로운 영역으로 상승해갔다.

903	**launch** [lɔ́:ntʃ]	타 발진시키다, (배를) 진수시키다, 자 (사업 등을) 시작하다
904	**barrier** [bǽriər]	명 벽 늬유 barricade, bar, fence
905	**gravity** [grǽvəti]	명 중력, 인력, 중대함 늬유 importance, seriousness 명 중대함
906	**frontier** [frʌntíər, frɑn-]	명 영역, 국경, 변경, 최전선 늬유 border, boundary

Navy officials criticize the decision to stop construction of new ships, saying the current capacity is insufficient for any potential conflicts.

해군 당국자들은 새로운 군함의 건조를 중단하려는 결정을 비난하면서, 현재의 군사 능력은 일어날 수 있는 어떠한 군사충돌에 있어서도 불충분하다고 말했다.

907	**navy** [néivi]	명 해군 늑유 army, military 명 군대
908	**criticize** [krítəsàiz]	타 비판하다, 비평하다, 비난하다 늑유 censure, blame
909	**construction** [kənstrʌ́kʃən]	명 건설 파 construct 타 건설하다, 구축하다, 조립하다
910	**capacity** [kəpǽsəti]	명 능력, 수용능력 늑유 ability 명 능력
911	**conflict** [kánflikt]	명 충돌, 불화 늑유 discord, clash

1

UNIT10

Children who are given intense pressure to compete with others may be inclined to cheat to avoid feeling inferior to their peers.

다른 아이들과 경쟁하도록 중압을 받는 어린이들은, 동급생보다 떨어져 있다고 느끼는 것을 피하기 위해서 부정한 짓을 할 생각이 들지도 모른다.

912	**intense** [inténs]	형 무거운, 심한, 강렬한 파 intensify 타 격렬하게 하다
913	**compete** [kəmpíːt]	자 경쟁하다, 필적하다 늑유 contend
914	**incline** [inkláin]	타 (~할) 마음이 일게 하다, 기울이다 be inclined to do ... … 하고 싶다고 생각하다
915	**cheat** [tʃíːt]	자 부정(不正)한 짓을 하다, 타 속이다 늑유 deceive
916	**inferior** [infíəriər]	형 떨어지는, 열등한 늑유 poor, bad 형 열등한

We must find an efficient and practical way to separate the items with defects from those in sound working condition.

우리는 안정된 가동상태의 상품으로부터 결함상품을 분리하기 위한 효율적이고 실용적인 방법을 찾지 않으면 안 된다.

917	**efficient** [ifíʃənt]	형 효율적인, 유능한 파 efficiency 명 능률, 효율
918	**practical** [præktikl]	형 실용적인, 실제적인 늑유 utilitarian
919	**separate** 동 [sépərèit] 형 [sépərət]	타 나누다, 자 나누어지다, 형 갈라진, 분리된 늑유 disconnect, detach 타 분리하다, 자 연결을 끊다
920	**defect** [dífekt, difékt]	명 결함, 결점 늑유 fault, deficiency
921	**sound** [sáund]	형 안정된, 건전한, (수면이) 충분한, 자 들리다 늑유 stable, steady 형 안정된

A lack of proper nutrition puts a strain on your internal organs and can lead to various kinds of symptoms.

적절한 영양의 결여는 내장에 부담을 주어, 여러 가지 종류의 증상을 일으킬 수 있다.

922	**nutrition** [njuːtríʃən]	명 영양, 영양 섭취 파 nutritious 형 영양분이 있는
923	**strain** [stréin]	명 부담, 중압, 긴장(상태), 과로 늑유 burden 부담, 중압
924	**organ** [ɔ́ːrgən]	명 장기, 기관(器官) 파 organism 명 유기체, 생물
925	**various** [véəriəs]	형 여러 가지의 파 variation 명 변화 파 variety 명 다양성
926	**symptom** [símptəm]	명 증상, 조짐, 징조 늑유 sign

In her youth, she yearned for a life of luxury, but as she matured she realized she lacked the ambition to make it happen.

그녀는 젊을 적에는 사치스러운 생활을 동경하고 있었지만, 어른이 됨에 따라서 자신에게는 그것을 실현시킨다는 야심이 부족하다는 것을 깨달았다.

927 ✓	**youth** [júːθ]	명 청춘시대, 젊은이, 젊음 in one's youth 젊을 적
928 ✓	**yearn** [jə́ːrn]	자 동경하다, 갈망하다 ≒유 long
929 ✓	**luxury** [lʌ́gʒəri, lʌ́kʃəri]	명 사치 파 luxurious 형 호화스러운
930 ✓	**mature** [mətúər, -tʃúər]	자 어른이 되다, 성숙하다, 타 성숙시키다, 형 성숙한 ≒유 ripe 형 익은, 여문
931 ✓	**ambition** [əmbíʃən]	명 야심, 야망, 열망 파 ambitious 형 야심이 있는, 야망에 불타 있는

1
UNIT10

It is a privilege to work with a group with such a heritage of profound thought, and I truly appreciate the trust you have placed in me.

그러한 깊은 사고를 이어받은 집단과 함께 일을 하는 것은 영광이고, 당신이 저에게 주었던 신뢰를 마음으로부터 고맙게 생각합니다.

932 ✓	**privilege** [prívəlidʒ]	명 영광스런 일, 명예, 특권, 타 특권을 주다 ≒유 right 명 특권
933 ✓	**heritage** [hérətidʒ]	명 물려받은 것, 유산
934 ✓	**profound** [prəfáund, prou-]	형 깊은, 심원한 ≒유 deep, thoughtful
935 ✓	**appreciate** [əpríːʃièit, -si-]	타 고맙게 여기다, 높이 평가하다 ≒유 esteem, respect 타 높이 평가하다
936 ✓	**trust** [trʌst]	명 신뢰, 신용, 타 신뢰하다, 신용하다 파 trustworthy 형 신뢰할 수 있는

The **merchants created** a plan that would **merge** their **specialized** services into one larger store that would **satisfy** all of their customers.

상점주들이 만든 계획은 자신들의 전문서비스를 합병하여 하나의 큰 점포를 만들어 고객 모두를 만족시키려는 것이었다.

937 ✓	**merchant** [mə́:rtʃənt]	몡 상인
		파 merchandise 몡 (집합적으로) 상품 (=goods)
938 ✓	**create** [kriːéit, kriː-]	탸 창조하다, 만들어내다
		늑유 invent
939 ✓	**merge** [mə́:rdʒ]	탸 합병하다, 융합되게 하다
		늑유 combine
940 ✓	**specialize** [spéʃəlàiz]	탸 전문화하다, 쟈 전문으로 다루다, 전공하다
		파 special 혱 전문의, 특별의
941 ✓	**satisfy** [sǽtisfài]	탸 만족시키다, 채우다
		파 satisfactory 혱 만족한, 더할 나위 없는

Although it is hard to **distinguish** between the two **procedures**, I **presume** that the **latter** would **resolve** the problem much more quickly.

이 두 종류의 방법을 구별하는 것은 어렵지만, 후자 쪽이 더욱 신속하게 문제를 해결해줄 것이라고 추측한다.

942 ✓	**distinguish** [distíŋgwiʃ]	쟈 구별하다, 식별하다
		파 distinct 혱 개별의, 다른
943 ✓	**procedure** [prəsíːdʒər]	몡 방법, 순서, 절차
		파 proceed 쟈 나가다, 전진하다
944 ✓	**presume** [prizúːm]	탸 (−라고) 추정하다, (−라고) 생각하다
		파 presumably 뷔 아마 (=probably)
945 ✓	**latter** [lǽtər]	혱 뒤의, 후자의
		the latter 후자
946 ✓	**resolve** [rizálv]	탸 해결하다, 결심하다, 쟈 결심하다
		파 resolution 몡 결심, 결의

The **unprecedented benefits** package the workers received was a **triumph** that was **credited** to the bargaining **skills** of the team's leader.

종업원이 받은 전례없는 복리후생은 팀리더의 교섭능력 덕분에 따른 대승리였다.

947	**unprecedented** [ʌnprésidəntid]	형 전례없는, 신기한
		유 uncommon, unusual
948	**benefit** [bénəfit]	명 이익, 은혜, 타 도움이 되다, 자 이득을 얻다
		유 profit
949	**triumph** [tráiəmf, -ʌmf]	명 대승리, 대성공, 자 승리를 얻다
		파 triumphant 형 승리를 거둔
950	**credit** [krédit]	타 (–에게) 돌리다, 명 신용, (대학 등의) 이수단위
		be credited to ~ ~의 덕분이다
951	**skill** [skíl]	명 능력, 기술, 기능, 숙련
		파 skillful 형 능란한, 숙련된

Slaves were **confined** to rooms no more than a few meters **square**, some with **boundaries** made of **rusted** metal.

노예들은 불과 사방 수미터의 방에 갇혀 있었는데, 개중에는 녹슨 금속으로 만들어진 벽에 둘러싸인 방도 있었다.

952	**slave** [sléiv]	명 노예
		파 slavery 명 노예제도, 노예의 신분
953	**confine** [kənfáin]	타 감금하다, 제한하다
		유 limit, restrict, curtail 타 제한하다
954	**square** [skwéər]	명 정방형, (면적의 단위) 평방, 2승, (사각형) 광장
955	**boundary** [báundəri]	명 경계, 한계
		유 border, limit
956	**rust** [rʌst]	타 녹슬게 하다, 자 녹나다, 명 녹
		파 rusty 형 녹슨, 녹이 난

1
UNIT10

It would not be sensible to persist in probing this pursuit any longer, since our results thus far are so vague they are nearly useless.

이 연구의 조사에 이 이상 고집하는 것은 현명하지 않을 것이다. 왜냐하면 우리들이 지금까지 얻은 결과는 막연해서 거의 도움이 되지 않고 있으니까.

957	**sensible** [sénsəbl]	형 현명한, 분별이 있는 능유 rational, reasonable
958	**persist** [pəːrsíst]	자 고집하다, 지속하다 파 persistent 형 고집하는, 완고한
959	**probe** [próub]	타 조사하다, 탐사하다 능유 investigate, scrutinize
960	**vague** [véig]	형 막연한, 모호한 능유 obscure, intangible
961	**useless** [júːsləs]	형 도움이 되지 않는, 무익한 능유 futile

The tires had worn so badly and the wheels had to be reinforced with steel chains loaned to us by a gas station.

타이어는 지독하게 마모해버리고, 차바퀴는 주유소에서 빌린 강철 사슬로 보강하지 않으면 안 되었다.

962	**wear** [wéər]	자 마모하다, 낡아지다, 타 닳게 하다
963	**wheel** [hwíːl]	명 차바퀴
964	**reinforce** [rìːinfɔ́ːrs]	타 보강하다, 강화하다 파 reinforcement 명 보강
965	**steel** [stíːl]	명 강철, 타 견고하게 하다, (−에) 강철을 입히다
966	**loan** [lóun]	타 빌려주다, 대부하다, 명 대부, 론 능유 lend 타 빌리다, 빌려주다

It was not very considerate of the real estate agency to omit the costs of equipping the kitchen when making their estimate, since it exceeded what we were willing to pay.

부동산중계업소가 견적을 산정할 때 부엌설비비용을 제외한 것은 매우 신중하지 못했다. 왜냐하면 그것(부엌설비비용)이 우리가 기꺼이 부담하고자 하는 액수를 초과하였기 때문이다.

1

UNIT10

967	**considerate** [kənsídərət]	형 친절한, 동정심 많은, 신중한, 사려깊은
		늑유 kind, thoughtful
968	**omit** [oumít, ə-]	타 제외하다, 생략하다
		늑유 exclude, leave out ~
969	**equip** [ikwíp]	타 갖추다, 설비하다
		늑유 furnish
970	**estimate** 명[éstəmət] 동[éstəmèit]	명 평가, 견적 타 평가하다, 견적하다
		늑유 appraisal 명 견적, 평가
971	**exceed** [iksíːd, ek-]	타 초과하다, (−보다) 뛰어나다
		늑유 outstrip, excel, surpass

Founded in 1882, the first bank offered comprehensive services that let customers make deposits, convert money to other currencies, and even compose telegrams.

1882년에 설립된 최초의 은행은 고객에게 예금, 다른 통화에 대한 환금, 나아가 전보의 작성까지 폭넓은 서비스를 제공했다.

972	**found** [fáund]	타 설립하다, 창립하다
		늑유 establish, institute
973	**comprehensive** [kὰmprihénsiv]	형 폭넓은, 포괄적인, 이해력이 있는
		늑유 inclusive 형 포괄적인
974	**deposit** [dipázit]	명 예금, 퇴적물, 침전물, 타 맡기다, 예금하다
975	**convert** [kənvə́ːrt]	타 전환하다, 개종시키다, 자 개종하다
		파 conversion 명 전환, 변화, 개종
976	**compose** [kəmpóuz]	타 (곡, 글을) 만들다, 작성하다
		늑유 write, create 타 창작하다

The survey revealed that some doctors feel obliged to prescribe medicines at relatively high doses to treat the growing number of diseases.

그 조사에 의해서 상당수의 의사들이 증가하고 있는 많은 질병을 치료하기 위하여 비교적 고함량의 약을 처방할 수밖에 없다고 느끼고 있다는 것이 밝혀졌다.

977	**survey** [sə́rvei, sə:rvéi]	명 조사, 개관, 보고서, 타 조사하다, 개관하다 늑유 study
978	**oblige** [əbláidʒ]	타 (-하도록) 강요하다 늑유 compel, force, drive
979	**prescribe** [priskráib]	타 (약을) 처방하다, (행위를) 지시하다 파 prescription 명 처방전, 지시
980	**relatively** [rélətivli]	부 비교적, 상대적으로 파 relative 형 상대적인, 비교상의, 명 친척
981	**treat** [tríːt]	타 치료하다, 취급하다, 명 즐거움, 큰 기쁨 파 treatment 명 취급, 치료

The realm of Chinese history is so vast that to trace any particular events, we must refine our search within a specific frame of time to derive any useful results.

중국사는 범위가 광대하기 때문에, 임의의 특정 사건을 더듬어올라가 조사하기 위해서는, 뭔가의 유효한 결과를 끌어내도록 구체적인 시간틀의 범위 내에서 검색을 세련시키지 않으면 안 된다.

982	**realm** [rélm]	명 범위 늑유 field, sphere
983	**trace** [tréis]	타 더듬어 올라가 조사하다, 자국을 밟다, 명 발자국
984	**refine** [rifáin]	타 세련하다, 정련하다, 품위 있게 하다 파 refined 형 세련된, 정련한
985	**frame** [fréim]	명 틀, 뼈대, 구조, 타 만들다, 조립하다 늑유 structure 명 구조
986	**derive** [diráiv]	타 끌어내다, 자 유래하다 늑유 originate in ~, stem from ~ (~에서) 유래하다

My conception of this routine is that it constitutes an excellent way to distribute values at fixed intervals.

이 일상업무에 관한 나의 개념은, 이것이 정해진 간격으로 값을 배정하는 놀라운 방법을 만들어주고 있다는 것이다.

1
UNIT10

987	**conception** [kənsépʃən]	몡 개념, 생각, 상상
		파 concept 몡 개념
988	**routine** [ruːtíːn]	몡 일상업무, 일과, 혱 판에 박힌, 일상의
		늒유 usual 혱 보통의, 흔히 있는
989	**constitute** [kánstət(j)ùːt]	타 구성하다
		늒유 compose
990	**distribute** [distríbjət]	타 배정하다, 분배하다, 할당하다
		늒유 allocate, allot 타 할당하다
991	**interval** [íntərvl]	몡 간격, 사이
		at intervals 때때로, 군데군데에

He clarified in his speech that the sole exception in which he would feel compelled to use force is in the event of a crisis such as a military coup.

그는 무력을 행사할 수밖에 없다고 자신이 느끼는 유일한 예외는, 군사쿠데타 등의 위기가 일어난 경우라고 연설에서 분명히 말했다.

992	**clarify** [klǽrəfài]	타 분명히 하다, 맑게 하다
		파 clarity 몡 명쾌, 명료, 명징함
993	**sole** [sóul]	혱 유일의
		늒유 exclusive, single
994	**exception** [iksépʃən, ek-]	몡 예외
		파 exceptional 혱 예외적인
995	**compel** [kəmpél]	타 강제하다, 억지로 ~시키다
		늒유 force, drive, oblige
996	**crisis** [kráisis]	몡 위기
		늒유 emergency

Chapter 2

입시영어로부터의 필수어!

일반어휘 레벨 2

입시영어로부터 배운 단어 중에서
TOEFL 시험에 자주 나오는 단어를 취급했다.
(표준레벨)

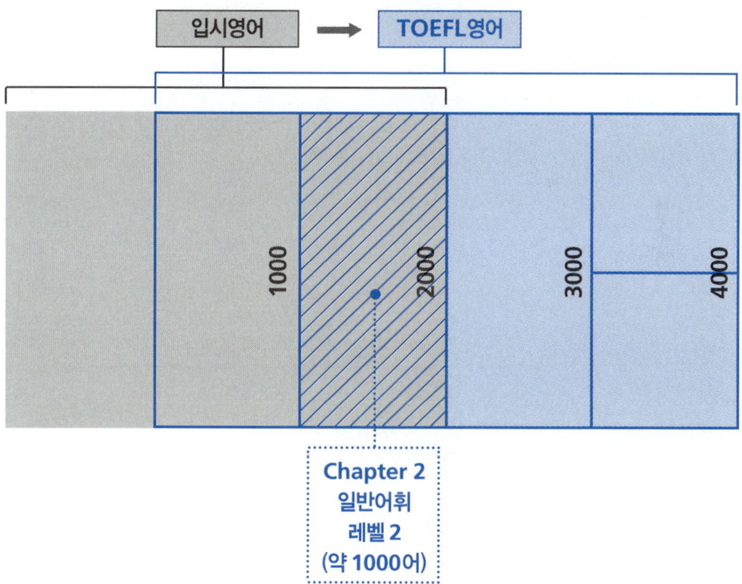

Often considered masterpieces, his paintings were held in high esteem for their aesthetic value and imaginative compositions.

걸작이라고 흔히 인정되고 있는 그의 그림들은, 그 미적가치와 상상력이 넘치는 구성이 높은 평가를 받고 있었다.

997	**masterpiece** [mǽstərpìːs]	명 걸작, 명작
998	**esteem** [istíːm, es-]	명 평가, 존경, 타 존경하다 늑유 respect 명 존경
999	**aesthetic** [esθétik, is-]	형 미적인 파 aestheticism 명 유미주의
1000	**value** [vǽljuː]	명 가치, 가치관, 타 평가하다, 존중하다 파 evaluate 타 평가하다
1001	**imaginative** [imǽdʒənətiv]	형 상상력이 풍부한 늑유 creative, inventive

He isn't flexible because of his stiff muscles and his awkward posture, as this X-ray of his back shows.

등을 찍은 이 X-레이 사진이 보여주듯이 경직된 근육과 부자연스런 자세로 인해 그는 신체가 부드럽지 않다.

1002	**flexible** [fléksəbəl]	형 부드러운, 유연한, 변경가능한 늑유 soft 형 부드러운
1003	**stiff** [stíf]	형 딱딱한, 경직된, 굳은 늑유 rigid, hard 형 딱딱한
1004	**awkward** [ɔ́ːkwərd]	형 어색한, 거북한, 다루기 곤란한 늑유 clumsy
1005	**posture** [pɑ́stʃər]	명 자세, 태도 늑유 attitude 명 태도
1006	**X-ray** [éksrèi]	명 뢴트겐사진, X-레이 늑유 radiograph

The townspeople felt contempt for the wicked witch, who was notorious for her curses on livestock.

마을 사람들은, 가축에게 저주를 거는 것으로 악명높은 심술궂은 마녀에게 경멸을 느끼고 있었다.

1007	**contempt** [kəntémpt]	명 경멸, 모욕
		파 contemptuous 형 경멸하는
1008	**wicked** [wíkid]	형 심술궂은, 사악한
1009	**witch** [wítʃ]	명 마녀
		늑유 wizard 명 (남자) 마법사
1010	**notorious** [noutɔ́ːriəs]	형 악명높은
		늑유 infamous
1011	**curse** [kə́ːrs]	명 저주, 악담, 타 저주하다, 악담하다
		반 blessing 명 축복, 신의 은총

These fossil fragments suggest that dinosaurs dominated this area until they were overtaken by some natural disaster.

이러한 화석 파편은 공룡들이 어떤 자연재해가 이들을 덮치기 전까지는 이 지역을 지배했다는 것을 암시하고 있다.

1012	**fossil** [fásl]	명 화석, 형 화석의
		fossil fuel (석유·석탄 등의) 화석연료
1013	**fragment** [frǽgmənt]	명 파편, 조각
		늑유 part, piece
1014	**suggest** [səgdʒést]	타 암시하다, 제안하다
		늑유 imply, hint at~
1015	**dominate** [dámənèit]	타 지배하다
		늑유 rule, govern
1016	**overtake** [òuvərtéik]	타 덮쳐오다, 따라붙다, 추월하다
		늑유 catch up with~ ~(뒤쫓아) 따라잡다

Residents of the metropolitan Tokyo area must cope with the abundant number of crows that make their nests near the city.

대도시 도쿄 부근의 주민들은, 시 가까이에 둥지를 만드는 많은 수의 까마귀에 맞서지 않으면 안 된다.

1017	**resident** [rézidənt]	명 주민, 거주자, 형 살고 있는 늑유 inhabitant 명 주민, 거주자
1018	**metropolitan** [mètrəpálitn]	형 대도시의 파 metropolis 명 중심도시, 대도시, 수도
1019	**cope** [kóup]	자 대항하다, 잘 처리하다, 잘 대처하다 cope with~ ~을 잘 처리하다
1020	**abundant** [əbʌ́ndənt]	형 풍부한, 많은 늑유 plentiful, affluent, profuse, ample
1021	**crow** [króu]	명 까마귀 늑유 raven, rook
1022	**nest** [nést]	명 둥우리, 피난소, 은신처 늑유 retreat, hideaway 명 피난소, 은신처

Eventually a major conflict was started due to a cartoon that many believed mocked the fundamental beliefs of the religion.

결국에는 종교의 기본적 신조를 조롱한다고 많은 사람이 생각한 한 만화 때문에 큰 갈등이 시작되었다.

1023	**eventually** [ivéntʃuəli]	부 결국에는, 결과적으로 늑유 ultimately
1024	**cartoon** [kɑːrtúːn]	명 만화 파 cartoonish 형 만화적인, 희화적인
1025	**mock** [mák]	타 조롱하다, 놀리다 늑유 ridicule, deride, make fun of~
1026	**fundamental** [fʌ̀ndəméntl]	형 기본적인, 근본적인 늑유 essential, basic

Misery, revenge, and sorrow are some of the predominant themes we can detect throughout all of classic literature.

고뇌, 복수, 그리고 슬픔은 모든 고전문학을 통해서 발견할 수 있는 주요한 테마의 일부이다.

1027	**misery** [mízəri]	명 고뇌, 비참함, 불행
		파 miserable 형 비참한, 불행한, 불충분한
1028	**sorrow** [sɔ́rou] [sárou]	명 슬픔, 자 슬퍼하다
		늘유 sadness, grief, woe 명 슬픔
1029	**predominant** [pridámənənt]	형 주요한
		늘유 chief, main, primary
1030	**detect** [ditékt]	타 발견하다, 탐지하다, 간파하다
		늘유 discover
1031	**literature** [lítərətʃər]	명 문학
		파 literal 형 글자 그대로의

Residents of the countryside tend to be more conservative in their political views and adhere to traditional values.

지방 거주자는 정치적인 사고방식이 한층 보수적이고, 전통적인 가치관에 집착하기 쉬운 경향이 있다.

1032	**countryside** [kʌ́ntrisaid]	명 지방
1033	**tend** [ténd]	자 경향이 있다, ~하기 쉽다
		파 tendency 명 경향, 풍조, 성벽(性癖)
1034	**conservative** [kənsə́ːrvətiv]	형 보수적인, 명 보수적인 사람
1035	**view** [vjúː]	명 사고방식, 전망, 풍경, 견해, 시력
1036	**adhere** [ədhíər]	자 고집하다, 집착하다
		늘유 stick, cling

The theater's censors eliminated all of the naughty parts from the script, leaving it dull.

영화관의 검열관들이 각본으로부터 모든 천한 부분을 삭제했기 때문에 그것은 재미 없는 것이 되었다.

1037	**censor** [sénsər]	명 검열관 능유 examiner, inspector
1038	**eliminate** [ilímənèit]	타 삭제하다, 제거하다, 완전히 없애다 능유 remove
1039	**naughty** [nɔ́ːti]	형 천한, 장난꾸러기의, 사악한, 음란한 능유 bad, mischievous
1040	**script** [skrípt]	명 각본, 대본, 손으로 쓴 글 능유 handwriting 명 손으로 쓴 글
1041	**dull** [dʌ́l]	형 재미없는, 둔한, 지루한 능유 unintelligent 형 우둔한

The heir to the hotel fortune is an eccentric young man whose long hair is always in knots because he doesn't have the dignity to comb it.

그 호텔의 재산상속인은 자신의 장발에 빗질하는 품위를 갖지 않기 때문에 언제나 머리가 얽혀있는 괴상한 젊은이다.

1042	**heir** [éər]	명 상속인, 후계자 능유 inheritor, successor
1043	**eccentric** [ikséntrik]	형 보통과 다른, 상궤를 벗어난, 괴상한 능유 erratic, strange, unusual, odd
1044	**knot** [nát]	명 얽힘, 매듭, 타 묶다
1045	**dignity** [dígnəti]	명 품위, 위엄, 존엄 능유 nobility, majesty 명 고결함, 위엄
1046	**comb** [kóum]	타 빗질하다, 명 빗

When I went to the hospital to get the vaccine, I was startled by how utterly awful the sanitation was.

백신을 접종하러 병원으로 갔을 때, 나는 그곳의 위생상태가 완전히 나쁘다는 데 놀랐다.

1047 ✓	**vaccine** [væksíːn]	명 백신
		파 vaccinate 타 백신주사를 하다
1048 ✓	**startle** [stáːrtl]	타 놀라게 하다
		파 startling 형 깜짝 놀라게 하는, 놀라운
1049 ✓	**utterly** [ʌ́tərli]	부 아주, 완전히
		파 utter 형 완전한, 전적인
1050 ✓	**awful** [ɔ́ːfl]	형 나쁜, 두려운, 싫은
		늘유 terrible
1051 ✓	**sanitation** [sæ̀nətéiʃən]	명 위생상태, 하수처리
		파 sanitary 형 위생의, 위생적인

2
UNIT 1

His thick glasses and mustache give him the appearance of being a scholar, but his colleagues know it's only his superficial appearance and not his true character.

그의 두꺼운 안경과 콧수염은 그를 학자연하게 보이고 있지만, 동료들은 그것은 표면적인 외관에 지나지 않고 그 본래의 인품은 아니라고 알고 있다.

1052 ✓	**thick** [θík]	형 두꺼운, 굵은
		반 thin 형 얇은
1053 ✓	**mustache** [mʌ́stæʃ, məstǽʃ]	명 콧수염
1054 ✓	**scholar** [skálər]	명 학자
		파 scholarship 명 장학금
1055 ✓	**colleague** [káliːg]	명 (업무의) 동료
		늘유 associate, comrade, companion
1056 ✓	**superficial** [sùːpərfíʃl]	형 표면적인, 외견상의
		늘유 surface, exterior

The **crops** on this **plot** of land used to **sustain** several families, but now they can **barely feed** one.

토지의 이 작은 구획에서의 작물이 과거에는 여러 가족을 지탱하고 있었지만, 현재에는 가까스로 하나의 가족을 먹게 하는 것이 고작이다.

1057	**crop** [kráp]	몡 작물, 탄 수확하다, 자 (농작물이) 나다, 되다 늑유 product 몡 생산물
1058	**plot** [plát]	몡 작은 구획, 음모, (소설 등의) 줄거리, 탄 도모하다 늑유 patch 몡 작은 토지, 구획
1059	**sustain** [səstéin]	탄 떠받치다, 유지하다 늑유 uphold, support
1060	**barely** [bɛ́ərli]	붣 간신히, 가까스로, 거의 ~ 않다 늑유 scarcely 붣 거의 ~ 않다
1061	**feed** [fíːd]	탄 먹이다, 부양하다, 자 먹이를 먹다 늑유 nourish 탄 영양을 주다

The current president's **administration** tells its citizens to be **patriotic**, but its own **suppression** of **civil rights** is truly un-American.

현행 대통령 정권은 시민에게 애국심을 갖도록 호소하고 있는데, 정권 스스로의 인권탄압은 진실로 비미국적이다.

1062	**administration** [ədmìnəstréiʃən]	몡 정권, 정부, 관리, 경영, 운영, 행정 파 administrative 혱 행정의, 관리의
1063	**patriotic** [pèitriátik]	혱 애국심을 가진 파 patriotism 몡 애국심
1064	**suppression** [səpréʃən]	몡 탄압, 억제, 억압 파 suppress 탄 억제하다, 억압하다
1065	**civil** [sívl]	혱 시민의, 행정의 civil rights 인권, 공민권, 시민권
1066	**right** [ráit]	몡 권리, 오른쪽, 올바른 것, 혱 올바른, 오른쪽의 늑유 privilege 몡 특권

Students in the biology class used a microscope to inspect the organisms they had been cultivating in the liquid solution.

생물학 수업에서 학생들은 현미경을 사용하여 용액속에 배양해 두었던 유기체를 상세하게 조사했다.

1067	**biology** [baiálədʒi]	명 생물학 파 biological 형 생물학의
1068	**microscope** [máikrəskòup]	명 현미경 파 microscopic 형 현미경의
1069	**inspect** [inspékt]	타 상세하게 조사하다, 검사하다, 관찰하다 ≒유 scrutinize, investigate, probe
1070	**cultivate** [kʌ́ltəvèit]	타 배양하다, 경작하다, (재능 등을) 닦다 ≒유 till, farm 타 경작하다
1071	**liquid** [líkwid]	명 액, 액체, 형 액체의 ≒유 fluid

The rotting food in the trash behind the restaurant emitted an overwhelming smell that made me choke.

레스토랑 뒤의 쓰레기통에서 썩고 있는 음식물이 나를 질식시킬 것 같은 끔찍한 냄새를 내뿜었다.

1072	**rot** [rat]	자 썩다, 타 부패시키다 ≒유 decay, spoil
1073	**emit** [imít]	타 방출하다, 배출하다 ≒유 give off~, issue
1074	**overwhelming** [òuvərhwélmiŋ]	형 대단한, 압도적인, 저항할 수 없는 파 overwhelm 타 압도하다, 곤혹스럽게 하다
1075	**smell** [smél]	명 냄새 ≒유 scent, odor
1076	**choke** [tʃóuk]	자 숨이 막히다, 질식하다, 타 질식시키다 ≒유 strangle

Using secondhand machine parts, she built a prototype to demonstrate the piece of equipment she wanted to invent.

중고 기계부품을 이용하여 그녀는 자신이 고안하고 싶은 장치의 일부분을 설명하기 위하여 시작품을 만들었다.

1077	**secondhand** [sékəndhǽnd]	형 중고의 늑유 used, worn
1078	**prototype** [próutoutàip]	명 시작품(試作品), 원형 늑유 original
1079	**demonstrate** [démənstrèit]	타 설명하다, 증명하다 늑유 prove, verify　타 증명하다
1080	**equipment** [ikwípmənt]	명 장치, 설비, 장비 늑유 apparatus, device
1081	**invent** [invént]	타 고안하다, 발명하다 늑유 create

A flock of consumers descended on retail stores downtown hoping to grab some bargains during the holiday sale.

다수의 소비자가 휴일 세일 중에 얼마간의 특가품을 잡으려고 번화가의 소매점에 밀어닥쳤다.

1082	**flock** [flák]	명 (새·양 등의) 무리, 자 무리짓다, 모이다 a flock of~ 다수의~
1083	**descend** [disénd]	자 타 내리다, 내려가다 descend on~ (~으로) 밀어닥치다, (~로) 덤벼들다
1084	**retail** [rí:teil]	명 소매, 형 소매의
1085	**grab** [grǽb]	타 (불시에) 움켜잡다, 잡아채다
1086	**bargain** [bá:rgən]	명 특가품, 계약, 협정

Racial prejudice is prevalent in some rural areas due to the lack of ethnic diversity.

몇몇 농촌지역에서는 민족의 다양성이 부족한 것이 원인이 되어 인종적 편견이 만연하고 있다.

1087	**prejudice** [prédʒədəs]	명 편견, 선입관, 타 (—에) 편견을 갖게 하다 ≒유 bias
1088	**prevalent** [prévələnt]	형 만연하고 있는, 보급된, 널리 행해지는 ≒유 widespread, extensive
1089	**rural** [rúərəl]	형 농촌의, 시골의, 전원의 반 urban 형 도시의
1090	**ethnic** [éθnik]	형 민족의, 민족적인 ethnic minority 소수민족
1091	**diversity** [dəvə́ːrsəti]	명 다양성, 상위성 ≒유 variety

2
UNIT 1

The widespread unemployment in this area is out of proportion to the high number of college degree holders, a trend that discourages many graduates from staying.

이 지역에 광범위하게 걸쳐있는 실업률은, 대학의 학위 소유자의 높은 수와 균형이 맞지 않아, 많은 졸업생들이 이 곳에 머무를 의욕을 빼앗는 경향이 있다.

1092	**widespread** [wáidspréd]	형 광범위에 이르는, 널리 보급되어 있는 ≒유 prevalent, extensive
1093	**unemployment** [ʌnimplɔ́imənt]	명 실업(률) 파 unemployed 형 실업중의
1094	**proportion** [prəpɔ́ːrʃən]	명 비율, 균형, 조화 in proportion to~ ~에 비례하여
1095	**degree** [digríː]	명 학위, 정도, (온도·각도 등의) 도(度)
1096	**discourage** [diskə́ːridʒ]	타 의욕을 빼앗다, 용기를 꺾다 discourage ~from ...ing ~에게 …할 생각을 없게 하다

The **fuel** company achieved a **breakthrough** by mixing **carbon particles** with the **oxygen** in gasoline.

그 연료회사는 탄소입자와 산소를 가솔린에 혼합시킴으로써 비약적 발전을 이루었다.

1097	**fuel** [fjúːəl]	몡 연료 fossil fuel 화석연료
1098	**breakthrough** [bréikθrùː]	몡 비약적 발전, 돌파
1099	**carbon** [káːrbən]	몡 탄소 carbon dioxide 이산화탄소
1100	**particle** [páːrtikl]	몡 입자, 미량, 극히 작은 조각
1101	**oxygen** [áksidʒən]	몡 산소

The **civic** organization welcomed the **collective** of chefs whose **alternative** forms of **cuisine** are considered an **innovation** in cooking.

시민단체는 틀에 박히지 않는 그들의 요리형식이 요리에 있어서의 혁신이라고 인정된 그 요리사 집단을 즐거이 받아들였다.

1102	**civic** [sívik]	혱 시민의, 시의 늗유 municipal, public
1103	**collective** [kəléktiv]	몡 집단, 혱 집단적인 파 collect 타 모으다, 자 모이다
1104	**alternative** [ɔːltə́ːrnətiv]	혱 틀에 박히지 않는, 양자택일의, 대신의, 몡 선택지 늗유 option, choice 몡 선택지
1105	**cuisine** [kwizíːn]	몡 요리 늗유 cookery, cooking
1106	**innovation** [ìnəvéiʃən]	몡 혁신 파 innovative 혱 혁신적인

A funeral was held for the folk singer who collapsed onstage in front of scores of spectators last week.

지난주, 다수의 관객을 앞에 두고 넘어진 포크송가수의 장례식이 열렸다.

1107	**funeral** [fjúːnərəl]	명 장례식
1108	**folk** [fóuk]	명 포크송, 민족, 사람들
1109	**collapse** [kəlǽps]	자 넘어지다, 붕괴하다, 명 붕괴, 좌절, 쇠약
1110	**score** [skɔ́ːr]	명 득점, 성적, (scores의 형태로) 다수 / scores of~ 다수의~
1111	**spectator** [spékteitər]	명 관객, 구경꾼

The bus abruptly stopped at the intersection, scaring the pedestrians who were chatting with each other near the crosswalk.

버스가 교차점에서 급히 정거했기 때문에 횡단보도 가까이에서 서로 잡담을 하고 있던 보행자를 놀라게 했다.

1112	**abruptly** [əbrʌ́ptli]	부 갑자기, 불쑥, 뜻밖에 / 능유 suddenly
1113	**intersection** [ìntərsékʃən]	명 교차점, 횡단 / 능유 crossroad 명 교차점
1114	**scare** [skéər]	타 놀라게 하다, 위협하다, 명 공포, 불안 / 파 scary 형 잘 놀라는, 겁 많은
1115	**pedestrian** [pədéstriən]	명 보행자 / pedestrian bridge 보도교
1116	**chat** [tʃǽt]	자 잡담하다, 명 잡담 / 파 chatty 형 잡담을 좋아하는

A **vehicle wrecked** into a fuel station, **triggering** an **explosion** that forced all nearby residents to **flee** the area.

한 자동차가 주유소로 돌진하여 부서져 폭발을 야기함으로써 모든 인근 주민이 그 지역을 대피하지 않을 수 없었다.

1117	**vehicle** [víːəkl]	명 탈것, 수단, 매개
		파 vehicular 형 차량의, 탈것의
1118	**wreck** [rék]	자 부서지다, 난파하다, 명 파괴, 난파(難破)
1119	**trigger** [trígər]	타 유발하다, 방아쇠를 당기다, 명 방아쇠
1120	**explosion** [iksplóuʒən]	명 폭발
		늬유 blast
1121	**flee** [flíː]	타 자 피난하다, 도망치다
		늬유 run away 피하다

The **refugees** who were **displaced** by the **earthquake** lived in **poverty** conditions for weeks, with many sleeping on the **pavement**.

지진에 의해서 퇴거되었던 피난자들은 그중 많은 수가 포장도로에서 수면을 취하면서 궁핍상태에서 수주일간 생활했다.

1122	**refugee** [rèfjudʒíː]	명 피난자, 난민
		파 refuge 명 피난, 피난소
1123	**displace** [displéis]	타 퇴거하다, 쫓아내다, 바꾸어 놓다
1124	**earthquake** [ə́ːrθkwèik]	명 지진, (사회적) 대변동
1125	**poverty** [pávərti]	명 궁핍, 빈곤
		늬유 need, want
1126	**pavement** [péivmənt]	명 포장도로, 보도
		파 pave 타 포장하다

Do not hold the acid additive over the flame for too long, because its composition makes it prone to erupt like a volcano.

그 산첨가제를 불꽃 위에 너무 오랫동안 놓아서는 안 된다. 왜냐 하면, 그 합성물이 불꽃을 화산처럼 분출시키는 경향이 있기 때문이다.

1127	**acid**	명 산(酸)
	[ǽsid]	acid rain 산성비
1128	**additive**	명 첨가제, 첨가물
	[ǽdətiv]	
1129	**composition**	명 조성, 구성, 합성물, 작문, 창작
	[kàmpəzíʃən]	파 compose 타 구성하다, (악곡·글을) 만들다
1130	**volcano**	명 화산
	[vɑlkéinou]	파 volcanic 형 화산의, 화산성의

2
UNIT 2

Fans were bewildered as to how the magician had the nerve to attempt such a deadly trick, and many thought he was insane.

팬들은 그 마술사가 그런 치명적인 기술을 어떻게 시도하려는 마음을 가지고 있는지에 대해서 당황했고, 많은 사람들은 그가 제정신이 아니라고 생각했다.

1131	**bewilder**	타 당혹케하다
	[biwíldər]	능유 confound, puzzle
1132	**nerve**	명 신경, 뻔뻔스러움
	[nə́ːrv]	파 nervous 형 신경질적인, 불안한
1133	**attempt**	타 시도하다, 꾀하다, 명 시도, 기도
	[ətémpt]	
1134	**deadly**	형 생명에 관계된, 치명적인, 치사의
	[dédli]	능유 fatal
1135	**insane**	형 제정신이 아닌, 미친
	[inséin]	능유 crazy

In **defiance** of employees' **vocal** protests, the board voted to **revise** the company policy to **abolish** the **pension** system for new hires.

종업원들의 **구두에 의한** 항의를 **무시하고**, 이사회는 신규고용자를 대상으로 한 **연금** 제도를 **폐지하기** 위해서 회사의 방침을 **개정하는** 것을 가결했다.

1136	**defiance** [difáiəns]	명 (공연한) 무시, 대담한 저항
		파 defiant 형 도전적인, 반항적인
1137	**vocal** [vóukl]	형 구두에 의한, 음성의, 명 보컬(연기)
1138	**revise** [riváiz]	타 개정하다, 수정하다, 변경하다
		늑유 alter, change, amend
1139	**abolish** [əbáliʃ]	타 폐지하다
		늑유 do away with ~, get rid of ~
1140	**pension** [pénʃən]	명 연금
		파 pensioner 명 연금생활자

She entered the **nursing profession** to help the **handicapped** and those **afflicted** with mental **disorders**.

그녀는 **장애자나 정신질환에** **괴로워하는** 사람들의 힘이 되어주기 위해서 **간호일을** 시작했다.

1141	**nursing** [nə́ːrsiŋ]	형 간호의, 포유(哺乳)하는, 명 보육업무
		파 nursery 명 육아실, 어린이방, 탁아소
1142	**profession** [prəféʃən]	명 일, 직업
		늑유 occupation, job, vocation, career
1143	**handicapped** [hǽndikæpt]	형 장애가 있는, 불구의
		the handicapped 장애자
1144	**afflict** [əflíkt]	타 괴롭히다
		늑유 trouble, burden, distress, worry
1145	**disorder** [disɔ́ːrdər]	명 질환, 무질서, 난잡
		늑유 mess 명 난잡

The lungs of men working in the coal mine were contaminated from the thick black air they had breathed for years.

광산에서 일하는 사람들의 폐는 수년 동안 빨아들인 짙은 검은 공기로 오염되어 있었다.

1146	**lung** [lʌ́ŋ]	명 폐
1147	**coal** [kóul]	명 석탄
1148	**mine** [máin]	명 광산 / 파 miner 명 광산업자, 광부
1149	**contaminate** [kəntǽmənèit]	타 오염하다 / 늑유 pollute
1150	**breathe** [bríːð]	타 빨아들이다, 자 호흡하다 / 파 breath 명 호흡

Congress plans to regulate energy usage as part of a strategy to spread the use of solar power.

국회는 태양열 발전의 사용을 넓히기 위한 전략의 일부로서 에너지의 이용을 규제할 예정이다.

1151	**congress** [káŋgrəs]	명 국회, 의회 / 늑유 assembly, meeting 명 의회
1152	**regulate** [régjəlèit]	타 규제하다, 조정하다 / 늑유 control, govern, rule
1153	**strategy** [strǽtədʒi]	명 전략, 작전 / 늑유 tactics 명 전략
1154	**spread** [spréd]	타 펴다, 펼치다, 보급시키다, 자 퍼지다 / 늑유 diffuse, propagate 타 펴다, 펼치다
1155	**solar** [sóulər]	형 태양열을 이용한, 태양의 / solar eclipse 일식

The **dazzling** skater **excelled** in the competition with a **magnificent** performance that **combined** technique and **grace**.

그 훌륭한 스케이터는 기술과 우아함이 조합된 당당한 연기로 경기에서 뛰어난 성적을 거두었다.

1156	**dazzling** [dǽzliŋ]	휑 훌륭한, 눈부신, 현혹적인 파 dazzle 타 (-의) 눈을 부시게 하다
1157	**excel** [iksél]	자 뛰어나다, 출중하다, 타 (-보다) 탁월하다 ≒유 exceed, outstrip, surpass 타 (-보다) 낫다
1158	**magnificent** [mægnífəsnt]	휑 당당한, 장엄한 ≒유 superb
1159	**combine** [kəmbáin]	타 조합시키다, 결합시키다, 자 결합하다 ≒유 merge 타 합병하다
1160	**grace** [gréis]	명 우아함, 기품 파 graceful 휑 우아한, 품위 있는

The doctor gave him an **oral** medicine to help **soothe** the **acute** pain of his sprained **ankle** and broken **toe**.

의사는 삔 발목과 골절한 발가락의 심한 통증을 완화시키기 위해서 그에게 경구약을 주었다.

1161	**oral** [ɔ́ːrəl]	휑 경구의, 구두의, 입의
1162	**soothe** [súːð]	타 완화하다, 누그러지게 하다 ≒유 lull, calm
1163	**acute** [əkjúːt]	휑 격한, 날카로운, 심각한, 급성의 ≒유 sharp, keen 휑 날카로운
1164	**ankle** [ǽŋkl]	명 발목, 복사뼈
1165	**toe** [tóu]	명 발가락, 발끝

The puppy didn't make a peep as he crawled into my lap, yawned and started to take a nap.

강아지는 우는 소리를 하지 않고 나의 무릎으로 기어와서, 하품을 하고, 낮잠을 자기 시작했다.

1166	**peep** [píːp]	몡 삐약삐약 하는 소리(우는 소리), 짜 삐약삐약 울다
		늑유 cry
1167	**crawl** [krɔ́ːl]	짜 기다, 기어나가다
		늑유 creep
1168	**lap** [lǽp]	몡 무릎
1169	**yawn** [jɔ́ːn]	짜 하품하다, 몡 하품
1170	**nap** [nǽp]	몡 낮잠, 앉아서 좀, 짜 졸다, 낮잠 자다
		늑유 sleep, doze

2
UNIT 2

The weather forecast called for more humid weather near the equator and some storms and morning frost in parts of Europe.

일기예보는 적도 부근의 날씨는 더욱 습기가 높아지고, 또 유럽의 일부에서는 폭풍이 불고, 아침에는 서리가 내린다고 예보했다.

1171	**forecast** [fɔ́ːrkæst]	몡 예보, 예측, 타 예보하다
		늑유 prediction, prophecy 몡 예측
1172	**humid** [hjúːmid]	혱 습도가 높은, 습기가 많은, 매우 더운
		늑유 damp, moist, wet
1173	**equator** [ikwéitər]	몡 적도
		파 equatorial 혱 적도의
1174	**storm** [stɔ́ːrm]	몡 폭풍
		늑유 tempest
1175	**frost** [frɔ́(ː)st]	몡 서리
		늑유 freeze

The **mayor** was **elected** because he is a **moderate** whose budget **initiatives** can bring the town back to **prosperity**.

시장이 선출된 것은 그의 예산정책이 시에 다시 번영을 가져올 수 있는 온건주의자이기 때문이다.

1176	**mayor** [méiər]	명 시장(市長)
		파 mayorship 명 시장의 직(신분)
1177	**elect** [ilékt]	타 선출하다, 뽑다
		파 election 명 선거
1178	**moderate** 명 형 [mάdərət] 동 [mάdərèit]	명 온건주의자, 형 적당한, 타 완화하다
		늑유 calm, lessen 타 완화하다
1179	**initiative** [iníʃiətiv, -ʃiə-]	명 시책, 주도권, 자발성, 독창성
		파 initiate 타 시작하다
1180	**prosperity** [prɑspérəti]	명 번영
		파 prosper 자 번영하다, 성공하다

Critics considered the **narrative prose** in the author's work **rigid** with too many **abstract metaphors**.

비평가들은 그 작가의 작품 중에 있는 이야기 산문은, 추상적인 은유가 너무 많아 딱딱하다고 판단했다.

1181	**narrative** [nǽrətiv]	형 이야기의, 명 이야기
		늑유 story, tale 명 이야기
1182	**prose** [próuz]	명 산문
1183	**rigid** [rídʒid]	형 딱딱한, 단단한, 엄격한, 완고한
		늑유 stiff, hard
1184	**abstract** [ǽbstrækt]	형 추상적인
1185	**metaphor** [métəfɔ̀ːr, -fər]	명 은유, 비유

Her mother, who was addicted to illegal drugs, showed her little affection and abused her by using cruel and excessive force.

불법 약물중독이었던 그녀의 어머니는 그녀에게 거의 애정을 보이지 않고, 잔혹하고 과도한 폭력을 사용하여 학대했다.

1186	**addict** 동 [ədíkt] 명 [ǽdikt]	타 중독되게 하다, 명 중독환자 · 파 addictive 형 중독성의
1187	**affection** [əfékʃən]	명 애정, 애착, 호의 · 파 affectionate 형 애정깊은
1188	**abuse** 동 [əbjúːz] 명 [əbjúːs]	타 학대하다, 남용하다, 명 학대, 남용 · 늑유 misuse 타 학대하다
1189	**cruel** [krúːəl]	형 잔혹한 · 늑유 vicious
1190	**excessive** [iksésiv]	형 과도한, 과잉의 · 늑유 inordinate

2
UNIT 2

Despite its grotesque appearance, the statue in the tomb is worshiped as an idol and adored by millions.

기괴한 외모에도 불구하고, 묘의 조각상은 수백만 명의 사람에게 우상으로 숭배되고, 존경을 받고 있다.

1191	**grotesque** [groutésk]	형 기괴한, 괴상한 · 늑유 bizarre, weird 형 기괴한
1192	**statue** [stǽtʃuː]	명 상(像), 조각상 · 늑유 statuette, sculpture
1193	**tomb** [túːm]	명 묘 · 늑유 grave
1194	**idol** [áidl]	명 우상 · 늑유 icon
1195	**adore** [ədɔ́ːr]	타 숭배하다, 존경하다 · 늑유 worship, glorify

The man had to undergo surgery to remove blockage in a blood vessel in his liver that was interfering with its normal function.

그 남자는 정상적인 기능을 방해하고 있던 간장 안에 있는 혈관의 폐쇄를 제거하는 수술을 받지 않으면 안 되었다.

1196	undergo [ʌ̀ndərgóu]	타 (영향·변화·검사 등을) 받다, 경험하다, 겪다 ≒유 go through ~
1197	surgery [sə́ːrdʒəri]	명 수술 ≒유 operation
1198	vessel [vésl]	명 관, 혈관, 그릇, 대형 배
1199	liver [lívər]	명 간장, 간
1200	interfere [ìntərfíər]	자 방해하다, 간섭하다 ≒유 hinder, prevent

Outraged that the time he contributed to the project was rudely overlooked by the committee, he refused to participate in the closing ceremony.

자신이 그 프로젝트에 제공한 시간을 위원회에 무례하게도 무시당한 것에 분개하여, 그는 폐회식에 참가하는 것을 거부했다.

1201	outrage [áutrèidʒ]	타 분개시키다 ≒유 resent
1202	contribute [kəntríbjuːt]	타 제공하다, 기부하다, 자 기여하다, 공헌하다 파 contribution 명 공헌, 기부
1203	rudely [rúːdli]	부 무례하게 ≒유 impolitely
1204	overlook [òuvərlúk]	타 무시하다, 빠뜨리고 보다, 바라보다
1205	participate [pɑːrtísəpèit]	자 참가하다 ≒유 take part

An organism not visible to the naked eye caused an outbreak of disease that infected thousands.

육안으로는 보이지 않는 미생물이, 몇천 명의 사람들에게 전염하는 질병의 돌발적인 대발생을 일으켰다.

1206	**visible** [vízəbl]	혱 (눈에) 보이는 ≒유 observable
1207	**outbreak** [áutbrèik]	몡 돌발적인 대발생, 창궐
1208	**disease** [dizíːz]	몡 병, 질병 ≒유 illness, sickness
1209	**infect** [infékt]	탸 전염하다, (병을) 옮기다, 감염시키다 파 infectious 혱 전염병의

2
UNIT 3

In terms of geography, those making the expedition could not conceive that the country was so gigantic when they planned the initial voyage.

지리적으로 보아, 탐험을 하는 사람들이 최초의 항해를 계획했을 때, 그 나라가 그렇게까지 거대하다고는 상상도 할 수 없었다.

1210	**geography** [dʒiːágrəfi]	몡 지리, 지형 파 geographical 혱 지리적인(=geographic)
1211	**expedition** [èkspədíʃən]	몡 탐험, 원정, 탐험대
1212	**conceive** [kənsíːv]	탸 쟈 상상하다, 생각하다 파 concept 몡 개념, 생각
1213	**gigantic** [dʒaigǽntik]	혱 거대한　　　　　　　　「colossal ≒유 huge, immense, tremendous, enormous
1214	**voyage** [vɔ́iidʒ]	몡 항해, 인생행로, 우주여행 ≒유 navigation 몡 항해

An acquaintance of mine is an advocate of a ban on racial discrimination and was an attendant at the civil rights protest yesterday.

내가 아는 사람 중 한 사람은 인종차별금지의 지지자로, 어제의 인권에 관한 항의집회의 참가자였다.

1215	**acquaintance**	명 지인, 교제, 지식
	[əkwéintəns]	파 acquaint 타 알리다
1216	**advocate**	명 지지자, 주장하는 사람, 타 주장하다, 지지하다
	명 [ǽdvəkət,-kèit] 동 [-kèit]	늑유 supporter, backer 명 지지자
1217	**ban**	명 금지
	[bǽn]	늑유 prohibition
1218	**racial**	형 인종의, 민족의
	[réiʃəl]	파 race 명 인종
1219	**attendant**	명 참가자, 수행원
	[əténdənt]	늑유 escort 호송자, 호위자

There is no absolute guarantee that the type of timber you requested for your roof will be available, so please plan accordingly.

당신이 지붕용으로 요청한 종류의 목재를 입수할 수 있다고 하는 절대적인 보증은 없기 때문에 그점에 따라서 계획을 세워주세요.

1220	**absolute**	형 절대적인, 절대의, 완전한
	[ǽbsəluːt]	늑유 implicit
1221	**guarantee**	명 보증, 보증인, 타 보증하다
	[gæ̀rəntíː]	늑유 assurance 명 보증
1222	**timber**	명 목재
	[tímbər]	늑유 wood, lumber
1223	**roof**	명 지붕
	[rúːf, rúf]	
1224	**accordingly**	부 그것에 따라서, 그에 상응하여, 따라서
	[əkɔ́ːrdiŋli]	파 according 형 일치한, 조화된

The idea that aliens from Mars are going to invade the planet and cause chaos is simply absurd.

화성에서 오는 우주인이 지구를 침략하여 대혼란을 가져올 것이라는 생각은 솔직히 터무니없다.

1225	**alien** [éiljən, -liən]	명 우주인, 외국인, 형 외국인의, 친숙함이 없는 ≒유 foreigner 명 외국인
1226	**Mars** [má:rz]	명 화성
1227	**invade** [invéid]	타 침략하다, 침입하다 파 invasion 명 침입, 침략
1228	**chaos** [kéiɑs]	명 대혼란, 혼돈, 무질서 파 chaotic 형 혼돈된, 무질서한
1229	**absurd** [æbsə́:rd, -zə́:rd]	형 터무니없는, 불합리한 ≒유 ridiculous, foolish, laughable

In the famous baseball player's biography, his wife contends that she confronted him about the reckless behavior in which he regularly indulged.

그 유명한 야구선수의 전기 중에서, 그의 아내는 그가 언제나 탐닉하고 있던 분별없는 행위에 관해서 그와 대결하였다고 주장하고 있다.

1230	**biography** [baiɑ́grəfi]	명 전기
1231	**contend** [kənténd]	타 주장하다, 자 싸우다, 논쟁하다 ≒유 claim 타 주장하다
1232	**confront** [kənfrʌ́nt]	타 대결하다, (−와) 마주 대하다, (−에) 직면하다 ≒유 face
1233	**reckless** [rékləs]	형 분별없는, 무모한 ≒유 rash
1234	**indulge** [indʌ́ldʒ]	자 빠지다, 탐닉하다, 타 열중하게 하다, 제멋대로 하게 두다 파 indulgence 명 도락, 쾌락, 멋대로 함

The **rumor** about his **tacit** support of terrorism began to **bother** the **statesman**, and he publicly **disputed** the charges.

그 정치가의 암묵의 테러리즘 지지에 관한 소문이 그를 괴롭히기 시작했고, 그는 공개적으로 그 비난에 이의를 제기했다.

1235	**rumor** [rúmər]	명 소문 ≒유 gossip
1236	**tacit** [tǽsit]	형 암묵의 ≒유 implicit
1237	**bother** [báðər]	타 괴롭히다, 귀찮게 하다, 자 심히 걱정하다, 근심하다 ≒유 vex, annoy 타 괴롭히다
1238	**statesman** [stéitsmən]	명 정치가 ≒유 politician
1239	**dispute** [dispjú:t]	타 이의를 말하다, 논의하다, 자 논의하다, 말다툼하다 ≒유 object, protest 타 이의를 말하다

The **limb** of the tallest tree in the **meadow** was struck by **lightning**, and it **clung** to the tree for a few minutes before falling to the **bottom**.

목초지에서 가장 높은 나무의 큰가지는 벼락을 맞아 몇 분 동안 나무에 매달려 있었으나 그 뒤 밑동으로 떨어졌다.

1240	**limb** [lím]	명 큰가지, 수족, 손발 ≒유 bough, branch 명 가지
1241	**meadow** [médou]	명 목초지 ≒유 pasture
1242	**lightning** [láitniŋ]	명 번개
1243	**cling** [klíŋ]	자 매달리다, 고집하다 ≒유 adhere, stick
1244	**bottom** [bátəm]	명 바닥, (나무의) 밑동

This mold can irritate the lungs and create a nasty cough, so use this mask to decrease your risk of breathing it in.

이 곰팡이는 폐에 염증을 일으켜 불쾌한 기침을 일으킬 수가 있기 때문에 들이마실 위험을 줄이기 위해서 이 마스크를 써 주십시오.

1245	**irritate** [írətèit]	타 염증을 일으키게 하다, 애타게 하다 늉유 annoy 타 애타게 하다
1246	**nasty** [næsti]	형 불쾌한, 싫은, 심술궂은 늉유 unpleasant, disturbing
1247	**cough** [kɔ́(ː)f]	명 기침, 자 기침을 하다
1248	**decrease** 동 [diːkríːs] 명 [díːkriːs]	타 줄이다, 자 감소하다, 명 감소 늉유 shrink, reduce 자 줄다, 타 줄이다

2
UNIT 3

Even communist countries could not settle the imbalance of those with greedy appetites and their fellow countrymen who were starving.

공산주의 국가마저도 탐욕스런 욕망을 가진 사람들과 굶고 있는 동포의 불균형을 해결할 수 없었다.

1249	**communist** [kámjənist]	명 공산주의자, 형 공산주의의 파 communism 명 공산주의
1250	**settle** [sétl]	타 해결하다, 설치하다, 자 정주하다, 진정시키다 늉유 solve, resolve 타 해결하다
1251	**greedy** [gríːdi]	형 욕심 많은, 탐욕스러운 늉유 avaricious, hungry
1252	**appetite** [æpətàit]	명 욕구, 식욕
1253	**starve** [stáːrv]	자 굶다, 아사하다, 타 굶기다 파 starvation 명 아사, 기아

In feudal times, the lords imposed strict controls so that peasants could only own a modest amount of land.

봉건시대에는 농민이 보잘것없는 토지 면적밖에 소유할 수 없도록 군주가 엄격하게 통제하였다.

1254	**feudal** [fjúːdl]	형 봉건제의 파 feudalism 명 봉건제도
1255	**lord** [lɔ́ːrd]	명 군주, (Lord의 형태로) 신(神) ≒유 ruler 명 지배자
1256	**impose** [impóuz]	타 (의견 등을) 강요하다, (의무 등을) 부과하다 파 imposition 명 강요하는 것, 과세
1257	**peasant** [péznt]	명 농민 ≒유 farmer
1258	**modest** [mádəst]	형 보잘것없는, 겸허한, 조심성 있는, 수수한

Though her parents dispensed an ample allowance to her every week, she literally spent it all the same day, for which she was frequently scolded.

그녀의 부모는 그녀에게 매주 충분한 용돈을 주었지만, 그녀는 글자 그대로 그날 중에 다 써버려, 그 일로 자주 야단맞았다.

1259	**dispense** [dispéns]	타 주다, 분배하다 ≒유 distribute 타 분배하다
1260	**ample** [ǽmpl]	형 충분한 ≒유 enough, sufficient, adequate, substantial
1261	**allowance** [əláuəns]	명 용돈, (회사 등이 지급하는) 수당 파 allow 타 허락하다, 허가하다
1262	**literally** [lítərəli]	부 글자 그대로 파 literal 형 글자 그대로의
1263	**scold** [skóuld]	타 자 꾸짖다

Though its **gross margin** improved in the first quarter, the company took a **loss** in the second, causing its stock price to **tumble drastically**.

그 회사는 1/4분기에 조수익이 증가했지만, 2/4분기에서 손실을 본 이유로 주가가 급격히 폭락했다.

1264	**gross** [gróus]	형 총체의, 거친, 심한 늑유 total 형 총계의
1265	**margin** [má:rdʒin]	명 이익, 가장자리, 여백 gross margin 조수익(粗收益·경비를 안 뺀 수익), 총수익
1266	**loss** [lɔ́(:)s]	명 손실, 손해, 상실 파 lose 타 잃다, (–에) 지다, 자 손해보다, 지다
1267	**tumble** [tʌ́mbl]	자 폭락하다, 넘어지다, 타 넘어뜨리다, 명 넘어짐 늑유 fall, drop 자 떨어지다
1268	**drastically** [dræstikəli]	부 급격하게, 철저하게 늑유 thoroughly, completely 부 철저하게

Their traditional dress **incorporates woven** designs and **ornaments** that are **sewn** into the **fabric** of their garments.

그들의 전통적인 의상은 의복의 천에다 짜여진 디자인과 꿰매단 장식품을 통합하고 있다.

1269	**incorporate** [inkɔ́:rpərèit]	타 받아들이다, 짜넣다 늑유 join, include
1270	**weave** [wíːv]	타 (직물 등을) 짜다 늑유 knit 타 짜다
1271	**ornament** [ɔ́:rnəmənt]	명 장식품 늑유 decoration
1272	**sew** [sóu]	타 꿰매다, 깁다 sewing machine 재봉틀
1273	**fabric** [fǽbrik]	명 직물, 천, 구조 파 fabricate 타 날조하다

Call me pessimistic, but seeing the hostile resistance to our effort to spread democracy, I believe the outcome of this war will be grim.

비관적이라고 생각될 것이지만, 민주주의를 확산시키고자 하는 우리들의 노력에 대한 적의있는 저항을 보면서, 그 전쟁의 결과는 무서운 것이 될 것이라고 나는 믿는다.

1274	**pessimistic** [pèsəmístik]	형 비관적인
		늑유 gloomy
1275	**hostile** [hástl]	형 적의 있는, 적개심에 불타는
		늑유 antagonistic
1276	**democracy** [dimákrəsi]	명 민주주의, 민주국가
		파 democratic 형 민주(주의)적인
1277	**outcome** [áutkʌm]	명 결과, 결말, 성과
		늑유 consequence, result
1278	**grim** [grím]	형 두려운, 소름끼치는
		파 grimace 명 얼굴을 찡그림, 찡그린 얼굴

I suppose that he considered it a novelty to wear the fake beard as a disguise, but the spectacle he created amused no one.

내가 생각하기에는, 그는 변장으로서 가짜수염을 붙이는 것이 새로운 것이라고 생각했을 것이지만, 그가 만들어낸 구경거리는 누구도 재미있어하지 않았다.

1279	**suppose** [səpóuz]	타 생각하다, 상상하다, 가정하다
		늑유 assume
1280	**novelty** [návəlti]	명 새로운 것, 새로움
		늑유 originality 명 참신함
1281	**beard** [bíərd]	명 수염
		늑유 mustache, whisker
1282	**disguise** [disgáiz]	명 변장, 가장, 타 변장시키다
1283	**spectacle** [spéktəkl]	명 구경거리, 광경, 장관, (spectacles 형태로) 안경
		파 spectacular 형 장관의, 볼만한

Prior to the invention of the telephone, telegrams were the most convenient way to convey important information or correspond over long distances.

전화가 발명되기 전에는 원거리에서 중요한 정보를 전하거나 통신하는 데 전보가 가장 편리한 방법이었다.

1284	**prior** [práiər]	형 (시간·순서가) 앞의, 전의, 우선하는 파 priority 명 우선, 우선사항
1285	**telegram** [téləgræm]	명 전보 늑유 telegraph
1286	**convenient** [kənví:njənt]	형 편리한, 형편이 좋은 늑유 handy, useful
1287	**convey** [kənvéi]	타 전달하다, 운반하다 늑유 carry, transport, transfer
1288	**correspond** [kɔ̀:rəspánd, kàr-]	자 통신하다, 일치하다, 상당하다 늑유 agree, accord 자 일치하다

To affirm its autonomy, the province refused to obey the laws of the central republic.

자치권을 주장하기 위해서, 그 지방정부는 중앙공화국의 법률에 따르는 것을 거부했다.

1289	**affirm** [əfə́:rm]	타 주장하다, 단언하다 파 affirmative 형 긍정적인, 명 긍정
1290	**autonomy** [ɔːtánəmi]	명 자치권, 자치
1291	**province** [právins]	명 지방, 시골, (행정구역으로서) 주, 성, 도 늑유 countryside, country
1292	**obey** [oubéi]	타 따르다, 지키다 늑유 follow, comply with ~
1293	**republic** [ripʌ́blik]	명 공화제국가, 공화국 늑유 commonwealth

Though her face was wrinkled and her beauty had largely withered away over time, her hospitality was the quality that made her truly gorgeous.

오랜 세월 동안에 그녀의 얼굴에는 주름이 파여, 그녀의 아름다움은 대부분 시들어 버렸지만, 그녀의 친절한 대접은 그녀를 실로 매력적으로 하는 특성이었다.

1294	**wrinkle** [ríŋkl]	타 주름을 잡다, 자 주름이 지다, 명 주름
		능유 crease 명 주름
1295	**largely** [lá:rdʒli]	부 대부분은, 주로, 대개, 넓게
		능유 mainly, chiefly 부 주로
1296	**wither** [wíðər]	자 시들다, 말라죽다, 타 시들게 하다
		능유 wilt, fade 자 시들다
1297	**hospitality** [hὰspətǽləti]	명 후한 대접, 환대
		능유 kindness
1298	**gorgeous** [gɔ́:rdʒəs]	형 매력적인, 멋진, 화려한
		능유 splendid

It is crucial that police capture and arrest the burglar soon, because his victims are getting very impatient.

경찰이 곧 도둑을 붙잡아 체포하는 것이 매우 중요하다. 왜냐하면 피해자들이 몹시 참을 수 없어하기 때문이다.

1299	**crucial** [krú:ʃəl]	형 매우 중요한, 중대한, 결정적인
		능유 important 형 중대한
1300	**capture** [kǽptʃər]	타 붙잡다, 획득하다, 명 포획하는 것, 포획물
		능유 seize 타 붙잡다
1301	**arrest** [ərést]	타 체포하다, 명 체포
		파 arresting 형 사람 눈을 끄는
1302	**burglar** [bə́:rglər]	명 도둑
		능유 thief
1303	**impatient** [impéiʃənt]	형 초조해하는, 참을 수 없는
		능유 nervous, intolerable

This **shrine** is the most famous **landmark** in the country, though its once **genuine** gold statue was **replaced** with a **synthetic** one in the 1950s.

이 사당은 나라에서 가장 유명한 역사적 건조물이다. 그러나 과거에는 진짜 금으로 만들어진 이 상(像)은 1950년대에 모조품 상으로 대체되었다.

1304	**shrine** [ʃráin]	명 사당, 묘(廟)
1305	**landmark** [lǽndmàːrk]	명 역사적 건조물, 획기적 사건, 경계표지 늑유 milestone 명 획기적인 사건
1306	**genuine** [dʒénjuin]	형 진짜의, 진심에서 우러난, 순수한 늑유 real, true, authentic 형 진정한, 믿을 만한
1307	**replace** [ripléis]	타 바꾸다, 대신하다 늑유 take the place of ~ ~으로 대신하다
1308	**synthetic** [sinθétik]	형 모조품의, 인조의, 합성의 늑유 compound, complex 형 합성의

2
UNIT 4

I remain **optimistic** about the **awesome potential** of **mankind** to overcome even the most difficult **obstacles**.

가장 곤란한 장애마저도 뛰어넘는 인류의 무서운 가능성에 대해서 변함없이 나는 낙천적이다.

1309	**optimistic** [àptəmístik]	형 낙천적인, 낙관적인 늑유 carefree, easygoing
1310	**awesome** [ɔ́ːsəm]	형 무서운, 경외하게 하는 늑유 awe-inspiring
1311	**potential** [pəténʃəl]	명 가능성, 잠재력, 형 가능성있는, 잠재적인 늑유 latent 형 잠재적인
1312	**mankind** [mænkáind]	명 인류 늑유 humanity, people, humans
1313	**obstacle** [ábstəkl]	명 장애, 장애물 늑유 barrier, impediment

The **minister** was very **straightforward** in the interview about **intimate** details of life with his **spouse**, which caused quite a **stir** in the media.

그 장관은 배우자와의 생활에 관한 개인적인 내용의 인터뷰 도중에 대단히 솔직했으며, 이 점이 미디어에 대단한 물의를 일으켰다.

1314	**minister**	명 장관, 목사
	[mínistər]	파 ministry 명 (정부의) 부(部), 성(省)
1315	**straightforward**	형 솔직한, 정직한
	[strèitfɔ́:rwərd]	늑유 honest, truthful
1316	**intimate**	형 개인적인, 사사로운, 친밀한
	[íntəmət]	파 intimacy 명 친밀함
1317	**spouse**	명 배우자
	[spáus, spáuz]	늑유 partner, mate
1318	**stir**	명 물의, 대소동, 휘젓기, 타 휘젓다, 뒤섞다
	[stə́:r]	늑유 mix 타 섞다

Critics of the play **applauded** most of the performances but were **disappointed** by the **considerable flaws** in the script.

그 연극의 평론가들은 대부분의 연기를 칭찬했지만, 대본중의 상당한 결함에는 실망했다.

1319	**critic**	명 평론가, 비평가
	[krítik]	늑유 reviewer
1320	**applaud**	타 칭찬하다, 자 칭찬하다, 박수갈채하다
	[əplɔ́:d]	늑유 praise 타 칭찬하다
1321	**disappoint**	타 실망시키다, 낙담시키다
	[dìsəpɔ́int]	파 disappointment 명 실망, 낙담
1322	**considerable**	형 꽤 많은, 상당한
	[kənsídərəbl]	늑유 large, many
1323	**flaw**	명 미비, 결점, 금간 곳
	[flɔ́:]	늑유 imperfection 명 불완전, 결함

In astronomy, students use every imaginable kind of instrument to precisely measure the orbits of the planets around the sun.

천문학에서는 태양 주위를 도는 행성의 궤도를 정확히 측정하기 위해서 학생들은 생각할 수 있는 모든 종류의 기기를 사용한다.

1324	**astronomy**	명 천문학
	[əstránəmi]	파 astronomical 형 천문학의, 천문학적인
1325	**imaginable**	형 상상할 수 있는 한의, 상상할 수 있는
	[imǽdʒənəbl]	늑유 thinkable, conceivable
1326	**instrument**	명 기기, 기구, 도구, 악기
	[ínstrəmənt]	늑유 tool, implement
1327	**precisely**	부 정확히, 틀림없이
	[prisáisli]	파 precise 형 정확한, 조금도 틀림없는

2

UNIT 4

In the orchard, the blossom was carried from its branch by the breeze and drifted down the stream.

과수원에서 꽃이 산들바람으로 나무가지에서 떨어져나가, 강물에 떠내려갔다.

1328	**orchard**	명 과수원, 과수
	[ɔ́:rtʃərd]	
1329	**blossom**	명 꽃, 자 꽃이 피다
	[blásəm]	늑유 flower, bloom
1330	**branch**	명 가지, 지점, 부문
	[brǽntʃ]	늑유 bough, limb 명 가지
1331	**breeze**	명 산들바람, 미풍
	[brí:z]	늑유 wind, blow
1332	**drift**	자 떠돌다, 표류하다, 명 표류
	[dríft]	늑유 float

Shoppers were perplexed as to why the grocery store would place its shelves at a height that few could reach with ease.

쇼핑객들은 식료품점이 왜 사람들이 쉽게 손을 뻗쳐서 닿을 수 없는 높이에 선반을 설치하는지에 대해 난처해했다.

1333	**perplex** [pərpléks]	타 당혹케 하다, 곤란하게 하다
		능유 confuse, confound, bewilder, annoy
1334	**grocery** [gróusəri]	명 식료품, 식료품점
		파 grocer 명 식료품점 주인
1335	**shelf** [ʃélf]	명 선반
		능유 rack
1336	**height** [háit]	명 높이, 신장, 고지, 최성기
		능유 elevation 명 높이
1337	**ease** [íːz]	명 쉬운 일, 편안함, 안락
		with ease 쉽게 (=easily)

Some analysts blame the decline in corporate ethics on a simple lack of courtesy in this era of fierce competition.

애널리스트 중에는 기업윤리의 저하를 오늘날의 맹렬한 경쟁시대에 있어서의 예의의 단순한 결핍 때문이라고 비난하는 사람도 있다.

1338	**blame** [bléim]	타 (-의) 책임으로 돌리다, 비난하다, 명 비난, 책임
		능유 criticize, censure, reproach 타 비난하다
1339	**ethics** [éθiks]	명 윤리, 윤리학
		파 ethical 형 윤리적인, 도적적인
1340	**courtesy** [kə́ːrtəsi]	명 예의, 예의바름
		파 courteous 형 예의바른
1341	**era** [íərə, éərə]	명 시대
		능유 period
1342	**fierce** [fíərs]	형 맹렬한, 격심한
		능유 ferocious

Stubborn linguistic scholars tend to despise the use of slang by young people, but I think they are making too much of a fuss about it.

완고한 언어학자들은 젊은이가 속어를 사용하는 것을 경멸하는 경향이 있는데, 나는 그들이 그 일에 대해 지나치게 소동을 피운다고 생각한다.

1343	**stubborn**	형 완고한, 고집센
✓	[stʌ́bərn]	늑유 obstinate, tenacious
1344	**linguistic**	형 언어학의, 언어의
✓	[liŋgwístik]	파 linguistics 명 언어학
1345	**despise**	타 경멸하다, 얕보다, 자 얕보다
✓	[dispáiz]	늑유 disdain, scorn 타 경멸하다
1346	**slang**	명 속어
✓	[slǽŋ]	
1347	**fuss**	명 대소동, 안달함, 헛소동, 자 안달하다
✓	[fʌ́s]	늑유 tumult, turmoil 명 대소동

In principle, you should only donate your money to the charities that are consistent with your core values.

원칙적으로 자신의 돈은 자신의 중심적 가치관에 일치하는 자선사업에 대해서만 기부해야 한다.

1348	**principle**	명 원칙, 원리, 주의
✓	[prínsəpl, -səbl]	in principle 원칙적으로
1349	**donate**	타 기부하다, 제공하다
✓	[dóuneit]	늑유 present, bestow, give
1350	**charity**	명 자선사업
✓	[tʃǽrəti]	늑유 benefaction
1351	**consistent**	형 일치하는, 모순이 없는, 수미일관한
✓	[kənsístənt]	늑유 harmonious
1352	**core**	형 중심적인, 주요한, 명 중심, 핵심
✓	[kɔ́ːr]	늑유 heart, center 명 중심, 핵심

2
UNIT 4

The mother lamented the grief that her infamous son's latest act of mischief had caused the townspeople.

어머니는 자식의 악명높은 최근의 행동이 마을 사람들에게 가져온 슬픔을 한탄했다.

1353	**lament** [ləmént]	타 슬퍼하다, 한탄하다, 명 슬픔, 한탄 늑유 mourn 타 슬퍼하다
1354	**grief** [gríːf]	명 슬픔, 비탄, 슬픔의 씨앗 늑유 sorrow, woe 명 슬픔
1355	**infamous** [ínfəməs]	형 악명높은, 불명예의 늑유 notorious
1356	**latest** [léitist]	형 최근의, 최신의 늑유 recent
1357	**mischief** [místʃif]	명 폐, 해악, 장난, 손해 파 mischievous 형 장난을 좋아하는

The government has begun to enforce so-called eminent domain laws, which allow it to appropriate private property for public use after compensating the owner.

정부는 소위 토지수용법의 시행을 개시했기 때문에 소유자에 대한 보상이 행해진 뒤, 정부가 공공이용에 사유지를 충당하는 것이 가능해지게 된다.

1358	**enforce** [enfɔ́ːrs]	타 (법률 등을) 시행하다, 강제하다 늑유 force, compel
1359	**eminent** [émənənt]	형 저명한, 고명한 eminent domain laws 토지수용법
1360	**domain** [douméin]	명 영지, 영토, 영역 늑유 sphere, realm, area 명 영역
1361	**appropriate** 동 [əpróuprièit] 형 [əpróupriət]	타 할당하다, 충당하다, 형 적절한, 어울리는 늑유 suitable, proper, fit, opportune 형 적절한
1362	**compensate** [kámpənsèit, -pen-]	타 (–에게) 보상하다, 자 보충하다, 보상하다 파 compensation 명 보상

The hatred that the opposing tribes have for each other still lingers, and it is inevitable that the region will soon sink into civil war.

적대하는 부족이 서로 가지고 있는 증오는 여전히 사라지지 않고, 그 지역이 머지않아 내전에 빠지게 되는 것은 피할 수 없다.

1363	**hatred** [héitrid]	명 증오, 원한 / 늑유 hate, disgust
1364	**tribe** [tráib]	명 부족 / 늑유 ethnic, group, family
1365	**linger** [língər]	자 좀처럼 사라지지 않다, 우물쭈물하다 / 늑유 remain 자 남다, 사라지지 않다
1366	**inevitable** [inévitəbl]	형 피할 수 없는, 반드시 일어나는, 필연적인 / 늑유 unescapable, unavoidable
1367	**sink** [síŋk]	자 빠지다, 가라앉다, 타 가라앉히다, 명 (부엌의) 수채 / 늑유 fall, drop 자 가라앉다

2
UNIT 4

In the past decade, this small college has grown into a mighty institution, thanks to the indispensable efforts of our faculty.

과거 10년간에, 우리 교직원의 절대적인 노력에 힘입어서 이 작은 대학이 거대한 조직으로 성장하였다.

1368	**decade** [dékeid, di-]	명 10년간
1369	**mighty** [máiti]	형 거대한, 강력한 / 늑유 potent, powerful
1370	**institution** [ìnstətjúːʃən]	명 조직, 기관, 제도 / 파 institutional 형 제도의, 제도상의
1371	**indispensable** [ìndispénsəbl]	형 없어서는 안 될, 절대 필요한 / 늑유 essential, necessary
1372	**faculty** [fǽkəlti]	명 (대학) 교직원, 학부, 능력 / 늑유 department 명 학부

I was thrilled to receive the singer's autograph as he came down from the stage, an incredible moment I will cherish forever.

그 가수가 무대에서 내려왔을 때 그의 사인을 받고서 나는 감격했다. 나는 언제까지나 믿을 수 없는 그 순간을 소중히 간직하게 될 것이다.

1373	**thrill** [θril]	타 감격시키다, 몸이 떨리게 하다, 자 오싹오싹하다
1374	**autograph** [ɔ́ːtəgræf, ɑ́ːtə-]	명 (연예인 등의) 사인 ≒유 signature 명 서명
1375	**stage** [stéidʒ]	명 무대 ≒유 platform 명 연단
1376	**incredible** [inkrédəbl]	형 굉장한, 믿을 수 없는, 거짓말 같은 ≒유 unbelievable, extraordinary
1377	**cherish** [tʃériʃ]	타 소중히 하다, 귀여워하다, 가슴에 품다

In his speech, the chairperson underscored the need to increase market share and break the monopoly held by the company's main rival.

의장이 자신의 연설에서 강조한 것은 시장점유율을 상승시켜 회사의 주요한 경쟁상대가 쥐고있는 독점상태를 타파할 필요성이었다.

1378	**chairperson** [tʃéərpəːrsn]	명 의장
1379	**underscore** [ʌndərskɔ́ːr]	타 강조하다, 아래에 선을 긋다 ≒유 emphasize 타 강조하다
1380	**share** [ʃéər]	명 점유율, 몫, 분담, 타 공유하다, 나누다
1381	**monopoly** [mənɑ́pəli]	명 독점 파 monopolize 타 독점하다, 독점권을 얻다
1382	**rival** [ráivl]	명 경쟁상대 ≒유 competitor, opponent

The breakdown of the fund's annual performance shows that bonds had made outstanding gains.

그 기금의 연차업적의 내역을 보면, 채권이 뚜렷한 이익을 가져온 것을 알 수 있다.

1383	**breakdown**	명 내역, 명세, 고장, 쇠약
	[bréikdàun]	늑유 detail　명 명세
1384	**fund**	명 기금, 타 기금을 제공하다
	[fʌ́nd]	
1385	**annual**	형 연차(年次)의, 1년에 한번의, 명 연보(年報)
	[ǽnjuəl]	파 annually　부 1년에 한번
1386	**bond**	명 채권, 유대, 인연
	[bánd]	
1387	**outstanding**	형 두드러진, 눈에 띄는
	[àutstǽndiŋ]	늑유 distinguished, eminent

2

UNIT 4

One of the consequences of this syndrome is the steep costs for therapy, which can become as much of a burden on the family as the disease itself.

이 증후군의 결과의 하나는 치료에 터무니없는 비용이 들 수 있어, 가족에 있어서는 병 자체만큼이나 부담이 될 수 있다.

1388	**consequence**	명 영향, 결과, 중요함
	[kánsəkwèns]	늑유 result, outcome　명 결과
1389	**syndrome**	명 증후군
	[síndroum]	
1390	**steep**	형 터무니없는, 가파른
	[stíːp]	늑유 precipitous　형 가파른
1391	**therapy**	명 치료
	[θérəpi]	늑유 treatment, cure, remedy
1392	**burden**	명 부담, 무거운 짐, 타 (부담, 무거운 짐을) 지우다
	[bə́ːrdn]	늑유 load　명 무거운 짐

The **recession dragged** the already **weary** citizens into a state of **melancholy** from which they would not **emerge** for years.

불경기가 이미 지친 국민을 거기에서 수년 동안 빠져나오지 못할 우울한 상황으로 끌고 갔다.

1393	**recession**	명 불경기, 경기후퇴
✓	[riséʃən]	늑유 depression, slump
1394	**drag**	타 끌다, 질질 끌다
✓	[dræg]	늑유 pill
1395	**weary**	형 피로한, 녹초가 된
✓	[wíəri]	늑유 exhausted, worn-out, tired
1396	**melancholy**	명 우울, 우울증, 형 우울한
✓	[mélənkàli]	늑유 depression　명 우울, 우울증
1397	**emerge**	자 (곤경에서) 빠져나오다, 나타나다
✓	[imə́:rdʒ]	파 emergency　명 긴급사태

The **damp** weather caused the roof to **leak**, and water **poured** into the room and **soaked** a box of **rags** that was sitting in the corner.

습한 날씨가 지붕이 새는 원인이 되어, 방에 물이 흘러들어와 구석에 놓아둔 넝마가 들어있는 상자를 흠뻑 젖게 했다.

1398	**damp**	형 습기가 많은, 축축한, 명 습기
✓	[dǽmp]	늑유 humid, moist, wet　형 축축한
1399	**leak**	자 새다, 타 새게 하다, 명 샘, 새는 것
✓	[líːk]	늑유 seep　자 새다
1400	**pour**	자 흐르다, 비가 심하게 내리다, 밀어닥치다
✓	[pɔ́ːr]	늑유 drain　자 흐르다
1401	**soak**	타 적시다, 흠뻑 적시다, 자 젖다, 침투하다
✓	[sóuk]	
1402	**rag**	명 넝마, 해진 조각
✓	[rǽg]	늑유 shred　명 해진 조각, 끄트러기

All stood solemnly and some began to weep at the recollection of their grandfather's legacy and his remarkable achievements.

전원이 엄숙하게 서있었고, 몇몇 사람은 조부의 유산과 그 훌륭한 업적을 회상하고 눈물을 흘리기 시작하였다.

1403	**solemnly**	부 근엄하게, 엄숙하게
	[sάləmli]	늑유 gravely
1404	**weep**	자 눈물을 흘리다, 울다
	[wíːp]	늑유 cry, sob
1405	**recollection**	명 옛 생각, 추억되는 일
	[rèkəlékʃən]	늑유 memory, remembrance
1406	**legacy**	명 유산
	[légəsi]	늑유 inheritance
1407	**remarkable**	형 훌륭한, 주목할 만한, 현저한
	[rimάːrkəbl]	늑유 noticeable

2
UNIT 5

Workers were ordered not to defy their place in the company's hierarchy, which dictates that supervisors must approve all responses to customer inquiries.

종업원들은, 회사의 계층조직 내에 있어서 자신들의 역할을 거부하지 못하도록 지시되었는데, 이것은 감독자가 고객의 문의에 대한 모든 응답을 감독관이 승인해야 한다는 것을 명령하고 있다.

1408	**defy**	타 거부하다, 반항하다, 도전하다
	[difái]	늑유 decline, repel 타 받아들이지 않다, 거절하다
1409	**hierarchy**	명 계층조직
	[háiərὰːrki]	늑유 rank, class
1410	**dictate**	타 지시하다, 명령하다, 받아쓰게 하다
	[díkteit]	파 dictator 명 독재자
1411	**supervisor**	명 감독자, 감독관
	[súːpərvàizər]	늑유 superintendent, boss
1412	**inquiry**	명 문의, 조사, 탐구
	[ínkwəri, inkwáiəri]	파 inquire 타 묻다

Parcels that are shipped during nighttime hours are subject to conditions that are sometimes harsh, so we recommend you purchase extra insurance for them.

야간 영업시간 중에 발송되는 소포는 가혹한 조건에 놓여지는 경우가 있기 때문에 하물에 대한 부가보험을 들도록 권합니다.

1413	**parcel** [pάːrsl]	명 소포, 구획 늘유 package, packet 명 소하물, 소포
1414	**nighttime** [náittàim]	명 야간, 밤
1415	**subject** [sΛbdʒekt, -dʒikt]	형 (–을) 받기 쉬운, (–에) 걸리기 쉬운 be subject to ~ ~을 받기 쉬운, 지배하에 있는
1416	**harsh** [hάːrʃ]	형 가혹한, 엄격한, 무자비한 늘유 severe 형 엄격한
1417	**insurance** [inʃúərəns]	명 보험 파 insure 타 보험을 들다, 보증하다

While you are entitled to utilize this facility as a student of the university, we urge you to do your utmost to keep it clean.

이 대학의 학생으로서 이 시설을 이용하는 권리가 주어져 있는 한, 당신에게 이곳을 청결하게 하도록 최선을 다하도록 촉구한다.

1418	**entitle** [entáitl]	타 권리를 주다 파 entitled 형 권리가 있는, (–라고) 이름지어진
1419	**utilize** [júːtəlàiz]	타 이용하다 늘유 harness, exploit, use
1420	**facility** [fəsíləti]	명 시설, 설비, 용이함 늘유 institution 명 시설
1421	**urge** [śːrdʒ]	타 강력히 추진하다, 재촉하다, 설득하다, 촉구하다 파 urgent 형 긴급한, 절박한
1422	**utmost** [Λtmòust, -məst]	명 최선, 최대, 형 최대의 늘유 maximum 명 최대한

With the **tragedy** making **headlines** throughout the country, many wrote to the family to **extend** their **sympathy** and **reassure** them that their son would get better.

전국의 톱기사가 된 참사를 보고, 많은 사람이 가족에게 동정심을 전달하고, 아들이 회복할 것이라고 그들에게 용기를 주는 편지를 썼다.

1423	**tragedy** [trǽdʒədi]	명 참사, 비극 파 tragic 형 비극의, 비극적인
1424	**headline** [hédlàin]	명 톱기사, (신문기사의) 표제, 타 표제를 붙이다 ≒유 title 명 표제, 제목
1425	**extend** [iksténd, eks-]	타 말하다, 늘리다, 연장하다 ≒유 stretch 타 늘리다
1426	**sympathy** [símpəθi]	명 동정, 공감 ≒유 compassion
1427	**reassure** [rìːəʃúər]	타 안심시키다, 기운을 돋우다

Unable to **withstand** the **torment** brought by her boss' **insults** and unpredictable **temper**, she **quit** her job yesterday.

그녀는 자신의 상사에 의한 모욕과 그 예상할 수 없는 기질에 의해서 가져온 고통을 참을 수 없어서, 어제 직장을 그만뒀다.

1428	**withstand** [wiðstǽnd, wiθ-]	타 잘 견디다, 버티다 ≒유 stand, sustain, bear, endure
1429	**torment** [tɔ́ːrment]	명 고통, 고뇌 ≒유 agony
1430	**insult** 명 [ínsʌlt] 동 [insʌ́lt]	명 모욕, 타 모욕하다 ≒유 contempt 명 모욕
1431	**temper** [témpər]	명 기질, 기분, 짜증, 타 조절하다
1432	**quit** [kwít]	타 그만두다, 자 사직하다 ≒유 give up ~

Resenting having been obedient to such a corrupt leader for so long, the military group overthrew the Prime Minister and declared its leader the new President.

그와 같은 부패한 지도자에게 매우 오랫동안 순종했던 것에 분개하여, 군벌은 총리를 전복시키고, 군의 지도자를 새로운 대통령으로 선언했다.

1433	**resent** [rizént]	타 분개하다
		늑유 outrage
1434	**obedient** [oubíːdiənt]	형 순종하는, 유순한
		늑유 docile, tame, domesticated
1435	**corrupt** [kərʌ́pt]	형 부패한, 타 타락시키다
		파 corruption 명 부패, 타락
1436	**overthrow** 동 [òuvərθróu] 명 [óu-rò-]	타 억지로 끌어내리다, 전복시키다, 명 전복
		늑유 upset, overturn 타 전복시키다
1437	**declare** [diklέər]	타 선언하다
		파 declaration 명 선언

Just after departure, pilots detected a problem with the plane's exhaust system, prompting an emergency landing.

조종사는 출발 직후, 비행기의 배기 계통에 문제를 발견하고, 긴급착륙을 촉구했다.

1438	**departure** [dipáːrtʃər]	명 출발, 일탈
		늑유 start 명 출발
1439	**exhaust** [igzɔ́ːst]	명 배기, 배기가스, 타 지쳐빠지게 하다, 다 써 버리다
		늑유 deplete 타 다 써 버리다
1440	**prompt** [prámpt]	타 촉구하다, 자극하다, 형 빠른, 신속한
		파 promptly 부 신속히, 즉석에서
1441	**emergency** [imə́ːrdʒənsi]	명 긴급, 긴급사태, 비상사태
		늑유 crisis 명 위기

The president emphasized in his speech that his doctrine was integral to national security, but others dismissed his statements as more political rhetoric.

대통령은 자신의 연설에서 자신의 기본정책은 국가안전보장에 불가결하다고 역설했지만, 다른 사람들은 약간 정치적인 미사여구라 하여 그의 발언을 물리쳤다.

1442	**emphasize** [émfəsàiz]	타 역설하다, 강조하다
		≒유 stress 타 강조하다
1443	**doctrine** [dáktrin]	명 방책, 학설, 교의(敎義)
		≒유 teaching 명 교의(敎義)
1444	**integral** [íntegrəl]	형 불가결한, 빠뜨릴 수 없는
		파 integrate 타 통합하다, 결합하다
1445	**dismiss** [dismís]	타 물리치다, 무시하다, 해고하다
		≒유 discharge, fire 타 해고하다
1446	**rhetoric** [rétərik]	명 미사여구, 웅변, 수사학, 웅변술

A lack of protein taken while pregnant can hinder the growth of the offspring and induce major problems.

임신중에 섭취되는 단백질이 결핍하면, 자녀의 발육을 방해하거나 큰 문제를 유발할 수 있다.

1447	**protein** [próuti:n]	명 단백질
1448	**pregnant** [prégnənt]	형 임신한
		파 pregnancy 명 임신
1449	**hinder** [híndər]	타 막다, 방해하다
		≒유 interfere, prevent
1450	**induce** [indjú:s]	타 유발하다, 꾀다, 일으키다
		파 induction 명 유도, 도입

Instead of trying to find its literal meaning, readers should take her writing as a riddle or paradox, and look for the underlying irony in her stories.

독자는 문자대로의 의미를 찾으려고 애쓰는 대신에, 그녀의 글을 수수께끼 또는 역설로 받아들여서 이야기의 기초가 되는 풍자를 찾아내야 한다.

1451	**literal** [lítərəl]	형 문자대로의
		파 literature 명 문학
1452	**riddle** [rídl]	명 수수께끼, 타 수수께끼를 풀다, 자 수수께끼를 내다
		늑유 mystery, enigma 명 수수께끼
1453	**paradox** [pǽrədὰks]	명 역설, 모순
		늑유 contradiction 명 모순
1454	**underlying** [ʌ̀ndərláiiŋ]	형 기초가 되는, 기본적인
		늑유 fundamental, basic
1455	**irony** [áirəni]	명 풍자, 비꼬기
		파 ironical 형 풍자적인

The company will shift its export business to a group company with the intention of focusing on goods sold domestically.

그 회사는 수출사업을 국내판매제품에 중점을 두는 목적을 가진 그룹회사로 변화시킬 예정이다.

1456	**shift** [ʃíft]	타 이동시키다, 바꾸다, 자 바뀌다, 명 변화, 교체
		늑유 transfer, move 타 이동시키다
1457	**export** 명 [ékspɔːrt] 동 [ikspɔ́ːrt]	명 수출, 타 수출하다
		반 import 명 수입, 타 수입하다
1458	**intention** [inténʃən]	명 목적, 의도
		늑유 purpose, aim
1459	**goods** [gúdz]	명 제품, 상품
		늑유 commodity, merchandise

As he ascended the ladder, he bumped his head on one of the columns that was not where he expected, embarrassing him in front of his wife.

그가 사다리를 올라갈 때, 의외의 장소에 있었던 기둥 하나에 머리를 부딪혀 아내의 면전에서 당황하였다.

1460	**ascend** [əsénd]	타 오르다 늑유 climb
1461	**ladder** [lǽdər]	명 사다리
1462	**bump** [bʌ́mp]	타 부딪치다, 자 충돌하다, 명 충돌 늑유 strike 타 부딪치다
1463	**column** [kɑ́ləm]	명 기둥, 원주, (신문의) 칼럼 늑유 cylinder 명 원주
1464	**embarrass** [embǽrəs]	타 부끄럽게 하다, 난처하게 하다 파 embarrassment 당황, 곤혹

2
UNIT 5

The child bit his nails as he confessed to his father that he had dug a hole and buried the drowned animal in the backyard.

그 아이는 손톱을 물어뜯으면서, 자신이 뒤뜰에 구덩이를 파서 익사한 동물을 묻었다고 아버지에게 고백했다.

1465	**bite** [báit]	타 물다, 물어뜯다, 자 물다 늑유 chew
1466	**confess** [kənfés]	타 고백하다, 인정하다, 자 자백하다 파 confession 명 고백, 자백
1467	**dig** [díg]	타 파다 늑유 excavate
1468	**bury** [béri]	타 묻다, 매장하다 파 burial 명 매장
1469	**drown** [dráun]	타 익사시키다, 물에 빠뜨리다, 자 익사하다 늑유 flood, overflow 타 익사시키다

Before you embark on your excursion, it is vital that you have full knowledge of the territory, including the types of surfaces you will be walking on.

소풍에 나서기 전에 앞으로 걸을 지표면의 유형을 포함하여 그 지역에 관한 최대한의 지식을 얻는 것이 반드시 필요하다.

1470	**embark** [embá:rk]	자 착수하다, 탑승하다 embark on ~ ~에 착수하다
1471	**excursion** [ikskə́:rʒən, eks-]	명 소풍 ≒유 hiking, picnic
1472	**vital** [váitl]	형 불가결한, 매우 중요한, 생명의 ≒유 essential, necessary, indispensable
1473	**territory** [térətɔ̀:ri]	명 행동범위, 영토, 영역 파 territorial 형 토지의, 영토의
1474	**surface** [sə́:rfəs]	명 지표, 표면, 형 표면의, 피상의 ≒유 outside, exterior 명 외면, 표면

She took an intensive course and was certified by the official board for her command of numerous aeronautic devices.

그녀는 집중강의를 수강하여, 다수의 항공기기에 관한 그 조작능력에 대해서 공식위원회에 의해서 인증을 받았다.

1475	**intensive** [inténsiv]	형 집중적인 파 intense 형 심한, 강렬한
1476	**certify** [sə́:rtifài]	타 인정하다, 증명하다, 인증하다 ≒유 guarantee, endorse 타 보증하다
1477	**command** [kəmǽnd]	명 능력, 명령, 지배, 타 명령하다, 지배하다 ≒유 order 명 명령, 타 명령하다
1478	**numerous** [njú:mərəs]	형 다수의 ≒유 many
1479	**device** [diváis]	명 기기, 장치, 고안, 책략 ≒유 apparatus, equipment 명 기기, 장치

The vacuum sealed bottle in which the specimen was being preserved fell off the shelf and shattered into a billion pieces.

표본이 보존되어 있던 진공팩의 병이 선반에서 떨어져 무수한 조각으로 부서졌다.

1480 ✓	**vacuum** [vǽkjuəm]	명 진공, 공허, 공백 / 유 void 명 진공
1481 ✓	**specimen** [spésəmin]	명 표본, 견본 / 유 sample, example
1482 ✓	**preserve** [prizə́:rv]	타 보존하다, 보호하다 / 유 conserve, save
1483 ✓	**shatter** [ʃǽtər]	자 산산이 부수다, 박살내다 / 유 break 자 산산이 부서지다
1484 ✓	**billion** [bíljən]	명 10억, 무수

2
UNIT 5

He is an ingenious director with notable prestige in the film industry, yet he remained humble when summoned to the stage to receive his award.

그는 영화계에서는 걸출한 명성을 가진 창의력이 풍부한 감독이지만, 상을 받기 위해서 무대에 호출되어서도 겸허한 채였다.

1485 ✓	**ingenious** [indʒíːnjəs]	형 창의력이 풍부한, 책략이 풍부한 / 유 clever
1486 ✓	**notable** [nóutəbl]	형 걸출한, 두드러진, 현저한 / 유 remarkable, marked 형 두드러진
1487 ✓	**prestige** [prestíːdʒ]	명 명성, 위신 / 파 prestigious 형 명성이 있는, 일류의
1488 ✓	**humble** [hʌ́mbl]	형 겸허한, 비하한, 비천한 / 파 humility 명 겸허
1489 ✓	**summon** [sʌ́mən]	타 불러내다, 소환하다 / 유 call

A **senior** member of the cabinet was **nominated** to be the **successor** to the prime minister, who was on **trial** for **violating** ethics rules.

내각의 고참의원이 총리의 후계자로 지명되었으며, 총리는 윤리규정을 위반한 일로 공판중이었다.

1490	**senior** [síːjər]	형 고참의, 연상의, 명 연장자 반 junior 형 후배의, 연하의, 명 후배
1491	**nominate** [námənèit]	타 지명하다, 임명하다 늑유 appoint, name 타 임명하다
1492	**successor** [səksésər]	명 후계자 늑유 heir
1493	**trial** [tráiəl]	명 공판, 재판, 시도, 시련 늑유 judgment, case 명 재판
1494	**violate** [váiəlèit]	타 위반하다 늑유 transgress, disobey

The **soar** in stock prices **coincided** with the **simultaneous** drop in interest **rates** and the **substantial** increase in consumer confidence.

주가의 급등은 금리의 동시하락 및 소비자 신뢰의 실질적인 상승과 동시에 일어났다.

1495	**soar** [sɔ́ːr]	명 급등, 날아오름, 자 날아오르다, 급상승하다
1496	**coincide** [kòuinsáid]	자 동시에 일어나다, 일치하다 늑유 agree, accord 자 일치하다
1497	**simultaneous** [sàiməltéiniəs, sì-]	형 동시에
1498	**rate** [réit]	명 이율, 비율, 속도, 요금, 타 평가하다 interest rate 금리
1499	**substantial** [səbstǽnʃəl]	형 상당한, 충분한, 실질적인 늑유 ample, considerable 형 충분한

In most cultures, showing mercy is considered a virtue, while a coward would be reckoned as displaying a vice.

대부분의 문화에 있어서 자비의 마음을 보이는 것은 미덕이라고 생각되지만, 한편 비겁자는 악덕을 나타내는 것으로 간주될 것이다.

1500	**mercy** [máːrsi]	명 자비의 마음, 연민, 인정
		파 merciful 형 자비로운, 인정 많은
1501	**virtue** [və́ːrtʃuː]	명 미덕
		파 virtuous 형 덕이 높은, 고결한
1502	**coward** [káuərd]	명 겁쟁이, 형 겁 많은, 비겁한
		늑유 sissy 명 겁쟁이
1503	**reckon** [rékn]	타 (~로) 평가하다, 간주하다
1504	**vice** [váis]	명 악덕, (직함 앞에 붙여) 부–, –대리
		vice versa 역(逆)도 또한 같음

2

UNIT 6

Walking through desert, they saw an imaginary figure in their midst, a phenomenon that happens often when one is very thirsty and feeling faint.

그들이 사막을 걸어가면서 그들 가운데서 가공의 인물을 보았는데, 그것은 사람이 매우 목이 마르고, 정신이 아찔할 듯한 느낌이 드는 때에 자주 일어나는 현상이다.

1505	**imaginary** [imædʒənèri]	형 가공의, 상상의
		늑유 unreal
1506	**midst** [mídst, mítst]	명 한가운데
		늑유 middle, center
1507	**phenomenon** [finámənàn]	명 현상, 놀라운 것
		복수형은 phenomena
1508	**thirsty** [θə́ːrsti]	형 목마른, 갈망하는
		늑유 dry 형 마른, 건조한
1509	**faint** [féint]	형 정신이 아찔할 듯한, 어렴풋한, 나약한, 자 기절하다
		늑유 dim, feeble, obscure 형 어렴풋한

He snapped the stem of the pear from the branch and squeezed it to see if it was ripe.

그는 나뭇가지에서 배의 열매꼭지를 꺾어서, 과일이 익었는지 확인하기 위해서 그 과일을 꽉 쥐어짰다.

1510	**snap** [snǽp]	타 뚝 부러뜨리다, 딱 소리를 내다, 자 딱 부러지다 늑유 break, fracture 자 부러지다
1511	**stem** [stém]	명 (풀·나무의) 줄기, 대, 열매꼭지, 자 유래하다
1512	**pear** [péər]	명 (서양)배
1513	**squeeze** [skwíːz]	타 강하게 쥐다, 세게 조르다, 압착하다, 명 압착
1514	**ripe** [ráip]	형 익은, 숙성한, (입술이) 붉고 탐스러운 늑유 mature 형 익은, 숙성한

The professor told her not to exaggerate and to avoid making trivial points in her discourse, which would confuse her audience and undermine her purpose.

듣는 사람을 혼란스럽게 하고, 그 목적을 손상하는 것이 되기 때문에, 교수는 그녀에게 강연에서는 과장해서 말하지 말고, 하찮은 점의 주장을 피하라고 말하였다.

1515	**exaggerate** [igzǽdʒərèit]	자 과장해서 말하다, 타 과장하다 늑유 overstate 타 과장하다
1516	**trivial** [tríviəl]	형 하찮은, 대단치 않은 늑유 negligible, minimal, slight
1517	**discourse** [dískɔːrs]	명 강연, 강화, 회화, 담화 늑유 conversation, talk 명 회화
1518	**confuse** [kənfjúːz]	타 혼란시키다, 곤혹스럽게 하다 늑유 perplex, disorient, confound, annoy
1519	**undermine** [ʌndərmáin]	타 손상시키다, 훼손하다, (−의) 밑을 파다

Exploding in rage, he pounded the desk and exclaimed in a stern tone of voice, "Get out of here!"

분노가 폭발하여 그는 책상을 강하게 치고, 준엄한 어조로 "여기에서 나가!"라고 외쳤다.

1520	**explode** [iksplóud, eks-]	재 폭발하다, 타 폭발시키다 늑유 erupt, burst
1521	**rage** [réidʒ]	명 분노, 격노, 열망, 재 격노하다 늑유 anger, fury, wrath　명 분노
1522	**pound** [páund]	타 탕탕 치다, 사정없이 치다 늑유 mash　타 짓찧다, 짓이기다
1523	**exclaim** [ikskléim, eks-]	재 외치다, 강하게 반대하다, 타 (—라고) 외치다 늑유 cry, shout
1524	**stern** [stə́ːrn]	형 준엄한, 엄격한, 용서없는 늑유 strict, stringent, harsh, rigid　형 엄격한

2
UNIT 6

Not having a college diploma is a disadvantage, since it is the norm that college graduates earn much more in contrast to those without degrees.

대학 졸업증서를 가지고 있지 않은 것은 불리하다. 왜냐하면 대학 졸업생이 학위가 없는 사람과 대조하여 훨씬 많은 수입을 얻는 것이 보통이기 때문이다.

1525	**diploma** [diplóumə]	명 졸업증서, 자격면허증, 상장 늑유 testimonial　명 상장
1526	**disadvantage** [dìsədvǽntidʒ]	명 불리, 불리한 입장 반 advantage　명 유리, 유리한 입장
1527	**norm** [nɔ́ːrm]	명 보통, 규범, 행동기준 늑유 standard　명 규범
1528	**earn** [ə́ːrn]	타 (돈 등을) 벌다, (평판·명성 등을) 얻다
1529	**contrast** 명 [kántræst] 동 [kəntrǽst]	명 대조, 대비, 타 대조시키다, 대비하다 in contrast to ~　~와 대조적으로

The **complicated** device can **transmit optical** signals, yet **weighs** only a few grams and fits in the **palm** of your hand.

그 복잡한 기기는 빛신호를 전송할 수 있으나, 단지 몇 그램의 무게이며, 너의 손바닥에 딱 들어맞는다.

1530 ✓	**complicated** [kámpləkèitid]	형 복잡한, 곤란한 파 complicate 타 복잡하게 하다
1531 ✓	**transmit** [trænsmít, trænz-]	타 전송하다, 보내다, 전달하다, (병 등을) 옮기다 늑유 send 타 보내다
1532 ✓	**optical** [áptikl]	형 빛의, 광학의, 시력의 파 optician 명 안경상(商), 광학기상
1533 ✓	**weigh** [wéi]	자 무게가 있다, 중요하다, 타 숙고하다 파 weight 명 무게
1534 ✓	**palm** [páːm]	명 손바닥, 타 손 안에 감추다, 몰래 줍다

There is a **slope** on my **commute** to school where it is **particularly** hard to **steer** my bicycle, and I worry I may have a **collision** there someday.

학교로 가는 통학로에 자전거를 조종하기가 특히 어려운 언덕이 있는데, 언젠가 그 곳에서 내가 충돌을 일으킬지가 걱정이다.

1535 ✓	**slope** [slóup]	명 언덕, 경사면 늑유 hill 명 언덕
1536 ✓	**commute** [kəmjúːt]	명 통학, 통근, 자 통근하다, 통학하다 파 commuter 명 통근자, 통학자
1537 ✓	**particularly** [pərtíkjələrli]	부 특히 늑유 especially
1538 ✓	**steer** [stíər]	타 조종하다, 향하다 늑유 operate 타 조종하다
1539 ✓	**collision** [kəlíʒən]	명 충돌 늑유 crash, smash, hit

She believes that those who stray from their path and rebel against their parents are doomed to a life of despair, but I disagree.

그녀는 길을 빗나가, 양친에게 반항하는 사람들은 절망적인 인생을 보낼 운명이라고 믿고 있으나, 나는 생각이 다르다.

1540	**stray** [stréi]	자 옆길로 빗나가다, 길을 헤매다, 형 길을 헤매는 늑유 digress, deviate 자 옆길로 빗나가다
1541	**rebel** 동 [ribél] 명 [rébl]	자 반항하다, 반역하다, 명 반역자 파 rebellion 명 반란, 반항
1542	**doom** [dú:m]	타 운명을 정하다, 운명짓다, 명 운명, 숙명 늑유 fate, fortune, destiny
1543	**despair** [dispέər]	명 절망, 낙담, 절망의 원인, 자 절망하다 늑유 dismay 명 절망
1544	**disagree** [dìsəgrí:]	자 의견이 맞지 않다, 일치하지 않다 늑유 dissent

2
UNIT 6

The specially designed sports suit comes furnished with an internal layer of fabric that wraps around the arms and quickly absorbs sweat.

그 특별히 디자인된 운동복은 안감천이 팔을 감싸고 있어서 빨리 땀을 흡수하도록 만들어져 나온다.

1545	**furnish** [fə́:rniʃ]	타 비치하다, 공급하다 늑유 provide, supply 타 공급하다
1546	**internal** [intə́:rnl]	형 안쪽의, 내부의 늑유 inner
1547	**layer** [léiər, léər]	명 층(層) 늑유 stratum
1548	**wrap** [rǽp]	자 감기다, 휘감다, 타 감싸다, 휘감다 늑유 roll, enfold 타 싸다, 둘러싸다
1549	**sweat** [swét]	명 땀, 자 땀을 흘리다 늑유 perspire 자 땀을 흘리다

We had to use our intuition to find our way on the trail because our flashlight had dimmed due to a drain in the battery's charge.

우리들이 작은 길에서 나아갈 길을 찾는 데 직감에 의존하지 않으면 안 되었던 것은, 전지의 충전이 소모되어 회중전등의 빛이 희미해져버렸기 때문이었다.

1550	**intuition** [ìntjuíʃən]	명 직감
		능유 instinct
1551	**trail** [tréil]	명 작은 길, 자국, 타 (−의) 뒤를 밟다, 질질 끌다
		능유 drag, cripple 타 질질 끌다
1552	**dim** [dím]	자 흐려지다, 형 어둑어둑한, 흐릿한
		능유 dark, dusky, gloomy 형 어둑어둑한
1553	**drain** [dréin]	명 소모, 유출, 배수구, 타 배출시키다, 배수를 하다
1554	**charge** [tʃɑːrdʒ]	명 충전, 요금, 비난, 고발, 공격, 책임
		능유 storage 명 충전

After retiring, the actor grew tired of the publicity and retreated to his ranch, keeping an isolated and solitary lifestyle until his death.

은퇴 후, 그 배우는 세간의 주목에 진절머리가 나, 자신의 목장에 틀어박혀 죽기까지 고립한 쓸쓸한 삶을 보냈다.

1555	**retire** [ritáiər]	자 은퇴하다, 퇴직하다
		능유 withdraw 자 은퇴하다
1556	**publicity** [pʌblísəti]	명 세간의 주목, 선전, 광고
		능유 popularity 명 평판
1557	**retreat** [ritríːt]	자 틀어박히다, 은퇴하다, 명 퇴각, 은퇴, 휴양장소
		능유 withdraw 자 은퇴하다
1558	**isolated** [áisəlèitid]	형 고립한, 분리한
		파 isolate 타 고립시키다
1559	**solitary** [sɑ́lətèri]	형 외로운, 고독한, 혼자만의
		파 solitude 명 고독, 쓸쓸함

The farmer invested in a new plow to facilitate a greater harvest from her fertile fields.

그 농장주는 자신의 비옥한 농장으로부터 더 많은 수확을 얻기 쉽도록 하려고 새로운 쟁기에 투자했다.

1560	**invest** [invést]	자 투자하다, 타 (−을) 투자하다, (노력 등을) 들이다
		파 investment 명 투자, 출자
1561	**plow** [pláu]	명 쟁기, 타 자 쟁기로 갈다
		늑유 spade 명 쟁기
1562	**facilitate** [fəsílətèit]	타 쉽게 하다, 돕다
		파 facilitator 명 쉽게 하는 사람, (회사 등의) 진행계
1563	**harvest** [háːrvist]	명 수확, 수확량, 타 수확하다
		늑유 crop
1564	**fertile** [fə́ːrtl]	형 비옥한, 기름진
		늑유 rich

2
UNIT 6

She was fascinated to learn that fossils uncovered in the mud near her house showed that some of the earliest known primates once dwelled there.

그녀는 자신의 집 근처 진흙 속에서 발굴된 화석으로부터 초기의 유명한 영장류의 일부가 일찍이 그 지역에 살았다는 것을 알고서 황홀해졌다.

1565	**fascinate** [fǽsənèit]	타 흥미를 돋우다, 매혹하다, 황홀케 하다
		파 fascinating 형 매력적인, 매혹적인
1566	**uncover** [ʌnkʌ́vər]	타 발굴하다, 밝히다
		늑유 expose, reveal, disclose 타 밝히다
1567	**mud** [mʌ́d]	명 진흙
		늑유 dirt, sludge
1568	**primate** [práimeit, -mət]	명 영장류, 대주교
1569	**dwell** [dwél]	자 살다, 거주하다
		늑유 live

This **tool** is **modified** with a **tip** that can neatly **carve** shapes in even the most **fragile** surfaces.

이 도구는 가장 망가지기 쉬운 표면에서도 정교하게 모양을 새길 수 있는 첨단부를 붙여서 개량되어 있다.

1570	**tool** [túːl]	명 도구
		늑유 implement, instrument
1571	**modify** [mádəfài]	타 개량하다, 수정하다
		늑유 alter, change
1572	**tip** [típ]	명 끝, 첨단, 첨단부, 팁, 타 팁을 주다
		늑유 point 명 첨단
1573	**carve** [káːrv]	타 새기다, 조각하다
		늑유 cut, chip
1574	**fragile** [frǽdʒəl]	형 망가지기 쉬운, 무른
		늑유 brittle, breakable

Few could **comprehend** why so many **bowed** to the hotel heiress and **flattered** her **continuously**, since she clearly did not **deserve** such praise.

그 호텔의 여성상속인에게 왜 많은 사람이 절을 하고, 끊임없이 그녀를 치켜세우는 지 거의 아무도 이해할 수 없었다. 왜냐하면 그녀가 확실하게 그러한 칭찬을 받을 만 하지 못했기 때문이다.

1575	**comprehend** [kàmprihénd]	타 이해하다
		늑유 understand
1576	**bow** [báu]	자 굴복하다, 인사하다, 명 인사
1577	**flatter** [flǽtər]	타 추어올리다, 발림말하다, 치켜세우다
		늑유 cajole, coax 타 (−을) 치켜세워 ~시키다
1578	**continuously** [kəntínjuəsli]	부 연속적으로, 끊임없이
		늑유 successively, straight
1579	**deserve** [dizə́ːrv]	타 (−할) 만하다, (−을) 받을 가치가 있다

It is only for economic reasons that the government is willing to reconcile with its neighbor, since it wishes to maintain favorable trade ties to enrich successive generations of its citizens.

정부가 이웃나라와의 화해에 기꺼이 나서는 것은 오직 경제적인 이유 때문이고, 그것은 자국민 대대로의 세대를 풍요롭게 하기 위해 우호적인 무역관계 유지를 바라기 때문이다.

1580	**economic** [èːkənámik]	형 경제적인, 경제의 파 economical 형 싸게 먹히는, 절약하는
1581	**willing** [wíliŋ]	형 기꺼이 ~하는, 자진해서 ~하는 파 willingness 명 기꺼이 하는 마음
1582	**reconcile** [rékənsàil]	자 화해하다, 타 화해시키다 파 reconciliation 명 화해
1583	**enrich** [enrítʃ]	타 풍부하게 하다, 농축하다
1584	**successive** [səksésiv]	형 대대로의, 계속되는, 연속하는 늑유 consecutive 형 연속하는

2
UNIT 6

To stop the conflict that was consuming the entire continent, the three warring parties negotiated a deal to cease revenge attacks.

그 전 대륙을 소모시키는 분쟁을 저지하기 위해서 교전중의 세 당사국은 보복공격을 중지하기 위해서 협정을 결정했다.

1585	**continent** [kántənənt]	명 대륙 파 continental 형 대륙의, 대륙적인
1586	**negotiate** [nigóuʃièit]	타 (교섭하여) 결정하다, 자 교섭하다, 협의하다 파 negotiation 명 교섭, 협의
1587	**deal** [díːl]	명 거래, 협정, 취급, 자 취급하다, 타 분배하다 늑유 transaction 명 거래
1588	**cease** [síːs]	타 중지하다, 멈추다, 자 그치다, 마치다 늑유 stop, end, terminate
1589	**revenge** [rivéndʒ]	명 보복, 복수

A criterion for those who immigrate to the area is that they must consult with the local office and register to vote.

그 지역에 이주하는 사람들이 채워야 할 기준은 지방사무소와 상담하여 선거인으로 등록하는 것이다.

1590	**criterion** [kraitíəriən]	명 채워야 할 조건, (판단·평가의) 기준, 척도 ≒유 standard, basis 명 기준
1591	**immigrate** [ímigrèit]	자 (타국으로부터) 이주하다 파 immigrant 명 (타국으로부터의) 이민
1592	**consult** [kənsʌ́lt]	자 상담하다, 타 (-의) 진찰을 받다, 참조하다 ≒유 talk, counsel 자 상담하다
1593	**register** [rédʒistər]	타 등록하다, 명 기록, 등록 ≒유 record
1594	**vote** [vóut]	자 선거하다, 투표하다, 명 투표, 표, 선거권

This is just the initial draft of my report, and the details of the final report may be diverted from this one in plenty of places.

이것은 단지 내 보고서의 초안이며, 최종 보고서의 상세한 내용은 여러 곳에서 이 보고서와 달라질 수 있다.

1595	**initial** [iníʃəl]	형 최초의, 초기의, 명 머리글자 ≒유 first
1596	**draft** [drǽft]	명 초안, 선화(線畵), 타 밑그림을 그리다, 입안하다 ≒유 note, sketch 명 초안(草案)
1597	**detail** [díːteil, ditéil]	명 상세, 세부 ≒유 item 명 세목
1598	**divert** [divə́ːrt]	타 방향전환시키다, (딴 데로) 돌리다 파 diversity 명 상위, 다양성
1599	**plenty** [plénti]	명 많음, 가득, 형 많은 plenty of ~ 많은 ~

One characteristic that defines these birds is that they shed their surplus feathers to keep themselves looking tidy.

이들 새를 특징짓는 하나의 특색은, 말쑥하게 보이도록 해두기 위해서 여분의 깃을 떨어뜨려버리는 것이다.

1600	**characteristic**	명 특색, 특성, 형 특유의, 특징적인
	[kæ̀rəktərístik, kæ̀rik-]	늑유 proper, peculiar, particular 형 특유의
1601	**define**	타 특징짓다, 정의하다, 분명히 하다
	[difáin]	늑유 specify 타 명확하게 정하다
1602	**shed**	타 (잎 등을) 떨어뜨리다, (피·눈물 등을) 흘리다
	[ʃéd]	
1603	**surplus**	형 여분의, 명 나머지
	[sə́ːrplʌs, -pləs]	늑유 extra, spare, redundant 형 여분의
1604	**tidy**	형 말쑥한, 단정한, 정연한
	[táidi]	늑유 neat, straight

2

UNIT 7

When he was recruited to serve his country, his conscience told him not to shrink away from his duty to protect justice.

그가 나라에 봉사하기 위한 군에 소집되었을 때, 스스로의 양심이 정의를 지키기 위해서 자신의 임무에 위축되어서는 안 된다고 말했다.

1605	**recruit**	타 (신인 등을) 들이다, 권유하다, 명 신인, 신입생
	[rikrúːt]	
1606	**serve**	타 자 봉사하다, (식사 등을) 내다, 도움되다
	[sə́ːrv]	늑유 attend 타 섬기다
1607	**conscience**	명 양심, 분별
	[kánʃns]	파 conscientious 형 양심적인
1608	**shrink**	자 오그라들다. (수량 등이) 줄다, 타 축소시키다
	[ʃríŋk]	늑유 wince 자 오그라들다
1609	**justice**	명 정의
	[dʒʌ́stis]	파 justify 타 정당화하다

The video shows a miserable looking boy, frowning as he rubs the wound on his forehead.

비디오는 이마에 난 상처를 비비면서 얼굴을 찡그리는, 비참한 모습의 소년을 보여주고 있다.

1610	**miserable** [mízərəbl]	형 비참한, 불행한, 불충분한 · 늑유 wretched 형 불쌍한, 초라한
1611	**frown** [fráun]	자 얼굴을 찡그리다, 눈살을 찌푸리다 · 늑유 grimace
1612	**rub** [rʌb]	타 문지르다, 비비다 · 늑유 scrap, scrub 타 문지르다
1613	**wound** [wúːnd]	명 부상, 상처, 타 상처를 입히다 · 늑유 injury 명 상처
1614	**forehead** [fɔ́ːrhèd]	명 이마

The mayor's relationship with teacher's union soured when he did not uphold his vow to raise their pay, and their subsequent strike forced him to hire substitutes.

시장이 교원의 봉급을 인상하겠다는 서약을 지지하지 않아서 시장과 교원노조의 관계가 악화되었고, 이어서 나온 교원의 파업으로 시장이 대체요원을 고용할 수밖에 없었다.

1615	**sour** [sáuər]	자 (사태가) 복잡해지다, 악화되다, 타 (사태를) 재미없게 하다
1616	**uphold** [ʌphóuld]	타 지지하다, 시인하다 · 늑유 sustain, support 타 지지하다
1617	**vow** [váu]	명 서약, 맹세, 타 서약하다 · 늑유 oath, pledge
1618	**strike** [stráik]	명 파업, 타 (-를) 치다, 자 치다, 파업을 하다 · 늑유 hit, beak, knock 타 (-를) 치다, 자 치다
1619	**substitute** [sʌ́bstətjùːt]	명 대체요원, 대리인, 타 대용하다 · 늑유 replacement 명 대체, 교체

The **revolutionary** leader was **imprisoned** for **assaulting** a police offer, which **spurred** a **riot** in the streets.

그 혁명 지도자가 경관을 습격한 일로 구속되고, 그 일이 가두에서의 폭동에 박차를 가했다.

1620	**revolutionary**	형 혁명의, 혁명적인
✓	[rèvəlúːʃənèri]	파 revolution 명 혁명, 개혁, 회전
1621	**imprison**	타 투옥하다, 감금하다
✓	[imprízn]	늑유 jail, incarcerate 타 투옥하다
1622	**assault**	타 (−을) 습격하다, 자 습격하다, 명 격한 습격, 비난
✓	[əsɔ́ːlt]	늑유 attack
1623	**spur**	타 박차를 가하다, 재촉하다, 명 박차
✓	[spə́ːr]	늑유 hurry, hasten, urge 타 재촉하다
1624	**riot**	명 폭동, 자 폭동을 일으키다
✓	[ráiət]	늑유 disturbance, uprising 명 폭동

2
UNIT 7

The plum blossoms **bloomed** and turned the street a **splendid** pink that made everyone **cheerful** despite the **brutal chill** of the late winter evenings.

매화꽃이 피어서, 거리를 화려한 핑크빛으로 바꾸었기 때문에 늦겨울 저녁의 매서운 추위에도 불구하고 사람들은 즐거워하였다.

1625	**bloom**	자 피다, 번영하다, 명 꽃, 최성기, 한창때
✓	[blúːm]	늑유 blossom 자 꽃이 피다, 명 꽃
1626	**splendid**	형 화려한, 멋진, 호화스런
✓	[spléndid]	늑유 gorgeous, glorious
1627	**cheerful**	형 기분 좋은, 쾌활한, 즐거운
✓	[tʃíərfl]	늑유 merry, livery, sunny
1628	**brutal**	형 냉엄한, 엄격한, 잔혹한
✓	[brúːtl]	늑유 cruel, merciless 형 잔혹한
1629	**chill**	명 차가움, 공포심, 한기, 타 식히다, 냉각하다
✓	[tʃíl]	파 chilly 형 차가운, 으스스한

The notion that Arabs **rejoice** at America's **defeat** is a **myth** that is **generated** by government **propaganda**.

아랍국가들이 미국의 패배를 즐거워한다는 생각은 정부의 선전활동에 의해서 생겨난 근거없는 이야기이다.

1630	**rejoice** [ridʒɔ́is]	자 (크게) 기뻐하다, 타 기쁘게 하다 ≒유 please, delight 타 기쁘게 하다
1631	**defeat** [difít]	명 패배, 타 쳐부수다, 패배시키다 ≒유 overcome 타 쳐부수다
1632	**myth** [míθ]	명 (믿어지고 있지만) 근거 없는 이야기, 신화, 통념 파 mythology 명 신화, 신화학
1633	**generate** [dʒénərèit]	타 낳다, 산출하다 ≒유 spawn, produce
1634	**propaganda** [prὰpəgǽndə]	명 선전활동 ≒유 advertisement, publicity 명 선전

She is a **diligent** student who worked part-time to pay her own **tuition** and **succeeded** in completing all her **compulsory** courses in just two **terms**.

그녀는 근면한 학생으로, 자기 자신의 수업료를 지불하기 위해서 아르바이트를 하고, 전 필수과목을 불과 2학기에 이수하는 데 성공했다.

1635	**diligent** [dílidʒənt]	형 근면한 ≒유 industrious, hardworking, earnest
1636	**tuition** [tjuːíʃən]	명 수업, 지도 ≒유 class, lesson
1637	**succeed** [səksíːd]	자 성공하다, 계승하다, 타 뒤를 잇다, 이어서 일어나다 파 success 명 성공
1638	**compulsory** [kəmpʌ́lsəri]	형 필수의, 의무의, 의무적인 ≒유 mandatory, required
1639	**term** [tə́ːrm]	명 학기, 기간, 말, (terms의 형태로) 관계, 조건

Though our initial outlook called for respectable growth, we didn't foresee that the firm would flourish as much as it has.

우리들의 당초 전망은 상당한 성장을 예측했지만, 회사가 지금만큼 번영하리라고는 예상하지 못했다.

1640	**outlook** [áutlùk]	몡 예측, 전망, 태도
		늑유 prospect
1641	**respectable** [rispéktəbl]	혱 상당한, 존경할 만한, 훌륭한, 모양새 좋은
		늑유 considerable, good 혱 상당한
1642	**foresee** [fɔːrsíː]	탸 예상하다, 예측하다
		늑유 anticipate, predict
1643	**firm** [fə́ːrm]	몡 회사, 혱 단단한, 견고한
		늑유 company, office 몡 회사
1644	**flourish** [fləːriʃ]	쟈 번영하다
		늑유 thrive

2

UNIT 7

The architect's client expected him to assemble another massive model of the building by tomorrow, which he considered a bothersome chore.

건축가는 의뢰인으로부터 내일까지 또 하나 그 건물의 거대한 모형을 조립하라는 요구를 받았는데, 그는 이 일을 귀찮은 일이라고 생각했다.

1645	**architect** [áːrkitèkt]	몡 건축가
		파 architecture 몡 건축
1646	**client** [kláiənt]	몡 의뢰인, 고객
		늑유 customer
1647	**assemble** [əsémbl]	탸 조립시키다, 모으다, 쟈 모이다
		늑유 arrange 탸 모으다
1648	**massive** [mǽsiv]	혱 거대한, 크고 무거운, 대규모의
		파 mass 몡 덩어리, 다량
1649	**chore** [tʃɔ́ːr]	몡 괴로운 일, 잡일, 일과, 정해진 일
		늑유 routine 몡 일과, 정해진 일

The applications we have received have far surpassed what we anticipated, hence the need for us to suspend our acceptance period.

지금까지 받은 신청은 우리들의 예상을 훨씬 넘고 있고, 그러므로 접수기간을 일시 정지할 필요가 있다.

1650	**application**	명 신청, 적용, 응용, 접수
	[æplikéiʃ∂n]	파 apply 자 적용하다, 신청하다
1651	**surpass**	타 (―을) 넘다, (―을) 능가하다
	[sərpǽs]	늑유 exceed, outstrip, excel
1652	**anticipate**	타 예상하다, 기대하다
	[æntísəpèit]	늑유 foresee, predict
1653	**hence**	부 그러므로
	[héns]	늑유 therefore, accordingly
1654	**suspend**	타 일시 정지하다, 보류하다, 매달다
	[səspénd]	늑유 hang 타 매달다

The lump of food that was placed on the trap had disappeared, and was later found in a pile of leaves by the baby's cradle.

올가미에 놓여 있던 음식물 덩어리가 없어졌는데, 나중에 갓난아이의 요람 옆에 쌓인 낙엽더미 속에서 발견되었다.

1655	**lump**	명 덩어리, 혹
	[lʌmp]	늑유 mass, chunk 명 덩어리
1656	**trap**	명 올가미, 책략
	[trǽp]	늑유 snare, catch 명 올가미
1657	**disappear**	자 (갑자기) 사라지다, (완전히) 소멸하다
	[dìsəpíər]	늑유 vanish
1658	**pile**	명 쌓아올린 것, 타 겹쳐 쌓다, 자 겹쳐 쌓이다
	[páil]	a pile of ~ ~의 산, 많은 ~
1659	**cradle**	명 요람, 소아용 침대, 타 흔들어 달래다
	[kréidl]	늑유 lull, dandle 타 달래다

She is resolute in her desire to undertake some vocational training and seek the next phase in her career.

그녀는 뭔가 직업훈련을 시작하여, 자신의 경력에 있어서 다음 단계를 모색하고 싶다고 굳게 결심하고 있다.

1660	**resolute** [rézəlùːt]	혱 굳게 결심한, 결의한, 의지가 굳은
		파 resolve 타 자 결심하다, 해결하다
1661	**undertake** [ʌ̀ndərtéik]	타 시작하다, 떠맡다, 착수하다
		늑유 begin, start, initiate 타 시작하다
1662	**vocational** [voukéiʃənl]	혱 직업상의
		늑유 occupational
1663	**seek** [síːk]	타 모색하다, 구하다
		늑유 hunt, search for ~ ~을 찾다
1664	**phase** [féiz]	몡 단계, (물건·문제 등의) 면(面), 상(相)
		늑유 stage 몡 단계

2
UNIT 7

The food with the harmful ingredient was partially digested and began to penetrate into his blood, so doctors extracted what they could from his stomach.

유해한 성분을 포함한 식품은 부분적으로 소화되고, 그의 혈액에 스며들기 시작했기 때문에 의사들은 그의 위로부터 할 수 있는 것을 제거했다.

1665	**ingredient** [ingríːdiənt]	몡 성분, 재료, 요소
		늑유 material
1666	**partially** [páːrʃəli]	뵈 부분적으로
		늑유 partly
1667	**digest** [daidʒést, di-]	타 소화하다, 잘 이해하다
		파 digestion 몡 소화
1668	**penetrate** [pénətrèit]	자 타 스며들다, 꿰뚫다, 관통하다
		파 penetration 몡 침투(도), 관통(력)
1669	**extract** [ikstrǽkt, eks-]	타 제거하다, 뽑아내다, 빼내다

In their mourning ritual, the tribe's members are clothed in dresses and shirts with special folds that are a sign of grief.

죽음을 슬퍼하는 의식에서 그 부족 사람들은 슬픔의 표시인 특별한 주름이 있는 드레스나 셔츠를 입는다.

1670	**mourn** [mɔ́ːrn]	자 죽음을 슬퍼하다, 한탄하다, 타 슬퍼하다, 조문하다 / 늑유 lament, weep at ~ ~을 슬퍼하다
1671	**ritual** [rítʃuəl]	명 의식, 형 의식의 / 늑유 ceremony 명 의식
1672	**clothe** [klóuð]	타 (의복을) 입다 / 늑유 dress
1673	**fold** [fóuld]	명 주름, 접은 자리, 타 접어개다, 자 접어서 겹치다 / 늑유 pleat, gather 명 주름
1674	**sign** [sáin]	명 표시, 기호, 조짐, 타 서명하다 / 늑유 indication, token 명 표시

The company proclaims that its new computer represents the sum of many technicians' efforts and an extraordinary leap over conventional systems.

그 회사는 자사의 새로운 컴퓨터는 많은 기술자의 노력을 결집한 것이고, 종래의 시스템에 비해서 놀라운 비약을 이룬 것의 상징이라고 공언하고 있다.

1675	**proclaim** [proukléim]	타 공언하다, 선언하다, 분명히 나타내다 / 파 proclamation 명 선언
1676	**sum** [sʌ́m]	명 합계, 금액, 요약, 타 자 요약하다 / 파 summary 명 요약
1677	**extraordinary** [ekstrɔ́ːrdənèri, iks-]	형 놀라운, 의외의, 보통이 아닌 / 늑유 phenomenal, great
1678	**leap** [líːp]	명 비약, 도약, 자 뛰다, 타 뛰어넘다 / 늑유 jump 자 뛰다, 타 뛰어넘다
1679	**conventional** [kənvénʃənl]	형 습관적인, 종래의, 평범한 / 파 convention 명 습관, 관습, 회의, 집회

Early in the evolution of physics, the school of Pythagoras used number as its principal concept, which it said was relevant even for the tuning of musical instruments.

물리학 발전의 여명기에는, 피타고라스 학파에서는 주요한 개념으로서 수를 사용했으며, 그 학파는 수가 악기의 조율작업과도 관련이 있다고 말했다.

1680	**evolution**	명 발전, 진화
	[èvəlú:ʃən]	파 evolutionary 형 진화(론)의
1681	**physics**	명 물리학
	[fíziks]	파 physical 형 신체의, 육체의, 물리학의, 물리학적인
1682	**principal**	형 주요한, 중요한, 명 교장
	[prínsəpl, -səbl]	늑유 staple, chief, main 형 주요한, 중요한
1683	**relevant**	형 관련있는, 적절한
	[réləvənt]	파 relevance 명 관련성
1684	**tune**	명 조율, 곡, 조화, 타 조화시키다, 조율하다
	[tjú:n]	

The president felt deceived that his aide intruded on his privacy by disclosing such information, though he was qualified to do so.

대통령은 보좌관이, 비록 그렇게 할 자격이 있더라도, 그와 같은 정보를 공표함으로써 자신의 사생활을 방해한 것에 대하여 배반당한 것처럼 느꼈다.

1685	**deceive**	타 배반하다, 속이다
	[disí:v]	늑유 take in ~ ~을 속이다
1686	**intrude**	자 밀고 들어가다, 침입하다, 타 강요하다
	[intrú:d]	intrude on ~ (남의 일에) 끼어들다
1687	**disclose**	타 공표하다, 폭로하다
	[disklóuz]	늑유 reveal, uncover, expose 타 폭로하다
1688	**qualify**	타 자격을 주다
	[kwáləfài]	be qualified to do ~ ~할 자격이 있다

2

UNIT 7

Those who feel oppressed need an outlet for their frustration, and therefore such feelings may provoke radical behavior.

억압받고 있다고 느끼는 사람들은 욕구불만에 대한 배출구가 필요하며, 그런 까닭에 그러한 감정이 과격한 행동을 불러일으킬 수도 있다.

1689	**oppress** [əprés]	타 학대하다, 압박하다, 억압하다 파 oppression 명 압박, 압정
1690	**outlet** [áutlèt, -lət]	명 배출구, 출구, 판로, 콘센트 ≒유 exit 명 출구
1691	**therefore** [ðéərfɔ̀ːr]	부 그런 까닭에, 따라서 ≒유 consequently, thus
1692	**provoke** [prəvóuk]	타 일으키다, 성나게 하다 ≒유 anger, enrage, exasperate 타 성나게 하다
1693	**radical** [rǽdikl]	형 과격한, 급진적인, 근본적인 ≒유 extreme 형 과격한, 급진적인

The artificial hand is connected to the veins of the wrist, allowing its user to contract the muscles to perform tasks such as fastening jackets.

의수(義手)는 손목의 혈관에 연결되어 있어서, 그 이용자가 재킷을 고정하는 등의 작업을 행하기 위해 근육을 수축할 수 있도록 해준다.

1694	**artificial** [ɑ̀ːrtəfíʃl]	형 인공의 ≒유 man-made
1695	**vein** [véin]	명 혈관, 정맥 반 artery 명 동맥
1696	**wrist** [ríst]	명 손목
1697	**contract** [kəntrǽkt]	타 수축하다, 계약하다, (병에) 걸리다
1698	**fasten** [fǽsn]	타 묶다, 확실하게 고정하다 ≒유 fix, hold, stick 타 고정하다

The **search** for the **suspect** took police down the **lane**, where their dog **fetched** an **enormous** bag of stolen jewels from under a porch.

용의자를 수색하려고 경찰이 좁은 길로 들어갔고, 경찰견이 현관 아래에서 도난당한 보석이 들어 있는 대단히 큰 가방을 물고 왔다.

1699 ☑	**search** [sə́ːrtʃ]	명 수색, 추구, 타 (-을) 찾다, 자 찾다
		늑유 hunt 명 수색
1700 ☑	**suspect** 명 [sʌ́spekt] 동 [səspékt]	명 용의자, 의심스러운 사람, 타 (-은 아닌가) 의심하다
1701 ☑	**lane** [léin]	명 골목, 작은 길, 좁은 길
		늑유 path, track, footway 명 작은 길
1702 ☑	**fetch** [fétʃ]	타 (가서) 가져오다, (가서) 데려오다
		늑유 get, collect 타 가져오다
1703 ☑	**enormous** [inɔ́ːrməs]	형 매우 큰, 막대한, 거대한
		늑유 gigantic, huge, tremendous, vast

2
UNIT 8

The chicks that **hatched** in this laboratory were created through a **fusion** of genes, a **technique** with which the researchers hope to **reproduce** other species.

이 연구소에서 부화한 닭의 병아리는 유전자융합에 의해서 태어났는데, 연구자는 이 기술을 이용해서 다른 종을 번식시키기를 바라고 있다.

1704 ☑	**hatch** [hǽtʃ]	자 (알이) 깨다, 타 (알을) 까다
		늑유 breed 타 (알을) 까다
1705 ☑	**fusion** [fjúːʒən]	명 융합
		늑유 blend, combination, mixture
1706 ☑	**technique** [tekníːk]	명 기술, 기법, 수법
		파 technical 형 기술적인
1707 ☑	**reproduce** [rìːprədjúːs]	타 번식시키다, 재생하다
		늑유 breed, propagate 타 번식시키다

She looked marvelous at the informal event, in a casual yet striking dress with gold trim.

그녀는 비공식적인 행사에서 캐주얼하지만 금색의 장식이 붙은 남의 눈을 끄는 드레스를 입고서 멋진 모습을 보여주었다.

1708	**marvelous** [máːrvələs]	형 멋진, 놀라운, 이상한 ≒유 astonishing, astounding 형 놀라운
1709	**informal** [infɔ́ːrməl]	형 비공식적인, 격식 차리지 않는, 스스럼없는 ≒유 casual
1710	**casual** [kǽʒuəl]	형 격식 차리지 않는, 허물없는, 캐주얼한 ≒유 informal
1711	**striking** [stráikiŋ]	형 남의 눈을 끄는, 두드러진, 현저한 ≒유 conspicuous, noticeable
1712	**trim** [trím]	명 장식, 몸차림, 타 깎아 다듬다, 손질하다 ≒유 decolation, ornament 명 장식

The prospect that the meeting would be prolonged rattled the team members, who felt uneasy that they could not get back to urgent business.

회의가 연장될 것이라고 하는 예상은 팀의 멤버들을 당황하게 하였는데, 그들은 급한 업무에 돌아갈 수 없을지도 모른다는 불안을 느꼈기 때문이다.

1713	**prospect** [práspekt]	명 전망, 예상 ≒유 outlook
1714	**prolong** [prəlɔ́(ː)ŋ]	타 연장하다, 늘이다 파 prolonged 형 오래 끄는, 장기의
1715	**rattle** [rǽtl]	타 당황케 하다, 덜걱덜걱 소리나게 하다, 자 덜걱덜걱 소리나다 ≒유 confuse, disturb, perplex 타 혼란시키다
1716	**uneasy** [ʌníːzi]	형 불안한 ≒유 anxious
1717	**urgent** [ə́ːrdʒənt]	형 급한, 긴급한, 임박한 ≒유 pressing, rush 형 급한

Although this strip was once one of the prominent areas in the district, lately it has fallen victim to decay.

이 거리는 한때 이 지방에서 유명한 구역의 하나였는데, 최근에는 쇠퇴의 길로 떨어졌다.

1718	**strip** [stríp]	명 거리, 가로, 좁고 긴 땅, 타 벗기다, 까다
1719	**prominent** [prám[ə]nənt]	형 돌출한, 유명한, 두드러진 ≒유 noticeable, striking, conspicuous 형 현저한
1720	**district** [dístrikt]	명 지방, 지구, 지역
1721	**lately** [léitli]	부 요즈음, 최근 ≒유 recently, nowadays
1722	**decay** [dikéi]	명 쇠퇴, 부패, 자 쇠퇴하다, 부패하다 ≒유 rot, spoil 자 썩다

2
UNIT 8

The embassy has a vast range of resources available to those who are contemplating a venture into international trade.

그 대사관은 국제무역에 대한 투자사업을 계획하고 있는 사람들이 이용할 수 있는 광범위한 자원을 가지고 있다.

1723	**vast** [væst]	형 넓은, 광대한, 막대한 ≒유 enormous, gigantic, huge, tremendous
1724	**range** [réind3]	명 범위, 영역, 폭, 자 (범위 등이) 미치다, 분포하다 ≒유 scope, extent 명 범위
1725	**resource** [rí:so:rs, -zò:rs]	명 수단, (resources의 형태로) 자원, 재원, 저장 파 resourceful 형 자원이 풍부한
1726	**contemplate** [kántəmplèit, -tem-]	타 계획하다, 심사숙고하다, 자 깊이 생각하다 ≒유 intend, think, aim 타 의도하다
1727	**venture** [véntʃər]	명 모험사업, 모험, 자 과감히 ~하다

They still believe in the superstition that messing up a spider's web will cause that spider to haunt your grave.

그들은 거미집을 부수면 그 거미가 무덤까지 자신을 따라다닌다는 미신을 여전히 믿고 있다.

1728	**superstition** [sùːpərstíʃən]	몡 미신, 우상숭배 파 superstitious 혱 미신의
1729	**mess** [més]	타 흩뜨리다, 몡 혼란, 흩뜨려진 상태 늒유 disorder 몡 혼란
1730	**web** [wéb]	몡 거미집, 거미집 모양의 것, 직물
1731	**haunt** [hɔ́ːnt]	타 (유령이) 나타나다, (생각 등이) 늘 붙어 다니다 파 haunted 혱 (장소가) 유령이 나오는
1732	**grave** [gréiv]	몡 무덤, 혱 중대한, 근엄한, 위엄이 있는 늒유 tomb 몡 묘

A veteran of both literary and performing circles, she offers a perspective and wit unlike that of any of her contemporaries.

문학과 공연계의 경험이 풍부한 인물인 그녀는, 그녀의 동시대사람의 누구와도 다른 견해와 기지를 제공해준다.

1733	**veteran** [vétərən]	몡 경험이 풍부한 사람, 퇴역군인, 혱 노련한, 베테랑의 늒유 experienced, old 혱 노련한
1734	**literary** [lítərèri]	혱 문학의, 문예의 파 literally 븟 문자 그대로
1735	**perspective** [pəːrspéktiv]	몡 견해, 관점, 전망, 원근법
1736	**wit** [wít]	몡 기지(機智), 재치, 머리회전 늒유 esprit
1737	**contemporary** [kəntémpərèri]	몡 동시대 사람, 현대인, 혱 동시대의, 현대의 늒유 modern, present 혱 현대의

He betrayed his agent by accepting other work without her consent, and thus their mutual trust came undone.

그는 자신의 대리인을 배반하여 그녀의 승낙 없이 다른 일을 받았는데, 그 때문에 그들의 상호신뢰는 파멸하게 되었다.

1738	**betray**	타 배반하다, (비밀 등을) 누설하다, 무심코 드러내다
	[bitréi, bə-]	파 betrayal 명 배반, 폭로
1739	**consent**	명 승낙, 동의, 자 승낙하다, 동의하다
	[kənsént]	늑유 agree, assent 자 동의하다
1740	**thus**	부 그 때문에, 따라서
	[ðʌs]	늑유 therefore
1741	**mutual**	형 상호의
	[mjúːtʃuəl]	늑유 reciprocal
1742	**undone**	형 파멸한, 풀어진, 벗겨진
	[ʌndʌ́n]	come undone 풀어지다, 실패하다, 파멸하다

2
UNIT 8

The former prime ministers, now living in exile, pleaded with the citizens to restore democracy and security to the country.

현재 망명중인 전직 총리들이 그 나라에 민주주의와 치안을 회복하도록시민들에게 탄원했다.

1743	**former**	형 전의, 이전의, 전자의
	[fɔ́ːrmər]	파 formerly 부 이전에는, 옛날에는
1744	**exile**	명 망명, 추방, 유랑, 망명자, 타 추방되다
	[éksail, égzail]	늑유 asylum, defection 명 망명
1745	**plead**	자 탄원하다, 이유로서 내세우다, 타 변명하다
	[plíːd]	늑유 beg 자 탄원하다
1746	**restore**	타 부활시키다, 회복하다, 되돌리다
	[ristɔ́ːr]	늑유 renew 타 회복하다
1747	**security**	명 치안, 안전
	[sikjúərəti]	파 secure 형 안전한, 확실한, 타 확보하다, 지키다

The two sides **executed** a **treaty** that said they would not **tolerate** **torture** under any **circumstances**.

양측은 어떠한 상황하에서도 고문을 용인하지 않겠다고 천명하는 조약을 체결했다.

1748	**execute**	타 집행하다, 처형하다, 수행하다, 체결하다
✓	[éksəkjùːt]	파 execution 명 집행, 처형, 수행
1749	**treaty**	명 조약, 교섭
✓	[tríːti]	유 agreement, pact 명 협정
1750	**tolerate**	타 허용하다, 관대히 다루다, 참다
✓	[tálərèit]	유 endure, stand, bear
1751	**torture**	명 고문, 고통, 타 고문하다
✓	[tɔ́ːrtʃər]	유 pain, torment, suffering 명 고통
1752	**circumstance**	명 상황, 사정, 생활상태
✓	[sə́ːrkəmstæns]	under no circumstances 결코 ~않다

Despite his apology, the religion's followers **condemned** the Pope for what they **perceived** was a negative **remark** about their **sacred** text.

교황의 사과에도 불구하고, 그 종교의 신봉자들은 그들의 경전에 관한 부정적인 언급이라고 그들이 생각한 것에 대해서 교황을 비난했다.

1753	**despite**	전 (—에도) 불구하고
✓	[dispáit]	유 in spite of ~
1754	**condemn**	타 비난하다
✓	[kəndém]	유 blame, censure, criticize
1755	**perceive**	타 알아차리다, 지각(知覺)하다, 생각하다, 이해하다
✓	[pərsíːv]	파 perception 명 지각, 인식
1756	**remark**	명 견해, 발언, 타 ~라고 말하다, 자 의견을 말하다
✓	[rimáːrk]	
1757	**sacred**	형 신성한, 신성시되는, 경건한
✓	[séikrid]	유 divine, holy

Though usually shy, she is able to let out a spontaneous and piercing scream on cue when performing on stage.

그녀는 평상시는 수줍어하지만, 무대에서 연기할 때는 신호에 대한 즉각적이고 날카로운 고함을 지를 수 있다.

1758	**shy** [ʃái]	형 수줍어하는, 내성적인
		늑유 timid, bashful
1759	**spontaneous** [spɑntéiniəs]	형 무의식의, 자발적인, 자연스럽게 일어나는
		파 spontaneity 명 자발성
1760	**piercing** [píərsiŋ]	형 큰소리의, 날카로운, 뼈에 사무치는
1761	**scream** [skríːm]	명 비명, 외침소리, 고함, 자 비명을 지르다, 소리치다
		늑유 shriek
1762	**cue** [kjúː]	명 신호, 지시, 타 신호를 보내다
		늑유 sign, signal

2
UNIT 8

This breed of horse cannot be classified as an Arabian because the breadth of its chest does not conform to that breed's stature.

이 말의 혈통을 아랍종으로 분류할 수가 없는 것은, 그 흉폭(胸幅)이 아랍종의 발달 정도와 일치하지 않기 때문이다.

1763	**breed** [bríːd]	명 혈통, 품종, 타 번식시키다, 자 번식하다
1764	**classify** [klǽsəfài]	타 분류하다
		늑유 categorize
1765	**breadth** [brétθ, brédθ]	명 폭, 넓어짐
		늑유 width, spread 명 폭
1766	**conform** [kənfɔ́ːrm]	자 일치하다, (규칙·습관 등을) 따르다, 타 따르게 하다
		파 conformity 명 (전체에의) 복종, 일치
1767	**stature** [stǽtʃər]	명 발달정도, 신장(키), 성장
		늑유 height 명 신장

The doctors performed a transfer of similar tissue to stimulate cell growth, but were unable to remedy the kidney.

의사들은 세포증식을 활성화시키기 위하여 유사한 조직의 이전을 행했지만, 신장을 치료하지는 못했다.

1768	**transfer** 명 [trǽnsfəːr] 동 [trænsfə́ːr]	명 이전, 이동, 양도, 타 이동시키다, 자 이전하다 늑유 move, remove 타 이동시키다
1769	**similar** [símələr]	형 유사한, 비슷한 늑유 alike
1770	**tissue** [tíʃuː]	명 (세포) 조직
1771	**stimulate** [stímjəlèit]	타 활성화시키다, 자극하다, 활발하게 하다
1772	**remedy** [rémədi]	타 치료하다, 고치다, 명 치료, 교정(법) 늑유 treat, cure 타 치료하다, 고치다

Remember to get plenty of rest and don't skip breakfast, because even a meal as simple as toast and eggs will help boost your energy.

충분한 휴식을 취할 것을 기억하시고, 아침을 거르지 않도록 하세요. 토스트와 계란 같은 간단한 식사라도 활력을 높여줄 것이므로.

1773	**remember** [rimémbər]	타 잊지 않도록 주의하다, 기억하고 있다, 생각해내다 늑유 recollect, recall 타 생각해내다
1774	**rest** [rést]	명 휴식, 휴게, 자 휴게하다, 의지하다, 눕다 늑유 break, recess 명 휴게
1775	**skip** [skíp]	타 (一을) 빠뜨리다, 생략하다, 건너뛰다, 자 빠뜨리다 늑유 omit, miss 타 빠뜨리다
1776	**toast** [tóust]	명 토스트, 건배, 타 누르스름하게 굽다, 건배하다 늑유 roast, grill 타 굽다
1777	**boost** [búːst]	타 높이다, 밀어 올리다, 올리다 늑유 raise 타 올리다

The committee cannot investigate the failures in intelligence used to justify the war because the government refuses to cooperate in a transparent manner.

위원회는 전쟁을 정당화하기 위해 이용된 정보수집에 있어서 실패를 조사할 수 없다. 왜냐하면 정부가 투명한 태도로 협력하는 것을 거부하기 때문이다.

1778	**investigate** [invéstəgèit]	타 조사하다, 상세히 말하다, 자 연구하다
		늑유 scrutinize, probe
1779	**intelligence** [intélidʒəns]	명 정보수집, 지능, 이해력, 지성
		늑유 information, news, data 명 정보
1780	**justify** [dʒʌ́stəfài]	타 정당화하다
		파 justification 명 정당화
1781	**cooperate** [kouápərèit]	자 협력하다
		파 cooperative 형 협력적인
1782	**transparent** [trænspɛ́ərənt]	형 투명한, 명백한
		늑유 clear, crystalline

2
UNIT 8

The ethnological study showed the peninsula to be a largely homogeneous area lacking in diversity and prone to racial discrimination.

민족학의 연구에 의하면, 그 반도는 다양성이 결여되어 있고, 인종차별이 일어나기 쉬운 대체로 동질적인 영역임을 보여주었다.

1783	**ethnological** [èθnəládʒikl]	형 민족학의
		파 ethnology 명 민족학
1784	**peninsula** [pənínʃələ]	명 반도
1785	**homogeneous** [hòumədʒíːniəs, hàm-]	형 동질의, 동종의, 균질의
		파 homogeneity 명 동질, 균질
1786	**discrimination** [diskrìmənéiʃn]	명 차별, 구별, 식별, 차별대우
		늑유 distinction, segregation 명 차별

The **sensation** of the pressure **exerted** on her arm caused her to **shake** and **tremble**, a reaction that was not at all **typical**.

그녀의 팔에 가해진 압력의 감각으로 몸이 흔들리고 떨렸으나, 그것은 전혀 전형적인 반응은 아니었다.

1787	**sensation**	명 감각, 느낌
	[senséiʃən, sən-]	늑유 feeling
1788	**exert**	타 (힘 등을) 쓰다, 일하게 하다, 노력하게 하다
	[igzə́ːrt]	
1789	**shake**	자 흔들리다, 타 흔들다, 동요시키다
	[ʃéik]	
1790	**tremble**	자 떨다, 명 떨림
	[trémbl]	늑유 shudder, shiver
1791	**typical**	형 전형적인, 특유의
	[típikl]	늑유 representative, exemplary 형 전형적인

With heavy rains **predicted**, the organizers may **resort** to **postponing** the event or holding it in an **enclosed** venue, which could **delay** its start by several hours.

많은 비가 예상되는 가운데, 주최자는 이벤트를 연기하거나 실내 장소에서 개최하든가 하는 수단에 호소할지도 모르지만, 그렇게 하면 몇 시간 개최가 지연될 수도 있다.

1792	**predict**	타 예상하다, 예언하다, 예측하다
	[pridíkt]	늑유 forecast, foresee
1793	**resort**	자 (수단에) 호소하다, 명 행락지, 호소하는 것
	[riːsɔ́ːrt]	resort to ~ ~에 호소하다
1794	**postpone**	타 연기하다
	[poustpóun]	늑유 delay, put off ~
1795	**enclose**	타 (울타리·벽 등으로) 싸다, 동봉하다
	[enklóuz]	파 enclosure 명 범위, 동봉
1796	**delay**	타 늦추다, 연기하다, 명 지체, 연기
	[diléi]	늑유 postpone 타 늦추다

The film was dedicated to the director's professor, who was cited as the basis for approximately 90% of its premise.

그 영화는 감독의 교수에게 바쳐졌는데, 영화의 전제가 되는 아이디어의 거의 90%의 근거로서 교수의 이름이 인용되어 있었다.

1797	**dedicate** [dédikèit]	타 바치다
1798	**cite** [sáit]	타 인용하다 늑유 quote
1799	**basis** [béisis]	명 근거, 기초, 근거, 방식
1800	**approximately** [əpráksəmətli]	부 대략, 대강 늑유 about, roughly
1801	**premise** [prémis]	명 전제 늑유 presupposition, assumption

2
UNIT 9

Her enthusiasm for learning is embodied in the scope of the classes she takes, which thoroughly encompasses all of the instruction the school offers.

그녀의 학습의욕은 이수하고 있는 수업의 범위에서 구체화하고 있고, 학교가 제공하는 교육의 모든 것을 완벽하게 망라하고 있다.

1802	**enthusiasm** [enθúːziæ̀zm]	명 의욕, 정열, 열의, 열광 파 enthusiastic 형 열심인, 열광적인
1803	**embody** [embádi]	타 구체화하다, 표현하다 늑유 shape, materialize 타 구체화하다
1804	**scope** [skóup]	명 범위 늑유 range, extent
1805	**thoroughly** [θə́ːrouli]	부 완벽하게, 철저하게, 완전하게 파 thorough 형 철저한, 완전한
1806	**instruction** [instrʌ́kʃən]	명 교육, 가르치는 것, 지시 늑유 education 명 교육

Parents were at odds about how to ensure that the restless children do not deliberately disturb the nearby adults.

침착하지 못한 어린이들이 일부러 가까이에 있는 어른을 방해하는 것을 확실히 그만두게 하는 방법에 대해서 학부모들은 의견이 달랐다.

1807	**odds** [ádz]	명 차이, 가망, 가능성, 승산 at odds 불화하여, 다투어, 합치하지 않는
1808	**ensure** [enʃúər]	타 확실하게 하다, 보증하다, 안심시키다 늑유 insure, secure, guarantee 타 보증하다
1809	**restless** [réstləs]	형 침착하지 못한, 쉴 수 없는 늑유 uneasy 형 침착하지 못한
1810	**deliberately** [dilíbərətli]	부 일부러, 고의로, 신중하게 늑유 purposely, intentionally, on purpose
1811	**disturb** [distə́:rb]	타 방해하다 파 disturbance 명 방해

In establishing the colony, the nation's intent was to civilize what they considered the primitive people of the region, upon whom they looked with scorn.

식민지를 구축하면서, 국가의 의도는 그들이 그 지역의 원시적인 사람이라고 생각되는 것들을 문명화하는 것이었으나, 현지 주민들은 그들을 경멸의 눈빛으로 보았다.

1812	**colony** [káləni]	명 식민지, 취락(聚落) 파 colonial 형 식민지의
1813	**intent** [intént]	명 의도, 형 몰두한, 집중한 파 intention 명 의도
1814	**civilize** [sívəlàiz]	타 문명화하다, 교화하다, 세련시키다 파 civilization 명 문명
1815	**primitive** [prímətiv]	형 원시적인, 미개의 늑유 primary 형 원시적인, 초기의
1816	**scorn** [skɔ́:rn]	명 경멸, 멸시, 타 경멸하다, 깔보다 늑유 disdain

They will not prevail on their quest to conquer the mountain without a practicable solution to the problem of oxygen shortages.

그들이 산소 부족문제의 실제적인 해결이 없이 그 산을 정복하려는 추구를 널리 보급하지 않을 것이다.

1817	**prevail** [privéil]	자 (일이) 잘되다, 보급하다, 널리 보급되다, 이기다
		파 prevalent 형 보급하고 있는, 유포하고 있는
1818	**quest** [kwést]	명 탐구, 탐색, 추구, 자 탐색하다
		≒유 research, investigation, inquiry 명 탐구
1819	**conquer** [káŋkər]	타 정복하다
		≒유 defeat, subdue
1820	**practicable** [prǽktikəbl]	형 실행 가능한, 실시될 수 있는, 실용적인
		파 practical 형 실용적인, 실제적인
1821	**shortage** [ʃɔ́ːrtidʒ]	명 결핍, 부족

There was a murmur in the crowd as everyone wondered what the mother whispered in the girl's ear that made her sob and beat her chest.

어머니가 소녀의 귀에 속삭여서 그녀가 흐느껴 울고, 가슴을 치게 한 것이 무얼까를 모든 사람이 궁금해하면서 군중 속에서 웅성거림이 있었다.

1822	**murmur** [mə́ːrmər]	명 중얼거림, 투덜거림, 자 불퉁불퉁 말하다
		≒유 mutter 명 중얼거림, 투덜거림
1823	**wonder** [wʌ́ndər]	타 의아하게 여기다, 자 이상하게 생각하다, 명 이상함
		파 wonderful 형 멋진, 이상한
1824	**whisper** [hwíspər]	타 자 속삭이다, 작은 소리로 말하다, 명 속삭임
		≒유 murmur 명 중얼거림
1825	**sob** [sáb]	자 흐느껴 울다, 흐느끼다
		≒유 cry, weep 자 울다
1826	**beat** [bíːt]	타 (─을) 때리다, 치다, 자 때리다, 명 치기
		≒유 strike, hit, knock 타 때리다

The plural layers of the screen help increase the quantity and ratio of its pixels, emphasizing the curves of the spheres in its 3D display.

화면을 복수층으로 만들면 화소의 수와 비율을 증가시키는 데 도움이 되어서, 3D 디스플레이 안에서 구의 곡선을 강조하여 표현하게 된다.

1827	**plural** [plúərəl]	형 복수의, 명 복수 반 singular 형 단수의, 명 단수
1828	**quantity** [kwántəti]	명 수, 양(量) 늑유 amount
1829	**ratio** [réiʃou]	명 율, 비율, 보합 늑유 proportion
1830	**curve** [kə́:rv]	명 곡선, 타 구부리다 늑유 sweep, twist 명 곡선
1831	**sphere** [sfíər]	명 구(球), 영역, 범위, 구체(球體)

Staying stationary would render your health situation even worse, so I suggest you consume less food and run a few miles a day.

움직이지 않는 것은 건강상태를 더욱 악화시킬 것입니다. 따라서 식사의 섭취량을 줄이고 하루에 수마일 달리는 것을 권합니다.

1832	**stationary** [stéiʃənèri]	형 움직이지 않는, 정지한, 고정된 ※ stationery(문방구)와 혼동하지 않도록 주의
1833	**render** [réndər]	타 (~로) 만들다, (~이) 되게 하다, (~을) 주다 늑유 make 타 ~을 ~시키다
1834	**situation** [sìtʃuéiʃən]	명 상태, 상황, 위치, 입장
1835	**consume** [kənsú:m]	타 섭취하다, 소비하다 파 consumption 명 섭취, 소비
1836	**run** [rʌ́n]	자 달리다, 흐르다, 움직이다, 작동하다, 타 경영하다

She leaned against the wall and bent her brow with a foul look that showed her envy toward the more popular girls.

그녀는 벽에 기대어, 자기보다 인기가 있는 소녀들에 대한 질투가 나타난 싫은 모습으로 눈썹을 찌푸렸다.

1837	**lean** [líːn]	자 기대다, 의지하다, 타 기울이다 늑유 rest, recline 자 기대다
1838	**bend** [bénd]	타 구부리다, 자 구부러지다 파 bent 형 구부러진
1839	**brow** [bráu]	명 눈썹, 이마 bend one's brow 눈썹을 찌푸리다
1840	**foul** [fául]	형 싫은, 불결한, 더러운, 부정한
1841	**envy** [énvi]	명 질투, 부러움, 타 질투하다, 부러워하다 파 envious 형 부러워하는, 질투심이 강한

2
UNIT 9

Though the vacant lot was covered with weeds, he found it refreshing to lie there and get a glimpse of the sunlight of which he had been deprived for so long.

빈 땅은 잡초로 덮여 있었지만, 그가 거기에 누워서 오랫동안 빼앗겨왔던 햇볕을 힐끔힐끔 바라보니 기분이 상쾌하였다.

1842	**vacant** [véikənt]	형 빈, 비어 있는, 사용되고 있지 않은 늑유 empty
1843	**weed** [wíːd]	명 잡초, 타 (정원 등의) 잡초를 뽑다, 제거하다
1844	**refreshing** [rifréʃiŋ]	형 상쾌한, 마음이 시원한 파 refresh 타 기분을 회복시키다, 생각이 나게 하다
1845	**glimpse** [glímps]	명 한번 봄, 힐끗 봄, 일별(一瞥) 늑유 sight, look
1846	**deprive** [dipráiv]	타 에서 (~을) 빼앗다 deprive ~ of ... ~에서 …을 빼앗다

Conversely, their model for perpetual growth and infinite potential does not account for states of static economic conditions.

거꾸로 말하면, 끊임없는 성장과 끝없는 가능성에 관한 그들의 모델은, 정적인 경제 정세의 상황에 대해서 설명하고 있지 않다.

1847	**conversely** [kənvə́ːrsli]	부 거꾸로 말하면, 거꾸로, 반대로, 대조적으로 파 converse 명 정반대, 역(逆), 형 거꾸로의, 정반대의
1848	**perpetual** [pərpétʃuəl]	형 끊임없는, 영구의 ≒유 lasting, permanent
1849	**infinite** [ínfənət]	형 끝없는, 무한한, 무수한 ≒유 limitless, endless
1850	**state** [stéit]	명 상황, 양상, 상태, 주(州), 국가, 타 말하다 ≒유 condition, situation, circumstance 명 상황
1851	**static** [stǽtik]	형 정적인, 고정적인 반 dynamic 형 동적인

With freezing roads, the glare from the sun, and a heavy load in his truck, he is blessed that he was able to drive safely in such harsh surroundings.

얼어붙은 도로, 태양으로부터 눈부신 빛, 그리고 트럭의 무거운 짐, 그런 거친 상황에서도, 다행스럽게도 그는 안전하게 운전할 수 있었다.

1852	**freeze** [fríːz]	자 얼다, 타 얼리다, 명 결빙 ≒유 ice, frost 자 얼다
1853	**glare** [gléər]	명 번쩍이는 빛, 눈부신 빛, 섬광 파 glaring 형 번쩍번쩍 빛나는
1854	**load** [lóud]	명 적하, 하물, 무거운 짐, 부담, 타 쌓다, 가득 채워넣다 ≒유 burden 명 무거운 짐, 부담
1855	**bless** [blés]	타 축복하다, (be blessed의 형태로) 은혜를 받다 파 blessing 명 축복, 은혜
1856	**surrounding** [səráundiŋ]	명 상황, 환경 ≒유 environment

The invention of steam trains and ships increased the tide of migration, with many exploring new lands and some permanently settling there.

증기기관차와 증기선의 발명은 이민의 물결을 증가시켜서, 많은 사람들은 새로운 영토를 개척하고, 일부 사람들은 영원히 그곳에 정착하기도 하였다.

1857	steam [stíːm]	명 증기, 수증기, 자 김을 내다 ≒유 vapor, damp 명 증기, 수증기
1858	tide [táid]	명 흐름, 조류, 조석(潮汐), 경향, 시류, 물결 파 tidal 형 조수의
1859	migration [maigréiʃən]	명 이주, (새·물고기의) 이동, 이민 파 migrate 자 이주하다
1860	explore [iksplɔ́ːr]	타 탐방하다, 탐험하다, 탐구하다 파 exploration 명 탐험
1861	permanently [pə́ːrmənəntli]	부 평생, 영구히, 불변으로 ≒유 forever, eternally, everlastingly

2
UNIT 9

She sued for the value of the complete set of dishes, which was worth over $50,000, but ultimately she only received a token amount of money.

그녀는 5만달러 이상의 실질 값어치가 있는 완전한 세트의 접시의 가치를 보상받기 위해서 소송을 제기했지만, 결과적으로는 명목상의 금액을 받았을 뿐이다.

1862	sue [súː, sjúː]	자 소송을 제기하다, 고소하다, 타 (-을) 고소하다 ≒유 accuse 타 고소하다
1863	complete [kəmplíːt]	형 완전한, 완성한 ≒유 perfect, utter
1864	worth [wə́ːrθ]	형 (-의) 가치가 있는, 명 가치, 중요성 ≒유 value, merit 명 가치
1865	ultimately [ʌ́ltəmətli]	부 결과적으로, 최종적으로 ≒유 eventually
1866	token [tóukn]	형 모양만의, 이름만의, 명 표, 징후, 상품권

When his deficiency in mathematics was discovered, he became depressed, feeling that all he had strived for had been stolen from his grasp.

수학에 있어서 그의 능력 부족이 분명해졌을 때, 그는 의기소침하여, 열심히 노력해 온 모든 것이 자신의 수중에서 도난당한 것처럼 느꼈다.

1867	**deficiency**	명 부족, 결핍, 결함
	[difíʃənsi]	파 deficient 형 부족한, 모자라는
1868	**depress**	타 의기소침하게 하다, 우울하게 하다, 낙담시키다
	[diprés]	파 depressed 형 우울한, 낙담한
1869	**strive**	자 (열심히) 노력하다
	[stráiv]	
1870	**steal**	타 훔치다, 자 도둑질하다
	[stíːl]	
1871	**grasp**	명 손이 닿는 범위, 이해(理解), 타 이해하다, 붙잡다
	[grǽsp]	능유 grip, clutch 타 붙잡다

The row over the deed to the property has deepened, with no definite solution in sight and worry that the situation may degrade even further.

명확한 해결책은 보이지 않고, 상황이 더욱 악화할 수 있는 우려가 있는 가운데, 그 부동산에 대한 권리서를 둘러싼 소동은 깊어졌다.

1872	**row**	명 소동, 시끄러운 싸움, 열(줄), 타 (보트를) 젓다
	명 [ráu] 동 [róu]	능유 quarrel, fight, dispute 명 싸움
1873	**deed**	명 부동산 양도증서, 행위, 행동, 업적
	[díːd]	능유 action 명 행위
1874	**deepen**	자 깊어지다, 타 깊게 하다
	[díːpn]	능유 broaden, cultivate 타 깊게 하다
1875	**definite**	형 명확한, 한정된
	[défənət]	파 definitely 부 명확하게, 분명하게
1876	**degrade**	자 악화하다, 타락하다, 타 (품위 등을) 떨어뜨리다
	[digréid]	파 degrading 형 품위를 낮추는

It wouldn't be prudent to have students recite major speeches without a quote from Dr. Martin Luther King, Jr., who reigns as one of the most spectacular speakers of all time.

역사상 가장 멋진 연설자의 한 사람으로 군림하는 마틴 루터 킹 주니어 목사의 인용문없이, 학생들에게 주요 연설문을 암송하게 하는 것은 현명하지 않을 것이다.

1877	**prudent** [prúːdənt]	형 현명한, 분별있는, 조심성 있는, 신중한
		늘유 wise 형 현명한
1878	**recite** [risáit]	타 자 낭독하다, 암송하다
		늘유 repeat
1879	**quote** [kwóut]	명 인용, 인용문, 타 인용하다
		늘유 cite 타 인용하다
1880	**reign** [réin]	자 군림하다, 지배하다, 타 통치하다, 지배하다
		늘유 rule, dominate, govern 타 통치하다
1881	**spectacular** [spektǽkjələr]	형 멋진, 장관인, 볼 만한
		늘유 striking, remarkable, noticeable

2
UNIT 9

Multiply these figures by the fractions in the middle column and delete any duplicate entries.

이들 숫자에 중앙 종렬의 분수를 곱하고 중복된 기입항목은 모두 삭제하시오.

1882	**multiply** [mʌ́ltəplài]	타 곱하다, 늘리다, 자 늘다
		늘유 increase 타 늘리다, 자 늘다
1883	**fraction** [frǽkʃən]	명 분수, 일부분, 아주 조금
		늘유 part, portion 명 일부분
1884	**delete** [dilíːt]	타 삭제하다
		늘유 eliminate, erase
1885	**duplicate** [djúːplikət]	형 중복의, 완전히 같은, 명 복사, 완전히 같은 것
		늘유 copy

One cause of the thawing of the glaciers is ozone, an oxidizing agent that dissolves in water.

빙하를 녹이는 한 가지 원인은 물에 용해되는 산화제, 즉 오존이다.

1886	**thaw** [θɔ́ː]	자 녹다, 타 녹이다 ≒유 melt, dissolve
1887	**glacier** [gléiʃər]	명 빙하
1888	**ozone** [óuzoun]	명 오존 ozone layer　오존층
1889	**oxidize** [áksədàiz]	타 산화시키다, 녹슬게 하다, 자 산화하다, 녹슬다 ≒유 rust　타 녹슬게 하다, 자 녹슬다
1890	**dissolve** [dizálv]	자 녹다, 타 녹이다 ≒유 melt, thaw

Some diabetes patients use sterilized needles and a device with a pump and reservoir to inject their own insulin, while others feel apprehension to this practice.

당뇨병 환자 중에는 자신의 인슐린을 주사하기 위해 살균된 주사바늘과 펌프 및 용기가 달린 기기를 이용하는 사람도 있는가 하면, 이러한 행위에 불안을 느끼는 사람도 있다.

1891	**sterilize** [stérəlàiz]	타 살균하다, 불임하게 하다, (토지를) 불모로 만들다 파 sterilization　명 불임, 무균, 살균
1892	**pump** [pʌ́mp]	명 펌프, 타 (물을) 펌프로 푸다
1893	**reservoir** [rézərvwàːr, -vwɔ̀ːr]	명 (액체를 넣는) 용기, 저수지 ≒유 container, vessel　명 용기
1894	**inject** [indʒékt]	타 주사하다, 주입하다 파 injector　명 주사기, 주입기
1895	**apprehension** [æprihénʃən]	명 염려, 걱정, 이해(理解) 파 apprehensive　형 염려하는, 이해하는

As articulated in its bimonthly bulletin, the church's agenda is to maintain its commitment to helping the poor.

격월간지 회보에서 확실하게 언급되고 있듯이, 그 교회의 협의사항은 가난한 사람들을 돕는다는 방침을 계속해서 유지하는 것이다.

1896	**articulate** 동 [ɑːrtíkjəlèit] 형 [-lət]	타 자 분명하게 말하다, 형 분명한
		파 articulation 명 명료한 발음, (감정의) 표현
1897	**bimonthly** [bàimʌ́nθli]	형 격월의, 주2회의, 명 격월간행물
		늑유 semimonthly 형 반달마다의, 월2회의
1898	**bulletin** [búlətn]	명 회보, 기요(紀要)
		늑유 journal, proceedings 명 회보
1899	**agenda** [ədʒéndə]	명 전례(典例), 협의사항, 의사(議事), 비망록
1900	**commitment** [kəmítmənt]	명 방침, 헌신
		파 commit 타 범하다, 위임하다

2
UNIT10

She obviously relishes this opportunity to resume her work, because she seemed desperate to show her full gratitude to the man who preceded her in the position.

그녀가 그 지위의 전임자에게 충분한 감사의 뜻을 나타내는 데 필사적이었던 것을 볼 때, 그녀는 틀림없이 자신의 일을 재개할 수 있는 이 기회를 즐기고 있다.

1901	**relish** [réliʃ]	타 즐기다, 좋아하다, 맛있게 먹다, 명 맛, 흥미
		늑유 enjoy 타 즐기다
1902	**resume** [rizjúːm]	타 재개하다, 다시 차지하다, 자 다시 시작하다
		늑유 reopen 타 재개하다
1903	**desperate** [déspərit]	형 (사람이) 필사의, 기를 쓰는, 자포자기의, (사태가) 절망적인
		파 dispair 명 절망
1904	**gratitude** [grǽtətjùːd]	명 감사의 뜻
		늑유 appreciation
1905	**precede** [priːsíːd]	타 선행하다, 자 (시간적으로) 선행하다
		늑유 antedate 타 선행하다

This adhesive is not dense enough to bind to this grade of a surface, so we should retrieve a more solid one from the other room.

이 접착제는 표면의 이 경사면에 고정하기에는 농도가 부족하기 때문에, 다른 방으로부터 더욱 농도가 높은 것을 가지고 오지 않으면 안 된다.

1906	**dense** [déns]	형 짙은, 밀집한 파 density 명 밀도, 농도
1907	**bind** [báind]	자 고정하다, 묶다, 타 (−을) 고정하다, (−을) 묶다
1908	**grade** [gréid]	명 경사면, 기울기, 등급, 학년, 성적 능유 slope, inclination 명 기울기
1909	**retrieve** [ritríːv]	타 찾아 가지고 오다, 만회하다, 회수하다 파 retrieval 형 회복, 복구, 회수
1910	**solid** [sάləd]	형 농밀한, 고체의, 튼튼한, 명 고체 파 liquid 형 액체의, 명 액체

Aviation experts recommend better air circulation within the cabin of aircraft as a means to alleviate pressure and discomfort caused by turbulence.

항공학 전문가는 난기류에 의해서 일어나는 기압변화나 불쾌감을 완화하는 수단으로서 항공기 객실 내의 개선된 공기순환 (시설)을 권장하고 있다.

1911	**aviation** [èiviéiʃən]	명 항공(학), 비행(술) 능유 flight, flying 명 비행
1912	**circulation** [sèːrkjəléiʃən]	명 환경, 유통, 발행부수 능유 cycle, revolution, rotation 명 환경
1913	**cabin** [kǽbin]	명 객실, 오두막, 선실 능유 hut, barn 명 오두막
1914	**alleviate** [əlíːvièit]	타 완화하다, 경멸하다, 즐겁게 하다 능유 ease, relax, relieve
1915	**turbulence** [tə́ːrbjələns]	명 난기류, (바람 등이) 거칠게 몰아침 능유 confusion, disorder 혼란, 무질서

The smell of the books is far from decent, and furthermore their pages have faded so badly that some parts have become totally erased.

그 책의 냄새는 느낌이 좋다고는 말하기 어렵고, 게다가 페이지(쪽수)는 너무 색이 바래져서 일부분은 완전히 지워져버렸다.

1916 ☑	**decent** [díːsnt]	형 느낌이 좋은, 버젓한, 품위 있는 파 decency 명 고상함
1917 ☑	**furthermore** [fə́ːrðərmɔ̀ːr]	부 게다가, 더군다나, 그 위에 늑유 besides, in addition
1918 ☑	**fade** [féid]	자 (색이) 바래다, 희미해지다, 사라져가다, 약해지다 늑유 vanish 자 (점차) 사라져가다
1919 ☑	**erase** [iréis]	타 지우다, 제거하다 늑유 delete, eliminate, cut 타 삭제하다

2
UNIT10

When the boy's terrific talent for singing manifested itself, he was thrust into the spotlight, though he was not immediately content with being famous.

그 소년의 가창에 대한 빼어난 재능이 명백해졌을 때, 그가 유명해지는 것에 곧바로 만족해하지 않았음에도 불구하고 세간의 주목을 받지 않을 수 없었다.

1920 ☑	**terrific** [tərífik]	형 빼어난, 대단한, 무시무시한 늑유 tremendous, awful, vast
1921 ☑	**talent** [tǽlənt]	명 재능, 재능있는 사람 늑유 ability, gift, genius 명 재능
1922 ☑	**manifest** [mǽnəfèst]	타 명백히 하다, 나타내다, 형 명백한, 분명한 늑유 apparent, plain, obvious 형 명백한
1923 ☑	**thrust** [θrʌ́st]	타 밀다, 밀어내다, 찌르다 thrust ~ into... ~을 …으로 쫓아보내다
1924 ☑	**content** 형 [kəntént] 명 [kántent]	형 만족하는, 감수하는, 명 내용 늑유 satisfied 형 만족한

Besides its **boring** tone, the article's analysis showed **bias** by **excluding** companies in which the publisher did not have a financial **stake**.

지루한 논조 이외에도, 그 기사의 분석에는 출판사와 금전적인 이해관계가 없는 기업을 제외함으로써 편견이 나타났다.

1925	**besides** 전 [bisàidz] 부 [bisáidz]	전 ~외에, ~에다가 또, 부 그밖에, 게다가 늑유 moreover, also, in addition 그 위에, 게다가
1926	**boring** [bɔ́ːriŋ]	형 지루한, 따분한 늑유 tiring, tedious
1927	**bias** [báiəs]	명 편견, 편애(偏愛), 타 편견을 갖게 하다 늑유 prejudice
1928	**exclude** [iksklúːd, eks-]	타 제외하다 늑유 omit, leave out ~ ~을 생략하다
1929	**stake** [stéik]	명 이해관계, 말뚝, 내기, 내기돈, 타 (생명 등을) 걸다 늑유 bet, chance, gamble 명 내기

In this **mode**, the unit can **revolve** the attached camera, which is powered by a cable that is **inserted** into its **rear** panel.

이 방식에서는, 그 기기가 부착된 카메라를 회전시킬 수 있으며, 카메라는 후부 패널에 끼워진 케이블에 의해서 전력이 공급된다.

1930	**mode** [móud]	명 상태, 양식, 방법, 존재의 방법 늑유 manner, style 명 방법
1931	**revolve** [riválv]	타 회전시키다, 자 회전하다 늑유 rotate
1932	**insert** 동 [insə́ːrt] 명 [ínsəːrt]	타 끼워넣다, 적어넣다, 명 삽입물 늑유 plug, introduce 타 끼워넣다
1933	**rear** [ríər]	명 뒤, 배면, 후부, 타 기르다, 양육하다 늑유 back 명 뒤, 배면

The onlookers roamed around with somber faces as the houses were reduced to rubble by the landslide, with some concerned about the safety of people living there.

집들이 산사태로 잡석이 되어가는 사이, 구경꾼들은 우울한 표정으로 주위를 배회하고 있었고, 거기에 거주하는 사람들의 안전에 대해서 염려하는 사람도 있었다.

1934	**onlooker** [ánlùkər]	명 구경꾼, 방관자
1935	**roam** [róum]	자 거닐다, 타 (—을) 거닐다, 명 돌아다님 파 wander 자 헤매다, 방랑하다
1936	**somber** [sámbər]	형 우울한, 음울한, 어둠침침한, 거무스름한 ≒유 gloomy, dismal, dark 형 음울한
1937	**rubble** [rʌ́bl]	명 잡석(雜石), 깨진 기와 조각 ≒유 debris
1938	**safety** [séifti]	명 안전, 무사 ≒유 security

2
UNIT10

The students enrolled in the university are intended to be the beneficiaries of this colossal endeavor.

대학에 입학한 학생들은 이 어마어마한 노력의 수혜자로 예정되어 있다.

1939	**enroll** [enróul]	자 입학하다, 입회하다, 타 입학시키다, 등록하다 ≒유 enter 자 입학하다, 타 입학시키다
1940	**intend** [inténd]	타 의도하다, ~할 예정이다 ≒유 mean
1941	**beneficiary** [bènəfíʃièri]	명 수익자, 수취인, 수혜자 ≒유 receiver, recipient
1942	**colossal** [kəlásl]	형 어마어마한, 거대한, 멋진 ≒유 gigantic, enormous 형 거대한
1943	**endeavor** [endévər]	명 노력, 자 (—하려고) 힘쓰다, 노력하다 ≒유 attempt, try 자 (—하려고) 힘쓰다, 노력하다

A renowned visionary in medicine was designated to coach the young talent, which many found intriguing.

의학계에서 유명한 선견지명이 있는 인물이 젊은 인재를 지도하는 위치에 임명되어, 그 일에는 많은 사람들이 흥미를 가졌다.

1944	**renowned** [rináund]	형 유명한, 고명한 ≒유 famous, well-known, celebrated
1945	**visionary** [víʒənèri]	명 선견지명이 있는 인물, 몽상가, 형 선견지명이 있는 ≒유 farsighted, provident 형 선견지명이 있는
1946	**designate** 동 [dézignèit] 형 [-nət]	타 임명하다, 지명하다, 나타내다, 형 지명된 ≒유 nominate, appoint 타 임명하다, 지명하다
1947	**coach** [kóutʃ]	타 지도하다, 명 지도원 ≒유 guide, direct 타 지도하다
1948	**intriguing** [intríːgiŋ]	형 흥미를 자아내는, 매력있는 ≒유 interesting

Since the grain will not spoil so quickly in the temperate areas of the continent, it would be wise to collaborate with countries in that region from a storage standpoint.

곡류는 대륙의 온난한 지역에서는 그렇게 빨리 썩지 않을 것이므로, 저장의 관점에서 그 지역에 속하는 나라들과 협력하는 것이 현명할 것이다.

1949	**grain** [gréin]	명 곡류, 소량, 낟알, 타 낟알로 만들다 a grain of~ 소량의~
1950	**spoil** [spɔ́il]	자 썩다, 못쓰게 되다, 타 못쓰게 만들다 ≒유 decay, rot 자 썩다
1951	**temperate** [témpərət]	형 온난한, 절도있는 ≒유 moderate, mild
1952	**collaborate** [kəlǽbərèit]	자 협력하다, 공동으로 일하다 ≒유 cooperate, join
1953	**standpoint** [stǽndpɔ̀int]	명 관점, 견지, 입장 ≒유 viewpoint, perspective, point of view

The professors scanned the latest version of the report and concurred in it being redundant and void of any real meaning.

교수들은 보고서의 최신판을 상세하게 조사하여, 그것이 장황한 것이고, 어떠한 진실한 뜻도 없다는 것에 의견이 일치했다.

1954	**scan** [skǽn]	타 상세히 조사하다, 대충 훑어보다, 명 면밀한 조사
1955	**version** [vɔ́:rʒən]	명 판(版), 설명 늑유 edition, issue 명 판
1956	**concur** [kənkɔ́:r]	자 의견이 일치하다, 동시에 일어나다 늑유 accord, agree 자 의견이 일치하다
1957	**redundant** [ridʌ́ndənt]	형 장황한, 과잉한, 매우 풍부한 늑유 lengthy 장황한
1958	**void** [vɔ́id]	형 아무것도 없는, 무효의, 명 공허, 타 무효로 하다 늑유 invalid, canceled 형 무효의

2
UNIT10

The Economic Ministry sought a viable way to put a lid on the growing number of insolvent companies, and denounced the executives who caused the problem.

경제성은 늘어가고 있는 채무불이행 기업의 수를 억제하기 위한 실행가능한 방법을 모색하고, 문제를 일으킨 경영간부를 비난했다.

1959	**viable** [váiəbl]	형 실행 가능한 늑유 practicable
1960	**lid** [líd]	명 억제, 단속, 뚜껑 put a lid on ~ ~을 억제하다
1961	**insolvent** [insɑ́lvənt]	형 채무 불이행의, 지불불능의, 파산한 늑유 bankrupt
1962	**denounce** [dináuns]	타 비난하다, 고발하다 늑유 criticize, blame, accuse, condemn
1963	**executive** [igzékjətiv, egz-]	명 경영간부, 중역, 고관, 집행부 늑유 administrator, manager 명 관리자

Such a powerful insecticide must not be dispersed in a haphazard manner, for it could adversely affect the herds of nearby livestock.

그렇게 강력한 살충제를 계획성 없는 방법으로 살포해서는 안 된다. 근처에 있는 가축의 무리에게 악영향을 미칠 가능성이 있기 때문이다.

1964	**insecticide** [inséktəsàid]	명 살충제
1965	**disperse** [dispə́ːrs]	타 흩뜨리다, 흩어지게 하다, 쫓아 버리다　자 흩어지다 늑유 scatter, spread
1966	**haphazard** [hæphǽzərd]	형 계획성이 없는, 엉터리의, 우연한 파 haphazardly　부 엉터리로, 우연히
1967	**herd** [hə́ːrd]	명 무리, 다수, 자 무리를 이루다, 타 모으다 늑유 flock　명 (새·양 등의) 무리, 자 무리짓다
1968	**livestock** [láivstàk]	명 가축 늑유 stock, domesticated animal

During the drought, a conservation ordinance was passed allocating each family an allotment of water to prevent the town's supply from being depleted.

한발의 기간, 마을 급수량의 고갈을 방지하기 위해서, 각세대에 물의 할당을 배분하는 보전조례가 통과했다.

1969	**drought** [dráut]	명 한발, 가뭄, 물부족
1970	**conservation** [kànsəːrvéiʃən]	명 보전, 보호, 관리 파 conserve　타 보존하다, 보호하다
1971	**allocate** [ǽləkèit]	타 배분하다, 할당하다, 배치하다 늑유 assign, allot, distribute　타 할당하다
1972	**allotment** [əlátmənt]	명 할당, 분배 늑유 distribution, division　명 분배
1973	**deplete** [diplíːt]	타 다 써버리다, 격감시키다, 고갈시키다 파 depletion　명 감소, 고갈, 소모

After the vice president claimed the news anchor had distorted her words and focused on irrelevant details of her speech, the anchor filed a report to rebut those claims.

부통령이, 뉴스앵커가 자신의 말을 왜곡하고, 그녀의 말과 관계없는 세부사항을 강조했다고 주장한 후에, 그 앵커는 그런 주장을 반박하는 보고서를 제출했다.

1974	**anchor**	명 (뉴스)앵커, 닻, 타 앵커를 맡다
☑	[ǽŋkər]	
1975	**distort**	타 (사실을) 왜곡하다, 비틀다
☑	[distɔ́ːrt]	늑유 slant, pervert, warp 타 왜곡하다
1976	**irrelevant**	형 관계없는, 잘못 짚은, 부적절한
☑	[iréləvənt]	늑유 unrelated 형 무관계한
1977	**file**	타 (정식으로) 제출하다, 정리보존하다, 명 파일
☑	[fáil]	늑유 present, submit 타 제출하다
1978	**rebut**	타 (—에) 반론하다, 반박하다, 자 반론하다
☑	[ribʌ́t]	늑유 argue, object, contradict

2
UNIT10

Adolescent defiance toward authority comes from both their tractable nature and the need to vent their innumerable frustrations.

사춘기에 있어서 권위에 대한 반항은 유순한 기질과 수많은 욕구불만을 발산시킬 필요성에서 오는 것이다.

1979	**adolescent**	형 사춘기의, 청춘기의, 명 젊은이
☑	[ædəlésnt]	파 adolescence 명 사춘기, 청춘기
1980	**tractable**	형 유순한, 온순한, 다루기 쉬운
☑	[trǽktəbl]	늑유 obedient, tame, submissive
1981	**vent**	타 발산시키다, 구멍을 내다, 명 배수구, 구멍
☑	[vént]	
1982	**innumerable**	형 엄청난, 무수한, 셀 수 없는
☑	[injúːmərəbl]	늑유 countless

Chapter 3

TOEFL 특유의 빈출어!
일반어휘 레벨 3

난이도가 높기 때문에 대학입시에 나오는 일은 별로 없지만,
TOEFL 시험 고득점을 위하여 반드시 알아두어야 할
단어를 취급했다.

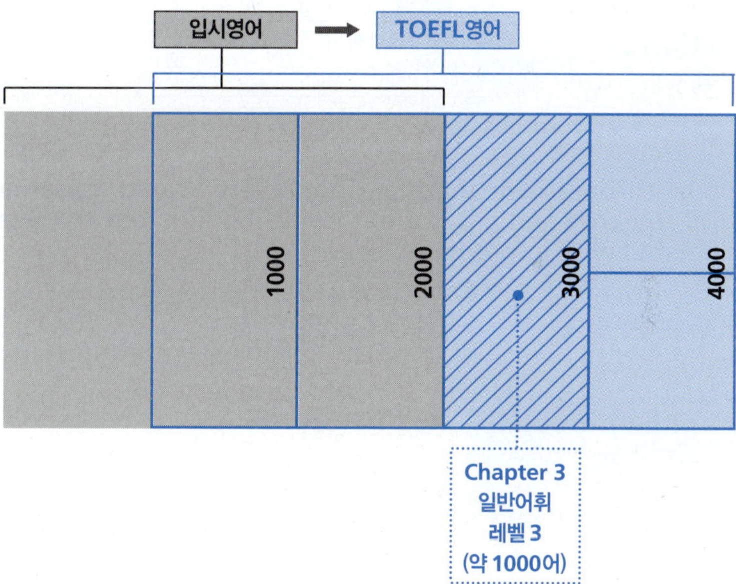

In a massive uprising, the country's anarchists attempted to oust the monarch from his throne.

큰 폭동으로 그 나라의 무정부주의자들이 군주를 왕 자리에서 몰아내려고 시도했다.

1983	uprising [ʌ́pràiziŋ]	명 폭동, 반란, 봉기 늗유 revolt 명 반란, 모반, 반항(심), 불쾌
1984	anarchist [ǽnərkist]	명 무정부주의자 파 anarchism 명 무질서, 혼란, 무법상태
1985	oust [áust]	타 몰아내다, (권리 등을) 빼앗다 파 ouster 명 점유박탈, 추방, 축출
1986	monarch [mánərk]	명 군주, 주권자, 최고지배자 늗유 sovereign 명 주권자
1987	throne [θróun]	명 왕좌, 왕위, 주교의 자리

The philanthropist runs the marathon every year to raise money for AIDS research and eradicating world famine, but this year he was sidelined with a sprained ankle.

그 자선가는 에이즈 연구와 세계적 기근 퇴치를 위한 모금을 위해서 매년 마라톤을 하지만, 금년에는 발목을 삐었기 때문에 결장했다.

1988	philanthropist [filǽnθrəpist]	명 자선가, 박애주의자
1989	AIDS [éidz]	명 에이즈 Acquired Immunodeficiency Syndrome의 약어
1990	eradicate [irǽdəkèit]	타 박멸하다, 뿌리뽑다 늗유 root out ~
1991	famine [fǽmin]	명 기근, 결핍, 물자부족 늗유 starvation 명 굶주림, 기아
1992	sideline [sáidlàin]	타 (—를) 결장시키다, (—의) 참가를 방해하다

The large trunk in the boy's room was stuffed with miscellaneous items that included a stapler, a plastic toy pail, and some cooking utensils.

소년의 방에 있는 대형 여행가방에는 호치키스, 플라스틱 장난감 양동이, 그리고 몇 점의 조리기구 등 가지가지 잡다한 물건이 채워져 있었다.

1993	**stuff**	타 채우다, 틀어막다, 명 재료, 원료, 소지품
	[stʌ́f]	늘유 pack, cram 타 채우다
1994	**miscellaneous**	형 가지가지 잡다한, 다방면에 걸친
	[mìsəléiniəs]	
1995	**stapler**	명 호치키스
	[stéiplər]	파 staple 타 호치키스로 묶다, 형 주요한
1996	**pail**	명 양동이, 원통형 용기
	[péil]	늘유 bucket 명 바께스
1997	**utensil**	명 기구, 도구, 용구, 부엌용품
	[juːténsl]	늘유 tool 명 도구

3

UNIT 1

The preacher extolled the virtues of salvation with a dogmatic furor that inspired the throngs of people who listened to him every week.

그 설교자는 독단적인 열광으로 구제의 미덕을 격찬하고, 그의 이야기를 매주 듣는 군중의 의기를 고양시켰다.

1998	**extol**	타 격찬하다, 칭찬하다
	[ikstóul, eks-]	늘유 praise 타 칭찬하다
1999	**salvation**	명 구제, 구제수단, 구세주
	[sælvéiʃən]	
2000	**dogmatic**	형 독단적인, 교의(敎義)의, 교리의, 명 독단가
	[dɔ(ː)gmǽtik]	늘유 assertive 형 독선적인, 독단적인
2001	**furor**	명 열광, 격노, 소동
	[fjúərəːr]	늘유 uproar, disturbance, outcry
2002	**throng**	명 군중, 다수, 자 떼지어 모이다, 타 쇄도하다
	[θrɔ́(ː)ŋ]	늘유 crowd, mass 명 군중, 대중

The proton, neutron and electron make up the atom and are individually called subatomic particles.

양자와 중성자 그리고 전자가 원자를 구성하고, 각각은 소립자라고 불린다.

2003	**proton** [próutɑn]	명 양자
2004	**neutron** [njúːtrɑn]	명 중성자
2005	**electron** [iléktrɑn]	명 전자
2006	**subatomic** [səbətámik]	형 원자를 구성하는, 소립자의

The quarantine period was initiated as a precaution against avian influenza and other types of viral infection.

검역기간이 조류인플루엔자 및 그 밖의 형태의 바이러스 감염에 대한 예방조치로서 개시되었다.

2007	**quarantine** [kwɔ́ːrəntìːn]	명 검역, (전염병지로부터의 여행자·화물에 대한) 격리 늑유 isolation 명 격리
2008	**initiate** [iníʃièit]	타 시작하다, 일으키다, 가입시키다, 전수하다 늑유 start, originate, pioneer 타 시작하다
2009	**precaution** [prikɔ́ːʃən]	명 예방조치, 조심 늑유 safeguard, security
2010	**avian** [éiviən]	형 새의, 조류의
2011	**influenza** [ìnfluénzə]	명 인플루엔자 늑유 flu
2012	**viral** [váirəl]	형 바이러스(성)의 파 virus

There has been much archaeological interest in this South Pacific archipelago for the irrigation infrastructure built by its early agrarian community.

이 남태평양 군도에서는 초기의 농업사회에 의해서 건설된 관개 기반시설에 대한 많은 고고학적 관심이 있어왔다.

2013	**archaeological** [à:rkiəládʒikl]	형 고고학적인
		파 archaeology 명 고고학
2014	**archipelago** [à:rkəpéləgòu]	명 군도, 다도해
2015	**irrigation** [ìrəgéiʃən]	명 관개(灌漑), 물을 댐
		유 irrigate 타 (토지에) 물을 끌어들이다
2016	**infrastructure** [ínfrəstrʌ̀ktʃər]	명 기초가 되는 시설, 구조기반, 경제기반
2017	**agrarian** [əgrɛ́əriən]	형 농업의, 농민의, 토지의, 명 농지개혁론자
		파 agrarianism 명 농지개혁론

3

UNIT 1

There was a huge public outcry over the minister's momentous and controversial remarks alleging that the Holocaust was merely a conspiracy.

유대인 대학살은 단순한 음모였다고 주장하는 장관의 중대하고 논쟁의 대상이 되는 발언에 대해서 대규모적인 일반시민의 항의가 있었다.

2018	**outcry** [áutkrài]	명 격렬한 항의, 부르짖음, 자 부르짖다
		유 protest, complain 명 항의, 불평
2019	**momentous** [mouméntəs]	형 중대한, 중요한
		유 important, significant, serious
2020	**controversial** [kàntrəvə́:rʃəl]	형 논쟁의 대상이 되는, 문제(이론)가 많은
		파 controversy 명 논쟁, 논의
2021	**Holocaust** [háləkɔ̀:st]	명 유대인 대학살, 대학살
2022	**conspiracy** [kənspírəsi]	명 음모, 모의
		유 plot, scheme

The lucid states of mind accessible through meditation or hypnosis can transcend ordinary brain function.

명상 혹은 최면술을 이용하여 도달할 수 있는 명석한 정신상태는 통상의 뇌 기능을 초월할 수 있다.

2023	**lucid** [lúːsid]	형 명석한, 명쾌한, 알기 쉬운 늑유 comprehensible, plain
2024	**accessible** [æksésəbl]	형 도달(접근·출입·입수·이용·이해)할 수 있는 늑유 available 형 입수할 수 있는, 이용할 수 있는
2025	**meditation** [mèditéiʃən]	명 명상, 묵상 늑유 contemplation, reflection
2026	**hypnosis** [hipnóusis]	명 최면술, 최면(상태)
2027	**transcend** [trænsénd]	타 (-을) 초월하다, (-의) 한계를 넘다, 자 초월하다 늑유 surpass, excel 타 (-을) 넘다, (-을) 능가하다

Such blatant acts of bullying or harassment can cause aggression in youngsters and lead to delinquent behavior.

따돌림 혹은 괴롭힘 같은 뻔뻔스런 행위는 청소년들에게 공격성을 유발하고 비행적인 행동을 일으킬 수 있다.

2028	**blatant** [bléitnt]	형 노골적인, 소란스러운, 뻔뻔스런
2029	**bully** [búli]	타 따돌림하다, (약한 자를) 들볶다 파 bullying 명 따돌림
2030	**harassment** [hərǽsmənt]	명 괴롭히기, 애먹음 늑유 annoyance
2031	**aggression** [əgréʃən]	명 공격성, (정당한 이유 없는) 공격, 침략 늑유 provocation, offence
2032	**delinquent** [dilíŋkwənt]	형 비행의, 비행을 범한 파 delinquency 명 비행, 범죄

Some forms of infection may cause chronic nasal discharge accompanied by a cough and fever.

몇몇 감염 형태는 기침이나 열을 동반한 만성적인 콧물을 일으킬 가능성이 있다.

2033	**infection** [infékʃən]	명 감염, 전염 파 infectious 형 전염성의, 전염병의
2034	**chronic** [kránik]	형 만성적인, 만성의 ≒유 acute 형 급성의
2035	**nasal** [néizl]	형 코의, 코에 관한 파 nose 명 코
2036	**discharge** [distʃáːrdʒ, dístʃaːrdʒ]	명 배출, 해산, 발사 nasal discharge 콧물

The matrix of pixels acts as a fingerprint that is used to authenticate the sender and verify the integrity of the contents.

화소열(畵素列)은 송신자가 본인임을 입증하고, 내용의 완전성을 실증하기 위하여 이용되는 지문으로서의 기능을 다한다.

3
UNIT 1

2037	**matrix** [méitriks]	명 배열, 행렬, 기반, 모체, 기질
2038	**pixel** [píksl]	명 화소
2039	**fingerprint** [fíŋgərprìnt]	명 지문, 식별특징
2040	**authenticate** [ɔːθéntikèit]	타 (진짜임을) 입증하다 ≒유 prove, testify, certify 타 증명하다
2041	**verify** [vérəfài]	타 실증하다, 검증하다 ≒유 confirm 타 확증하다
2042	**integrity** [intégrəti]	명 완전성, 무결의 상태 ≒유 completeness

The key component of frescoes is limestone, for which the narrowest parts are painted with a brush made from mouse whiskers.

프레코스화의 주요한 소재는 석회석이며, 그 그림의 가장 세밀한 부분은 쥐의 수염으로 만든 붓으로 채색된다.

2043	**component** [kəmpóunənt]	몡 소재, 성분, 구성요소 ≒유 part, constituent
2044	**fresco** [fréskou]	몡 프레스코화, 탁 프레스코를 그리다
2045	**limestone** [láimstòun]	몡 석회석
2046	**brush** [brʌʃ]	몡 붓, 솔, 브러시
2047	**whisker** [hwískər]	몡 수염, 구레나룻 ≒유 beard, mustache

The author's best-known work exemplifies his indignation toward the aristocracy for its extravagance and pretentious manners.

그 작가의 가장 유명한 작품은 그들의 사치나 우쭐한 태도에 대해서 상류사회를 향한 그의 분노를 예증하고 있다.

2048	**exemplify** [igzémpləfài]	탁 예증하다, 구현하다 ≒유 illustrate
2049	**indignation** [ìndignéiʃən]	몡 분개, 분노 ≒유 anger, rage
2050	**aristocracy** [æristákrəsi]	몡 상류계급, 귀족정치, 일류의 사람들 ≒유 nobility
2051	**extravagance** [ikstrǽvəgəns]	몡 사치, 낭비, 터무니없는 생각 파 extravagant 휑 돈을 함부로 쓰는, 낭비벽이 있는
2052	**pretentious** [priténʃəs]	휑 우쭐하는, 자만하는, 허세부리는 ≒유 pompous, self-important

The landslide exerted its wrath on almost everything within close proximity of the hillside, causing erosion that devastated the village.

산사태가 언덕중턱의 지근거리 내에 있는 거의 모든 것에 그 맹위를 떨쳐서, 침식을 일으켜 마을을 괴멸시켰다.

2053	**landslide**	명 산사태
	[lǽndslàid]	늑유 landslip, earthfall
2054	**wrath**	명 (자연현상 등의) 맹위, 격노, 분노
	[rǽθ]	늑유 rage 명 격노, 분노
2055	**proximity**	명 지근, 근접
	[prɑksíməti]	늑유 closeness, nearness
2056	**hillside**	명 언덕의 중턱, 언덕의 경사면
	[hílsàid]	늑유 slope, side 명 사면(斜面)
2057	**erosion**	명 침식, 부식
	[iróuʒən]	늑유 corrosion 명 부식

3

UNIT 1

Participants in the rally against abortion rights ran the spectrum from gentle Catholic priests to the most partisan conservative politicians.

임신중절의 권리에 반대하는 집회 참가자는 온건한 가톨릭교회의 사제로부터 가장 당파적인 보수파의 정치가까지의 범위에 이르러 있었다.

2058	**rally**	명 집회, 파티
	[rǽli]	늑유 assembly, convention, meeting 명 집회
2059	**abortion**	명 (인공) 임신중절, 낙태, 유산
	[əbɔ́ːrʃən]	늑유 miscarriage 명 유산, 실패, 잘못
2060	**spectrum**	명 범위, 잔상
	[spéktrəm]	
2061	**Catholic**	형 가톨릭교회의, 명 가톨릭교도
	[kǽθəlik]	Protestant 형 프로테스탄트의, 명 프로테스탄트 교도
2062	**partisan**	형 당파적인, 당파심 강한, 명 일당
	[pɑ́ːrtəzən]	파 partisanship 명 당파성, 당파심

Per capita income saw a double-**digit** increase among the **affluent**, yet remained **stagnant** for other income levels, further increasing the **disparity** between rich and poor.

1인당 국민소득은 부유층에서는 두 자리 숫자의 신장을 보였으나, 그밖의 소득수준 층에서는 정체한 채 점점 더 빈부의 격차가 벌어지고 있다.

2063	**per capita** [pəːr kǽpətə]	형 1인당의, 부 1인당
2064	**digit** [dídʒit]	명 한 자리 숫자, 아라비아숫자 ※기수법(記數法)에서 수를 사용할 때 사용하는 숫자
2065	**affluent** [ǽfluənt]	명 부유한 사람, 형 부유한 늑유 rich, wealthy
2066	**stagnant** [stǽgnənt]	형 정체된, 불경기의 늑유 dull 형 활기가 없는, 둔한
2067	**disparity** [dispǽrəti]	명 격차, 불평등, 불균형 늑유 inequality 명 불공평, 불평등

Sporadic but **precipitous** rain showers and **gale** force winds brought **havoc** to the **basin** area in the summer.

여름에는 산발적이기는 하지만 느닷없는 비와 강풍과 같은 바람이 분지지역에 큰 피해를 가져왔다.

2068	**sporadic** [spərǽdik]	형 산발적인, 때때로 일어나는 늑유 sporadically 부 여기저기, 산발적으로
2069	**precipitous** [prisípətəs]	형 급한, 느닷없는, 깎아지른 듯한, 가파른 늑유 steep, sheer 형 험한, 깎아지른 듯한
2070	**gale** [géil]	명 강풍, (감정·웃음 등의) 폭발
2071	**havoc** [hǽvək]	명 큰 피해
2072	**basin** [béisn]	명 분지, 세면기, 물동이 늑유 valley, hollow 명 분지

One consequence of chemotherapy is that it may inflame the lining of the intestine, aggravating existing ulcers and creating new ones.

화학요법의 결과중 하나는, 장의 관벽(管壁)에 염증을 일으켜, 현존하는 궤양을 더욱 악화시켜 새로운 궤양을 만들어낼 가능성이 있다는 것이다.

2073 ✓	**chemotherapy** [kìmouθérəpi, kè-]	명 화학요법	
		파 chemotherapeutic 형 화학요법의	
2074 ✓	**inflame** [infléim]	타 염증을 일으키다, 선동하다, 자 빨개지다	
		늑유 fan, kindle, stir 타 선동하다	
2075 ✓	**aggravate** [ǽgrəvèit]	타 더욱 악화시키다, 심하게 하다	
		늑유 worsen	
2076 ✓	**ulcer** [ʌ́lsər]	명 궤양, 병의 근원	
		늑유 sore	

It is fallacious to think that we could ascertain a kind of "recipe" for aptitude, for the world of the mind is illusive and intangible.

3

적성의 요리법 (적성을 만드는 법) 같은 것을 알아낼 수 있다고 생각하는 것은 잘못이다. 왜냐 하면, 정신세계는 실체가 없고, 막연한 것이기 때문이다.

2077 ✓	**fallacious** [fəléiʃəs]	형 틀린, (사람을) 현혹시키는, 믿을 수 없는	
		늑유 false, wrong	
2078 ✓	**ascertain** [æsərtéin]	타 확인하다, 알아내다.	
		늑유 find out ~, learn, discover	
2079 ✓	**recipe** [résəpiː]	명 만드는 법, 조리법, 방법	
		늑유 formula, method	
2080 ✓	**aptitude** [ǽptitùːd]	명 적성, 재능, 소질, 성향, 경향	
		늑유 ability, capability 명 재능, 능력	
2081 ✓	**illusive** [ilúːsiv]	형 실체가 없는, 착각에 기인한, 가공의	
		늑유 illusory 형 착각의, 가공의	
2082 ✓	**intangible** [intǽndʒəbl]	형 막연한, 만질 수 없는, 실체가 없는	
		늑유 insubstantial	

Stung in the **thigh** by a **jellyfish**, she felt a **jolt** and her whole leg went **numb**.

해파리에 넓적다리를 찔려, 그녀는 충격을 느끼고, 다리 전체의 감각을 잃어버렸다.

2083	**sting** [stíŋ]	타 (침 등으로) 찌르다, 자극하다, 괴롭히다
		능유 bite, prick　타 찌르다
2084	**thigh** [θái]	명 넓적다리
2085	**jellyfish** [dʒélifiʃ]	명 해파리
2086	**jolt** [dʒóult]	명 충격, 급격한 동요
2087	**numb** [nʌ́m]	형 감각을 잃은, 마비된, 저린, 타 감각을 없애다
		능유 insensible　형 저린, 무감각한

The acting president was **inundated** with demands to **renounce** the terrorist **massacre**, which was claimed to be **retaliation** for the **abduction** of a soldier.

대통령 대행 앞에는 테러리스트에 의한 대학살을 거부하라는 요구가 밀려들었으나, 이 대학살은 한 사람의 병사 유괴에 대한 보복이라고 주장되었다.

2088	**inundate** [ínʌndèit, -ən-]	타 밀어닥치다, 범람시키다
		능유 flood
2089	**renounce** [rináuns]	타 거부하다, 인정하지 않다
2090	**massacre** [mǽsəkər, mǽsi-]	명 대학살
		능유 slaughter
2091	**retaliation** [ritæ̀liéiʃən]	명 보복, 앙갚음
		능유 reprisal
2092	**abduction** [æbdʌ́kʃən]	명 유괴
		능유 kidnapping

Rectangular solids, similar to other solids like cubes, cylinders, cones and pyramids, are often used in three-dimensional architectural drawings.

직방체(直方體)는 입방체, 원주, 원뿔이나 각뿔 같은 입체와 마찬가지로, 3차원의 건축 도면에 자주 사용된다.

2093	**rectangular**	형 장방형의
✓	[rektǽŋgjələr]	파 rectangle 명 장방형
2094	**cube**	명 입방체, 정육면체, 입방, 3승
✓	[kjúːb]	
2095	**cylinder**	명 원주, 원통
✓	[sílindər]	
2096	**cone**	명 원뿔, 원추
✓	[kóun]	
2097	**pyramid**	명 각뿔, 각추
✓	[pírəmìd]	

3
UNIT 2

The curator says her sanctuary is home to many species of exotic birds that are indigenous to New Zealand, including parrots such as the rare Kakapo.

관리자의 말에 따르면, 그녀의 보호구역에는 뉴질랜드 원산인 많은 외래종 조류가 살고 있고, 희귀종인 카카포 등의 앵무새가 있다.

2098	**curator**	명 관리자, 관장
✓	[kjuəréitər]	≒유 director
2099	**sanctuary**	명 보호구역, 피난소, 성역, 성지
✓	[sǽŋktʃuèri]	파 sanctity 명 고결, 청정, 신성
2100	**exotic**	형 외래의, 이국풍의, 진귀한
✓	[igzátik, egz-]	≒유 foreign 형 외국산의
2101	**indigenous**	형 원산의, 토착의, 타고난
✓	[indídʒənəs]	파 indigenously 부 토착하여
2102	**parrot**	명 앵무새, 타 앵무새처럼 되뇌다
✓	[pǽrət]	≒유 repeat, echo 타 앵무새처럼 되뇌다

The team attempted to produce thermal neutron radiation utilizing inert hydrogen.

그 연구팀은 불활성수소를 이용하여 열(熱)중성자방사선을 발생시키려고 시도했다.

2103	**thermal** [θə́:rml]	형 열의, 따뜻한
2104	**radiation** [rèidiéiʃən]	명 방사선, 방사, 발산 파 radiate 자 빛을 발하다, 타 방사하다
2105	**inert** [inə́:rt]	형 불활성의, 둔한, 명 불활성물질, 둔한 사람 ≒유 unmoving, motionless, immobile 형 둔한
2106	**hydrogen** [háidrədʒən]	명 수소

Intolerance for dairy products can cause conditions ranging from mild indigestion to severe gastric hemorrhaging, which is sometimes lethal.

유제품에 대한 알레르기는 사소한 소화불량으로부터 때로 죽음을 가져오는 일도 있는 심한 위출혈에 이르기까지 여러 가지 증상을 일으킬 수 있다.

2107	**intolerance** [intálərəns]	명 알레르기, 과민증, 불관용 반 tolerance 명 관용
2108	**dairy** [dɛ́əri]	명 (농장의) 착유장, 낙농(업) dairy product 유제품
2109	**indigestion** [ìndidʒéstʃən]	명 소화불량, 위약(胃弱)
2110	**gastric** [gǽstrik]	형 위의 파 gastritis 명 위염
2111	**hemorrhage** [héməridʒ]	명 대출혈, 유혈, 자 (다량으로) 출혈하다
2112	**lethal** [líːθl]	형 죽음을 가져오는, 치사의 ≒유 fatal, deadly, mortal

The lunar cycle is comprised of the waxing and waning of the moon, and its stages of luminousness in the sky.

태음주기는 달의 차고 기움이나, 하늘에서 밝음의 단계에 의해서 구성되고 있다.

2113	lunar [lúːnər]	형 태음의, 달의
2114	comprise [kəmpráiz]	타 구성하다, 포함하다 늑유 consist of ~, compose
2115	wax [wǽks]	자 (달이) 차다
2116	wane [wéin]	자 (달이) 기울다, 이지러지다, (빛·색이) 약해지다
2117	luminousness [lúːmənəsnəs]	명 밝음, 총명함 파 luminous 형 빛을 내는, 빛나는, 명료한

3
UNIT 2

Her assessment of the newly discovered dinosaur fossils was that they were incongruous with the others found from that geological epoch.

새로 발견된 공룡 화석에 대한 그녀의 평가는, 그 지질연대로부터 발견된 그밖의 것과는 일치하지 않는다는 것이었다.

2118	assessment [əsésmənt]	명 평가, 사정(査定) 늑유 valuation 명 사정
2119	dinosaur [dáinəsɔːr]	명 공룡, 너무 커서 도움이 되지 않는 사람(물건)
2120	incongruous [inkáŋgruəs]	형 일치하지 않는, 어울리지 않는, 앞뒤가 안 맞는 파 incongruity 명 부조화, 불일치
2121	geological [dʒìːəládʒikl]	형 지질의, 지질학(상)의 파 geology 명 지질학
2122	epoch [épək]	명 연대, 시대 늑유 age, era

The judge withheld her decision in light of corroborating evidence proving the man had received unwarranted persecution from the government.

재판관은 그 남자가 정부로부터 부당한 박해를 받았음을 증명하는 보강증거를 고려하여 자신의 평결을 보류했다.

2123	**withhold**	타 (승낙 등을) 보류하다, 억누르다, 억제하다
	[wiðhóuld, wiθ-]	늑유 suspend, reserve 타 보류하다
2124	**corroborate**	타 보강하다, 확실히 하다
	[kərábəreit]	늑유 support, confirm 타 입증하다, 확증하다
2125	**unwarranted**	형 부당한, 정당성을 결여한
	[ʌnwɔ́(ː)rəntid]	
2126	**persecution**	명 박해
	[pə̀ːrsəkjúːʃən]	늑유 oppression

A blizzard of unusually heavy snow hampered efforts to sift through the debris in the area that was thrown into an upheaval by the tornado.

전에 없는 대설의 강한 눈보라가 토네이도에 의해서 대변동을 일으킨 그 지역의 잔해를 조사하는 작업을 방해했다.

2127	**blizzard**	명 강한 눈보라, 폭풍우, (사물의) 돌발
	[blízərd]	늑유 snowstorm 명 눈보라
2128	**hamper**	타 방해하다, 훼방하다
	[hǽmpər]	늑유 hinder
2129	**sift**	자 조사하다, 음미하다
	[síft]	
2130	**debris**	명 부스러기, 파편, 잔해
	[dəbríː]	늑유 rubbish 명 쓰레기, 폐기물
2131	**upheaval**	명 대변동, 격동
	[ʌphíːvl]	
2132	**tornado**	명 토네이도, 대폭풍우
	[tɔːrnéidou]	

The typical Thanksgiving feast ends with pudding made with egg yolk, cream and ginger and topped with a drizzle of honey.

감사제의 전형적인 연회는 달걀 노른자위, 크림, 생강으로 만든 푸딩 위에 벌꿀을 끼얹은 것으로 끝이 난다.

2133	**feast** [fíːst]	명 진수성찬, 축연, 대연회 늗유 banquet, dinner
2134	**pudding** [púdiŋ]	명 푸딩
2135	**yolk** [jóuk]	명 (달걀의) 노른자위 늗유 yellow
2136	**ginger** [dʒíndʒər]	명 생강, 활력, 자극
2137	**drizzle** [drízl]	명 끼얹은 것, 이슬비, 타 이슬비같이 내리다

3
UNIT 2

Teachers grumbled that students who couldn't handle simple arithmetic were being forced to grapple with difficult differential calculus and integral calculus.

교사들은 간단한 계산도 다룰 수 없는 학생들이 어려운 미분이나 적분을 붙잡고 씨름하도록 강요되고 있다고 불평하였다.

2138	**grumble** [grʌ́mbl]	자 불평하다, 푸념하다, 명 불평, 푸념 늗유 complain 자 불평하다
2139	**arithmetic** [ərɪ́θmətìk]	명 계산, 산수 늗유 mathematics 명 수학
2140	**grapple** [grǽpl]	자 완수하려 애쓰다, 붙잡다, 타 (–을) 붙잡다 늗유 wrestle 자 맞붙다, 타 (–와) 맞붙다
2141	**differential calculus** [dìfərénʃəl kǽlkjələs]	명 미분학 differential equation 명 미분방정식
2142	**integral calculus** [íntigrəl kǽlkjələs]	명 적분학

A South African study found a pervasive incidence of internal parasites that prey on ostriches.

한 남아프리카 연구에서 타조를 먹이로 하는, 체내에 사는 기생생물이 광범위하게 발생하고 있음이 밝혀졌다.

2143	**pervasive** [pərvéisiv]	형 퍼지는, 침투성의, 보급력있는, 광범위한 파 pervasion 명 충만, 보급, 침투
2144	**incidence** [ínsədəns]	명 발생, 파급 늘유 occurrence, outbreak 명 발생
2145	**parasite** [pǽrəsàit]	명 기생생물, 기생충, 식객
2146	**prey** [préi]	자 먹이로 하다, 포식하다, 명 먹이, 포획
2147	**ostrich** [ástritʃ]	명 타조

The striking workers' demands included elimination of mandatory overtime and equitable pay that was commensurate with each employee's credentials.

파업중인 노동자들의 요구 중에는 강제적인 초과근무의 폐지와 각 피고용인의 자격과 상응하는 공정한 임금이 포함되어 있다.

2148	**mandatory** [mǽndətɔ̀ri]	형 강제적인, 의무적인, 필수의 늘유 compulsory, obligatory
2149	**overtime** [óuvərtàim]	명 잔업, 시간외, 초과시간, 형 시간외의, 부 시간외로
2150	**equitable** [ékwətəbl]	형 공평한, 공정한, 정당한 늘유 fair, just
2151	**commensurate** [kəménʃrət]	형 대응한, 어울리는, 상응의, 동등의
2152	**credential** [krədénʃl]	명 자격, 신임장, 형 자격을 갖는, 타 자격을 주다 파 credence 명 신용, 신뢰

The incredible fertilizer helped new vegetation sprout on what was once a barren tract of land.

그 놀라운 비료가 한때 불모지대였던 곳에 새로운 식물이 싹을 틔우도록 도와주었다.

2153	**fertilizer** [fə́:rtəlàizər]	명 화학비료, 풍부하게 하는 사람(물건) / 늑유 manure 명 비료
2154	**vegetation** [vèdʒətéiʃən]	명 식물, 식생, 식물의 성장 / 늑유 plant 명 식물
2155	**sprout** [spráut]	자 발아하다, 성장하다, 타 발아시키다, 명 싹 / 늑유 bud, shoot 명 새싹
2156	**barren** [bǽrən]	형 불모의, 열매를 못 맺는, 불임의 / 늑유 unfruitful, sterile, infertile
2157	**tract** [trǽkt]	명 지대, 지역, 토지 / 늑유 area, region

Having spent the entire evening intoxicated, he finally sobered up the next morning and suffered from nausea, a terrible hangover, and deep remorse for his behavior.

밤새도록 술에 취해 보내고, 다음날 아침 간신히 술이 깨어서, 그는 구역질과 심한 숙취, 그리고 자신의 행위에 대한 심한 후회로 괴로워했다.

2158	**intoxicate** [intɑ́ksikèit]	타 취하게 하다, 도취시키다, 중독하게 하다 / 늑유 poison 타 중독하게 하다
2159	**sober** [sóubər]	자 술이 깨다, 타 진지하게 하다, 형 술 취하지 않은
2160	**nausea** [nɔ́:ziə, -ʒə]	명 구역질, 메스꺼움, 배멀미, 혐오감 / 늑유 sickness 명 구역질
2161	**hangover** [hǽŋòuvər]	명 숙취, 후유증, 환멸
2162	**remorse** [rimɔ́:rs]	명 심한 후회, 양심의 가책 / 늑유 regret 명 후회

Kerosene, which **boils** at between 140 and 320 degrees **centigrade**, is less **volatile** than heavier **petroleum** products.

등유는 섭씨 140도에서 320도에서 끓고, 더 무거운 중유제품보다 휘발성이 낮다.

2163	**kerosene** [kérəsìːn]	명 등유
2164	**boil** [bɔ́il]	자 끓다, 격노하다, 타 데우다, 명 끓임 ≒유 bubble 자 끓다
2165	**centigrade** [séntəgrèid]	명 섭씨도 ≒유 Celsius
2166	**volatile** [válətl]	형 휘발성의, 변하기 쉬운, 불안정한, 일시적인 ≒유 unstable 형 불안정한
2167	**petroleum** [pətróuliəm]	명 석유

Retracting his campaign promise of no new **taxation**, the president imposed new **tariffs** and **surcharges** on **barter** trade, angering the country's allies.

대통령은 새로운 과세는 하지 않는다는 자신의 선거공약을 철회하고, 교환무역에 새로운 관세 및 추가세를 부과했기 때문에 동맹국의 분노를 샀다.

2168	**retract** [ritrǽkt]	타 철수하다, 취소하다 ≒유 take back ~
2169	**taxation** [tækséiʃən]	명 과세, 세금 ≒유 tax
2170	**tariff** [tǽrif]	명 관세, 요금, 타 관세를 부과하다, 요금을 결정하다 ≒유 custom, duty 명 관세
2171	**surcharge** [sə́ːrtʃàːrdʒ]	명 추가요금, 과중(過重) ≒유 overload, overweight 명 과중
2172	**barter** [báːrtər]	명 물물교환, 타 교환하다, 자 물물교환하다 ≒유 exchange, interchange 명 교환, 타 교환하다

Seismology experts placed the epicenter of the intermittent tremors, which had magnitudes ranging from 5.5 to 5.9, near the Puerto Rico Trench.

지진학 전문가들은 진도 5.5에서 5.9의 폭이 있었던 단속적인 진동의 진앙 위치를 프에르토리코 해구 가까이로 파악하였다.

2173	**seismology**	명 지진학
✓	[saizmάlədʒi]	파 seismologist 명 지질학자
2174	**intermittent**	형 단속적인, 때때로 중단되는, 주기성의
✓	[ìntərmítənt]	늑유 continual, periodic 형 단속적인
2175	**tremor**	명 진동, 떨림, 불안감
✓	[trémər]	늑유 swing 명 진동
2176	**trench**	명 해구(海溝), 호(壕), 참호
✓	[tréntʃ]	늑유 deep 명 해구

To get out of addiction to drugs such as cocaine, heroin and marijuana, patients must endure muscle spasms and hallucinations.

코카인, 헤로인, 마리화나 등의 약물중독으로부터 빠져나오기 위해서는, 환자는 근육의 경련이나 환각증상을 참아내야 한다.

2177	**addiction**	명 중독, 마약상습벽, 열광적 경향, 의존증
✓	[ədíkʃən]	늑유 dependence 명 의존증
2178	**cocaine**	명 코카인
✓	[koukéin]	
2179	**heroin**	명 헤로인
✓	[hérouən]	
2180	**marijuana**	명 마리화나, 대마
✓	[mæ̀rəwá:nə]	늑유 hemp, cannabis 명 대마
2181	**spasm**	명 경련, 발작, 충동
✓	[spǽzəm]	늑유 cramp, twitch 명 경련
2182	**hallucination**	명 환각증상, 착각, 환영, 근거없는 생각
✓	[həlù:sənéiʃən]	늑유 illusion, phantom 명 환영(幻影)

Applicants for the program must present a coherent and concise essay that is devoid of any colloquial writing.

프로그램 신청자들은 구어체의 글이 전혀 아닌 일관되고 간결한 논문을 제출하지 않으면 안 된다.

2183	**applicant** [ǽplikənt]	명 지원자, 응모자
		파 apply 자 신청하다, 지원하다
2184	**coherent** [kouhíərənt]	형 이치가 닿는, 시종일관된, 명석한, 서로 엉겨붙는
		파 coherency 명 수미일관성(首尾一貫性)
2185	**concise** [kənsáis]	형 간결한
		늑유 compact, brief 형 간결한
2186	**devoid** [divɔ́id]	형 전혀 없는, 결여된
		늑유 vacant
2187	**colloquial** [kəlóukwiəl]	형 구어체의, 일상회화의, 명 구어체, 구어표현
		늑유 conversational, oral 형 구어체의

Those examining the discrepancies in the vote found a positive correlation between high numbers of absentee ballots and victories for the third-party fringe candidates.

투표에 있어서의 의견의 불일치를 조사한 사람들은, 다수의 부재자투표와 제3당의 군소 후보의 승리와의 사이에 긍정적인 상관관계가 있는 것을 발견했다.

2188	**discrepancy** [diskrépənsi]	명 모순, 불일치, 어긋남
		늑유 contradiction, incoherence
2189	**correlation** [kɔ̀ːrəléiʃən, kàr-]	명 상관관계, 상호관계
		늑유 interrelation
2190	**absentee** [æ̀bsntíː]	명 부재자, 불참가자, 결석자
		파 absent 형 부재의, 타 결석하다
2191	**ballot** [bǽlət]	명 투표, 재비뽑기, 무기명 투표용지, 자 투표하다
		늑유 vote, poll 명 투표
2192	**fringe** [frínd3]	명 2차적인 것, 말초적인 것
		fringe candidate 극소(정당)후보

The consumer spending index shows that families are being frugal and curtailing their spending in light of the sluggish economy and bearish stock market.

소비자지수는 정체한 경제나 하락경향이 있는 주식시장을 근거로 하여, 가정은 검소를 지향하고 소비를 줄이는 것을 보여주고 있다.

2193	**index** [índeks]	몡 지수, 지표, 색인, 표시
2194	**frugal** [frúːgl]	혱 검약한, 소박한 늫유 thrifty
2195	**curtail** [kəːrtéil]	탸 삭감하다, 단축하다, 빼앗다 늫유 reduce, cut down ~ ~을 삭감하다
2196	**sluggish** [slʌ́giʃ]	혱 정체한, 둔한, 느린
2197	**bearish** [bɛ́əriʃ]	혱 하락경향이 있는, 약세의, 내림시세의 늫유 weak 혱 약한

Born with a congenital condition that causes an intrinsically reduced capacity for immunity to viruses such as chicken pox, she contracted a rare degenerative blood disease.

수두 등 바이러스에 대해서 본질적으로 떨어지는 면역능력을 가져오는 선천성 증상을 가지고 태어난 그녀는, 희귀한 변질성의 혈액질환에 걸렸다.

2198	**congenital** [kəndʒénitl]	혱 선천성의, 타고난 늫유 native, innate, inborn 혱 선천적인
2199	**intrinsically** [intrínsikəli]	븟 본질적으로 늫유 essentially, primarily
2200	**immunity** [imjúːnəti]	몡 면역, 면제(특권), 법적면제 팟 immune 혱 면역이 있는
2201	**chicken pox** [tʃíkin pàks]	몡 수두(水痘), 작은 마마
2202	**degenerative** [didʒénərətiv, -rèi-]	혱 변질성의, 퇴화적인, 퇴행성의 팟 degenerate 쟈 퇴화하다, 변질하다

The **eclectic** author lives in a **shabby** house on the **outskirts** of the city, near an open **sewer** and a **swamp** filled with leeches.

그 절충주의의 저자는 뚜껑이 없는 하수구와 거머리투성이 늪지 부근의, 교외에 있는 초라한 집에서 살고 있다.

2203	**eclectic** [ikléktik]	형 절충주의의, 취사선택하는, 명 절충주의자 파 eclecticism 명 절충기법
2204	**shabby** [ʃǽbi]	형 초라한, 입어서 낡은, 조잡한, 비열한
2205	**outskirts** [áutskə̀ːrts]	명 변두리, 교외, 한계 늒유 suburb, surrounding 명 교외
2206	**sewer** [súːər]	명 하수구, 하수, 타 하수설비를 하다
2207	**swamp** [swɑ́mp]	명 늪, 습지, 난국, 타 물에 잠기게 하다, 궁지에 처박다 늒유 marsh 명 늪지, 습지

It took hours for firefighters to **extinguish** the **blaze**, believed to be an **arson** that was **ignited** with a highly **flammable** cleaning solvent.

소방수가 불을 끄는 데 몇 시간이나 걸렸는데, 그 불은 매우 인화성이 높은 세정용제로 발화시킨 방화라고 믿어졌다.

2208	**extinguish** [ikstíŋgwiʃ, eks-]	타 (빛·불 등을) 끄다
2209	**blaze** [bléiz]	명 화재, 화염, 불길, 발발 늒유 fire, flame 명 화염
2210	**arson** [ɑ́ːrsn]	명 방화
2211	**ignite** [ignáit]	타 발화시키다, 점화하다, 자 발화하다, 점화하다 늒유 light, fire, strike 타 불이 댕기다, 발화하다
2212	**flammable** [flǽməbl]	형 인화성이 강한, 타기 쉬운 늒유 inflammable, combustible

Though still in its rudimentary stage, the protocol is being hailed
as the best solution to curb exploitation of child labor.

아직 초기단계에 있긴 하지만, 그 조약의정서는 아동취로에 대한 착취를 억제하기
위한 가장 좋은 해결책으로서 환영받고 있다.

2213	**rudimentary**	형 초기의, 초보의, 기본의
	[rùːdəméntəri]	늑유 elementary
2214	**protocol**	명 조약의정서, 외교의례, 전례(典禮)
	[próutəkàl]	늑유 agreement, pact, treaty 명 조약
2215	**hail**	타 환영하다, 축하하다, 인정하다
	[héil]	늑유 cheer, acclaim 타 환영하다
2216	**curb**	타 억제하다
	[káːrb]	늑유 restrain
2217	**exploitation**	명 착취, 활용, (천연자원의) 개발, 선전
	[èksplɔitéiʃən]	파 exploit 타 이용하다, 개발하다, 착취하다

While some question the credulity of the Scripture as an historical
source, others assert that the prophets' words are incontrovertible
truth.

역사적 자료로서 구약성서를 너무 쉽게 믿는 것에 대해 의문시하는 사람이 있는가
하면, 예언자들의 말은 논쟁의 여지가 없는 진실이라고 단언하는 사람도 있다.

2218	**credulity**	명 믿기 쉬운 것, 속기 쉬운 것
	[krədjúːləti]	파 credulous 형 믿기 쉬운, 속기 쉬운
2219	**Scripture**	명 성서, 경전, 권위있는 책
	[skríptʃər]	늑유 Bible
2220	**assert**	타 단언하다, 주장하다, (자명한 것으로) 가정하다
	[əsáːrt]	늑유 posit, postulate 타 단정하다, 가정하다
2221	**prophet**	명 예언자, 예언서, 예보자
	[práfət]	늑유 predictor 명 예언자
2222	**incontrovertible**	형 논쟁의 여지가 없는, 부정할 수 없는, 명명백백한
	[inkɑntrəvə́ːrtəbl]	반 controversial 명 논쟁의 여지가 있는, 논쟁상의

Summoned before a tribunal for war crimes, the fiery dictator delivered a verbal tirade filled with fervor, insisting he was the leader of a sovereign country.

전쟁범죄에 대한 법정 앞에 소환되어, 그 사나운 독재자는 자신이 독립국의 지도자라고 주장하면서 열의에 가득찬 긴 구두연설를 하였다.

2223	**tribunal** [traibjú:nl]	명 법정, 재판소 ≒유 court
2224	**verbal** [və́:rbl]	형 구두의, 축어(逐語)적인, 문자대로의, 말에 관한 ≒유 oral, literal 형 구두의, 축어적인
2225	**tirade** [táireid]	명 심한 공격연설, 긴 열변
2226	**fervor** [fə́:rvər]	명 열의, 열렬 ≒유 passion
2227	**sovereign** [sávərən]	형 독립한, 탁월한, 명 독립국, 군주 ≒유 king, lord 명 군주

His first film was a bizarre satire in which the loquacious leading man could only speak a queer jargon that no one else understood.

그의 첫 번째 영화는, 말 많은 주연 남자가 다른 누구도 이해할 수 없는 묘한 특수용어밖에 말하지 않는다는 기괴한 풍자영화였다.

2228	**bizarre** [bizá:r]	형 기괴한, 별스러운 ≒유 grotesque, hideous 형 이상한, 기괴한, 추한
2229	**satire** [sǽtaiər]	명 풍자, 빈정거림 ≒유 irony 명 빈정거림
2230	**loquacious** [loukwéiʃəs]	형 말 많은, 수다스러운 ≒유 talkative
2231	**queer** [kwiər]	형 색다른, 묘한, 기발한 ≒유 odd
2232	**jargon** [dʒá:rgən]	명 특수용어, 전문용어, 직업어 ≒유 term 명 용어

The slide shows embryonic development of squid, which when magnified can be seen down to the molecules.

그 슬라이드는 오징어의 배(胚)의 발생을 보여주고 있고, 확대되면 분자의 단위까지 볼 수 있다.

2233	embryonic [èmbriánik]	형 배(胚)의, 태아의, 초기의 파 embryo 명 배(胚), 태아
2234	squid [skwíd]	명 오징어
2235	magnify [mǽgnəfài]	타 (렌즈 등으로) 확대하다, 과장하다 ≒유 expand, enlarge 타 확대하다
2236	molecule [máləkjùːl]	명 분자 파 molecular 형 분자의

A built-in component of this apparatus is an armored plate designed to protect the operator from bullets and mortar blasts.

이 장치의 붙박이 구성요소는, 운영자를 총탄이나 박격포의 폭발로부터 보호하기 위해 설계된 장갑판이다.

2237	built-in [bíltìn]	형 박아 넣은, 붙박이로 맞추어 넣은, 타고난
2238	apparatus [æpəréitəs, -rǽtəs]	명 기구, 장치, (정부 등의) 기구 ≒유 equipment, machinery 명 장치, 기구
2239	armored [áːrmərd]	형 장갑(裝甲)한, 갑옷을 입은 파 armor 명 장갑판, 빙탄판, 갑주,
2240	bullet [búlit]	명 총탄, 탄환 ≒유 shot
2241	mortar [mɔ́ːrtər]	명 박격포
2242	blast [blǽst]	명 폭발, 폭풍

The **terra** cotta figure on the **mantelpiece** above the **hearth** stood on a **base inscribed** with a famous poem.

벽난로 위의 선반에 놓여 있는 붉은 흙의 도기상은, 유명한 시가 새겨진 받침대 위에 놓여 있다.

2243	**terra** [térə]	명 흙, 대지, 육지 늑유 earth, soil 명 흙, 대지
2244	**mantelpiece** [mǽntlpìːs]	명 벽로의 앞장식, 벽로 선반 늑유 mantelshelf
2245	**hearth** [háːrθ]	명 노상(爐床), 난롯가, 난로
2246	**base** [béis]	명 토대, 기초, 저변, 받침대 늑유 foundation 명 토대, 기초
2247	**inscribe** [inskráib]	타 (문자·기호 등을) 적다, 새기다, 파다 파 inscription 명 새기는 것, 표시하는 것, 명각(銘刻)

The countries made a **pact** to **dismantle** their atomic weapons, which also **stipulated** that they would prevent **proliferation** of **radioactive** material.

그 나라들은 자국의 핵병기를 없애는 협정을 체결했으며, 거기에는 또한 방사성 물질의 확산을 방지할 것을 명문화했다.

2248	**pact** [pǽkt]	명 협정, 약속, 조약 늑유 agreement, treaty 명 협정
2249	**dismantle** [dismǽntl]	타 (병기를) 없애다, (장비를) 제거하다
2250	**stipulate** [stípjəlèit]	타 명문화하다, (조건으로서) 요구하다 늑유 demand, request, require, claim 타 요구하다
2251	**proliferation** [prəlìfəréiʃən]	명 (핵병기 등의) 확산, 격증, 증식 파 proliferate 자 확산하다, 타 확산시키다
2252	**radioactive** [rèidiouǽktiv]	형 방사성이 있는 파 radioactivity 명 방사성

Her dissertation contained footnotes to help validate her claims and an appendix with a glossary to explain the difficult terms.

그녀의 논문에는 자신의 주장을 실증하는 데 도움이 되는 각주, 그리고 난해한 용어를 설명하는 용어해설을 붙인 부록이 포함되어 있다.

2253	**dissertation**	명 논문, 논술
	[dìsərtéiʃən]	늑유 paper, thesis, article
2254	**footnote**	명 각주
	[fútnòut]	늑유 note 명 주(注)
2255	**validate**	타 실증하다, 검증하다, (법적으로) 유효하게 되다
	[vǽlidèit]	파 validity 명 타당, 정당, 법적유효성
2256	**appendix**	명 부록, 부속물
	[əpéndiks]	늑유 supplement 명 부록
2257	**glossary**	명 (권말 등의) 용어해설
	[glásəri]	

The baroque genre of music is characterized by elaborate detail, sometimes with a slight imbalance that creates an ominous tone.

음악의 바로크양식은 정교한 세부묘사가 특징으로 되어 있으며, 때로는 불길한 음조를 만들어내는 가벼운 불균형을 가지고 있다.

2258	**baroque**	형 바로크양식의, 바로크시대의, 명 바로크양식
	[bəróuk]	
2259	**genre**	명 (예술작품의) 양식, 유형, 장르
	[ʒáːnrə]	늑유 type 명 유형
2260	**elaborate**	형 정교한, 공들인
	[ilǽbərət]	늑유 delicate, sophisticated 형 정교한
2261	**imbalance**	명 불균형
	[imbǽləns]	늑유 unbalance
2262	**ominous**	형 불길한, 나쁜 징조의, 전조(前兆)의
	[ámənəs]	늑유 evil 형 불길한

3
UNIT 3

The usually amicable manager had a terse conversation with his subordinate, indicating he was heavily preoccupied by his company's deficit.

평소에 우호적인 그 경영자는 회사의 적자 문제에 완전히 사로잡혀있다는 것을 암시하면서 부하직원과 짤막한 대화를 나누었다.

2263	**amicable**	형 호의적인, 평화적인
✓	[ǽmikəbl]	늑유 friendly, favorable 형 우호적인
2264	**terse**	형 (표현이) 무뚝뚝한, 간결한, 짤막한
✓	[tə́ːrs]	
2265	**subordinate**	명 부하, 종속자, 형 하위의 타 종속시키다
✓	명 형 [səbɔ́ːrdənət] 동 [èit]	늑유 inferior, junior, lower 형 하위의
2266	**preoccupied**	형 마음이 들뜬, 열중한
✓	[priːʌ́kjəpaid]	늑유 preoccupy 타 열중하게 하다
2267	**deficit**	명 적자, 결손
✓	[défəsit]	반 surplus 명 흑자, 과잉

Relics that were unearthed by the researchers were confiscated by authorities who determined them to be crude counterfeits.

연구자들에게 발굴된 유적은, 그것들을 조잡한 위조물이라고 단정한 당국에 의해서 몰수되었다.

2268	**relic**	명 유물, 유적, 잔존물
✓	[rélik]	늑유 remain
2269	**unearth**	타 발굴하다, 발견하다
✓	[ʌnə́ːrθ]	늑유 excavate 타 발굴하다
2270	**confiscate**	타 몰수하다, 압수하다, 형 압수된
✓	[kánfiskèit]	늑유 dispossess, oust 타 몰수하다
2271	**crude**	형 조잡한, 미완성의, 천연 그대로의
✓	[krúːd]	늑유 rough 형 거친, 가공되지 않은
2272	**counterfeit**	명 위조물, 모조품, 형 모조의, 타 위조하다
✓	[káuntərfit]	늑유 forge 타 위조품을 만들다, 날조하다

The offer for limited autonomy from the federal government did little to appease the irrational factions seeking independence at any cost.

연방정부로부터 제한된 자치권을 주겠다는 그 제안은, 어떤 대가를 치르고서라도 독립을 추구하겠다는 비이성적인 도당을 달래는 데 거의 효과가 없었다.

2273	**federal** [fédərəl]	형 연방의, 동맹의
		파 federalize 타 연방화하다
2274	**appease** [əpíːz]	타 진정시키다, 달래다
		늑유 soothe, calm 타 달래다
2275	**irrational** [iræʃənl]	형 이성을 잃은, 불합리한
		파 irrationality 명 부조리, 불합리한 생각
2276	**faction** [fǽkʃən]	명 도당, 당파, 파벌, 당파심

Symptoms of rabies, endemic to many parts of the world, may include seizures, convulsions, disorientation and finally coma.

세계의 많은 지역의 고유의 풍토병인 광견병의 증상은, 발작, 경련, 방향감각 상실, 그리고 마지막으로 혼수상태가 있다.

2277	**rabies** [réibiːz]	명 광견병, 공수병
		늑유 hydrophobia
2278	**endemic** [endémik, in-]	형 고유의, 특정 지방에 한정된, 명 풍토병, 지방병
		파 epidemic 형 전염성의, 명 전염병
2279	**seizure** [síːʒər]	명 발작, 발병, 압수, 강탈
2280	**convulsion** [kənvʌ́lʃən]	명 경련
		늑유 cramp, spasm, twitch 명 경련
2281	**disorientation** [disɔ̀ːrientéiʃən]	명 방향감각의 상실, 혼미
		파 disorient 형 방향감각을 상실한
2282	**coma** [kóumə]	명 혼수상태, 무기력
		늑유 lethargy

3

UNIT 3

The **erroneous transfusion** of **incompatible** blood may **exacerbate** problems after kidney transplant.

부적합한 혈액을 잘못 수혈하면 신장이식 후에 문제를 악화시킬 가능성이 있다.

2283	**erroneous** [əróuniəs, er-]	형 잘못된, 틀린
		늑유 incorrect
2284	**transfusion** [trænsfjúːʒən]	명 수혈, 주입, 이입
		파 transfuse 타 수혈하다, 주입하다
2285	**incompatible** [ìnkəmpǽtəbl]	형 부적합한, 서로 용납지 않는, 명 양립할 수 없는 것
		반 compatible 형 적합한, 공용할 수 있는
2286	**exacerbate** [igzǽsərbèit, eiksǽs-]	타 악화시키다, 분격시키다
		파 exacerbation 명 악화, 격화, 재연

Dr. King was a **pacifist** who **ardently** fought against the **setbacks** of racial inequality with **forbearance** until he was **assassinated** in 1968.

킹 목사는, 1968년에 암살되기까지 인내심을 가지고 인종상의 불평등이라는 좌절에 맞서서 열렬하게 싸운, 평화주의자였다.

2287	**pacifist** [pǽsəfist]	명 평화주의자, 형 평화주의의, 반전의
2288	**ardently** [áːrdntli]	부 열심히, 열렬히
		파 ardent 형 열렬한, 격렬한
2289	**setback** [sétbæk]	명 좌절, 후퇴, 방해
2290	**forbearance** [fɔːrbɛ́ərəns]	명 인내, 관용, 자제
		늑유 patience, endurance, perseverance 명 인내
2291	**assassinate** [əsǽsənèit]	타 암살하다
		파 assassin 명 암살자, 자객

While some believe the craters on Venus were formed by comets, their roundness and uniformity does not lend credence to this theory.

금성의 지표에 보이는 분화구는 혜성에 의해서 만들어졌다고 믿는 사람도 있으나, 그 둥그스름함이나 균일성은 그 이론에 신빙성을 주지 못한다.

2292	**crater** [kréitər]	명 분화구
2293	**Venus** [víːnəs]	명 금성
2294	**uniformity** [jùːnəfɔ́ːrməti]	명 균일성, 통일 / 반 variety 명 다양성
2295	**credence** [kríːdns]	명 신빙성, 신용 / 늑유 credit

The geyser erupted in a perfectly vertical gush to such lofty heights that its top nearly vanished in the sky.

그 간헐천은 완벽할 정도로 수직선의 분출액을 내뿜어서, 매우 높은 곳에 도달하여 그 꼭대기는 거의 하늘에서 모습이 사라진다.

3
UNIT 4

2296	**geyser** [gáizər]	명 간헐천 / 늑유 fountain, spring 명 샘
2297	**erupt** [irʌ́pt]	자 분출하다, 분화하다, 타 분출시키다, 분발시키다 / 늑유 gush, spout 자 분출하다
2298	**vertical** [vɜ́ːrtikl]	형 수직의, 직립한 / 늑유 perpendicular
2299	**gush** [gʌ́ʃ]	명 분출한 액체, 내뿜음, 분출, 자 분출하다 / 늑유 erupt, spout 자 분출하다
2300	**lofty** [lɔ́ːfti]	형 매우 높은, 치솟은 / 늑유 high, tall, towering 형 높은
2301	**vanish** [vǽniʃ]	자 사라지다, 소멸하다 / 늑유 disappear

Much to the proprietor's dismay, the ranch could not be reclaimed due to an ordinance passed by the city government.

그 소유자가 대단히 낙담한 것은, 목장이 시당국에 의해서 승인된 조례 때문에 반환 요구를 할 수가 없었다는 것이다.

2302	**proprietor** [prəpráiətər]	명 소유자, 경영자, 주인 늘유 landowner, landlord 명 지주
2303	**dismay** [disméi, diz-]	명 낙담, 낭패, 경악, 타 당황케 하다, 실망시키다 늘유 disappointment 명 낙담, 실망
2304	**ranch** [rǽntʃ]	명 목장, 농장, 사육장
2305	**reclaim** [rikléim]	타 반환을 요구하다, 경지화하다, 개척하다
2306	**ordinance** [ɔ́ːrdənəns]	명 조례, 법령 늘유 law, act 명 법령

Police detained the culprit and apprehended him on charges of fraud, but he was granted clemency when determined to be innocent.

경찰은 그 용의자를 억류하고, 사기용의자로 체포했으나, 그는 결백하다고 확정되어 관대한 조치가 주어졌다.

2307	**detain** [ditéin]	타 구류하다, 붙들다
2308	**culprit** [kʌ́lprit]	명 용의자, 범죄자, 죄인
2309	**apprehend** [æ̀prihénd]	타 체포하다, 감지하다, 염려하다, 자 이해하다 늘유 arrest, capture 타 체포하다
2310	**fraud** [frɔ́ːd]	명 사기, 기만, 부정행위 파 fraudulent 형 사기의, 부정의
2311	**clemency** [klémənsi]	명 관대한 조치, 관용, 자비, 온화 늘유 mercy

Recipients of the treatment may experience nominal discomfort at the outset, but this will be subdued in a short time.

치료를 받는 사람들은 처음에는 작은 불쾌감을 느낄지도 모르지만, 곧 그것은 가라앉을 것이다.

2312	**recipient** [risípiənt]	명 받는 사람, 수취인 / ≒유 receiver, beneficiary 명 수취인
2313	**nominal** [námənl]	형 보잘것 없는, 이름뿐인, 이름의 / 파 nominally 부 명목상의
2314	**discomfort** [diskʌmfərt]	명 불유쾌, 불안, 싫은 일, 타 불쾌하게 하다, 괴롭히다 / ≒유 displeasure 명 불쾌
2315	**outset** [áutsèt]	명 최초, 시작 / ≒유 start, beginning
2316	**subdue** [səbdjú:]	타 가라앉히다, 완화하다, 정복하다, 진압하다 / ≒유 soften 타 가라앉히다

The regime's ruthless treatment of its political dissidents led to official censure by the United Nations and economic sanctions.

3

그 정권이 정치적 반체제파에 대해서 냉혹한 처우를 했다는 것이, 국제연합에 의해서 공식비난과 경제 제재로 이어졌다.

2317	**regime** [reiʒí:m, rei-]	명 정권, 지배체제 / ≒유 power, office 명 정권
2318	**ruthless** [rú:θləs]	형 냉혹한, 무자비한, 비정한 / ≒유 pitiless, cruel
2319	**dissident** [dísidənt]	명 반체제파, 형 반체제의, 의견을 달리하는
2320	**censure** [sénʃər]	명 비난, 질책, 혹평, 타 비난하다, (비평가가) 혹평하다 / ≒유 criticism 명 혹평
2321	**sanction** [sǽŋkʃən]	명 제재, 구속력, 지지

251

The **influx** of immigrants **besieged** the **aboriginal** populations with **adverse** conditions, which led to their **dissolution**.

이주민의 유입으로 원주민들이 불리한 조건으로 둘러싸여, 결과적으로 그들의 해체로 이어졌다.

2322	**influx** [ínflʌks]	명 유입, 도래, 쇄도, 하구
2323	**besiege** [bisíːdʒ]	타 위협하다, 괴롭히다, 포위하다
2324	**aboriginal** [æ̀bərídʒənl]	형 원주민의, 토착민의, 명 원주민 능유 native, indigenous
2325	**adverse** [ædvə́ːrs, ǽdvəːrs]	형 불리한, 반대의, 형편이 좋지 못한 파 adversary 명 적, 경쟁상대
2326	**dissolution** [dìsəlúːʃən]	명 소멸, 해체, 해산 파 dissolve 타 해소하다, 자 사라지다, 해소하다

The **petty capitalism** of the early days was the **predecessor** of **mercantile** capitalism, which **bolstered** ties among businesses.

초기의 소규모적인 자본주의는 상업자본주의의 선행모델인데, 그 상업자본주의는 기업간의 유대를 강화하였다.

2327	**petty** [péti]	형 소규모의, 사소한, 쩨쩨한 능유 trivial 형 사소한, 하찮은
2328	**capitalism** [kǽpitəlìzm]	명 자본주의 파 capitalist 명 자본가, 자본주의자
2329	**predecessor** [prédəsèsər]	명 앞서 있었던 것, 전임자, 선배, 선조 능유 ancestor 명 선조
2330	**mercantile** [mə́ːrkəntìːl]	형 상업의, 상인의 능유 commercial 형 상업의
2331	**bolster** [bóulstər]	타 보강하다, 강화하다 능유 strengthen, reinforce, support

Edible sea creatures such as eel, octopus, and oysters are staples of the island's diet.

뱀장어, 낙지, 굴 등의 먹을 수 있는 해양생물은 그 섬의 식사의 주식이다.

2332 ✓	**edible** [édəbl]	형 식용이 되는, 먹을 수 있는, 명 식료
		반 inedible 형 식용에 적합지 않은, 못 먹는
2333 ✓	**eel** [íːl]	명 뱀장어
2334 ✓	**octopus** [áktəpəs]	명 낙지
2335 ✓	**oyster** [ɔ́istər]	명 (패류의) 굴
2336 ✓	**staple** [stéipl]	명 필수식료품, 주식, 주요산물, 형 주요한, 중요한
		유 chief, primary 형 주요한

The army has no coherent plan, and their proposals to dispatch more troops to augment the forces that have already been deployed are still ambiguous.

육군에는 일관된 계획이 없고, 게다가 이미 배치되어 있는 전력을 증강하기 위해서 보다 많은 군대를 파견한다는 그들의 제안은 여전히 불명확하다.

3
UNIT 4

2337 ✓	**dispatch** [dispǽtʃ]	타 파견하다, 발송하다, 신속히 처리하다
		유 send, remit, forward 타 보내다, 발송하다
2338 ✓	**augment** [ɔːgmént]	타 증강하다, 늘리다, 보강하다
		유 increase, swell 타 늘리다
2339 ✓	**deploy** [diplɔ́i]	타 배치하다, 분산하다, 전개시키다
		파 deployment 명 배치
2340 ✓	**ambiguous** [æmbígjuəs]	형 불명료한, 모호한, 두 가지 뜻으로 해석되는
		유 obscure, vague, dubious

The municipal court has jurisdiction in this instance and can indict the bureaucrat on bribery charges.

본건에 대해서는 지방재판소에 관할권이 있고, 뇌물죄로 그 관료를 기소할 수가 있다.

2341	**municipal** [mjuːnísəpl]	형 지방의, 지방자치의, 국지적인
		municipal court 지방재판소
2342	**jurisdiction** [dʒùərisdíkʃən]	명 재판권, (사법) 관할구
2343	**indict** [indáit]	타 기소하다
		늑유 prosecute
2344	**bureaucrat** [bjúərəkræt]	명 관료, 관료주의자
		늑유 bureaucracy, officialdom 명 관료
2345	**bribery** [bráibəri]	명 뇌물(수수행위), 수뢰, 독직(瀆職)
		늑유 corruption

The philosophers warned not to be tantalized by avarice or the promises of ecstasy obtained through a lifestyle of hedonism and lavish pursuits.

철학자들은 탐욕이나 혹은 쾌락과 사치를 추구하는 생활스타일을 통해서 얻어지는 황홀함의 약속에 (마음이) 흔들려 괴롭힘을 당하지 않도록 경고하였다.

2346	**tantalize** [tǽntəlàiz]	타 희롱하다, (과시하여) 놀리다, 약올리다
		늑유 irritate, tease, provoke 타 약올리다
2347	**avarice** [ǽvəris]	명 탐욕, 허욕
		늑유 greed
2348	**ecstasy** [ékstəsi]	명 무아경, 황홀, 희열
		늑유 rapture, exultation 명 몹시 기뻐함
2349	**hedonism** [híːdənìzəm]	명 쾌락주의, 쾌락론, 향락적 생활
2350	**lavish** [lǽviʃ]	형 사치스러운, 낭비벽이 있는, 충분한

Those enchanted by the animate delivery of his impromptu tale and its explicit details were disappointed to learn he had fabricated the entire story.

그가 즉흥적인 이야기를 분명하게 세세한 것까지 생기있게 말한 것에 매료된 사람들은 그가 모든 이야기를 날조한 것이라는 것을 알고서 실망했다.

2351	**enchant** [entʃǽnt]	타 매료하다, 황홀케 하다, 마법을 걸다
		늑유 rapture, fascinate, captivate 타 황홀케 하다
2352	**animate** 형 [ǽnəmət] 동 [ǽnəmèit]	형 생기 있는, 타 생명을 불어넣다, 활기를 띠게 하다
		늑유 active, lively 형 생기 있는
2353	**impromptu** [imprámptjuː]	형 즉석의, 즉흥의, 명 즉석연설, 즉흥연주
		늑유 prompt, immediate 형 즉석의
2354	**explicit** [iksplísit, eks-]	형 명백한, 명시적인, 뚜렷한
		늑유 clear, apparent 형 명백한
2355	**fabricate** [fǽbrikèit]	타 날조하다, 제작하다, 조립하다

These radar images show the almost methodical symmetry of Saturn's rings and the exquisite terrain of its moon.

이 레이더 화상은 토성환(土星環)과 그 위성의 멋진 지형 사이에 거의 질서정연한 대칭관계가 있음을 보여주고 있다.

2356	**methodical** [məθádikl]	형 질서정연한, 조직적인, 방법론적인
		늑유 systematic, orderly 형 조직적인, 규율있는
2357	**symmetry** [símətri]	명 좌우 상칭(相稱), 좌우대칭, 균형
		늑유 balance, proportion 명 균형
2358	**Saturn** [sǽtərn]	명 토성
2359	**exquisite** [ekskwízit, ékskwi-]	형 절묘한, 훌륭한
		늑유 excellent, splendid
2360	**terrain** [təréin, térein]	명 지형, 지세, 지역, 지면
		늑유 topography, lay 명 지세

The **entrepreneur endowed** the university with the **bulk** of its **budget** used for **stipends** for graduate students.

그 실업가는 대학원생을 위한 장학금에 사용되는 예산의 태반을 그 대학에 기부했다.

2361	**entrepreneur** [à:ntrəprənə́:r]	명 실업가, 기업가, 사업주
2362	**endow** [endáu]	타 기금을 기부하다 ≒유 contribute, donate, subscribe 타 기부하다
2363	**bulk** [bʌ́lk]	명 태반, 대부분, 크기 ≒유 size, dimension, measure 명 크기
2364	**budget** [bʌ́dʒət]	명 예산, 예산안, 자 타 예산을 세우다
2365	**stipend** [stáipend]	명 장학금, 연금, 고정급

An **audit** of the **bankrupt** company found that the CEO had lied about **expenditures** and **embezzled** money to fund his **extravagant** lifestyle.

파산한 회사의 회계검사에서 최고경영책임자가 지출에 대해서 허위 발언을 하고, 자신의 사치스러운 생활양식의 자금으로 하기 위해서 돈을 횡령했음을 알아냈다.

2366	**audit** [ɔ́:dit]	명 회계검사, 청산, (수업의) 청강 ≒유 inspection 명 감사
2367	**bankrupt** [bǽŋkrʌpt, -rəpt]	형 파산한, 명 파산자, 타 파산시키다 ≒유 insolvent 형 파산한
2368	**expenditure** [ikspénditʃər, eks-]	명 지출, 소비, 경비, 비용 ≒유 expense, cost 명 경비
2369	**embezzle** [embézl]	타 횡령하다, 착복하다 파 embezzlement 명 착복, 횡령
2370	**extravagant** [ikstrǽvəgənt]	형 사치스러운, 낭비하는, 과도의 ≒유 wasteful 형 낭비하는

Restless children are prone to inflict sores and scrapes on their arms and legs that can leave scars.

불안정한 어린이들은 자신의 팔이나 다리에 상처자국을 남기는 고통이나 찰과상을 입게 하는 경향이 있다.

2371	**prone** [próun]	형 (−하는) 경향이 있는, (−하기) 쉬운, 수그린 능유 apt 형 (−하는) 경향이 있는
2372	**inflict** [inflíkt]	타 (타격·손해·고통 등을) 주다, (형벌 등을) 과하다
2373	**scrape** [skréip]	명 찰과상, 타 문지르다, 문질러 벗기다 능유 scratch, graze 명 할퀸 상처
2374	**scar** [ská:r]	명 상처 자국, 타 상처 자국을 남기다, 자 상처가 되다

Bashed by the media for concealing his affair, the insolent politician hurled dozens of hostilities at reporters throughout the duration of his speech.

자신의 스캔들을 숨기는 데 대해 매스컴에 격하게 비난받자, 거만한 그 정치가는 연설중 내내 기자들에게 많은 적대적인 말을 퍼부었다.

3
UNIT 4

2375	**bash** [bǽʃ]	타 격하게 비난하다, 세게 치다, 명 강타
2376	**conceal** [kənsí:l]	타 숨기다, 비밀로 하다 능유 hide
2377	**insolent** [ínsələnt]	형 거만한, 무례한 능유 arrogant, haughty
2378	**hurl** [hə́:rl]	타 (욕설 등을) 퍼붓다, (비명 등을) 지르다, 집어던지다 능유 throw, fling 타 집어던지다
2379	**hostility** [hɑstíləti]	명 적의(敵意), 적대행위 능유 enmity
2380	**duration** [djuəréiʃən]	명 지속기간, 존속기간, 계속 능유 continuation, endurance 명 계속

The surge in orphans caused by this turmoil outnumbers those of any previous calamity.

이번 동란의 결과 급증한 고아는, 이전에 일어난 어떤 참사에 있어서의 고아보다도 사람수가 많다.

2381	**surge** [sə́:rdʒ]	명 급증, 파도침, (감정 등의) 격동
		늑유 wave, swell
2382	**orphan** [ɔ́:rfn]	명 고아, 형 고아의, 부모가 없는
		파 orphanage 명 고아원
2383	**turmoil** [tə́:rmɔil]	명 동란, 대혼란, 대소동, 혼미
		늑유 tumult, fuss 명 큰소동
2384	**outnumber** [àutnʌ́mbər]	타 수적(數的)으로 우세하다
		늑유 exceed, surpass 타 자 (−보다) 낫다
2385	**calamity** [kəlǽməti]	명 참사, 불행, 재난
		늑유 disaster

Showing his dissent for the law he deemed detrimental to economic growth, the president refused to ratify the bill, issuing a veto to nullify its passage.

대통령은 경제성장에 바람직하지 않다고 생각한 법률에 대해서 이의를 나타내고, 그 법안의 통과를 무효로 하기 위한 거부권을 발동하여, 법안을 승인하는 것을 거부했다.

2386	**dissent** [disént]	명 이의, 불찬성, 자 의견을 달리하다, 이의를 말하다
		늑유 disagreement, disapproval 명 불찬성
2387	**detrimental** [dètrəméntl]	명 바람직하지 않는, 유해한
		파 detriment 명 손해, 손실
2388	**ratify** [rǽtəfài]	타 승인하다, 비준하다
		늑유 approve
2389	**veto** [ví:tou]	명 거부권, 거부, 타 거부하다, 부인하다
		늑유 denial, refusal 명 거부
2390	**nullify** [nʌ́ləfài]	타 무효로 하다, 파기하다, 취소하다
		늑유 destroy, cancel 타 파기하다, 취소하다

The rebel army coalesced and ambushed the headquarters in a clash that left the ruling party paralyzed.

반군은 연합하여, 의견의 불일치로 여당을 마비시킨 사령부를 매복 기습하였다.

2391	**coalesce** [kòuəlés]	자 연합하다, 유착하다 늑유 unite
2392	**ambush** [ǽmbuʃ]	타 매복하여 습격하다, 명 매복
2393	**headquarters** [hédkwɔ̀ːrtərz]	명 사령부, 본부, 본사 늑유 center, administration 명 본부
2394	**clash** [klǽʃ]	명 충돌, 불일치, 부조화, 자 충돌하다, 조화하지 않다 늑유 conflict
2395	**paralyze** [pǽrəlàiz]	타 마비시키다 늑유 numb 타 (—을) 마비시키다

The panel's incisive concluding remarks deemed it imperative to prevent the ideology of such religious zealots from spreading throughout the region.

위원회의 신랄한 최종 논평은 그와 같은 종교적 광신자의 이데올로기가 지역 전체에 확산되는 것을 막는 것이 절대로 필요하다고 판단하였다.

3
UNIT 5

2396	**panel** [pǽnl]	명 위원회, 조사단원, 명부 늑유 committee, commission 명 위원회
2397	**incisive** [insáisiv]	형 신랄한, 기민한, 예리한 늑유 keen, sharp 형 예민한
2398	**imperative** [impérətiv]	형 절대로 필요한, 불가결한 늑유 mandatory, indispensable
2399	**ideology** [àidiálədʒi, ìd-]	명 관념형태, 이데올로기
2400	**zealot** [zélət]	명 광신자, 열광자 늑유 fanatic

This material has a much more coarse texture than the textiles used for garments sold in shopping malls around the world.

이 소재는 세계 각지의 쇼핑센터에서 판매되고 있는 의복에 사용되는 옷감과 비교해서 훨씬 조잡한 질감이다.

2401	**coarse** [kɔ́ːrs]	형 조잡한, 조악한, 열등한
		능유 rough, harsh 형 거친
2402	**texture** [tékstʃər]	명 질감, 본질, 직물, 성품
2403	**textile** [tékstàil]	명 옷감, 직물, 형 직물의
2404	**garment** [gɑ́ːrmənt]	명 의복, 의류, 타 치장하다
		능유 clothes, clothing, wear 명 의복
2405	**mall** [mɔ́ːl]	명 쇼핑센터, 보행자 전용 상점가

Having been made a scapegoat for the town's problems, she felt suffocated by the antipathy of her fellow townspeople, though her family remained insensible to her plight.

마을 문제로 희생양이 되어서, 그녀는 마을 사람들의 반감으로 질식할 것 같은 느낌이었지만, 가족은 여전히 그녀의 곤경에 대해서 무관심하였다.

2406	**scapegoat** [skéipgòut]	명 속죄양, 희생
2407	**suffocate** [sʌ́fəkèit]	타 질식사시키다, 억압하다, 자 질식사하다
		능유 smother, choke 타 질식시키다, 자 질식하다
2408	**antipathy** [æntípəθi]	명 혐오, 반감, 불일치, 대립
		능유 hate, hatred, disgust
2409	**insensible** [insénsəbl]	형 무감각한, 무관심한, 눈에 보이지 않을 정도의
		능유 insensitive, senseless 형 무감각한
2410	**plight** [pláit]	명 곤경, (나쁜) 상태, 궁지
		능유 difficulty, hardship, predicament 명 곤경

The **optician** placed a special **groove** in the lower **periphery** of the lens that she said would help **offset** the **diminution** of vision.

그 안경사는 시력의 감소를 보충하는 데 도움이 될 것이라고 그녀가 말하는 렌즈의 하부 가장자리에 특수한 홈을 만들었다.

2411	**optician** [ɑptíʃən]	명 안경기술, 시력교정사
2412	**groove** [grú:v]	명 홈, 관례, 지극히 당연한 방법, 적소(適所)
2413	**periphery** [pərí:fəri]	명 가장자리, 둘레, 주위, 외면, 외변 파 peripheral 형 주변부에 있는, 핵심에서 벗어난
2414	**offset** 동 [ɔ́(:)fsét] 명 [ɔ́(:)fsèt]	타 보충하다, 벌충하다, 상쇄하다, 명 상쇄하는 것
2415	**diminution** [dìmənjú:ʃən]	명 감소, 삭감 유 reduction

The **maritime** safety team went out on the **pier** at the **wharf** and placed **buoys** in the water so swimmers wouldn't **plunge** into the deep areas.

해상안전팀이 부두에 있는 잔교에 출동하여 수영자가 깊은 장소에 뛰어들지 않도록 부이를 바다에 배치했다.

2416	**maritime** [mǽrətàim]	형 바다의, 해상의, 연안에 사는 유 marine 형 바다의
2417	**pier** [píər]	명 잔교(棧橋), 선창, 부두
2418	**wharf** [hwɔ́:rf]	명 부두, 선창, 타 부두를 설비하다, 자 부두에 닿다
2419	**buoy** [bú:i, bɔ́i]	명 부이, 부표, 구명부이, 타 부이를 달다
2420	**plunge** [plʌ́ndʒ]	자 뛰어들다, 잠수하다, 빠지다, 타 찌르다, 던져넣다 유 dive 자 뛰어들다

The leader attempted to arrange for various armies to converge to help abate the menace posed by tyranny and fanaticism of the imperialists.

그 지도자는 제국주의자들의 폭정과 광신에 의해서 받은 협박을 완화시키는 데 도움을 주기 위해서 다방면의 군대가 모이도록 시도했다.

2421	converge [kənvə́:rdʒ]	자 모이다, 몰려들다 반 diverge 자 갈리다, 분기하다
2422	abate [əbéit]	타 완화시키다, 약화시키다, 자 누그러지다, 약해지다 늑유 soften, ease 타 완화시키다, 자 누그러지다
2423	menace [ménəs]	명 협박, 위협 늑유 threat 명 위협
2424	fanaticism [fənǽtəsìzm]	명 광신, 열광, 열광적 행위(태도) 늑유 enthusiasm, excitement 명 열광
2425	imperialist [impíəriəlist]	명 제국주의자, 형 제국주의의 파 imperialism 명 제국주의

The veterinarian induced temporary paralysis in the dog with a narcotic to stop its erratic movement and help reduce its anguish from the accident.

수의사는 그 개를 마취제로 일시적인 마취상태로 만들었는데, 그것은 불규칙한 신체의 움직임을 멈추고, 사고에 의한 고통을 완화시키는 데 도움을 주기 위해서였다.

2426	veterinarian [vètərənɛ́əriən]	명 수의사
2427	paralysis [pərǽləsis]	명 마비상태 파 paralyze 타 마비시키다
2428	narcotic [nɑːrkátik]	명 마취제, 진정제, 마약중독자, 형 마취성의, 마약중독자의 늑유 drug 명 마약
2429	erratic [irǽtik]	형 불규칙한, 불안정한, 상궤를 벗어난, 일관성 없는
2430	anguish [ǽŋgwiʃ]	명 고통, 고민, 고뇌 늑유 pain, torment, torture, suffering, agony

Her expertise and foresight led to the inception of a myriad of beneficial fiscal policies.

그녀의 전문지식과 선견지명 덕분에 무수의 유익한 재정정책이 시작되었다.

2431	**expertise** [èkspərtíːz]	몡 전문지식, 전문가의 의견
		파 expert 몡 전문가, 혱 숙달한, 전문지식이 있는
2432	**foresight** [fɔ́ːrsàit]	몡 선견지명, 통찰력, 심려(深慮·깊은 사려)
		반 hindsight 몡 때늦은 지혜
2433	**inception** [insépʃən]	몡 처음, 발단
		늑유 beginning
2434	**myriad** [míriəd]	몡 무수, 혱 무수의
		늑유 numerous 혱 무수의

A raid on the cult leader's compound found that he was stockpiling an arsenal of weapons and holding a woman he had kidnapped for ransom.

신흥종교지도자의 부지를 급습하여, 그가 병기고에 무기를 비축하고, 몸값을 받기 위해 유괴한 여성을 구속하고 있었던 일을 밝혀냈다.

3

UNIT 5

2435	**raid** [réid]	몡 급습, 불의의 진입, 타 습격하다, 강제수사를 하다
2436	**cult** [kʌlt]	몡 신흥종교, 사이비종교
2437	**compound** [kámpaund]	몡 부지, 거주구역, 혼합물, 혱 합성의, 집합의
2438	**stockpile** [stákpàil]	타 (-을) 비축하다, 저장하다, 자 비축하다, 몡 비축
		늑유 stock
2439	**arsenal** [áːrsənl]	몡 병기고, 병기공장, 병력, 비축
2440	**ransom** [rǽnsəm]	몡 몸값, 배상금, 타 (포로 등을) 해방하다

The **mystical** island offered the **allure** of a **sublime utopia** free of the **animosity** of the real world.

그 신비적인 섬은 속세간의 적의로부터 해방된, 숭고한 이상향의 매력을 부여해주었다.

2441	**mystical** [místikl]	형 신비적인, 초자연적인
		늑유 mystic, mysterious
2442	**allure** [əlúər]	명 매력, 타 매혹하다
		늑유 temptation, attraction, charm 명 매력
2443	**sublime** [səbláim]	형 숭고한, 고상한, 명 숭고한 것, 절정, 극치
		늑유 noble, spiritual, high 형 숭고한
2444	**utopia** [ju:tóupiə]	명 이상향
		파 utopian 형 이상향적인, 몽상적인, 명 몽상가
2445	**animosity** [ǽnəmásəti]	명 악의, 증오, 적의
		늑유 hatred 명 적의

Extra charges will be **incurred** and you may **inadvertently default** on your loan if you allow too much time to **elapse** between your **installments**.

분할지불 기간 중에 무심코 시간을 너무 경과시키면 (할부금을 연채하면), 추가요금을 내게 되고, 부주의하게도 차입금의 채무불이행이 될 수 있다.

2446	**incur** [inkə́:r]	타 (빚을) 지다, (위해를) 당하다, (위험을) 초래하다
2447	**inadvertently** [ìnədvə́:rtəntli]	부 부주의하게도, 무심코
		늑유 inadvertent 형 부주의한, 무심코 저지른
2448	**default** [difɔ́:lt]	자 채무를 이행치 않다, 명 채무불이행, 태만, 결장
2449	**elapse** [ilǽps]	자 (때가) 지나다, 경과하다, 명 (때의) 경과
		늑유 pass, progress 자 경과하다
2450	**installment** [instɔ́:lmənt]	명 분할지불(의 불입금), 할부금, 형 분할지불의
		installment plan 분할지불, 할부계획

She chuckled as her friend humiliated the man who made the vulgar whistle with a slap in the face.

그녀는 친구가 천박한 휘파람을 분 남자의 얼굴을 때려 창피를 주었기 때문에 낄낄 웃었다.

2451	**chuckle** [tʃʌ́kl]	자 낄낄 웃다, 득의의 미소를 짓다, 명 소리 없이 웃는 웃음
		늑유 giggle, titter
2452	**humiliate** [hju:mílièit]	타 창피를 주다, 굴욕을 주다
		파 humiliating 형 굴욕적인
2453	**vulgar** [vʌ́lgər]	형 천박한, 저속한, 악취미의, 통속의
		늑유 coarse, indecent, filthy
2454	**whistle** [hwísl]	명 휘파람, 기적, 경적, 신호, 자 휘파람을 불다
2455	**slap** [slǽp]	명 넓은 것으로 침, 모욕, 비난, 타 찰싹 때리다
		늑유 strike, hit, beat, knock 타 때리다

In a unanimous decision, the Supreme Court overturned the statutory provision after hearing testimony from a number of judicial experts.

최고재판소는 많은 사법전문가로부터의 증언을 들은 후, 만장일치의 판결로 법령의 규정을 뒤집었다.

2456	**unanimous** [ju:nǽnəməs]	형 만장일치의, 합의의, 이의가 없는
		늑유 agreeable, consistent 형 일치한
2457	**overturn** 동 [òuvərtə́:rn] 명 [óuvərtə̀:rn]	타 뒤엎다, 전복시키다, 자 전복하다, 명 전복, 붕괴
		늑유 upset 타 뒤집어엎다, 전복시키다
2458	**statutory** [stǽtʃətɔ̀:ri]	형 법령의, 법정(法定)의, 법에 걸리는
		늑유 legal
2459	**provision** [prəvíʒən]	명 규정, 조항, 준비, 공급
		늑유 stipulation
2460	**judicial** [dʒu:díʃəl]	형 사법의, 재판관의, 판단력이 있는, 공평한
		늑유 judiciary, juridical 형 사법의

It is part of the physiological maternal instinct inherent in mothers to want to nourish their children and show them compassion.

자기들의 어린이를 기르고, 그들에게 동정을 보이기를 바라는 것은 어머니에게 본래부터 갖추어진 생리학적인 모성본능의 일부이다.

2461	**physiological** [fìziəládʒikl]	형 생리적인, 생리학(상)의
		파 physiology 명 생리학, 생리기능
2462	**maternal** [mətə́:rnl]	형 모성의, 어머니의, 어머니다운
		반 paternal 형 아버지의, 아버지다운
2463	**inherent** [inhíərənt]	형 본래부터 갖고 있는, 고유의
2464	**nourish** [nə́:riʃ]	타 양성하다, 비료를 주다, 기르다
		파 feed, foster
2465	**compassion** [kəmpǽʃən]	명 동정, 불쌍히 여김
		파 kindness, gentleness, tenderness

The envoy pondered what maneuvers to take to mediate a consensus and obtain real concessions from both sides of the conflict.

외교사절은 분쟁의 양 당사자간에 합의를 성립시켜 실질적인 양보를 획득하기 위해서 어떠한 책략을 취할 것인지를 숙고했다.

2466	**ponder** [pándər]	타 고려하다, 신중히 생각하다
		늑유 contemplate, consider
2467	**maneuver** [mənú:vər]	명 책략, 계략, 타 조종하다, 자 책략을 쓰다
2468	**mediate** 동 [mí:dièit] 형 [-diət]	타 조정하여 성립시키다, 자 조정하다
		늑유 arbitrate
2469	**consensus** [kənsénsəs]	명 (관계자의) 총체적 합의, (의견·감정의) 일치
		늑유 agreement, concurrence
2470	**concession** [kənséʃən]	명 양보, 용인
		늑유 compromise

With the acquisition of the electronic commerce company, the retailer has made the full transition to becoming a wholesale vendor of computers and software.

전자상거래 회사의 매수로, 그 소매상인은 컴퓨터와 소프트웨어의 도매업자로 완전히 전환하였다.

2471	**acquisition** [ӕkwizíʃən]	명 매수, 취득
		파 acquire 타 얻다, 입수하다
2472	**commerce** [kámə:rs]	명 상거래, 상업, 교역, 교섭
		늑유 trade, business
2473	**wholesale** [hóulsèil]	형 도매의, 명 도매
		반 retail 형 소매의, 명 소매
2474	**vendor** [véndər, -dɔːr]	명 파는 사람, 상인, 매각인
		파 vend 타 (―을) 팔다, 자 팔리다, 장사를 하다

The governor's aides exploited and blackmailed him by threatening to discredit him in the media, but when they tried to extort money from him they were arrested on coercion charges.

그 주지사의 보좌관들이 매스컴상에서 그의 명성을 흠집내겠다고 협박하여 그를 이용하고 또 공갈을 쳤지만, 그로부터 돈을 등치려고 했을 때, 그들은 강요죄로 체포되었다.

2475	**aide** [éid]	명 측근, 조수
		늑유 adviser, assistant
2476	**exploit** [eksplɔ́it, iks-]	타 (이기적 목적으로) 이용하다, 착취하다
		파 exploitation 명 이용, 착취
2477	**blackmail** [blǽkmèil]	타 등치다, 공갈하다, 강요하다, 명 등치기, 공갈
		늑유 extort, threaten, force 타 등치다, 공갈하다
2478	**discredit** [diskrédət]	타 신용을 해치다, 믿지 않다, 명 불신임, 의혹, 불명예
		늑유 damage 타 (―의) 신용을 해치다
2479	**extort** [ekstɔ́:rt, iks-]	타 등쳐빼앗다, 억지로 빼앗다,
		늑유 blackmail, threaten, force 타 등치다, 공갈하다
2480	**coercion** [kouə́:rʃən]	명 강요, 강제, 억압, 탄압정치
		파 coerce 타 강요하다, 억압하다

The clumsy and cumbersome rhinoceros lay down and smothered the snail under its belly.

꼴사납고 주체스러운 코뿔소가 누워서, 배 밑의 달팽이를 깔아뭉겠다.

2481	**clumsy** [klʌ́mzi]	형 꼴사나운, 서투른, 다루기 곤란한 늣유 awkward
2482	**cumbersome** [kʌ́mbərsəm]	형 주체스러운, 귀찮은, 성가신
2483	**rhinoceros** [rainάsərəs]	명 코뿔소, 무소
2484	**smother** [smʌ́ðər]	타 덮어 가리다, 질식시키다, (불을) 덮어 끄다 늣유 suffocate 타 질식시키다
2485	**snail** [snéil]	명 달팽이

Hundreds waited in the queue to see the new reptile exhibit at the aquarium, which features a comprehensive overview of the distinctive species from the southern hemisphere.

수백만이나 되는 사람들이 수족관에서 막 시작된 파충류전을 보려고 줄을 짓고 기다렸는데, 그 파충류전은 남반구 특유의 종을 광범위하게 개관할 수 있는 것을 특징으로 하고 있다.

2486	**queue** [kjú(:)]	명 줄, 열, 자 줄을 짓다, 타 나란히 세우다 늣유 line 명 줄, 열, 자 늘어서다
2487	**aquarium** [əkwɛ́əriəm]	명 수족관, 수조
2488	**overview** [óuvərvjù:]	명 개관(槪觀), 개략, 타 개관하다, 대충 살피다 늣유 outline, survey 명 개관
2489	**distinctive** [distíŋktiv]	형 특유의, (다른 것과) 명확히 구별되는 늣유 unique 형 독특한

The outgoing president warned of an imminent danger from the obstinate foes of the nation trying to smuggle in weapons and explosives.

퇴임하는 대통령은 무기와 폭발물을 밀수하려고 하는, 그 나라의 완강한 적들로부터의 절박한 위협에 대해서 경고했다.

2490	**outgoing** [áutgòuiŋ]	형 퇴임하는, 퇴직하는, 외교성(外交性)의, 명 출발 늑유 leaving 형 퇴직하는
2491	**imminent** [ímənənt]	형 절박한, 급박한, 금방 일어날 것 같은 늑유 impending, close, approaching
2492	**obstinate** [ábstənət]	형 집요한, 완고한, 완강한 늑유 stubborn
2493	**foe** [fóu]	명 적, 반대자, 장해 늑유 enemy, adversary, opponent, rival, antagonist
2494	**smuggle** [smʌ́gl]	타 밀수하다, 숨기다, 자 밀수하다, 숨다 파 smuggler 명 밀수업자, 밀수선

Analysts are speculating that this year's oil commodity prices will dwarf the previous year's culminating in lucrative benefits for investors.

애널리스트들은 금년의 석유상품가격은 전년 투자자들의 최고조의 수익을 작아보이게 할 것이라고 추측하고 있다.

2495	**speculate** [spékjəlèit]	타 추측하다 늑유 conjecture, hypothesize, guess
2496	**commodity** [kəmádəti]	명 상품, 물건, 필수품, 물자 늑유 goods
2497	**dwarf** [dwɔ́ːrf]	타 작아 보이게 하다, 발육을 방해하다
2498	**culminate** [kʌ́lmənèit]	자 최고조에 달하다, 정점에 이르다 늑유 peak, climax
2499	**lucrative** [lúːkrətiv]	형 수지맞는, 이익이 되는, 돈이 벌리는

Icicles form on the roof during the frigid winter mornings, glittering in the sun and shimmering with the dew.

고드름은 매우 추운 겨울 아침에 지붕에 생겨, 태양빛을 받아 반짝반짝 빛나고, 그 물방울과 함께 희미하게 반짝인다.

2500	**icicle** [áisikl]	명 고드름
2501	**frigid** [frídʒid]	형 매우 추운, 극한의 ≒유 freezing, chill
2502	**glitter** [glítər]	자 반짝반짝 빛나다, 빛나다, 명 반짝임, 화려 ≒유 shine, sparkle, twinkle 자 반짝반짝 빛나다
2503	**shimmer** [ʃímər]	자 옅게 반짝이다, 타 옅게 반짝이게 하다 명 반짝이는 빛 ≒유 twinkle 자 반짝반짝 빛나다

If passed, the legislation would levy a hefty fine on users of harmful pesticides that seep into groundwater.

만일 이 법률이 승인되면, 지하수에 스며드는 유해한 살충제의 사용자에 대해서 무거운 벌금을 과하게 될 것이다.

2504	**legislation** [lèdʒisléiʃən]	명 법률, 법률규정 ≒유 law, statute 명 법률
2505	**levy** [lévi]	타 과하다, 징수하다, 자 징세하다, 재산을 압수하다 ≒유 impose 타 과하다
2506	**hefty** [héfti]	형 무거운, 큰, 압도적인
2507	**pesticide** [péstəsàid]	명 살충제, 농약
2508	**seep** [síːp]	자 스며들다, 스며나오다, 침투하다 ≒유 infiltrate, penetrate, permeate
2509	**groundwater** [gráundwɔ̀ːtər]	명 지하수

The group solicited monetary donations to support bereaved families whose children have perished in the epidemic caused by the highly contagious disease.

그 단체는 접촉전염성이 지극히 높은 질병이 원인인 전염병으로 죽은 어린이의 유족을 지원하기 위하여 금전적인 기부를 모집했다.

2510	**solicit** [səlísət]	타 (금전·원조·정보 등을) 모집하다, 간청하다 ≒유 request, seek, call for ~
2511	**monetary** [mánətèri]	형 금전상의, 통화의 ≒유 financial
2512	**bereave** [birí:v]	타 (육친을) 빼앗다 bereaved family 유족
2513	**perish** [périʃ]	자 죽다, 썩다, 소멸하다 ≒유 die

Surgeons well versed in hypertension and cardiac pathology assessed the blockage in the patient's arteries.

고혈압 및 심장병리학에 정통한 외과의사들이 환자의 동맥에 있어서의 폐색을 평가했다.

2514	**hypertension** [hàipərténʃən]	명 고혈압 ≒유 high blood pressure
2515	**cardiac** [káːrdiæk]	형 심장의, 심장병의, 명 강심제, 심장병환자
2516	**pathology** [pəθálədʒi]	명 병리학, 병상(病狀) 파 pathologist 명 병리학자
2517	**assess** [əsés]	타 (재산·수입 등을) 평가하다, 사정(査定)하다 파 evaluate, gauge, estimate
2518	**blockage** [blákidʒ]	명 폐색(閉塞), 봉쇄, 방해(물) ≒유 obstruction
2519	**artery** [áːrtəri]	명 동맥 반 vein 명 정맥

The psychiatrist said that materialism and other selfish feelings can impair marital relations, since they can lead individuals to become indifferent to their spouses.

정신과의사는 물질주의나 그밖의 이기적 감정은 부부관계를 손상시킬 수 있다고 말했는데, 그것은 그러한 것에 의해서 개인이 그 배우자에 대해서 무관심해질 가능성이 있기 때문이다.

2520	**psychiatrist** [saikáiətrist]	명 정신과의사
2521	**materialism** [mətíəriəlizm]	명 물질주의, 유물론(주의), 실질주의 파 materialist 명 유물론자, 실리주의자
2522	**impair** [impέər]	타 손상하다, 해치다 ≒유 damage, harm, injure
2523	**marital** [mǽrətl]	형 부부의, 결혼의 marital status 결혼상황

The prodigal sons on the research team squandered most of their plentitude of money on superfluous purchases, and were forced to find new ways to subsidize their study.

연구팀의 씀씀이가 헤픈 종사자들은 불필요한 구입에 그 풍부했던 자금의 대부분을 낭비해버리고, 자기들의 연구비를 조성하기 위해서 새로운 방법을 찾지 않으면 안 되었다.

2524	**prodigal** [prádigl]	형 씀씀이가 헤픈, 낭비하는, 명 낭비자, 방탕아 ≒유 wasteful, extravagant 형 낭비가 많은
2525	**squander** [skwάndər]	타 낭비하다, 자 방랑하다, 명 낭비 ≒유 waste 타 낭비하다
2526	**plentitude** [pléntitjù:d]	명 풍부함, 충분, 충실 파 plenty 명 많음, 풍부, 형 많은, 충분한
2527	**superfluous** [su:pə́rfluəs]	형 불필요한, 여분의, 남는 ≒유 surplus, extra
2528	**subsidize** [sʌ́bsədàiz]	타 조성하다, 조성금을 지급하다

The dog growled as it gnawed on the chunk of meat and licked the bone, showing its true canine nature.

이 개는 고기 덩어리를 갉고, 뼈를 핥으면서 개의 본성을 나타내며, 으르렁거리는 소리를 냈다.

2529	**growl** [grául]	자 으르렁거리다, 고함치다, 명 으르렁거리는 소리
2530	**gnaw** [nɔ́ː]	자 갉아먹다, 물어 끊다 늑유 chew, champ, chomp, bite
2531	**chunk** [tʃʌ́ŋk]	명 큰 덩어리, 두껍게 자른 것 늑유 lump, block
2532	**lick** [lík]	타 핥다, 명 핥기, 한 번 핥기
2533	**canine** [kéinain]	형 개의, 개와 같은 feline 형 개과의, 개와 같은

The "triple conjunction" phenomenon, in which planets come into array, most often occurs between Jupiter and Uranus or Neptune, as the observatory notes.

행성이 열을 짓는 상태가 되는 '삼중합(三重合)' 현상은, 천문대의 기록에 의하면 목성·천왕성·해왕성 사이에서 일어나는 경우가 가장 많다.

3
UNIT 6

2534	**array** [əréi]	명 질서있게 늘어선 것, 배열, 타 정렬시키다 늑유 lineup, formation, display 명 배열
2535	**Jupiter** [dʒúːpətər]	명 목성
2536	**Uranus** [júərənəs]	명 천왕성
2537	**Neptune** [néptjuːn]	명 해왕성
2538	**observatory** [əbzə́ːrvətɔ̀ːri]	명 천문대, 관측소, 전망대 파 observation 명 관측, 관찰

The girl's skin became itchy from the fur of the hare that had stumbled into the yard through the thorn bush.

가시덤불을 뚫고 정원으로 우연히 들어온 토끼의 털로 소녀의 피부는 가려워졌다.

2539	**itchy** [ítʃi]	형 가려운, 좀이 쑤시는 파 itch 명 가려움, 자 가려워지다, 군실거리다
2540	**fur** [fə́ːr]	명 부드러운 털, 모피, 모피제품, 타 모피를 입히다
2541	**hare** [héər]	명 토끼 ≒유 rabbit
2542	**stumble** [stʌ́mbl]	자 우연히 들어가다, 비틀거리다, 실수하다, 명 비틀거림, 과실
2543	**thorn** [θɔ́ːrn]	명 가시, 가시 있는 식물, 고통의 원인

His geometry class was learning that a diameter is twice a radius, but he was distracted by the brook tapering off into a river.

기하학 수업에서 직경은 반경의 2배라고 배웠는데, 그는 점차로 가늘어져 강으로 흘러가는 시내물에 정신이 팔려있었다.

2544	**diameter** [daiǽmətər]	명 직경, (렌즈의) 배율 ≒유 caliber, bore 명 직경, 구경
2545	**radius** [réidiəs]	명 반경, 범위
2546	**distract** [distrǽkt]	타 (마음·주의 등을) 빗나가게 하다, (딴 데로) 돌리다 ≒유 divert
2547	**brook** [brúk]	명 작은 시내, 개울 ≒유 stream
2548	**taper** [téipər]	자 점점 가늘어지다, 명 끝이 뾰족한 것

The painter could not achieve the hue he wanted for the **luminary** portion of the **lighthouse**, and had to **improvise** by **sprinkling** some gold dust on his brush.

화가는 등대의 발광부분에 원했던 색조를 나타낼 수 없었기 때문에 붓에 약간 사금을 뿌려 임시변통으로 하지 않으면 안 되었다.

2549	**luminary** [lú:mənèri]	명 발광(체), 천체
2550	**lighthouse** [láithàus]	명 등대
2551	**improvise** [ímprəvàiz]	자 타 임시변통으로 만들다, 즉흥으로 만들다 파 improvisation 명 즉흥, 즉흥연주
2552	**sprinkle** [spríŋkl]	타 흩뿌리다, 산재(散在)하게 하다 늑유 splash, spray

The priest stood behind the father's **coffin** and read his **eulogy**, as he **reminisced** about all the **jolly** times they shared and offered **condolences** to his family.

사제(司祭)는 신부님의 관 뒤에 서서 그의 추도문을 읽었는데, 그 속에서 함께 지낸 많은 유쾌한 때의 추억을 말하고, 그의 가족에게 애도를 말했다.

2553	**coffin** [kɔ́:fn, kǽf-]	명 관, 널 늑유 casket
2554	**eulogy** [júːlədʒi]	명 추도문, 칭찬의 말, 찬사 늑유 tribute
2555	**reminisce** [rèmənís]	자 추억을 말하며 즐기다, 추억에 잠기다 파 reminiscence 명 회상, 추억
2556	**jolly** [dʒáli]	형 유쾌한, 명랑한 늑유 merry, gay, cheerful, cheery, lively
2557	**condolence** [kəndóuləns]	명 애도, 문상 늑유 sympathy

Things look bleak for the ailing ape, as he is becoming feebler by the day despite his trainer's attempts to rehabilitate him.

병을 앓고 있는 그 원숭이의 앞으로의 전망은 어둡고, 훈련사가 재활훈련을 하고자 함에도 불구하고 날이 갈수록 쇠약해져 가고 있다.

2558	**bleak** [blíːk]	형 (전망 등이) 어두운, 황폐한
2559	**ail** [éil]	자 병을 앓다, 기분이 좋지 않다, 타 괴롭히다, 고통을 주다 늑유 afflict, pain, distress 타 괴롭히다, 고통을 주다
2560	**ape** [éip]	명 원숭이, 유인원 늑유 monkey
2561	**feeble** [fíːbl]	형 (체력이) 약한 늑유 weak
2562	**rehabilitate** [rìːhəbílitèit]	타 (환자 등의) 기능회복훈련을 하다, 재활훈련을 하다

The freight business was put in jeopardy when their entire fleet was brought to a standstill by the negligence of the controller.

그 화물운송사업은 관리자의 태만에 의해서 그 전 보유선박이 정지되자 위기에 빠졌다.

2563	**freight** [fréit]	명 화물수송, 운송화물
2564	**jeopardy** [dʒépərdi]	명 위기, 위험성 늑유 risk, danger
2565	**fleet** [flíːt]	명 선단, 함대, (집합적으로) 전함대, 해군
2566	**standstill** [stǽndstìl]	명 정지, 휴지(休止) 늑유 halt, stop
2567	**negligence** [néglidʒəns]	명 태만, 부주의, 무관심, 과실 늑유 carelessness, neglect

As his car was hoisted up by a tow truck, his leg was wrapped in gauze and he was carried on a stretcher.

그의 차가 레커차에 들어올려지자, 그의 발은 거즈로 감싸지고, 그는 들것으로 운반되었다.

2568	**hoist** [hɔ́ist]	타 들어올리다, 낚아올리다
		늑유 raise, lift
2569	**tow** [tóu]	명 견인, 끄는 차
		tow truck 레커차
2570	**gauze** [gɔ́z]	명 거즈, 붕대
		늑유 bandage 명 붕대
2571	**stretcher** [strétʃər]	명 들것, 신장구(伸張具)

Resonant frequencies from seismic vibrations can send shivers down the spines of animals whose anatomies make them able to discern such frequencies.

지진의 진동에 의한 공진(共振)주파수는, 그러한 주파수를 인식할 수 있는 생체구조를 가진 동물의 등뼈를 타고 내려오는 떨림을 전달할 가능성이 있다.

3

2572	**resonant** [rézənənt]	형 공진(共振)하는, 반향하는, 공명하는
		파 resonance 명 공진, 반향, 공명
2573	**frequency** [frí:kwənsi]	명 주파수, 진동수, 빈도, 빈발
2574	**vibration** [vaibréiʃən]	명 진동, 인상, 분위기
		늑유 oscillation 명 진동
2575	**shiver** [ʃívər]	명 떨림, 몸서리, 자 떨다, 몸서리치다
		늑유 shudder, tremble 명 떨림, 몸서리
2576	**anatomy** [ənǽtəmi]	명 (인체·동물학의) 생체구조, 해부학
		늑유 structure 명 구조, 조직, 형태
2577	**discern** [disə́:rn, dizə́:rn]	타 인식하다, 깨닫다, 차이를 식별하다
		늑유 sense, detect 타 인식하다

His turbulent life as a juvenile caused him to become an ingrate to his parents, aloof and detached from the rest of his family.

그는 소년시절에 거친 생활을 보내 부모에게 은혜를 모르는 사람이 되어, 냉담하고 다른 가족으로부터도 거리를 두도록 되어버렸다.

2578	**turbulent** [tə́:rbjələnt]	형 거친, 혼란한, 불온한 / 늑유 violent, disorderly
2579	**juvenile** [dʒú:vənàil]	명 소년소녀, 청소년, 형 젊은, 미숙한 / 늑유 minor 명 미성년
2580	**ingrate** [íngreit]	명 은혜를 모르는 사람 / 늑유 ingratitude
2581	**aloof** [əlú:f]	형 냉담한, 무관심한, 멀리 떨어진
2582	**detach** [ditǽtʃ]	타 거리를 두다, 떨어지게 하다 / 늑유 dissociate, alienate

Various artifacts excavated from the caves and judged to be priceless works of antiquity were kept in the university's archives.

동굴에서 출토되어 매우 중요한 고대의 작품이라고 감정된 여러 가지 공예품은 대학의 보관소에 보관되었다.

2583	**artifact** [ɑ́:rtəfæ̀kt]	명 공예품, 인공물, 인공유물
2584	**excavate** [ékskəvèit]	타 파내다 / 늑유 dig, unearth
2585	**cave** [kéiv]	명 동굴, 동혈 / 늑유 hollow, cavern
2586	**antiquity** [æntíkwəti]	명 고대, 먼 옛날, 고대의 유물 / 파 antique 명 골동품, 형 고풍스런
2587	**archives** [ɑ́:rkaivs]	명 (복수형으로 쓰임) 공문서보관소, 고문서 / 늑유 document, record 명 문서, 기록

Zinc is important as an enzyme catalyst, and certain formulas of vitamins containing zinc are better assimilated by the body.

아연은 효소촉매로서 중요하고, 특정한 제법으로 비타민에 아연을 조합하면 신체에 잘 흡수된다.

2588	**zinc** [zíŋk]	몡 아연
2589	**enzyme** [énzaim]	몡 효소
2590	**catalyst** [kǽtəlist]	몡 촉매 파 catalysis 몡 촉매작용, 접촉반응
2591	**formula** [fɔ́ːrmjələ]	몡 제법(製法), 처방전, 조리법, 공식, 정해진 문구
2592	**assimilate** [əsíməlèit]	타 흡수하다, 동화하다 유 digest, absorb 타 (—을) 흡수하다

Though the shrewd businessman was often thought to be stingy, he showed his benevolent side when he bequeathed most of his assets to the local college.

그 빈틈없는 사업가는 인색하다고 생각되는 일이 종종 있었지만, 지방 대학에 자산의 대부분을 유언으로 양도했을 때, 자신의 자선적인 면을 보였다.

3
UNIT 7

2593	**shrewd** [ʃrúːd]	혱 빈틈없는, 현명한, 통찰력이 있는 유 clever 혱 영리한, 머리가 좋은
2594	**stingy** [stíndʒi]	혱 인색한, 불충분한 유 mean, miserly
2595	**benevolent** [bənévələnt]	혱 선의의, 자선의 반 malevolent 혱 악의가 있는
2596	**bequeath** [bikwíːð, -kwíːθ]	타 유언으로 양도하다, 후세에 남기다, 전하다 유 leave, devise
2597	**asset** [ǽset]	몡 자산, 유산, 도움되는 것 반 liability 몡 부채

The chancellor decided to relinquish the provisional authority he had been granted since it would make him susceptible to charges of hypocrisy.

그 정부각료는 그때까지 주어져온 잠정적인 권한을 포기할 생각을 굳혔는데, 그것은 그 권한에 의해서 그가 위선행위의 비난을 받기 쉽기 때문이다.

2598	**chancellor** [tʃǽnsələr]	명 정부고관, 각료
2599	**relinquish** [rilíŋkwiʃ]	타 포기하다, 그만두다, 단념하다 늑유 renounce, give up ~
2600	**provisional** [prəvíʒənl]	형 잠정적인, 임시의 늑유 interim, temporary
2601	**susceptible** [səséptəbl]	형 (−의 영향을) 받기 쉬운 늑유 subject 형 (−을) 받기 쉬운
2602	**hypocrisy** [hipάkrəsi]	명 위선행위, 위선 파 hypocritical 형 위선의

It would be futile for anthropologists to conjecture whether coexistence among these tribes would have been feasible.

인류학자들에 있어서 이러한 부족간의 공존이 실현가능했었는가 어떤가를 추측하는 것은 쓸데없는 일일 것이다.

2603	**futile** [fjúːtl]	형 쓸데없는, 도움이 되지 않는, 하찮은 늑유 fruitless, vain, useless
2604	**anthropologist** [ænθrəpάlədʒist]	명 인류학자 파 anthropology 명 인류학
2605	**conjecture** [kəndʒéktʃər]	타 자 추측하다, 명 추측, 억측 늑유 speculate, guess 타 자 추측하다
2606	**coexistence** [kòuigzístns, −egz−]	명 공존, 공생 파 coexist 자 공존하다, 동시에 존재하다
2607	**feasible** [fíːzəbl]	형 실현가능한, 적당한 늑유 possible 형 가능한

The president is arrogant to think that he is infallible and can circumvent the mandates of international law for his imperial pursuits.

대통령은 자신이 절대로 옳고, 그의 제국주의적 추구에 대한 국제법의 의무도 회피할 수 있다고 생각할 정도로 오만하다.

2608	**arrogant** [ǽrəgənt]	형 거만한, 오만한
		반 humble 형 얌전한, 겸손한
2609	**infallible** [infǽləbl]	형 결코 잘못이 없는, 전혀 틀림이 없는
		늑유 unerring, unfailing
2610	**circumvent** [sə:rkəmvént]	타 회피하다, 앞지르다
		늑유 avoid, evade
2611	**mandate** [mǽndeit, -dit]	명 의무, 명령
		늑유 order 명 명령
2612	**imperial** [impíəriəl]	형 거만한, 오만한, 제국의
		늑유 arrogant 형 거만한, 오만한

One can infer that the profusion of part-time and transitory employees means that fewer workers are eligible for benefits.

비상근이나 단기의 종업원이 많이 있는 것은, 즉 각종 수당을 얻는 자격이 있는 근로자가 거의 없다고 추론할 수 있다.

2613	**infer** [infə́:r]	타 추측하다, 추론하다, 암시하다
		늑유 judge, guess
2614	**profusion** [prəfjú:ʒən]	명 많은 것, 풍부, 사치
		늑유 abundance 명 풍부
2615	**part-time** [pá:rttàim]	형 비상근의, 파트타임의
		반 full-time 형 상근의
2616	**transitory** [trǽnsətɔ̀:ri, -zə-]	형 단기의, 일시적인, 잠깐 동안의
		늑유 temporary
2617	**eligible** [élidʒəbl]	형 자격이 있는, 적격의
		늑유 fit, qualified

Make sure the card is compliant with standards and compatible with your system, for your computer may do irreparable damage to the card or vice-versa.

카드가 표준형과 일치하고, 당신의 시스템과 호환성이 있는지 확인해주세요. 왜냐하면, 컴퓨터가 카드에 회복할 수 없는 손해를 주든가, 혹은 그 반대일 수도 있기 때문입니다.

2618 ✓	**compliant** [kəmpláiənt]	형 (사양·자격 등에) 대응한, (사람이) 고분고분한
2619 ✓	**compatible** [kəmpǽtəbl]	형 호환성이 있는, 적합한, 양립할 수 있는 늑유 consistent
2620 ✓	**irreparable** [irépərəbl]	형 회복할 수 없는, 돌이킬 수 없는 늑유 irreversible
2621 ✓	**vice-versa** [váisə və́:rsə, váisi-]	부 거꾸로, 반대로 늑유 conversely

The contingent of attendees at the educational summit included members of the faculties of major universities who had forged a tentative agreement to share research facilities.

교육 수뇌회담의 참석자단에는 연구시설공유를 위한 잠정적인 합의를 구축해둔, 주요대학의 교직원이 포함되어 있었다.

2622 ✓	**contingent** [kəntíndʒənt]	명 파견단, 분견대(分遣隊) 늑유 delegation, mission
2623 ✓	**summit** [sʌ́mit]	명 수뇌회의, 정상
2624 ✓	**forge** [fɔ́:rdʒ]	타 (합의 등을) 구축하다, (계획 등을) 생각해내다 늑유 build, create, form 타 (합의 등을) 구축하다
2625 ✓	**tentative** [téntətiv]	형 잠정적인, 임시의, 시험적인 늑유 provisional

In lieu of further litigation, the prosecution decided to reach an amiable and impartial settlement so as not to protract the case any longer.

더 이상의 소송 대신에, 검찰당국은 이 이상 사건을 오래 끌게 하지 않기 위해 우호적이고 공평한 화해에 이르도록 결정을 내렸다.

2626 ✓	**lieu** [lúː, ljúː]	명 (in lieu of~의 형태로) ~대신에
2627 ✓	**litigation** [lìtigéiʃən]	명 소송, 기소 ≒유 lawsuit, prosecution
2628 ✓	**amiable** [éimiəbl]	형 호의적인, 붙임성 있는, 상냥한 ≒유 friendly, affable
2629 ✓	**impartial** [impáːrʃl]	형 공평한, 편견이 없는 ≒유 fair, unbiased
2630 ✓	**protract** [prətrǽkt, prou-]	타 오래 끌게 하다, (쑥) 내밀다 ≒유 prolong, lengthen 타 연장하다

The disgraced young man made an oath to his family and friends in which he pledged to abstain from stimulants and comply with the judge's order for rehabilitation.

불상사를 일으킨 그 젊은이는 각성제를 끊고, 사회복귀를 위한 재판관의 지시에 따를 것을 약속하는 서약을 가족과 친구들에게 했다.

3
UNIT 7

2631 ✓	**oath** [óuθ]	명 맹세, 선서 ≒유 vow, pledge
2632 ✓	**pledge** [plédʒ]	타 약속하다, 확약하다, 명 맹약, 약속 ≒유 promise 타 약속히다
2633 ✓	**abstain** [æbstéin, əb-]	자 끊다, 삼가다 ≒유 refrain
2634 ✓	**stimulant** [stímjələnt]	명 각성제, 흥분제, 자극물, 형 자극하는
2635 ✓	**comply** [kəmplái]	자 따르다, 좇다 ≒유 conform

The **ceiling** of the **venue** was optimized for **superb** acoustics, allowing the sound to fully **diffuse** throughout the **immense** space.

개최지의 천장은 매우 뛰어난 음향효과를 올리도록 최적화되어 있고, 그 덕분에 음악이 그 거대한 공간 전체에 충분히 퍼지도록 되어 있었다.

2636	**ceiling** [síːliŋ]	몡 천장, 최고한도
2637	**venue** [vénjuː]	몡 개최지, 회장(會場), 입장(立場), 재판지
2638	**superb** [supə́ːrb]	혱 매우 뛰어난, 멋진, 당당한 ≒유 excellent
2639	**diffuse** [difjúːz]	잨 퍼지다, 보급하다, 탙 흩뜨리다, 보급시키다 ≒유 spread
2640	**immense** [iméns]	혱 거대한, 광대한 ≒유 vast

Meticulous inspection of the **synthesis** and **structure** of the materials showed them to be very **durable** and therefore in **compliance** with the prescribed standards.

그 소재의 합성 및 구조에 관한 면밀한 검사에 의해서 거기에는 상당히 내구성이 있고, 그 결과 정해진 기준치에 합치하고 있는 것을 알아냈다.

2641	**meticulous** [mətíkjələs]	혱 면밀한, 매우 주의깊은 ≒유 careful, conscientious
2642	**synthesis** [sínθəsis]	몡 합성, 종합, 구조 ≒유 composition
2643	**structure** [strʌ́ktʃər]	몡 구조, 조직, 건조물 ≒유 construction
2644	**durable** [djúərəbl]	혱 내구성이 있는, 오래 견디는, 튼튼한 ≒유 long-lasting, enduring
2645	**compliance** [kəmpláiəns]	몡 합치, 준거, 승낙, 추종, 순종 팤 comply 잨 따르다, 응하다

Dandelion tea, slightly diluted with pure water and mixed with other herbs, is currently in vogue as a remedy for dizziness.

깨끗한 물로 묽게 하여 그 밖의 향초를 섞은 민들레차는 현기증에 좋은 약으로서 현재 유행하고 있다.

2646	**dandelion** [dǽndilàiən]	명 민들레
2647	**dilute** [dailúːt, di-]	타 묽게 하다, 희석하다 파 dilution 명 묽게 하는 것, 희석
2648	**herb** [həːrb, əːrb]	명 허브, 향초(香草)
2649	**vogue** [vóug]	명 유행, 인기, 형 유행의 늑유 fashion, trend 명 유행
2650	**dizziness** [dízinəs]	명 현기증, 어지러운 것 파 dizzy 형 현기증 나는, 머리가 어찔어찔하는

I shudder to think that the voters would condone the president's attempts to intimidate and persecute those who do not endorse his views.

자신의 견해를 지지하지 않는 사람들을 위압하거나 협박하려고 하는 대통령의 시도를 유권자들이 묵인할 것이라고 생각하면 나는 몸서리쳐진다.

3
UNIT 7

2651	**shudder** [ʃʌ́dər]	자 몸서리치다, 오싹하다, 명 몸서리침, 전율 늑유 shake, shiver 자 오싹하다, 몸서리치다
2652	**condone** [kəndóun]	타 묵인하다, 너그럽게 봐주다, 허락하다 늑유 overlook
2653	**intimidate** [intímidèit]	타 위압하다, 협박하다 늑유 frighten, menace
2654	**persecute** [pə́ːrsəkjùːt]	타 협박하다, 박해하다, 곤란하게 하다 늑유 oppress
2655	**endorse** [endɔ́ːrs]	타 지지하다, 보증하다 늑유 support 타 지지하다

The **ambassador** spoke with **candor** about the need for **diplomacy** as an incentive for countries to forge better **reciprocal** relationships.

대사는 나라들이 지금 이상의 상호관계를 만들어내는 동기부여로서의 외교의 필요성에 대해서 솔직하게 말했다.

2656	**ambassador** [æmbǽsədər]	명 대사, 사절
2657	**candor** [kǽndər]	명 솔직함, 태평무사 늦유 openness, frankness 명 솔직함
2658	**diplomacy** [diplóuməsi]	명 외교(술), 권모술수 파 diplomatic 형 외교(상)의
2659	**reciprocal** [risíprəkl]	형 상호의, 호혜적인, 답례의, 대상(代償)의 늦유 mutual

Asthma sufferers should **gargle** with salt water to **expel** all the **junk** out of their throats, especially if they are **averse** to outdoor **pollutants**.

천식 환자는 특히 집밖에서의 오염물질을 매우 싫어하는 경우는 식염수로 양치질을 하여 목에서 모든 찌꺼기를 배출해야 한다.

2660	**gargle** [gɑ́:rgl]	자 양치질하다
2661	**expel** [ekspél, iks-]	타 배출하다, 분출하다, 쫓아내다, 제명하다 늦유 discharge 타 배출하다
2662	**junk** [dʒʌ́ŋk]	명 찌꺼기, 쓰레기, 잡동사니, 폐품 늦유 rubbish 명 쓰레기, 잡동사니
2663	**averse** [əvə́:rs]	형 매우 싫어하는, 반대하는 파 aversion 명 혐오, 반감
2664	**pollutant** [pəlú:tənt]	명 오염물질, 오염 파 pollute 타 오염하다

The article uses the analogy of a Wild West duel to depict the lack of amity between the countries that were once allies.

그 기사는 일찍이 동맹국이었던 국가간에 있어서 우호의 결여를 묘사하기 위해서 미서부개척기의 결투의 예화를 차용하고 있다.

2665	**duel** [djúːəl]	명 결투
		늑유 fight, confrontation
2666	**depict** [dipíkt]	타 묘사하다, 그리다
		늑유 describe
2667	**amity** [ǽməti]	명 우호, 친목, 친선(관계)
		늑유 friendship, harmony
2668	**ally** [ǽlai, əlái]	명 동맹국, 자기편, 자 동맹관계에 들어가다
		파 alliance 명 동맹

The manufacturer and its affiliates glutted the market in such an indiscriminate manner that their subsequent releases failed to kindle any interest from retailers or consumers.

그 제조사와 그 관련회사는 분별없는 방법으로 시장에 과잉공급했기 때문에 그 뒤의 발매에서는 소매점이나 소비자의 어떠한 관심에도 불을 붙일 수 없었다.

3

UNIT 7

2669	**affiliate** [əfíliət, -èit]	명 관련회사, 관계단체, 가입자
2670	**glut** [glʌ́t]	타 과도하게 공급하다, 배불리 먹이다, 명 과다, 배부름
		늑유 saturate 타 과도하게 공급하다
2671	**indiscriminate** [ìndiskrímənət]	형 분별없는, 무차별의, 잡다한, 엉터리의
		늑유 unselective
2672	**subsequent** [sʌ́bsəkwənt]	형 그 뒤의, 차후의, 계속 일어나는, 결과로서 일어나는
		늑유 consequent
2673	**kindle** [kíndl]	타 불을 붙이다, 타오르게 하다, (흥미를) 부추기다
		늑유 inflame

In the 17th century, architects ushered in the Baroque style, a more flamboyant and ornate style, in the design of cathedrals.

17세기에는, 건축가는 대성당의 설계에 바로크양식을 도입했는데, 이것은 보다 현란하고 화려한 양식이었다.

2674	**usher** [ʌ́ʃər]	자 안내역을 맡다, 타 안내하다, 명 안내인
		usher in ~ ~을 도입하다, ~의 선구가 되다
2675	**flamboyant** [flæmbɔ́iənt]	형 현란한, 화려한, 타는 듯한
2676	**ornate** [ɔːrnéit]	형 화려한, 잘 꾸민
2677	**cathedral** [kəθíːdrəl]	명 대성당

These hybrid cars received great acclaim for their intricate designs, though they deviated significantly from what was considered the archetype of such machines.

이 하이브리드 자동차들은, 전형적인 자동차로 간주되는 것으로부터는 현저하게 일탈해 있지만, 그 정교한 디자인으로 대단한 갈채를 받았다.

2678	**hybrid** [háibrid]	형 잡종의, 복합의, 혼성의
2679	**acclaim** [əkléim]	명 칭찬, 갈채, 타 갈채로서 맞이하다
		늑유 praise, applaud 타 박수를 보내다, 칭찬하다
2680	**intricate** [íntrikət]	형 정교하고 치밀한, 복잡한, 난해한
		늑유 complicated
2681	**deviate** [díːvièit]	자 일탈하다, 빗나가다, 편향하다
		늑유 depart
2682	**archetype** [ɑ́ːrkitàip]	명 원형, 전형
		늑유 prototype

A **devastating cluster** of bombs went off in an **adjacent** building, sending **shreds** of metal about and causing many **casualties**.

파괴적인 폭탄의 덩어리가 인접한 건물에서 폭발하여, 금속파편을 흩날려서 많은 사상자를 내게 되었다.

2683	**devastating**	형 파괴적인, 황폐시키는, 압도적인
	[dévəstèitiŋ]	늑유 destructive, ruinous
2684	**cluster**	명 한 덩어리, 방, 무리
	[klʌ́stər]	늑유 bunch 명 방
2685	**adjacent**	형 인접한
	[ədʒéisnt]	늑유 adjoining, neighboring
2686	**shred**	명 파편, 단편, 극히 조금
	[ʃréd]	늑유 fragment
2687	**casualty**	명 사상자, 희생자, 재해, 상해
	[kǽʒuəlti]	늑유 victim, fatality

A special peace **envoy** was brought in to **foster** more **cordial** relations between the countries and reduce the **friction** and **enmity** that had caused so many problems.

국가간의 우호적인 관계를 더욱 촉진하고, 많은 문제를 야기한 마찰이나 대립을 축소하기 위해서 특별 평화외교사절이 파견되었다.

3
UNIT 8

2688	**envoy**	명 외교사절, 특명전권대사
	[énvɔi]	
2689	**foster**	타 촉진하다
	[fɔ́stər]	늑유 encourage, promote
2690	**cordial**	형 우호적인, 성심성의의, 마음으로부터의
	[kɔ́ːrdʒəl]	늑유 wholehearted
2691	**friction**	명 마찰, 알력, 불화
	[fríkʃən]	늑유 conflict
2692	**enmity**	명 대립, 적의(敵意), 증오, 반목
	[énməti]	늑유 hostility, animosity, hatred

Some financial planners say it's more pragmatic to dump non-performing funds and consolidate equities to maximize dividends.

자산운용 컨설턴트 중에는 배당을 최대로 하기 위해 이익을 내지 않는 투자신탁을 투매하여 보통주를 정리하는 것이 한층 실리적이라고 말하는 사람도 있다.

2693	**pragmatic** [prǽgmǽtik]	형 실리적인, 실용적인, 실제적인
		늑유 practical
2694	**dump** [dʌ́mp]	타 투매하다, 내버리다, 내팽개치다
		파 dumping 명 투매, 덤핑
2695	**consolidate** [kənsɑ́lədèit]	타 정리하다, 정리 통합하다, 합병하다
		늑유 combine, unite, merge
2696	**equity** [ékwəti]	명 보통주, 공평
		늑유 stock, share 명 주(株)
2697	**dividend** [dívidènd]	명 배당(금), 이익환부금

Accountants advise that even those in lower tax brackets are wise to leverage their assets to avoid lapses in earnings during dormant times in the economy.

회계사는 낮은 세율구분에 있는 사람들이라도 경제가 정체하고 있는 기간에 수익저하를 회피하기 위해서 자산을 활용하는 것이 현명하다고 조언하고 있다.

2698	**accountant** [əkáuntənt]	명 회계원, 회계사
		늑유 auditor 명 회계감사인
2699	**bracket** [brǽkət]	명 (같은 소득·연령 등의) 계층, 구분
		늑유 group, category
2700	**leverage** [lévəridʒ, líːv-]	타 활용하다, 이용하다, 명 지레의 작용
		늑유 utilize 타 활용하다, 이용하다
2701	**lapse** [lǽps]	명 저하, 감소, 과실, 경과
		늑유 decline, fall 명 저하, 감소
2702	**dormant** [dɔ́ːrmənt]	형 청체하고 있는, 수면상태의, 휴지상태에 있는
		늑유 asleep, inactive

The judicious student showed great perseverance as she arduously compiled the diverse materials into one cohesive body of work.

그 분별력 있는 학생은, 애써서 다양한 정보를 하나의 통합된 작업결과로 정리함으로써 대단한 인내력을 보여주었다.

2703	**judicious** [dʒuːdíʃəs]	형 판단력이 있는, 사려분별이 있는, 현명한 능유 wise, sensible
2704	**perseverance** [pə̀ːrsəvíərəns]	명 인내(력), 참을성, 능유 patience
2705	**arduously** [áːrdʒuəsli]	부 애써, 분투하여 파 arduous 곤란한, 힘드는, 끈기있는
2706	**compile** [kəmpáil]	타 정리하다, 편집하다, 완성시키다 능유 assemble
2707	**diverse** [daivə́ːrs]	형 다양한, 별종의, 다른 능유 different, varied

Liaisons from the two countries convened for bilateral talks aimed at implementing a new set of measures to mitigate trade disputes.

두 나라의 연락관은 무역마찰을 완화하는 일련의 새로운 대책의 실시를 목적으로 양국간 회담을 소집했다.

3

UNIT 8

2708	**liaison** [liːéizn]	명 연락(관), 접촉, 밀통 능유 contact
2709	**convene** [kənvíːn]	타 소집하다, 소환하다 능유 summon
2710	**bilateral** [bailǽtərəl]	형 양측의, 쌍무적인, 명 이자(二者)회담, 이자협정
2711	**implement** 동 [ímpləmènt] 명 [-mənt]	타 (약속 등을) 실시하다, 이행하다, 명 수단, 방법 능유 execute, enact 타 실시하다
2712	**mitigate** [mítəgèit]	타 완화하다, 누그러뜨리다, 경감하다 능유 alleviate, reduce, ease

The artist is something of an enigma, with paintings that display an idiosyncrasy that evokes the early surrealists and a satirical take on modern society.

그 예술가는 초기의 초현실주의자를 방불케하는 듯한 독자적인 표현방법과 현대사회에 대한 풍자적인 해석을 보이는 그림을 그리는, 어딘가 수수께끼의 인물이다.

2713	**idiosyncrasy** [ìdiəsínkrəsi]	명 (개인의) 특이한 성격, 특이성, 특징 늑유 peculiarity
2714	**evoke** [ivóuk]	타 방불케하다, (기억·감정을) 불러일으키다 늑유 call up ~
2715	**surrealist** [sərí:əlist]	명 초현실주의자 파 surrealism 명 초현실주의
2716	**satirical** [sətírikl]	형 풍자적인, 비꼬는 늑유 ironic, ironical, sarcastic

After deliberating for hours, the jury was still at a deadlock as to whether any injustice had been committed and if there were plausible grounds to give an affirmative answer.

배심원들은, 몇 시간이나 숙고한 뒤에도, 어떤 부당한 행위가 행해졌는지, 그리고 긍정적인 대답을 줄 만한 타당한 근거가 있는지에 대해서, 여전히 (확실한 입장을 정리하지 못하는) 막다른 상태에 있었다.

2717	**deliberate** 동 [dilíbərèit] 형 [-ət]	자 타 숙고하다, 형 신중한, 계획적인 늑유 consider 자 타 숙고하다
2718	**deadlock** [dédlàk]	명 막다른 골, 자 막다르다, 타 막다른 골에 이르게 하다 늑유 stalemate, impasse, checkmate 명 막다른 골
2719	**injustice** [indʒʌ́stis]	명 부정한 행위, 불법, 부정 늑유 unfairness
2720	**plausible** [plɔ́:zəbl]	형 타당한, 그럴듯한, 정말 같은 늑유 likely, feasible, presumable
2721	**affirmative** [əfə́:rmətiv]	형 긍정의, 단정적인, 적극적인 반 negative 형 부정의

A hectic scene occurred after radical activists incited a mob to disrupt the religious holiday procession.

과격한 정치활동가들이 종교적인 휴일 행진을 방해하기 위해서 폭도를 선동한 후에 한 흥분한 광경이 발생했다.

2722	**hectic** [héktik]	형 흥분한, 대소동의, 매우 바쁜 / 늑유 exciting
2723	**incite** [insáit]	타 선동하다, 자극하다 / 파 incitement 명 자극, 유인, 선동
2724	**mob** [máb]	명 폭도, 군집, 대중 / 늑유 insurgent, rioter 명 폭도
2725	**disrupt** [disrʌ́pt]	타 혼란시키다, 분열시키다, 방해하다 / 늑유 disturb, upset, unsettle
2726	**procession** [prəséʃən]	명 행진, 전진 / 늑유 parade

Reading his father's obituary distressed the man so much that he began to ponder his own mortality, which sent him down a spiral of depression and into seclusion.

자신의 아버지의 사망기사를 읽자 그 사람은 너무 괴로워서 자신의 죽음, 즉 자살을 생각하기 시작했고, 우울증과 은둔생활의 악순환이 그를 타락시켰다.

3

2727	**obituary** [əbítʃuèri]	명 사망기사, 사망자 전력
2728	**distress** [distrés]	타 괴롭히다, 고민케 하다, 명 고민, 한탄, 고통 / 늑유 torment, plague 타 괴롭히다, 고민케 하다
2729	**mortality** [mɔːrtǽləti]	명 죽을 운명, 사망자수 / 파 mortal 형 죽을 운명에 있는
2730	**spiral** [spáiərəl]	명 악순환, 나선, 형 나선의 / 늑유 coil, helix, corkscrew 명 나선, 나선형의 물건
2731	**seclusion** [siklúːʒən]	명 은둔, 격리 / 늑유 retreat, retirement

Many people think it's not ethical to make a cloned baby by implanting a cloned embryo into a woman's womb.

많은 사람이, 여성의 자궁에 복재된 배(胚)를 이식하여 복재된 아기를 만드는 것은 윤리적이지 않다고 생각한다.

2732	**ethical** [éθikl]	형 윤리적인, 도덕상의
		늑유 moral
2733	**cloned** [klóund]	형 무성생식의, 복재된
2734	**implant** [implǽnt]	타 이식하다, 불어넣다, 끼워넣다
		늑유 transplant 타 이식하다
2735	**embryo** [émbriòu]	명 배(胚), 태아, 맹아, 발달하지 않은 것
		파 embryonic 형 배의, 태아의, 초기의
2736	**womb** [wúːm]	명 자궁
		늑유 uterus

The poultry was deemed harmful because residue from the groundwater near the farm was found to be laced with mercury, sulfur, and other harmful materials.

그 닭고기는, 농장 부근의 지하수에 포함되는 잔유물에, 수은, 유황, 또는 그밖의 유해물질이 섞여 있는 것을 알았기 때문에 유해하다고 판단되었다.

2737	**poultry** [póultri]	명 닭고기, 가금(家禽), 가금의 고기
		늑유 chicken, fowl 명 닭고기
2738	**residue** [rézidjùː]	명 잔유물, 잔여, 잉여
		늑유 remainder, rest
2739	**lace** [léis]	타 섞다, 끈으로 묶다, 명 끈
		늑유 mix 타 섞다
2740	**mercury** [máːrkjəri]	명 수은, 온도계
		늑유 quicksilver 명 수은
2741	**sulfur** [sʌ́lfər]	명 유황

Sitting precariously on its perch, the bird made an aerial assault when it saw the mole and picked it up in its claws like a crane.

그 새는 횃대에 불안정하게 앉아 있다가, 두더지를 발견하자 공중공격을 하여, 기중기처럼 발톱으로 두더지를 낚아올렸다.

2742	**precariously** [prikέəriəsli]	뷔 불안정하게, 위험할 정도로 ≒유 unsteadily 뷔 불안정하게
2743	**perch** [pə́ːrtʃ]	몡 (닭장의) 횃대 ≒유 roost
2744	**aerial** [ɛ́əriəl]	혱 공중의, 공기의, 공중에 치솟은
2745	**mole** [móul]	몡 두더지, 묵묵히 일하는 사람
2746	**crane** [kréin]	몡 기중기, 학

The astronauts were already aloft when they detected the divergent pattern of their flight, but had no time to rectify it and became frantic with worry.

우주비행사들은, 자신들의 기준에서 벗어난 비행패턴을 알아차렸을 때는 이미 상공에 있었는데, 그것을 수정하는 시간이 없어 불안으로 미칠 지경이었다.

3

UNIT 8

2747	**astronaut** [ǽstrənɔ̀ːt]	몡 우주비행사 ≒유 cosmonaut
2748	**aloft** [əlɔ́ft]	뷔 상공으로, 위로, 높이, 공중에 ≒유 upwards
2749	**divergent** [daivə́ːrdʒənt]	혱 기준에서 벗어난, 분기하는, 서로 다른 반 convergent 혱 한데 모이는, 수렴한
2750	**rectify** [réktəfài]	탸 수정하다, 고치다 ≒유 correct, amend, remedy, repair
2751	**frantic** [frǽntik]	혱 광란의, 미친 듯 날뛰는 ≒유 panic-stricken

Census figures show that racial antagonism still looms in many cities, and studies implicate politicians' disregard for the problem as one cause.

인구조사의 숫자를 보면 여전히 많은 도시에서 인종적 대립이 나타나고 있는 것을 알 수 있고, 연구는 그 하나의 원인으로서 정치가들의 이 문제에 대한 경시를 암시하고 있다.

2752	**census** [sénsəs]	명 인구조사, 국세(國勢)조사
2753	**antagonism** [æntǽgənìzm]	명 대립, 적대관계, 반목 늑유 opposition, animosity
2754	**loom** [lú:m]	자 어렴풋이 보이다, 아련히 나타나다
2755	**implicate** [ímplikèit]	타 암시하다, 함축하다, 휩쓸려들게 하다 늑유 imply
2756	**disregard** [dìsrigá:rd]	명 경시, 무시, 무관심 늑유 neglect, inattention

In the scorching desert heat, the thirsty hikers were lured to a blurry haze that they thought was a lake but turned out to be a mirage.

태우는 듯한 사막의 열기 속에서, 목이 마른 도보여행자들은 그들이 호수라고 생각했지만, 결국은 신기루임이 드러난 흐릿한 아지랑이에 유혹을 당했다.

2757	**scorching** [skɔ́:rtʃiŋ]	형 태우는 듯한, 매우 뜨거운, 선정적인 늑유 blazing, flaming 형 태우는 듯한
2758	**lure** [l(j)úər]	타 유혹하다, 꾀어들이다, 불러들이다 늑유 tempt, entice, attract, induce
2759	**blurry** [blə́:ri]	형 또렷하지 않은, 흐릿한, 더러워진 파 blur 명 얼룩, 오점, 타 희미하게 하다, 더럽히다
2760	**haze** [héiz]	명 아지랑이, 안개 늑유 mist, fog
2761	**mirage** [mərá:ʒ]	명 신기루, 망상 늑유 hallucination 명 환각, 망상

An accident shattered her spine, giving her a nervous affliction that left her illiterate and impeded her further growth.

그녀는 사고로 등뼈를 손상하여, 신경의 병이 되어서 읽고 쓸 수도 없게 되고 그 이상의 성장도 방해되었다.

2762	**spine**	명 등뼈, 척주, 바늘, 가시
	[spáin]	늑유 backbone 명 등뼈, 척추
2763	**affliction**	명 병, 고뇌, 고통, 비탄
	[əflíkʃən]	늑유 suffering, distress, pain 명 고통, 고뇌
2764	**illiterate**	형 읽고 쓸 수 없는, 문맹의, 무식한
	[ilítərət]	반 literate 형 읽고 쓸 수 있는, 교양이 있는
2765	**impede**	타 방해하다, 늦어지게 하다
	[impíːd]	늑유 hinder, obstruct, hamper

Fans were elated that the prolific musician performed for seven consecutive nights, cramming dozens of new songs into the shows and prefacing each of them with stories about their creation.

그 다작의 음악가가, 7일 밤 연속으로 연주를 하면서, 쇼에 많은 신곡을 채워넣고, 각각의 곡의 창작에 관한 이야기로 연주를 시작했기 때문에 펜들은 기분이 의기양양해졌다.

3

UNIT 8

2766	**elate**	타 고양시키다, 기운을 돋우다
	[iléit]	파 elation 명 의기양양
2767	**prolific**	형 다작의, 풍부한, 다산(多産)의
	[prəlífik]	늑유 plentiful, abundant 형 풍부한
2768	**consecutive**	형 연속한
	[kənsékjətiv]	늑유 successive, succeeding
2769	**cram**	타 채워넣다
	[kræm]	늑유 fill, pack
2770	**preface**	타 시작하다, 앞에 놓다, 명 서문
	[préfəs]	늑유 begin, open, start 타 시작하다

The strait flows somewhat like an irregular crescent, with the convex part flowing just under the brink of the plateau.

해협의 흐름은 어딘가 비뚤어진 초승달 모양으로, 튀어나온 부분은 꼭 해대(海臺) 가장자리 밑을 흐르고 있다.

2771	**strait** [stréit]	명 해협, 곤란, 난국 늑유 channel 명 해협
2772	**irregular** [irégjələr]	형 비뚤어진, 불규칙한, 비정상의 늑유 asymmetrical, rough
2773	**crescent** [krésnt]	명 초승달, 초승달 모양의 물건
2774	**brink** [brínk]	명 (벼랑 등의) 가장자리, 물가, (산 등의) 정상 늑유 edge, verge, margin
2775	**plateau** [plætóu]	명 (심해 밑의) 해대(海臺), 고원, 대지

Though she has some notoriety for being an extrovert who talks incessantly, she clammed up when someone brought up the touchy subject of her failed marriage.

그녀에게는 끊임없이 이야기를 하는 외향적인 사람이라는 사소한 악평이 있지만, 자신의 실패한 결혼이라는 미묘한 문제를 누군가가 꺼냈을 때는 입을 다물어버렸다.

2776	**notoriety** [nòutəráiəti]	명 악평, 악명 늑유 infamy
2777	**extrovert** [ékstrəvə̀ːrt, trou-]	명 외향적인 사람 반 introvert 명 내향적인 사람
2778	**incessantly** [insésntli]	부 끊임없이, 간단없이 늑유 constantly, continually, interminably
2779	**clam** [klǽm]	자 조개를 잡다 clam up 침묵을 지키다
2780	**touchy** [tʌ́tʃi]	형 미묘한, 취급에 신중을 요하는, 위험한 늑유 sensitive

Patients with neurosis suffer from recurrent feelings of compulsion, and are often obsessed with some sort of phobia.

신경증 환자는 빈발하는 강박감으로부터 고통받고, 일종의 공포증에 괴롭힘을 당하는 일이 많다.

2781	**neurosis** [njuəróusis]	몡 신경증, 노이로제
		파 neurotic 혱 신경증의, 노이로제의
2782	**recurrent** [rikə́:rənt]	혱 빈발하는, 반복되는, 재발하는
		늑유 repeated, recurring, repetitive
2783	**compulsion** [kəmpʌ́lʃən]	몡 강박, 강제, 충동
		늑유 obligation 몡 강제
2784	**obsess** [əbsés]	타 괴롭히다, (귀신·망상 등이) 들리다, 붙다
		늑유 preoccupy
2785	**phobia** [fóubiə]	몡 공포증, 병적 공포
		늑유 dread, horror

Though hillside residents were warned of the impending avalanche, the general apathy meant that few heeded the warnings about the catastrophe.

언덕에 사는 주민은 절박한 눈사태의 경고를 받았지만, 대체로 모두가 무관심한 것은, 즉 대재해에 관한 경고에 주의를 기울이는 사람이 거의 없다는 것을 의미했다.

2786	**impending** [impéndiŋ]	혱 절박한, 박두한
		늑유 imminent, approaching
2787	**avalanche** [ǽvəlæ̀ntʃ]	몡 눈사태, 쇄도
		늑유 icefall 몡 눈사태
2788	**apathy** [ǽpəθi]	몡 무관심, 무감동, 냉담
		늑유 indifference
2789	**heed** [híːd]	타 (―에) 주의를 기울이다, (―을) 마음에 두다, 몡 주의
		늑유 notice 몡 주의, 관찰
2790	**catastrophe** [kətǽstrəfi]	몡 대재해, 파국, 대실패
		늑유 disaster, calamity 몡 대재해

Subtract the amount of your discount and remit payment for the invoice to our personnel department.

자신의 할인액을 빼고, 당 인사부 앞으로 청구서 지불액을 송부하여 주십시오.

2791	**subtract** [səbtrǽkt]	타 빼다, 공제하다, 자 뺄셈을 하다
		늑유 deduct 타 공제하다
2792	**discount** [dískaunt]	명 할인, 감가, 타 (—을) 할인하다, 자 할인하다
		늑유 deduction 명 감가
2793	**remit** [rimít]	타 (금전을) 보내다, 되돌려보내다, (죄를) 용서하다
		늑유 send, dispatch 타 보내다
2794	**invoice** [ínvɔis]	명 청구서, 송장(送狀), 납품서
2795	**personnel** [pə̀ːrsənél]	명 인사부, 인원, 전직원

In the postscript of his letter, the president said it would be irresponsible to submit bankruptcy papers or liquidate the firm's assets while the result of the investigation was still pending.

편지의 추신에서 사장은, 조사결과가 아직 미정인 상태에서 파산관계의 서류를 제출하는 것이나 회사의 자산을 정산하는 것은 무책임할 것이라고 말했다.

2796	**postscript** [póustskrìpt]	명 추신, 후기, 단서
		늑유 supplement 명 보충, 보유(補遺)
2797	**irresponsible** [ìrispánsəbl]	형 무책임한, 책임능력이 없는
		반 responsible 형 책임 있는
2798	**submit** [səbmít]	타 제출하다, 복종시키다, 의견으로서 말하다
		파 submission 명 제출, 복종
2799	**liquidate** [líkwidèit]	타 청산하다, 변제하다, 폐지하다, 현금화하다
		파 liquidation 명 (회사의) 청산, (빚의) 변제
2800	**pending** [péndiŋ]	형 미정의, 미해결의
		늑유 unresolved, undecided

In **evaluating** the team's conclusions, it is **dubious** as to whether their **equivocal** findings can be considered **legitimate** and **authentic**.

그 팀의 결론을 평가해 볼 때, 그들의 불확실한 연구결과가 과연 타당하고 신뢰할 만 하다고 간주될 수 있을지 의심스럽다.

2801	**evaluate** [ivǽljuèit]	타 평가하다, 가치를 검토하다
		유 assess, estimate
2802	**dubious** [djúːbiəs]	형 의심스런, 반신반의의, 신뢰할 수 없는
		유 doubtful, uncertain, unsure
2803	**equivocal** [ikwívəkl]	형 불확실한, 두 가지로 해석할 수 있는, 다의적인
		유 ambiguous, indefinite, vague
2804	**legitimate** [lidʒítəmət]	형 타당한, 정당한, 합법의
		유 lawful, valid
2805	**authentic** [ɔːθéntik]	형 신뢰할 수 있는, 확실한, 전거가 있는
		유 reliable, dependable, trustworthy

The priest gave a **benign** smile that **consoled** the victims during their **strife** and **bestowed** upon them a **placating** sense of warmth.

사제는, 그들의 투쟁중의 희생자를 위로하고, 또 그들에게 위로하는 온정을 베풀어 주는 자비로운 미소를 지어주었다.

3
UNIT 9

2806	**benign** [bənáin]	형 자비로운, 친절한, 운좋은, 양호한
		반 malign 형 유해한, 악의가 있는
2807	**console** [kənsóul]	타 위로하다, 위문하다
		유 comfort, solace
2808	**strife** [stráif]	명 분쟁, 적대, 경쟁
		유 contest 명 경쟁
2809	**bestow** [bistóu]	타 주다, 수여하다, 증여하다
		유 grant, accord
2810	**placate** [pléikeit, plǽk-]	타 달래다, 위로하다
		유 pacify, calm, appease

The **meteorologist** showed a **lateral** view of a section she had **circumscribed** along the **longitude** West 5 degree area for analysis.

기상학자는, 분석을 위하여 서경5도의 지역을 따라서 경계선을 그었던 구역의 측면도를 보여주었다.

2811	**meteorologist** [mìːtiərάlədʒist]	명 기상학자 파 meteorology 명 기상학, 기상
2812	**lateral** [lǽtərəl]	형 측면의, 옆으로의 ≒유 sideways, edgewise
2813	**circumscribe** [séːrkəmskràib]	타 (-의) 둘레에 경계선을 긋다, (-의) 한계를 정하다
2814	**longitude** [lάndʒətjùːd, lɔ́ːn-]	명 경도, 경선(經線) latitude 명 위도

The **brochures** invited customers to **subscribe** to a **brand-new** **encyclopedia** that offered a **definitive** chronicle of world history.

그 소책자들은, 세계사의 결정적인 연대기를 제공하는 최신 백과사전을 정기구독하도록 고객들에게 권유하였다.

2815	**brochure** [brouʃúər]	명 소책자, 팸플릿 ≒유 booklet, catalogue
2816	**subscribe** [səbskráib]	자 정기구독하다, 응모하다, 예약하다 파 subscription 명 구독
2817	**brand-new** [brǽndnjúː]	형 최신의, 신품의, 갓 만들어진 ≒유 new, contemporary
2818	**encyclopedia** [ensàikləpíːdiə]	명 백과사전, 전문사전
2819	**definitive** [difínətiv]	형 결정적인, 최종적인, 완성한 ≒유 final

The audience groaned as the speaker muttered his mundane speech in a monotonous tone that was devoid of any levity.

연사가 쾌활함이 전혀 없는 단조로운 어조로 재미없는 일상적인 이야기를 지껄이자 청중들이 불평하였다.

2820	**groan** [gróun]	짜 불평하다, 신음하다, 명 신음
2821	**mutter** [mʌ́tər]	짜 중얼거리다, 불평하다
		늑유 murmur, mumble
2822	**mundane** [mʌndéin, mʌ́ndein]	형 재미가 없는, 일상의, 보통의
		늑유 dull, boring 형 재미가 없는
2823	**monotonous** [mənátənəs]	형 단조로운, 변화가 없는
		늑유 tedious, boring, unchanging
2824	**levity** [lévəti]	명 쾌활함, 경솔, 일관성의 결여

Mineralogy experts scrutinized the gems and appraised them at thousands of dollars each, though they found some cosmetic flaws on one that reduced its value.

광물학 전문가들이, 보석들을 면밀히 조사하여, 그 중의 하나에서는 가치를 감소시키는 표면의 상처를 몇 개 발견했지만, 하나에 수천 달러의 값으로 그것들을 감정하였다.

3

UNIT 9

2825	**mineralogy** [mìnərálədʒi, -rǽlə-]	명 광물학
		파 mineral 명 광물, 미네랄
2826	**scrutinize** [skrúːtənàiz]	타 면밀히 조사하다, 음미하다
		늑유 examine, inspect, survey
2827	**gem** [dʒém]	명 보석, 보옥
		늑유 jewel
2828	**appraise** [əpréiz]	타 감정하다, 값을 매기다, 평가하다
		늑유 assess, evaluate, judge
2829	**cosmetic** [kɑzmétik]	형 표면의, 장식적인, 화장용의
		늑유 superficial, surface

The peace process had come to a grinding halt and was thought to be obsolete, but the formation of the coalition gave it new impetus.

평화의 교섭과정은 별 진전없이 중단되어서 과거사로 여겨졌다. 그러나 연립(정부)의 수립으로 평화 교섭이 새로운 추진력을 갖게 되었다.

2830	**grinding** [gráindiŋ]	형 강인한, 삐걱거리는 듯한 소리를 내는
		come to a grinding halt 천천히 멈추다
2831	**halt** [hɔ́ːlt, hɑ́ːlt]	명 정지, 휴지(休止)
		늑유 stop, standstill
2832	**obsolete** [àbsəlíːt, ábsəlìːt]	형 과거의, 진부한, 쇠퇴한
		늑유 outdated, old-fashioned
2833	**coalition** [kòuəlíʃən]	명 연립, 연대, 일체화, 합동
		늑유 alliance, union, partnership
2834	**impetus** [ímpətəs]	명 원동력, 자극, 힘
		늑유 momentum, propulsion 명 원동력, 힘

The consumer products firm held an event to commemorate the advent of its popular brand of detergent and memorialize its founder and mentor, Dr. Phillips.

그 소비자 제품 회사는 동사 세제의 인기브랜드 등록을 축하하고, 창업자이고 좋은 지도자이기도 했던 필립 박사를 기념하기 위하여 행사를 열었다.

2835	**commemorate** [kəmémərèit]	타 기념하다, 축하하다
		늑유 memorialize
2836	**advent** [ǽdvent]	명 등장, 출현, 도래
		늑유 arrival, appearance, emergence
2837	**detergent** [ditə́ːrdʒənt]	명 세제, 세정제
		늑유 cleaner, cleanser
2838	**memorialize** [məmɔ́ːriəlàiz]	타 기념하다
		늑유 commemorate
2839	**mentor** [méntɔr, -təːr]	명 좋은 지도자, 교육역, 은사
		늑유 adviser, guide, counselor

With just a cursory look at the story, one cannot deduce that its allegory alludes to the strenuous training that a monk goes through.

그 이야기책을 대충 살펴보아서는 그 우화가 한 승려가 경험하는 격렬한 훈련을 암시한다는 것을 우리는 추론할 수 없다.

2840	**cursory** [kə́ːrsəri]	형 조잡한, 엉성한, 몹시 서두른 늑유 casual
2841	**deduce** [didjúːs]	타 추론하다, 연역하다 늑유 infer
2842	**allude** [əlúːd]	자 암시하다, (넌지시) 비추다 늑유 imply, suggest, hint
2843	**strenuous** [strénjuəs]	형 격한, 정력적인, 열심인, 격렬한 늑유 vigorous, energetic

Students may write a full thesis that follows the guidelines postulated in the syllabus, or an abbreviated one that gives the gist of the argument along with a visual presentation.

학생들은 강의계획서에 상정되어 있는 지도방침에 따른 완전한 논문 또는 그림 설명을 덧붙인 논거의 요점을 기술하는 요약논문을 쓸 수 있다.

3
UNIT 9

2844	**thesis** [θíːsis]	명 논문, 논지, 논점 늑유 dissertation, essay, paper 명 논문
2845	**guideline** [gáidlàin]	명 지침 늑유 instruction, direction
2846	**postulate** [pástʃəlèit]	타 상정하다, 가정하다, 전제하다 늑유 assume, suppose, hypothesize
2847	**abbreviate** [əbríːvièit]	타 개략하다, 요약하다, 생략하다 늑유 shorten, summarize
2848	**gist** [dʒíst]	명 요점, 골자 늑유 essence, substance

The boys felt a whirl of excitement riding their sled down the rugged mountain until their string got tangled and they crashed into a cactus patch.

소년들은 썰매를 타고 우툴두툴한 산을 내려가면서 흥분의 소용돌이를 느꼈으며, 결국에는 (썰매의) 끈이 엉켜서 그들은 선인장밭에 처박히게 되었다.

2849	**whirl** [hwə́:rl]	명 소용돌이, 회전, 타 선회시키다, 자 선회하다 늑유 rotate, circle, wheel, turn 타 회전시키다, 돌다
2850	**sled** [sléd]	명 썰매 늑유 sleigh, sledge
2851	**rugged** [rʌ́gid]	형 우툴두툴한, (얼굴이) 위엄있는, 거친 늑유 rough, uneven 형 우툴두툴한
2852	**tangle** [tǽŋgl]	타 엉키게 하다, 꼬이게 하다 늑유 entangle
2853	**cactus** [kǽktəs]	명 선인장

When their raft tilted, I realized that it had been poked by a sharp protruding rock and they were on the verge of submerging into the lake.

그들의 뗏목이 기울었을 때, 그것이 날카롭게 튀어나와 있는 바위에 찔려, 그들이 호수로 가라앉기 직전이라는 것을 나는 알아챘다.

2854	**tilt** [tílt]	자 기울다, 타 기울이다, 찌르다, 명 기울기, 시합 늑유 slope, lean 자 경사지다
2855	**poke** [póuk]	타 찌르다 늑유 stab, stick
2856	**protrude** [prətrú:d, prou-]	자 불쑥 나오다, 비어져 나오다, 타 밀어내다 늑유 project
2857	**verge** [və́:rdʒ]	명 직전, 경계, 한계 on the verge of ~ ~의 직전에
2858	**submerge** [səbmə́:rdʒ]	자 잠기다, 잠수하다 늑유 sink

The dismal performance of the beverage sector and the gloomy outlook for the future have undermined the company's plans to saturate the market with new products.

음료 부문의 참담한 실적 및 장래에 대한 비관적 전망이, 신제품으로 시장을 채우려고 하는 회사의 계획을 훼손하였다.

2859 ✓	**dismal** [dízml]	형 참담한, 비참한, 음울한 ≒유 miserable
2860 ✓	**beverage** [bévəridʒ]	명 음료 ≒유 drink
2861 ✓	**gloomy** [glúːmi]	형 비관적인, 희망이 없는, 어두운, 음울한 ≒유 dismal
2862 ✓	**saturate** [sǽtʃərèit]	타 채우다, 가득하게 하다, 배어들게 하다 ≒유 fill 타 채우다, 가득하게 하다,

While the need to abide by rules underpins any society, its members cannot be outright submissive to authority, or else they may be manipulated for unfavorable means.

규칙을 지킬 필요성이 모든 사회를 지탱하고 있지만, 그 구성원들이 권력에 완전히 복종할 수는 없다. 그렇지 않다면 구성원들이 바람직하지 않는 수단을 위해서 조종될 가능성이 있을 것이다.

3
UNIT 9

2863 ✓	**abide** [əbáid]	자 (규칙을) 충실하게 지키다, 고수하다 abide by ~ ~을 충실하게 지키다, ~을 고수하다
2864 ✓	**underpin** [ʌ̀ndərpín]	타 지지하다, 보강하다 ≒유 support
2865 ✓	**outright** [áutráit]	부 완전하게, 철저하게, 공공연히 ≒유 completely, entirely, wholly, fully, totally
2866 ✓	**submissive** [səbmísiv]	형 복종하는, 순종하는 ≒유 compliant, yielding
2867 ✓	**manipulate** [mənípjəlèit]	타 조종하다, 조작하다 ≒유 operate

Her eloquent and succinct way of speaking attests to the enlightened environment in which she was nurtured.

그녀의 웅변적이고 간결한 화법은 그녀가 양육된 것이 계몽적인 환경이었음을 증명하고 있다.

2868	**eloquent** [éləkwənt]	형 웅변의, 사람을 움직이는 힘이 있는, 감명을 주는 파 eloquence 명 변명
2869	**succinct** [səksíŋkt]	형 간결한, 간명한 늑유 concise, brief
2870	**attest** [ətést]	자 증명하다, 타 (–을) 증명하다 늑유 prove, demonstrate 타 (–을) 증명하다
2871	**enlighten** [enláitn]	타 계발하다, 교화하다 늑유 illuminate
2872	**nurture** [nə́ːrtʃər]	타 교육하다, 기르다, 양성하다 늑유 bring up ~, tend, raise

I can't decide which was more pathetic, the fact that children were languishing in such deteriorating conditions, or the deplorable ambivalence of society to their plight.

나로서는 어느 것이 더 애처로운지 결정할 수 없다; 어린이들이 그와 같은 황폐화해가는 상황에서 활기를 잃어버리고 있었다는 사실과 그들의 곤경에 대한 사회의 비탄스러운 모순된 태도 이 둘 중에서.

2873	**pathetic** [pəθétik]	형 애처로운, 가엾은 늑유 pitiful
2874	**languish** [lǽŋgwiʃ]	자 기운이 없어지다, 활기가 없어지다 파 languid 형 기운이 없는, 무기력한
2875	**deteriorate** [ditíəriərèit]	자 황폐하다, 악화하다, 쇠퇴하다 반 ameliorate 자 향상하다
2876	**deplorable** [diplɔ́ːrəbl]	형 비참한, 애처로운 늑유 lamentable, grievous
2877	**ambivalence** [æmbívələns]	명 모순된 태도, 상반된 감정 늑유 dilemma

The protagonist of the epic felt an illusory conceit of divine power that led him to attempt superhuman feats.

그 서사시의 주인공은, 그에게 초인적인 위업을 시도하게 했던 신성한 능력에 대한 환상적인 자부심을 느꼈다.

2878	**epic** [épik]	몡 서사시, 대작
2879	**illusory** [ilúːsəri]	혱 실체가 없는, 가공의, 환영의, 착각의 ≒유 imaginary
2880	**conceit** [kənsíːt]	몡 자부심, 독단, 자만, 떠오른 생각 반 humility 몡 겸손
2881	**divine** [diváin]	혱 신의, 신성한 ≒유 holy
2882	**feat** [fíːt]	몡 위업, 주목해야 할 행동, 공훈 ≒유 achievement, accomplishment

More centrist members of his party admonished the president for not recognizing the humane treatment of prisoners as a cardinal statute of the Geneva Convention.

상당히 중도적인 당원들은 제네바조약의 기본규정으로서의 죄인의 인도적인 처우를 인식하고 있지 않은 것에 대해서 대통령에게 충고했다.

2883	**centrist** [séntrist]	혱 중도적인, 중도주의자의, 몡 중도파
2884	**admonish** [ədmániʃ, æd-]	탸 경고하다, 권고하다, 훈계하다 ≒유 warn, caution 탸 경고하다
2885	**humane** [hjuːméin]	혱 인도적인, 인정이 있는, 자비깊은 ≒유 humanitarian 혱 인도적인
2886	**cardinal** [káːrdnl]	혱 기본적인, 주요의 ≒유 main
2887	**statute** [stǽtʃuːt]	몡 규정, 법령, 규칙 ≒유 law, regulation, enactment

Speaking candidly in his austere office, the deputy president of the republic conceded that regaining the people's trust would be a formidable task.

자신의 소박한 사무실에서 솔직하게 이야기하면서 그 공화국 부대통령은 국민의 신뢰를 돌이키는 것은 힘든 일이 될 것이라는 것을 인정했다.

2888	**candidly** [kǽndidli]	부 솔직히
		≒유 frankly
2889	**austere** [ɔːstíər]	형 꾸미지 않은, 간소한
		≒유 humble, simple, modest
2890	**deputy** [dépjəti]	형 부(副)의, 대리의, 명 대리인, 부관
		≒유 agent 명 대리인
2891	**concede** [kənsíːd]	타 인정하다, 용인하다, (권리 등을) 주다
		≒유 admit, acknowledge 타 인정하다
2892	**formidable** [fɔ́ːrmidəbl]	형 힘든, 무서운, 멋진
		≒유 tough 형 다루기 힘든

Humans acquire through heredity an innate immunity that gives us a hardy defense against germs and diseases.

사람은, 세균이나 병에 대한 강한 방어를 주는 선천적인 면역을 유전을 통해서 습득한다.

2893	**heredity** [hirédəti]	명 유전, 세습, 전통
		≒유 inheritance 명 유전
2894	**innate** [inéit]	형 선천적인, 내재적인, 본질적인
		반 acquired 형 후천적인
2895	**hardy** [háːrdi]	형 강건한, 튼튼한, 내구력이 있는
		≒유 strong
2896	**germ** [dʒə́ːrm]	명 세균, 병원균
		≒유 microbe, bacteria

The temple provided a phonetic guide for the recitation of chants so visitors could enhance their experience with a tranquil meditation session.

그 절은 영창(詠唱)의 낭송용 음성안내를 제공하여, 참배자들이 고요한 명상기간과 더불어 그들의 경험을 고양시킬 수 있었다.

2897	**phonetic** [fənétik]	형 음성상의, 음성학의 파 phonetics 명 음성학
2898	**recitation** [rèsitéiʃən]	명 낭독, 낭송, 낭독회 늑유 recital
2899	**chant** [tʃænt]	명 영창(詠唱·글귀를 단조롭게 읊는 일), 노래
2900	**enhance** [enhǽns]	타 깊게 하다, 높이다, 늘리다. 늑유 increase
2901	**tranquil** [trǽŋkwil, -kwəl]	형 침착한, 평온한, 차분한 늑유 peaceful, calm, still, quiet, undisturbed

A courier was paged to discreetly remove the man who had become a nuisance to the meeting by clapping his hands loudly.

시끄럽게 손뼉을 쳐서 회의에 폐를 끼쳤던 남자를 주의깊게 데리고나가기 위해서 관리인이 호출되었다.

2902	**courier** [kúriər]	명 관리인, 급사(急使), 특사, 안내원 늑유 caretaker, facilitator 명 관리인
2903	**page** [péidʒ]	타 호출하다 늑유 call, summon
2904	**discreetly** [diskríːtli]	부 주의깊게, 신중히 늑유 carefully, cautiously
2905	**nuisance** [njúːsəns]	명 폐가 되는 것, 폐 끼치는 사람(행위) 늑유 disturbance, inconvenience 명 폐
2906	**clap** [klǽp]	타 (손뼉을) 치다, 박수치다 늑유 applaud

3
UNIT 10

The ascendancy of the radical party showed the latent mistrust of the people, as well as how impotent the rulers had become since they so quickly fell into oblivion.

진보당의 우세는, (그동안의 반대당의 집권) 지도자들이 그렇게 빨리 잊혀지는 것으로 보아서 그들이 얼마나 무능했었는지(를 보여줄) 뿐만 아니라 국민의 (그동안의) 잠재적인 불신을 보여주는 것이었다.

2907	**ascendancy** [əséndənsi]	명 우세, 지배적 입장 늑유 dominance
2908	**latent** [léitənt]	형 잠재적인, 숨어 있는 늑유 underlying
2909	**impotent** [ímpətənt]	형 힘이 없는, 무력한, 무능한 늑유 powerless, helpless
2910	**oblivion** [əblíviən]	명 잊는 것, 망각, 건망, 의식하지 않는 것 fall into oblivion 망각에 빠지다

The words she used in her surprisingly didactic speech invoked a connotation that delineated the problems she perceived and ascribed the blame for them to the proper targets.

놀랄 만큼 설교적인 연설에서 그녀가 사용한 단어는, 자신이 인식하고 있는 문제를 말로 묘사하여, 그 문제의 책임을 적당한 목표 (즉, 공격 대상) 탓으로 돌리려는 함축을 불러일으켰다.

2911	**didactic** [daidǽktik]	형 설교적인, 교훈적인 늑유 instructive
2912	**invoke** [invóuk]	타 생각나게 하다, 증인으로 나가다
2913	**connotation** [kànətéiʃən]	명 언외의(뜻밖의) 의미, 함축 늑유 implication
2914	**delineate** [dilínièit]	타 말로 묘사하다, 윤곽을 그리다 늑유 describe 타 묘사하다
2915	**ascribe** [əskráib]	타 (–으로) 돌아오다, (–의) 탓으로 하다 늑유 attribute

The wrestler gave the requisite bows in deference to his more adept adversary, who was reputed to be the best fighter in his category.

레슬링선수는 자기보다도 숙련된, 그 부류에서 최고의 전사라고 평가되는 대련상대에게 경의를 표하며, 필요한 인사를 했다.

2916	**requisite** [rékwəzit]	형 필요한, 필수의
		늑유 essential, indispensable, necessary
2917	**deference** [défərəns]	명 경의, 존경
		respect in deference to ~ ~에 경의를 표하여
2918	**adept** [ədépt]	형 숙련된, 숙달한, 정통한
		늑유 skilled, proficient
2919	**adversary** [ǽdvərsèri]	명 대련상대, 반대자, 적대자
		늑유 opponent
2920	**repute** [ripjúːt]	타 (수동태로) (−라고) 평가되다, 간주되다, 명 평판

She showed her disdain for medical practitioners who arbitrarily write prescriptions, saying they should be banished from the health care profession.

그녀는, 독단적으로 처방전을 쓰는 개업의들에 대해서 의료직에서 추방되어야 한다고 말해서 경멸을 드러냈다.

2921	**disdain** [disdéin, diz-]	명 경멸, 모욕
		늑유 scorn, contempt
2922	**practitioner** [præktíʃənər]	명 개업자
		medical practitioner 개업의(開業醫)
2923	**arbitrarily** [ɑ̀ːrbətrérəli]	부 독단적으로, 멋대로, 임의로
		파 arbitrary 형 독단적인, 임의의
2924	**prescription** [priskrípʃən]	명 처방전, 규정, 규범
		파 prescribe 타 처방하다
2925	**banish** [bǽniʃ]	타 추방하다, 쫓아내다
		늑유 eject, dismiss, expel, oust

The defendant's attorney wanted to allow his witness to refute the claims and clarify his remarks, but the judge presiding over the case precluded the witness from testifying.

피고인의 변호사는 증인으로 하여금 (원고측의) 주장을 부정하고 변호인의 의견을 증명해주도록 (증언이) 허용되기를 원했으나, 그 사건을 관장하는 재판관은 그 증인이 증언하는 것을 허용하지 않았다.

2926 ✓	**refute** [rifjúːt]	타 논파하다, 부정하다 늑유 disprove, rebut
2927 ✓	**preside** [prizáid]	자 관장하다, 의장 노릇하다, 통할하다
2928 ✓	**preclude** [priklúːd]	타 방해하다, 못하게 하다 늑유 prevent
2929 ✓	**testify** [téstəfài]	자 증언하다, 보증하다, 타 증언하다, 공언하다

Though she yearned to embrace that elusive freedom, the constraints of farm work doomed her to a life that was placid yet uninspiring.

그녀는 붙잡기 힘든 자유를 포옹하기를 간절히 원했으나, 농장 일의 속박이 평온하지만 지루한 생활을 (평생) 보내도록 그녀에게 운명지워졌다.

2930 ✓	**embrace** [embréis]	타 받아들이다, 채용하다, 포옹하다
2931 ✓	**elusive** [ilúːsiv]	형 잡을 만한 데가 없는, 입수하기 어려운, 알기 어려운 늑유 intangible, slippery
2932 ✓	**constraint** [kənstréint]	명 속박, 강제, 압박 늑유 restraint
2933 ✓	**placid** [plǽsid]	형 평온한, 조용한 늑유 calm, tranquil

Ample time was allotted on the itinerary to visit a video arcade and sample the software company's patented new virtual reality games.

여정에는 비디오 상가를 방문하여, 소프트웨어 회사가 특허를 딴 새로운 가상 현실 게임을 시험적으로 해보는 데 충분한 시간이 할당되었다.

2934	**itinerary** [aitínərèri, itín-]	몡 여정, 여행기, 여행안내서
2935	**arcade** [ɑːrkéid]	몡 게임센터, 상점가
2936	**patent** [pǽtnt]	타 특허를 따다, 몡 특허
2937	**virtual** [və́ːrtʃuəl]	형 가상의, 사실상의

After inflating the raft, I recommend you profusely apply glue to the two elastic pieces over the holes or the air pressure will quickly diminish.

고무보트에 바람을 넣어 팽창시킨 다음, 2장의 신축성있는 조각에 접착제를 충분히 발라서 구멍위에 붙이기를 추천합니다. 그렇지 않으면 공기압이 순간적으로 내려가 버립니다.

2938	**inflate** [infléit]	타 (공기 등으로) 부풀다, 우쭐하게 하다
		파 inflation 몡 부풀리는 것, 인플레이션
2939	**profusely** [prəfjúːsli]	부 듬뿍, 풍부하게
		파 profuse 형 풍부한
2940	**glue** [glúː]	몡 접착제
		늑유 adhesive, paste
2941	**elastic** [ilǽstik]	형 신축성이 있는, 탄력이 있는, 순응성이 있는
		늑유 flexible
2942	**diminish** [dimíniʃ]	자 감소하다, 축소하다
		늑유 lessen, reduce

3
UNIT 10

The **meager** income he earned barely provided **subsistence**, making him an **anomaly** in a town filled with **conspicuous affluence**.

그가 버는 빈약한 소득으로는 생계를 이어가는 것이 충분하지 않아서, 두드러진 풍족함으로 가득찬 도시에서 그는 이례적인 존재가 되었다.

2943 ✓	**meager** [míːgər]	휑 빈약한, 야윈, 불충분한 늑유 sparse, inadequate
2944 ✓	**subsistence** [səbsístəns]	몡 생계, 최저한의 생활식량, 생활, 생존 파 subsist 자 생계를 세우다, 생존하다
2945 ✓	**anomaly** [ənáməli]	몡 이례적인 존재, 변칙, 이상(異常)
2946 ✓	**conspicuous** [kənspíkjuəs]	휑 두드러진, 분명하게 보이는, 화려한 늑유 noticeable, remarkable 휑 두드러진
2947 ✓	**affluence** [æfluəns]	몡 유복함, 풍부, 부유 늑유 wealth

The proposal that she submitted **enumerated** her plans to **amend** the contract to **exempt** third parties from being accused of **infringing** on the patents.

그녀가 제출한 제안은, 제3자들이 특허침해로 고소되는 것을 면제해주도록 계약을 수정하는 그녀의 계획을 열거하고 있었다.

2948 ✓	**enumerate** [injúːmərèit]	탸 열거하다, 세다 늑유 list 탸 열거하다
2949 ✓	**amend** [əménd]	탸 수정하다 늑유 revise, correct
2950 ✓	**exempt** [igzémpt, egz-]	탸 제외하다, 면제하다 파 exemption 몡 면제
2951 ✓	**infringe** [infríndʒ]	자 침해하다, 탸 (법규를) 어기다, 범하다 늑유 violate 탸 (법규를) 어기다, 범하다

Though the interim director is an amiable and personable man, he is a bit capricious in his attitude toward the project, sometimes filled with ardor and sometimes disinterested.

임시 사장은 친근감있고 매력적인 인물이지만, 그 사업계획에 대한 태도는 다소 변덕스러워, 열의에 넘칠 때도 있는가 하면, 관심을 보이지 않은 때도 있다.

2952	**interim** [íntərim]	형 임시의, 잠정의, 가상의, 명 잠시동안, 가협정 ≒유 temporary, provisional 형 임시의, 잠정의
2953	**personable** [pə́:rsənəbl]	형 매력적인, 풍채가 좋은 ≒유 attractive, presentable, appealing
2954	**capricious** [kəprí∫əs]	형 변덕스러운, 충격적인 ≒유 whimsical 형 변덕스러운
2955	**ardor** [á:rdər]	명 열의, 정열 ≒유 passion, fervor, zeal

My presumption is that the senator will not repent, but rather evade reporters' questions as to why he would stoop to such a level to defame his own wife.

나의 추측으로는, 그 상원의원은 회계하는 것이 아니라 오히려 그가 부인의 명예를 손상할 단계까지 품위가 떨어진 이유에 대한 기자들의 질문을 회피할 것이다.

3
UNIT 10

2956	**presumption** [prizʌ́mp∫ən]	명 추측, 억측, 가정 ≒유 assumption, supposition
2957	**repent** [ripént]	자 후회하다, 회개하다 ≒유 regret
2958	**evade** [ivéid]	타 피하다, 도망치다 ≒유 escape, elude, avoid
2959	**stoop** [stú:p]	자 품위를 떨어뜨리다, 몸을 구부리다
2960	**defame** [diféim]	타 중상하다, 비방하다 ≒유 slander

Chapter 4

TOEFL 특유의 분야별 전문어!

전문어휘 Natural Science

TOEFL 시험에 자주 나오는 자연과학분야의 영문에,
그 분야의 이해에 필요한 전문어를 담았다.

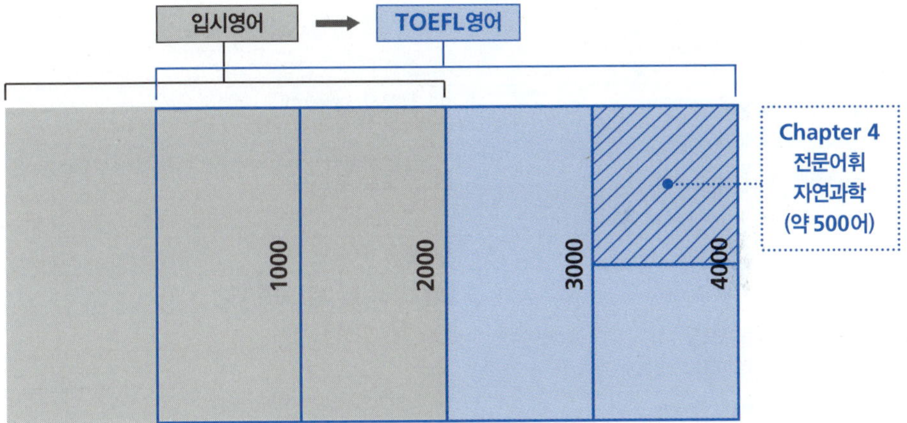

1. Biology ①

Aristotle (384 BC-322 BC) was among the earliest scholars to make a systematic study of the flora and fauna in nature. He devised a system of classification in which he classified all living organisms as either a plant or an animal. He subdivided animals based on their means of transportation: air, land, or water. Over the centuries biologists refined the classification for the different varieties of species. Today's classification is generally based on a five-kingdom system. Kingdom is the broadest division followed by phylum (or division), class, order, family, genus and species. Each division is further divided, for example, species and subspecies. Although scientists might argue whether there are fewer or more kingdoms, the five-kingdom system serves as an important reference point for the classification and categorization of species. (131 words)

2961 ☑	**flora** [flɔ́:rə]	명 식물상(植物相)
2962 ☑	**fauna** [fɔ́:nə]	명 동물상(動物相)
2963 ☑	**classification** [klæ̀səfikéiʃən]	명 분류 파 classify 타 분류하다
2964 ☑	**variety** [vəráiəti]	명 변종, 아종(亞種)
106 ☑	**kingdom** [kíŋdəm]　　※ 재게	명 (생물 분류상의) 계(界)
2965 ☑	**phylum** [fáiləm]	명 (생물 분류상의) 문(門) 동물의 '문'에 사용
2966 ☑	**division** [divíʒən]	명 (생물 분류상의) 문(門) 식물의 '문'에 사용
2967 ☑	**class** [klǽs]	명 (생물 분류상의) 강(綱)
741 ☑	**order** [ɔ́:rdər]　　※ 재게	명 (생물 분류상의) 목(目)

1. 생물학①

아리스토텔레스(기원전 384년~기원전 322년)는, 자연에서 식물상植物相과 동물상動物相의 체계적인 연구를 한 최초의 과학자들 중 한 명이다. 그는 모든 생물을 식물 혹은 동물로 나누는 분류체계를 생각해냈다. 그는 공중, 육지, 물과 같은 이동 수단을 기초로 동물을 다시 나누었다. 수세기에 걸쳐서, 생물학자들은 여러 가지 변종들을 위한 분류체계를 다듬었다. 오늘날의 분류법은 대개 오계설五界說을 기초로 하고 있다. 계가 가장 넓은 범위이고, 그 밑에 문(門, 동물은 phylum이고 식물은 division이다, 강綱, 목目, 과科, 속屬, 종種) 순으로 이어진다. 이들은 예로 들자면, 각각 종과 아종亞種으로 더 자세히 나누어진다. 계가 더 많아야 하는지 아닌지를 두고 과학자들이 논쟁중이기는 하지만, 오계설은 종을 분류하고 범주화하는 작업에서 중요한 평가기준이 되고 있다.

2968 ✓	**family** [fǽməli]		명 (생물 분류상의) 과(科)
2969 ✓	**genus** [dʒíːnəs]		명 (생물 분류상의) 속(屬)
813 ✓	**species** [spíːʃi(ː)z]	※ 재게	명 (생물 분류상의) 종(種)
2970 ✓	**subspecies** [sʌ́bspìːʃi(ː)z]		명 (생물 분류상의) 아종(亞種)
2971 ✓	**categorization** [kætigəràizéiʃən]		명 범주화 파 categorize 타 분류하다

┃ 배경지식 ┃

생물 분류의 오계설 (five-kingdom system)

오계설은 휘테커(Robert H. Whittaker)가 1959년에 제창한 분류법으로, 현재 주류가 되고 있다. 헤켈의 삼계설(원생생물계, 식물계, 동물계)에서 발전한 이론으로, 세포핵이 없는 단세포생물을 모네라계로, 버섯, 곰팡이 등을 균계로 새롭게 분류했다. 오계설에 따르면, 모든 생물은 모네라계, 원생생물계, 식물계, 균계, 동물계의 오계로 나뉜다.

2. Biology②

Tarantulas are characterized by a segmented body with legs on each segment. They are invertebrates and instead of a spinal column that characterize vertebrates, they have an external hard covering. This is one of many differences between them and mollusks, the soft body animals that must live in a shell for protection. Like reptiles and many amphibians, tarantulas are cold-blooded and therefore do not have a steady internal body temperature. They slow down in winter and even seem to be hibernating. Like other insectivores, they generally eat insects, and like carnivores they eat small warm-blooded mammals. In this regard they are similar to omnivores, animals that everything is eatable. Unlike herbivores, however, they do not eat plants. In size, their leg span ranges from 3 inches to nearly 13 inches. (129 words)

2972	**invertebrate** [invə́ːrtəbrət, -brèit]	몡 무척추동물
2973	**spinal column** [spáinl kɑ́ləm]	몡 척추
2974	**vertebrate** [və́ːrtəbrət]	몡 척추동물
2975	**mollusk** [mɑ́ləsk]	몡 연체동물
2976	**reptile** [réptail, réptil]	몡 파충류
2977	**amphibian** [æmfíbiən]	몡 양서류
2978	**cold-blooded** [kóuldblʌ́did]	혱 변온동물의, 냉혈의
2979	**insectivore** [inséktəvɔ̀ːr]	몡 식충동물(식물)
2980	**carnivore** [kɑ́ːrnəvɔ̀ːr]	몡 육식동물

2. 생물학②

타란툴라는 각 체절마다 다리가 달린 여러 체절로 된 몸을 특징으로 하고 있다. 타란툴라는 무척추동물이고, 척추동물을 특징짓는 척추 대신 딱딱한 외피를 가지고 있다. 이것이 보호용 껍질 안에서 살아야 하는 연체동물과 타란툴라의 많은 차이점 중 하나이다. 타란툴라는 파충류나 많은 양서류처럼 변온동물이기 때문에 체내 온도를 일정하게 유지하지 않는다. 그들은 겨울에는 움직임이 둔해지고, 심지어는 겨울잠을 자는 것처럼 보인다. 타란툴라는, 보통은 다른 식충동물처럼 곤충을 먹고, 육식동물처럼 상온동물인 작은 포유류를 먹기도 한다. 이런 면에서, 그들은 무엇이든 먹는 잡식동물과 비슷하다. 하지만 초식동물과 달라서 식물을 먹지 않는다. 크기는, 타란툴라의 다리를 오므렸다 폈을 때의 길이가 3인치에서 거의 13인치에 이른다.

2981 ☑	**warm-blooded** [wɔ́ːrmblʌ́did]	형 상온동물의, 온혈의
2982 ☑	**mammal** [mǽml]	명 포유동물
2983 ☑	**omnivore** [ámnəvɔ̀ːr, ɔ́m-]	명 잡식동물
2984 ☑	**herbivore** [háːrbəvɔ̀ər, ə́ːr-]	명 초식동물

| 배경지식 |

타란툴라 (tarantulas)

타란툴라는 짐승빛거미과에 속하는 세계에서 가장 큰 거미이다. 원래 유럽의 전설에 나오는 독거미를 가리키는 말이었다. 전설에 나오는 타란툴라의 무서운 이미지가 이주민들과 함께 아메리카 대륙으로 건너갔고, 결국 그곳에 있는 큰 거미를 타란툴라로 부르게 되었다. 타란툴라의 독은 대부분 인간에게는 그리 치명적이지 않다.

3. Biology③

Insects develop into fully-grown adults in different ways. The grasshopper hatches from eggs and has the physiological characteristics similar to those of adult grasshoppers. The butterfly and the moth, however, hatch from eggs in the form of a larva known as a caterpillar. As the larva grows, it molts, shedding its smaller external hard covering. Then it transforms into a pupa, or chrysalis. Moths usually construct a protective cocoon in this stage. Through metamorphosis the chrysalis transforms into a butterfly or moth. It then enters the adult stage known as the imago. In the animal world, frogs also develop through metamorphosis. After hatching from eggs, they begin life as tadpoles. In this stage, they have a tail but no legs. They resemble fish in that respiration, or breathing, takes place through gills. (132 words)

2985 ✓	**grasshopper** [grǽshὰpər]		명 메뚜기
2461 ✓	**physiological** [fìziəlάdʒikl]	※재계	형 생리적인, 생리학상의 파 physiology 명 생리학, 생리기능
2986 ✓	**moth** [mɔ́(ː)θ]		명 나방
2987 ✓	**larva** [lάːrvə]		명 애벌레
2988 ✓	**caterpillar** [kǽtərpìlər]		명 쐐기벌레
2989 ✓	**molt** [móult]		자 탈피하다
2990 ✓	**pupa** [pjúːpə]		명 번데기
2991 ✓	**chrysalis** [krísəlis]		명 번데기
2992 ✓	**cocoon** [kəkúːn]		명 고치

3. 생물학③

곤충은 여러 가지 방법을 거쳐 성충으로 자란다. 메뚜기는 알에서 깨어나고, 성충 메뚜기와 비슷한 생리적인 특징들을 가지고 있다. 하지만 나비와 나방은 쐐기벌레라고 알려진 유충 상태로 알에서 깨어난다. 유충이 점점 자라면 탈피를 하고, 작아진 딱딱한 외피를 벗어버린다. 그러고 나서 유충은 번데기로 변한다. 보통 이 단계에서 나방은 몸을 보호하기 위한 고치를 만든다. 변태 과정을 거치면서 번데기는 나비나 나방으로 변한다. 이제 그것은 성충으로 알려진 성숙단계에 들어선다. 동물의 세계에서는 개구리도 변태를 거쳐 성장한다. 개구리는 알에서 깨어난 후, 올챙이로서 살기 시작한다. 이 단계에서 올챙이들은 꼬리는 있지만, 다리는 없다. 올챙이는 아가미로 호흡한다는 점에서 물고기와 닮았다.

2993	**metamorphosis** [mètəmɔ́ːrfəsis]	명 변태
2994	**imago** [iméigou, imáː-]	명 성충
2995	**tadpole** [tǽdpòul]	명 올챙이
2996	**respiration** [rèspəréiʃən]	명 호흡 파 respire 자 호흡하다
2997	**gill** [gíl]	명 아가미

┨ 배경지식 ┠

변태 (metamorphosis)

변태란 동물이 정상적으로 자라는 과정에서 극히 짧은 기간 동안에 아주 다른 모습으로 변하는 것이다. 영양을 잘 섭취해 자라야 하는 유충 시기에서, 다음 세대를 번식하는 생식 기능을 갖춘 성충 시기로 넘어갈 때 변태가 일어난다. 이 과정에서 그동안의 생활 방식이나 서식지까지 바뀌는 경우도 있다.

4. Biology④

Trees are one of the most breathtaking sights in the world's forests. Some trees grow as tall as 378 feet. The annual rings found on the cross sections of tree stumps show that many trees have lived for hundreds of years. The leaves of deciduous trees, or broadleaf trees, turn orange, red or yellow with new leaves appearing in spring. The evergreen trees, which are generally the coniferous trees, maintain their leaves throughout the year. Tree trunks sometimes provide a place for moss to grow, and in the shade of trees, ferns and mushrooms are often found. Certain types of fungus including mold cause severe tree damage. Trees are also an important source of oxygen, though the lowly algae are estimated to produce close to 80% of the net global oxygen production. (132 words)

2998 ☑	**annual ring** [ǽnjuəl ríŋ]	명 나이테
2999 ☑	**stump** [stʌ́mp]	명 그루터기
3000 ☑	**deciduous tree** [disídʒuːəs tríː]	명 낙엽수
3001 ☑	**broadleaf tree** [brɔ́ːdlìːf tríː]	명 활엽수
3002 ☑	**evergreen tree** [évərgrìːn tríː]	명 상록수
3003 ☑	**coniferous tree** [kounífərəs tríː]	명 침엽수
3004 ☑	**trunk** [trʌ́ŋk]	명 줄기
3005 ☑	**moss** [mɔ́(ː)s]	명 이끼
3006 ☑	**fern** [fə́ːrn]	명 양치류

4. 생물학④

나무는 세계의 숲에서 가장 멋진 광경 중의 하나이다. 어떤 나무는 378피트까지 자란다. 나무를 자른 그루터기에서 발견되는 나이테는 많은 나무들이 수백 년 동안 살았다는 것을 보여준다. 낙엽수나 활엽수의 잎은 갈색, 빨간색, 노란색으로 바뀌었다가 봄이 되면 새잎이 난다. 대부분은 침엽수인 상록수는 1년 내내 잎이 달려 있다. 나무의 줄기는 때로 이끼가 자랄 장소를 제공한다. 그리고 나무 그늘 아래에서는 양치류와 버섯들이 종종 발견된다. 곰팡이를 포함한 어떤 종류의 균류는 나무에 심각한 해를 입힌다. 비록 하등한 조류가 지구상 산소 순생산량의 거의 80%를 만든다고 추정될지라도 나무들 또한 산소의 중요한 원천이다.

4
UNIT 2

3007 ☑	**mushroom** [mʌ́ʃruːm]	몡 버섯
3008 ☑	**fungus** [fʌ́ŋgəs]	몡 균류 복수형은 fungi
3009 ☑	**mold** [móuld]	몡 곰팡이
3010 ☑	**alga** [ǽlgə]	몡 조류 복수형은 algae

▌배경지식▐

나이테 (annual rings)

나이테는 온대나 한대 지방의 나무의 단면에 생기는 동심원 무늬이다. 동심원은 1년에 한 개씩 늘어난다. 나무줄기에 이런 무늬가 생기는 이유는 줄기가 더운 계절에는 빨리 자라고, 추운 계절에는 천천히 자라기 때문이다. 성장이 빠른 부분은 세포벽이 얇아 색이 연하고, 성장이 느린 부분은 세포벽이 두꺼워 색이 진하다. 언제나 여름인 열대우림의 나무들에는 실제로 나이테가 없다.

5. Biology⑤

In the field of botany, scientists study plant life, and among the most interesting of plant life is the flower. The flower is actually a bloom or blossom and is the reproductive structure of flowering plants. Its stamen is the male organ, and each stamen has a stalk, on the top of which is the anther. The anther is composed of four pollen sacs. Pollen is the fertilizing element of flowering plants consisting of fine, powdery, yellowish spores. The flower's pistils consist of a number of carpel, or female reproductive organs. Flowers depend on the wind or insects to achieve pollination, or the reproduction of seed plants. Among the insect pollinators, the butterfly and the bee are the busiest carriers of pollen. They land on flower petals to gather nectar, and in the process they pollinate the flower. The flower leaves contain the chlorophyll molecules essential for photosynthesis. (148 words)

3011	**botany** [bάtəni]	몡 식물학 파 botanical 혱 식물에 관한, 식물학상의
3012	**reproductive** [rìːprədʌ́ktiv]	혱 생식의 파 reproduction 몡 생식
3013	**stamen** [stéimən]	몡 수술
3014	**anther** [ǽnθər]	몡 꽃밥
3015	**pollen** [pάlən]	몡 꽃가루
3016	**fertilizing** [fə́ːrtəlàiziŋ]	혱 수정의 파 fertilize 타 수정시키다
3017	**spore** [spɔ́ːr]	몡 포자
3018	**pistil** [pístl]	몡 암술
3019	**carpel** [kάːrpl, pel]	몡 심피

5. 생물학⑤

식물학 분야에서 과학자들은 식물의 생태를 연구한다. 그리고 식물의 생태 가운데에서 가장 흥미로운 것은 꽃이다. 꽃이란 사실상 화초의 꽃이거나 과일나무의 꽃을 말하고, 그 식물의 생식구조이다. 꽃의 수술은 남성적인 생식기관이고, 각 수술에는 수술대가 있으며, 그 끝은 꽃밥이다. 꽃밥은 네 개의 꽃가루 주머니로 이루어졌다. 꽃가루는 미세한 가루 형태의 노란색 포자들로 이루어져, 꽃피는 식물의 수정에 필요한 요소이다. 꽃의 암술은 여러 개의 심피로 이루어진 여성적인 생식기관이다. 꽃들은 수분, 즉 종자식물의 생식이 이루어지도록 바람이나 곤충에 의지한다. 곤충 수분매개자 중에서 나비와 벌은 가장 바쁜 꽃가루 배달자이다. 그들은 꽃꿀을 모으기 위해 꽃잎에 앉고, 그 과정에서 수분을 한다. 꽃잎에는 광합성에 필요한 엽록소 분자가 포함되어 있다.

4
UNIT 3

3020 ☑	**pollination** [pàlənéiʃən]	명 수분 파 pollinate 타 수분하다	
3021 ☑	**petal** [pétl]	명 꽃잎	
3022 ☑	**nectar** [néktər]	명 꽃꿀	
3023 ☑	**chlorophyll** [klɔ́ːrəfil]	명 엽록소	
3024 ☑	**photosynthesis** [fòutousínθəsis]	명 광합성	

┤ 배경지식 ├

수분 (pollination)

수분受粉이란 속씨식물의 암술머리에 꽃가루가 닿는 것으로, 식물의 생식에 중요한 과정이다. 수분한 뒤에는 수정이 이루어진다. 수정이 시작되면 암술머리에 붙은 꽃가루에서 꽃가루관이 나와 씨방 속의 밑씨로 자라 들어간다. 꽃가루관 속의 정자와 밑씨에 들어 있는 1개의 난자가 만나 서로 융합하면 수정이 완성된다. 수분이 되었다고 해서 반드시 수정이 되는 것은 아니다.

6. Biology⑥

Through reproduction, animals and plants pass along to offspring the heredity of their species. Amoebas and other single-celled organisms make asexual reproduction as do many plants; there is only one parent and reproduction takes place without the fertilization of eggs with sperm. In some animals, the fertilized egg develops within the body into an embryo and then into a fetus. The fetus grows until it is ready to be born. Birds lay the fertilized eggs and then incubate them by sitting on them. Scientists have always experimented with the breeding of animals. Through crossbreeding of animals of different species, they have produced hybrids such as the crossbreeding of a female horse and a male donkey to produce a mule. The mature mule, however, cannot propagate. Crossbreeding is sometimes necessary to overcome the results of inbreeding that include the loss of the immune system function. (144 words)

3025	**offspring** [ɔ́(ː)fsprìŋ]	몡 자손 ≒유 descendent, progency
3026	**amoeba** [əmíːbə]	몡 아메바
3027	**organism** [ɔ́ːrɡənìzm]	몡 생물
3028	**asexual** [eisékʃuəl, -æ]	혱 무성(無性)의, 성별이 없는
3029	**sperm** [spə́ːrm]	몡 정자
3030	**fetus** [fíːtəs]	몡 태아
3031	**incubate** [ínkjəbèit, íŋ-]	타 품다, 부화하다 파 incubation 몡 포란(抱卵), 부화
3032	**breeding** [bríːdiŋ]	몡 번식 파 breed 타 낳다, 번식시키다
3033	**crossbreeding** [krɔ́ːsbrìːdiŋ]	몡 이종교배 파 crossbreed 타 이종교배시키다

6. 생물학⑥

번식과정에서 동식물은 그 종의 유전적 형질을 자손에게 전달한다. 아메바와 그 외 단세포 생물들은 많은 식물들이 그렇게 하듯이 무성생식을 한다. 즉, 오직 하나의 부모만 있고, 생식도 난자와 정자의 수정 없이 일어난다. 어떤 동물의 경우에 수정란이 체내에서 배(胚)로 자란 뒤에 태아가 된다. 태아는 태어날 준비가 될 때까지 자란다. 조류는 수정된 알을 낳고, 계속 그 위에 앉아 알을 품는다. 과학자들은 동물의 번식에 관한 실험을 계속 해왔다. 그들은 다른 종의 동물들을 이종교배함으로써, 예를 들어 노새를 만들기 위한 암말과 수나귀 사이의 이종교배물, 즉 교배종을 만들었다. 하지만 성숙한 노새는 번식할 수 없다. 때때로 면역기능의 손실을 포함한 근친교배의 영향을 극복하기 위해서 이종교배가 필요하다.

2678 ☑	**hybrid** [háibrid] ※ 재계	명 교배종
930 ☑	**mature** [mətjúər, -tʃúər] ※ 재계	형 성장한, 성숙한 파 maturity 명 성숙(기)
3034 ☑	**propagate** [prápəgèit]	자 번식하다 파 propagation 명 번식
3035 ☑	**inbreeding** [ínbri:diŋ]	명 근친교배 파 inbreed 타 근친교배시키다

---| 배경지식 |---

무성생식 (asexual reproduction)

무성생식은 단독 개체인 부모의 몸 중 일부가 독립해 새로운 개체가 되는 것이다. 부모의 생식세포가 다른 세포와 융합하지 않고 단독으로 발생하거나 발아하는 경우를 말한다.

7. Biology ⑦

There are two categories of cells: prokaryotic and eukaryotic. Prokaryotic, or simple cells, lack a nucleus and can be found in amoeba, a unicellular organism. The complex eukaryotic cell has a nucleus and is found in multicellular organisms, and even in microorganisms such as plankton. Both categories have ribosome, which produce protein; however, only the eukaryotic cell has mitochondria. Cell division takes place in both categories. In sexually reproducing organisms, cell division leads to the development of multiple cells. In humans, for example, cell division transforms stem cell into sperm in males and eggs in females. This is known as meiosis. When the sperm penetrates the cell membrane of the egg, it fertilizes it and creates the first cell of a developing baby. Mitosis then takes place in which, all the cell's chromosomes are copied and the cell divides into two identical cells. Mitosis continues until the baby is fully developed. (151 words)

3036	**nucleus** [njúːkliəs]	명 세포핵
3037	**unicellular** [jùːniséljələr]	형 단세포의 unicellular organism 단세포생물
3038	**multicellular** [mʌ̀ltiséljələr]	형 다세포의 multicellular organism 다세포생물
3039	**microorganism** [màikrouɔ́ːrginìzm]	명 미생물
3040	**plankton** [plǽŋktən, tan]	명 플랑크톤
3041	**ribosome** [ráibəsòum]	명 리보솜
3042	**mitochondria** [màitəkándriə]	명 미토콘드리아
3043	**cell division** [sél divìʒən]	명 세포분열
3044	**stem cell** [stém sèl]	명 줄기세포

7. 생물학⑦

세포에는 원핵세포와 진핵세포라는 두 가지 종류가 있다. 원핵세포, 즉 단순한 세포는 세포핵이 없고, 단세포 생물인 아메바에서 발견된다. 복잡한 진핵세포는 세포핵을 가지고 있고, 다세포 생물, 심지어는 플랑크톤과 같은 미생물 속에서도 발견된다. 두 종류 모두 단백질을 만드는 리보솜을 가지고 있다. 하지만 미토콘드리아는 진핵세포에만 있다. 세포분열은 두 종류 모두에서 일어난다. 유성생식을 하는 경우에 세포분열은 다양한 세포들의 발달이라는 결과를 낳는다. 예를 들어 인간의 경우에 세포분열은 줄기세포를 남성의 경우에는 정자로, 여성의 경우에는 난자로 바꾼다. 이것은 감수분열이라 알려져 있다. 정자가 난자의 세포막을 뚫고 들어가면, 그것은 난자를 수정시켜 아기가 될 최초의 세포를 만든다. 다음으로 유사분열이 일어난다. 이 과정에서 세포의 모든 염색체들이 복제되고 세포는 두 개의 동일한 세포로 나뉜다. 유사분열은 아기가 완전히 자랄 때까지 계속된다.

3045 ☑	**meiosis** [maióusis]	명 감수분열
3046 ☑	**cell membrane** [sél mèmbrein]	명 세포막
3047 ☑	**mitosis** [maitóusəs]	명 유사분열
3048 ☑	**chromosome** [króuməsòum]	명 염색체

┤ 배경지식 ├

원핵생물 (prokaryotic) 과 진핵생물 (eukaryotic)

진핵생물은 진핵세포로 이루어진 생물이다. 진핵세포의 가장 두드러진 특징은 세포 내에 세포핵이 있는 것이다. 이때 세포핵은 핵막으로 둘러싸여 그 외의 부분과 구분된다. 진핵생물 이외의 생물을 원핵생물이라 부른다.

8. Biology⑧

DNA, a nucleic acid usually in the form of a double helix, contains the genetic instructions monitoring the biological development of all cellular forms of life. The genome of an organism is a complete DNA sequence, or the genetic code of one set of chromosomes. In biotechnology, molecular cloning is used to amplify DNA fragments containing genes, which scientists use for further analysis and for experiments such as in gene recombination. In genetic engineering, scientists make use of protein, specified by a segment of DNA, to modify it by changing the underlying DNA to produce genetically-modified cells. DNA replication is the process of copying a DNA strand in a cell before cell division. In the process of replication, the stem cells, the primal undifferentiated cells, retain the ability to produce an identical copy of themselves when they divide and differentiate into other cell types. (145 words)

3049 ☑	**DNA**	명 디옥시리보핵산
		deoxyribonucleic acid 의 약자
3050 ☑	**double helix** [dʌ́bl híːliks]	명 이중나선
3051 ☑	**genome** [dʒínoum]	명 게놈
412 ☑	**sequence** [síːkwəns]　　　※ 재게	명 배열
3052 ☑	**biotechnology** [bàioʊteknálədʒi]	명 생명공학
3053 ☑	**cloning** [klóuniŋ]	명 생명복제, 클로닝
3054 ☑	**gene** [dʒíːn]	명 유전자
3055 ☑	**gene recombination** [dʒíːn riːkɑmbinéiʃən]	명 유전자 재조립
3056 ☑	**genetic engineering** [dʒənétik èndʒəníəriŋ]	명 유전공학

8. 생물학⑧

보통 이중나선 모양을 한 핵산인 디옥시리보 핵산은 생명이 있는 모든 세포 형태의 생물학적 발달을 감시하는 유전적인 정보를 담고 있다. 어떤 생물의 게놈은 완전한 DNA 배열이며, 또 한 세트의 염색체들로 된 유전자적인 암호이다. 생명공학에서 분자 복제는 유전자가 들어 있는 DNA조각들을 증폭시키는 데 사용되고, 과학자들은 이것을 더욱 깊이 있는 분석이나 유전자 재조립과 같은 실험에 사용한다. 유전공학에서 과학자들은 DNA조각이라는 단백질을 이용하는데, 이것은 기초 DNA를 유전자 조작 세포를 만들 수 있도록 변화시켜 DNA를 바꾸기 위해서이다. DNA 복제란 세포 분열이 일어나기 전에, 세포 안의 DNA 사슬을 복사하는 과정이다. 복사과정에서 줄기세포, 즉 초기의 미분화세포는, 분열되어 다른 종류의 세포로 분화할 때 자신과 동일한 복제품을 만들어내는 능력을 가지고 있다.

4
UNIT 4

3057 ☑	**genetically-modified** [dʒənétikəlimάdəfàid]	형 유전자 조작한
3058 ☑	**replication** [rèpləkéiʃən]	명 복제 파 replicate 타 복제하다
3059 ☑	**strand** [strænd]	명 사슬
3060 ☑	**undifferentiated** [λndifərénʃieitid]	형 미분화의
3061 ☑	**differentiate** [dìfərénʃièit]	자 분화하다 파 differentiation 명 분화

┤ 배경지식 ├

게놈 (genome)

게놈은 '어떤 생물을 그 생물답게 만들기 위해 꼭 필요한 유전 정보' 라는 뜻이다. 즉, 그 생물의 유전자 전체가 모인 것이다. 유전자(gene)와 염색체(chromosome)를 합한 말로, 1920년에 한스 윙클러가 최초로 사용했다. 한 쌍의 배우자에 존재하는 염색체 한 쌍, 또는 이 한 쌍의 염색체에 포함되는 유전자 전체를 가리키는 말이기도 하다.

Other Important Words

■ Biology (생물학)

3062 ☑	**nasal cavity** [néizl kǽvəti]	명	비강(鼻腔)
3063 ☑	**skeleton** [skélətn]	명	골격
3064 ☑	**eyebrow** [áibràu]	명	눈썹
3065 ☑	**pupil** [pjúːpl]	명	동공
3066 ☑	**chin** [tʃín]	명	턱, 턱끝
3067 ☑	**gullet** [gʌ́lit]	명	식도
3068 ☑	**navel** [névl]	명	배꼽
3069 ☑	**shin** [ʃín]	명	정강이
3070 ☑	**buttock** [bʌ́tək]	명	둔부, 궁둥이
3071 ☑	**calf** [kǽf, kéif]	명	장딴지, 종아리
3072 ☑	**abdomen** [ǽbdəmən, æbdóu-]	명	동체(胴體)
3073 ☑	**bowel** [báuəl]	명	장(腸)
3074 ☑	**duodenum** [djùːədíːnəm]	명	십이지장
3075 ☑	**rectum** [réktəm]	명	직장
3076 ☑	**saliva** [səláivə]	명	침, 타액

3077	**perspiration** [pə̀ːrspəréiʃən]	명 발한, 땀흘림 파 perspire 자 발한하다, 땀을 흘리다
3078	**pore** [póːr]	명 털구멍, 모혈(毛穴)
3079	**urine** [júərin]	명 오줌 파 urinary 형 오줌의, 비뇨기의
3080	**hormone** [hɔ́ːrmoun]	명 호르몬
3081	**neuron** [njúərɑn]	명 신경단위
3082	**ligament** [lígəmənt]	명 인대
3083	**tendon** [téndən]	명 힘줄, 건(腱)
3084	**cartilage** [káːrtəlìdʒ]	명 연골
3085	**phenotype** [fíːnətàip]	명 표현형 유전재(군)에 의해서 발현된 형질의 모양
3086	**genotype** [dʒénətàip]	명 유전자형
3087	**progeny** [prɑ́dʒəni]	명 자손, 어린이들 득유 offspring, descendant
3088	**germinate** [dʒə́ːrmənèit]	자 싹트다, 성장하다, 타 발아시키다 파 germination 명 발아, 발생, 발달
3089	**biennial** [baiéniəl]	형 2년마다의, 2년에 한번의, 명 2년생식물
3090	**perennial** [pəréniəl]	형 다년생의, 명 다년생식물, 다년초
3091	**nocturnal** [nɑktə́ːrnl]	형 야행성의 반 diurnal 형 주행성의

9. Astronomy ①

Cosmology refers to the study of the universe and of humanity's place in it. Ancient scholars often looked for celestial phenomena such as shooting stars to predict earthquakes or other terrestrial disasters. Ancient religious leaders foretold the end of the earth with the arrival of Halley's comet, and astrologers offered advice based on the position of Mars and other major planets. Today, scientists know that shooting stars are nothing more than meteors. Instead of relying on myths to explain the formation of constellations, they rely on observational data. With improved technology, they can now examine the Andromeda Nebula and other galaxies located millions of light years away from earth. They can observe the orbits of minor planets within the asteroid belt between Mars and Jupiter. Through their studies they theorize about the origin of the universe. One such theory is the Big Bang Theory. (144 words)

3092	**cosmology** [kɑzmálədʒi]	명 우주론 파 cosmologist 명 우주론자
3093	**celestial** [səléstʃəl]	형 천체의, 하늘의 반 terrestrial 형 지구(상)의
3094	**shooting star** [ʃúːtiŋ stɑːr]	명 유성, 별똥별 ≒유 meteor 명 유성, 운석
3095	**terrestrial** [təréstriəl]	형 지구(상)의 반 celestial 형 천체의, 하늘의
3096	**comet** [kámit]	명 혜성
3097	**astrologer** [əstrálədʒər]	명 점성술사 파 astrology 명 점성술, 점성학
3098	**major planet** [méidʒər plǽnit]	명 대행성
3099	**meteor** [míːtiər, -tiɔ̀ːr]	명 운석, 유성 ≒유 shooting star 명 유성, 별똥별
3100	**constellation** [kɑ̀nstəléiʃən]	명 별자리, 성운

9. 천문학 ①

우주론은 우주와 우주 속 인류 사회의 위치에 관해 언급한다. 고대학자들은 지진이나 다른 지구상의 재앙을 예언하기 위해 종종 유성과 같은 하늘의 현상을 찾았다. 고대 종교 지도자들은 핼리 혜성의 출현과 함께 찾아올 지구의 종말을 예언했고, 점성술사는 화성과 다른 대행성들의 위치를 조언해주었다. 오늘날 과학자들은 유성이 운석에 지나지 않는다는 것을 알고 있다. 그들은 별자리의 형성을 설명하기 위해 신화에 의지하는 대신 관측 데이터에 의지한다. 지구에서 몇 백 광년이나 떨어진 곳에 위치한 다른 은하와 안드로메다 성운을 발달된 기술을 이용해 조사할 수 있다. 화성과 목성 사이의 소행성대에 있는 소행성들의 궤도를 관찰할 수도 있다. 과학자들은 자신들의 연구를 통해 우주의 기원에 관해 이론을 만들었다. 이런 이론들 중의 하나가 빅뱅 우주론이다.

4
UNIT 5

3101	**Andromeda Nebula** [ӕndrámidə nébjələ]	몡 안드로메다 성운
3102	**light year** [láit jìər]	몡 광년 빛이 1년 동안 나아가는 거리
3103	**minor planet** [máinər plǽnət]	몡 소행성 ≒유 asteroid 몡 소행성
3104	**asteroid** [ǽstərɔ̀id]	몡 소행성 ≒유 minor planet
3105	**Big Bang Theory** [bíg bǽg θíəri]	몡 빅뱅 우주론

┤ 배경지식 ├

빅뱅 우주론 (the Bing Bang Theory)

빅뱅이란 일종의 큰 폭발(아주 높은 밀도와 온도 아래서 일어나는 팽창)로, 약 137억 년 전에 일어났다고 생각된다. 빅뱅에 의해 우주가 시작되었다고 생각하는 이론을 빅뱅우주론이라 한다.

10. Astronomy ②

Our solar system's eight planets in their revolution around the sun move at different speeds in their elliptical orbits. Mercury, the closest planet to the sun, is the fastest. It completes its orbit in 88 days. At its closest distance from the sun, or its perihelion, it is 47 million km; at its farthest point, or its aphelion, it is 70 million km. Mercury is also the smallest planet. Its gravitation exerts a far weaker force than the others. The largest planet is Jupiter. Its rotation on its axis is the fastest: It takes less than 10 hours. Interestingly, a satellite launched by spacecraft will also orbit around earth in an elliptical pattern. When it is at its closest point to earth, it is at the perigee of the orbit; at its farthest point, it is at its apogee. The satellites relying on solar energy are affected by the eclipse. (149 words)

3106 ✓	**solar system** [sóulər sìstəm]	명 태양계
3107 ✓	**revolution** [rèvəlú:ʃən]	명 회전 revolution around the sun에서는 '공전'을 뜻함
3108 ✓	**elliptical** [ilíptikl]	형 타원형의, 타원의
3109 ✓	**orbit** [ɔ́ːrbit]	명 궤도
3110 ✓	**perihelion** [pèrihí:liən]	명 근일점(近日點) 행성 등이 공전 궤도상에서 태양과 가장 가까이 있는 지점
3111 ✓	**aphelion** [æfí:liən]	명 원일점(遠日點) 행성 등이 공전 궤도상에서 태양과 가장 멀리 있는 지점
3112 ✓	**gravitation** [græ̀vətéiʃən]	명 인력 gravity 명 중력, 지구 인력
3113 ✓	**rotation** [routéiʃən]	명 회전 rotation on its axis에서는 '자전'을 뜻함
3114 ✓	**axis** [æksis]	명 축

10. 천문학②

태양 주위를 공전하는 태양계의 여덟 개 행성은 각각 타원형의 궤도상에서 다른 속도로 돌고 있다. 태양에서 가장 가까운 행성인 수성이 가장 빠르다. 수성은 궤도를 한 바퀴 도는 데 8일이 걸린다. 태양과 가장 가까운 곳, 즉 근일점에 있을 때 수성과 태양의 거리는 4700만km이다. 태양에서 가장 먼 곳, 즉 원일점에 있을 때는 7000만km이다. 수성은 가장 작은 행성이기도 하다. 수성의 인력은 다른 행성보다 약한 힘을 발휘한다. 가장 큰 행성은 목성이다. 목성의 축을 중심으로 한 자전은 (태양계의 행성 중에서) 가장 빠르다. 그래서 10시간도 채 걸리지 않는다. 흥미롭게도 우주선에서 발사된 위성도 지구 주위를 타원형 궤도를 그리며 돈다. 인공위성이 지구와 가장 가까운 곳에 있을 때는 근지점에 있는 것이고, 가장 먼 곳에 있을 때는 원지점에 있는 것이다. 태양에너지에 의존하는 인공위성은 일식의 영향을 받는다.

4
UNIT 5

3115 ✓	**spacecraft** [spéiskræft]	몡 우주선
3116 ✓	**perigee** [péridʒì:]	몡 근지점 달이나 인공위성이 궤도상에서 지구에 가장 가까이 있는 지점
3117 ✓	**apogee** [ǽpədʒì:]	몡 원지점 달이나 인공위성이 궤도상에서 지구에서 가장 멀리 있는 지점
3118 ✓	**eclipse** [iklíps]	몡 (태양이나 달의) 식(蝕)

┤ 배경지식 ├

생물 분류의 오계설 (five-kingdom system)

태양계 안에는 태양과 가까운 순으로 Mercury(수성), Venus(금성), Earth(지구), Mars(화성), Jupiter(목성), Saturn(토성), Uranus(천왕성), Neptune(해왕성)이 있어, 모두 8개이다. Pluto(명왕성)는 2006년에 국제천문학연합총회의 결정에 따라 태양계의 행성에서 제외되었다.

11. Meteorology①

Temperatures worldwide can vary dramatically depending on the geographical location. In the polar climate, temperatures are the lowest. In Antarctica, the lowest ever reported was -89 degrees Celsius, or -128 degrees Fahrenheit. Fortunately, in the temperate climate regions warmer temperatures prevail. The subarctic climate, found only in the Northern Hemisphere, experiences the largest annual temperature range of any climate on earth. One reason is that like the continental climate, the subarctic climate is too far from the moderating influence of oceans. In the subtropical climate, summers are marked by sweltering temperatures and high humidity. The summer heat in the subtropics often gives rise to the formation of hurricanes, squalls, typhoons and other catastrophic weather conditions. The tropical climate located along the equatorial belt typically has high temperatures throughout the year. However, they are lower in the mountains where in the highland climate temperatures can drop below zero. (147 words)

3119	**temperature** [témpərətʃər, tʃùər]	명 기온, 온도
3120	**polar climate** [póulər kláimit]	명 한대기후
3121	**Celsius** [sélsiəs]	형 섭씨의 물의 어는점을 0도, 끓는점을 100도로 한 온도측정법
3122	**Fahrenheit** [fǽrənhàit, fáːr-]	형 화씨의 미국이나 영국에서는 보통 화씨 온도측정법을 이용
3123	**temperate climate** [témpərət kláimət]	명 온대기후
3124	**subarctic climate** [sʌbáːrktik kláimət]	명 아한대기후
3125	**hemisphere** [hémisfiər]	명 반구(半球) the Northern[Southern]Hemisphere 북[남]반구
3126	**continental climate** [kàntənéntl kláimət]	명 대륙성기후
3127	**subtropical climate** [sʌ̀btrápikl kláimət]	명 아열대기후

11. 기상학①

세계의 기온은 지리적인 위치에 따라 극적으로 다르다. 기온은 한대기후에서 가장 낮다. 남극 대륙에서 이제까지 보고된 가장 낮은 기온은 섭씨 영하 89도, 즉 화씨 128도였다. 다행히도 온대기후 지역에서는 좀더 따뜻한 기온이 일반적이다. 북반구에서만 볼 수 있는 아한대기후에서는, 지구상 기후 중에서 연간 온도 범위가 가장 넓다. 그 이유 중 하나는 대륙성기후처럼 아한대기후는 온도 변화를 완화시켜주는 대양의 영향력으로부터 멀리 떨어져 있기 때문이다. 아열대기후에서, 여름은 찌는 듯한 기온과 높은 습도를 특징으로 보여준다. 아열대에서 여름의 열기는 허리케인, 스콜, 태풍이나 다른 최악의 기상조건을 불러일으킨다. 적도지대에 위치한 열대기후는 일반적으로 일 년 내내 기온이 높다. 하지만 산에서는 비교적 기온이 낮아 산악기후 지대에서는 기온이 영하로 떨어지는 경우도 있다.

4
UNIT 6

3128	**humidity** [hjuːmídəti]	몡 습도
		파 humid 형 습기가 많은, 축축한
3129	**hurricane** [hə́ːrəkèin]	몡 허리케인
3130	**squall** [skwɔ́ːl]	몡 스콜
3131	**tropical climate** [trɑ́pikl kláimət]	몡 열대기후
3132	**highland climate** [háilænd kláimət]	몡 산악기후

┃ 배경지식 ┃

허리케인 (hurricane)

허리케인은 대서양 북부(카리브해 · 멕시코만을 포함하는 북대서양), 대서양 남부(거의 발생하지 않는다), 태평양북동부(서경 140도보다 동쪽에 있는 북태평양), 태평양 북중부(180도~서경140도의 북태평양)에서 발생한 열대 저기압 중에서 최대 풍속이 시간당 64노트(74마일, 119km) 이상의 것을 말한다.

12. Meteorology②

Water takes on different forms and shapes. The morning dew is formed through condensation, the transformation of water vapor into droplets. As the sun warms the surface, evaporation takes place and the dew evaporates into the atmosphere. Snow, precipitation in the form of crystalline water ice, creates an unlimited source of beauty in its crystals. However, snow loses its beauty when warmer weather turns it into sleet. Hail forms when supercooled water freezes on contact with dust, bugs, or ice crystals. It falls when hailstones become too heavy for a storm's updraft to hold them inside clouds. Humidity is the high concentration of water vapor in the air. In a high pressure system in summer, high humidity combined with high temperatures make it difficult for people to stay cool. In a low pressure system in the subtropics, the humidity often becomes more intense after a rain storm. (147 words)

3133 ✓	**dew** [djúː]	명 이슬, 방울
3134 ✓	**condensation** [kàndenséiʃn]	명 (기체의) 응축, 응결, (액체의) 농축 파 condense 타 응축하다, 농축하다
3135 ✓	**water vapor** [wɔ́ːtər véipər]	명 수증기
3136 ✓	**droplet** [dráplət]	명 작은 방울
3137 ✓	**evaporation** [ivæpəréiʃn]	명 증발 파 evaporate 자 증발하다, 기화하다
3138 ✓	**precipitation** [prisìpitéiʃn]	명 강수(량), 강우(량) 파 precipitate 타 (비 등을) 내리게 하다
3139 ✓	**crystal** [krístl]	명 결정 파 crystalline 형 결정구조의, 결정체로 이루어진
3140 ✓	**sleet** [slíːt]	명 진눈깨비
2215 ✓	**hail** [héil]　※ 재게	명 우박, 싸락눈 우박, 싸락눈의 한 알갱이는 hailstone

12. 기상학②

물은 다양한 형태와 모양을 띠고 있다. 아침이슬은 응축, 즉 수증기가 작은 물방울로 변하는 과정을 통해 만들어진다. 태양이 아침 이슬 표면을 따뜻하게 데우면 증발이 일어나고, 이슬은 대기중으로 날아간다. 눈, 즉 결정구조로 된 얼음 형태의 강수는 그 결정 모양에 있어서 무한한 아름다움의 원천을 만들어낸다. 하지만 눈은 좀더 날씨가 따뜻해져 진눈깨비가 되면 그 아름다움을 잃는다. 우박은 과냉각수가 먼지, 벌레, 얼음 결정과 만나 얼게 되면 생긴다. 우박은 태풍의 상승기류가 알갱이를 구름 안에 머물게 할 수 없을 정도로 무거워지면 땅으로 내린다. 습기란 공기중의 수증기가 높은 농도를 띠고 있는 상태이다. 여름에 고기압일 때, 고온이면서 습도가 높으면 상쾌하게 지내기 힘들다. 아열대와 같은 저기압에서 습도는 폭풍이 분 뒤에 좀더 높아진다.

4

UNIT 6

3141 ☑	**supercooled water** [sùːpərkúːl wɔ́ːtər]	명 과냉각수 어는점(0도) 이하가 되어도 액체 상태로 있는 물
3142 ☑	**updraft** [ʌ́pdræft]	명 상승기류
3143 ☑	**high pressure system** [hái préʃər sístəm]	명 고기압
3144 ☑	**low pressure system** [lóu préʃər sístəm]	명 저기압

┤ 배경지식 ├

우박 (hails)

우박은 5mm 미만의 얼음 알갱이가 하늘에서 내리는 것이다. 싸락우박은 눈 주위에 물방울이 들러붙은 것으로 불투명한 얼음 알갱이이다. 기온이 0도 정도일 때 생기기 쉽다. 얼음우박은 백색 반투명 및 불투명한 얼음 알갱이로 적란운 안에서 생겨난다. 둘 다 땅에 떨어지면 탁탁 소리를 낸다.

13. Earth Science①

Volcanoes are characteristic features of the geography of many countries. Scientists disagree over the definitions of different categories of them. Laymen tend to believe that an active volcano shows unusual activity such as eruptions, a dormant volcano is sleeping, and an extinct volcano is dead. On the other hand, geologists consider the Yellowstone Caldera (a caldera is a special form of volcanic crater), for example, to be "dormant" even though the last lava flow was 70,000 years ago. Volcanoes are landforms where magma from the earth's interior erupts to the surface. They are found where two or more tectonic plates converge or diverge. Tectonic plates consist of the earth's crust and the solidified uppermost part of the mantle. They float above the superheated innermost mantle layer and move in relation to one another at one of three types of plate boundaries — convergent boundaries, divergent boundaries and transform boundaries. (149 words)

3145	**active volcano** [ǽktiv vɑlkéinou]	명 활화산
3146	**eruption** [irʌ́pʃən]	명 분화, 폭발 파 erupt 타 분화하다
3147	**dormant volcano** [dɔ́ːrmənt vɑlkéinou]	명 휴화산
3148	**extinct volcano** [ikstíŋkt vɑlkéinou]	명 사화산
3149	**caldera** [kældéərə]	명 칼데라 화산활동에 의해 움푹 파인 곳
2292	**crater** [kréitər]　　　※ 재게	명 분화구, 크레타
3150	**lava** [lɑ́və]	명 용암
3151	**magma** [mǽgmə]	명 마그마
3152	**tectonic plate** [tektɑ́nik pléit]	명 지질구조상의 판

13. 지구과학①

화산은 많은 나라에서 지리의 뚜렷한 특징이다. 과학자들은 화산의 여러 가지 범주들을 정의하는 데 의견을 일치시키지 못하고 있다. 보통 사람들은, 활화산은 분화와 같은 이상한 활동을 보이고, 휴화산은 자고 있고, 사화산은 죽었다고 생각하기 쉽다. 반면 지질학자들은 옐로스톤의 칼데라(칼데라는 화산 분화구의 특별한 상태이다)를, 예를 들어 '휴면 상태'에 있다고 생각한다. 비록 마지막 용암이 7만 년 전에 흘렀더라도 말이다. 화산은 마그마가 지구 내부에서 표면으로 분출한 지형이다. 화산은 2개 이상의 지질구조상의 판들이 만나거나 나눠지거나 하는 곳에서 발견된다. 지질구조상의 판들은 지각과 맨틀의 최상부가 굳어진 것들로 구성된다. 이 판들은 과열 상태에 있는 가장 안쪽의 맨틀 위를 떠다니며, 세 가지 종류의 판경계—수렴경계, 발산경계, 변환경계—에서 서로 영향을 끼치면서 움직인다.

4

UNIT 7

3153 ✓	**crust** [krʌst]	명 지각 지구 표면을 구성하는 부분. 맨틀의 위쪽에 위치
3154 ✓	**mantle** [mǽntl]	명 맨틀
3155 ✓	**convergent boundary** [kənvə́ːrdʒənt báundəri]	명 수렴경계
3156 ✓	**divergent boundary** [divə́ːrdʒənt báundəri]	명 발산경계
3157 ✓	**transform boundary** [trǽnsfɔːrm báundəri]	명 변환경계

┃ 배경지식 ┃

칼데라 (caldera)

칼데라는 화산활동으로 움푹 파인 지형이다. 칼데라라는 명칭은 이 지형이 최초로 연구되었던 카나리아 제도의 현지명에서 비롯되었다. 원래는 지형적으로 크게 파인 곳을 가리키는 말이었지만, 침식과 매몰을 거듭하면서 그 모습이 사라진 경우도 있다. 하지만 과거에 칼데라였다는 사실이 인정되면 칼데라라고 부른다.

14. Earth Science ②

The study of geography involves learning the basic data on the topography of a particular country's landmass. They include the length of its sand dunes that line the coastline, the number of its gorges where rivers have cut through rocks to create deep valleys, its plateaus, its marshes, its waterfalls, and the height of its mountain peaks. Earthquakes also form part of the characteristic features of a country. They are powered by the sudden release of stored energy that radiates seismic waves. Some earthquakes cause extensive damage. They Great Kanto Earthquake was estimated to have a magnitude of nearly 8.4 on the Richter scale and caused fires that destroyed much of Tokyo. The earthquake's aftershocks frequently cause landslides and other natural disasters. The epicenter of some earthquakes is located deep in the ocean, and the shockwaves create tsunamis, or giant ocean waves that collide into coastlines destroying property and the natural surroundings. (152 words)

3158 ☑	**topography** [təpágrəfi]	명 지형, 지세
3159 ☑	**landmass** [lǽndmæs]	명 드넓은 토지, 대륙
3160 ☑	**sand dune** [sǽnd djùːn]	명 사구(砂丘)
3161 ☑	**gorge** [gɔ́ːrdʒ]	명 계곡
3162 ☑	**marsh** [máːrʃ]	명 습지
3163 ☑	**waterfall** [wɔ́ːtərfɔ̀ːl]	명 폭포
3164 ☑	**mountain peak** [máuntn píːk]	명 산정 ≒유 summit
3165 ☑	**seismic wave** [sáizmik wéiv]	명 지진파
3166 ☑	**magnitude** [mǽgnətjùːd]	명 (지진의) 진도, (별의) 광도

14. 지구과학 ②

지리공부에는 특정한 나라의 드넓은 토지의 지형에 관한 기초자료를 학습하는 것이 포함되어 있다. 그 자료는 해안선을 그리고 있는 사구의 길이, 강이 바위를 가르고 지나가며 깊은 계곡을 만드는 협곡, 고원, 습지, 폭포의 수, 산정의 높이를 포함한다. 지진도 나라의 특징적인 지형 중 일부를 만들고 있다. 지진은 지진파를 발산하는 축적된 에너지의 갑작스러운 방출에 의해 힘을 얻는다. 어떤 지진은 심각한 피해를 입힌다. 관동 대지진은 진도가 리히터규모로 거의 8.4로 측정되었고, 도쿄 대부분을 태우는 화재를 일으켰다. 지진의 여진은 종종 산사태와 다른 자연 재해를 일으켰다. 일부 지진의 진앙은 바닷속 깊은 곳에 있다. 그리고 충격파가 자연환경과 재산을 파괴하며 해안지대로 밀려드는 쓰나미나 거대한 해양파를 만든다.

4
UNIT 7

3167 ✓	**Richter scale** [ríktər skèil]	명	리히터규모 진도를 표시
3168 ✓	**aftershock** [ǽftərʃàk]	명	여진
3169 ✓	**epicenter** [épəsèntər]	명	진앙 지진의 진원(震源) 바로 위에 있는 지점
3170 ✓	**shockwave** [ʃákwèiv]	명	충격파

┤ 배경지식 ├

진도 (magnitude)

진도는 지진이 났을 때 지면에 미치는 힘의 크기를 나타낸다. 1935년에 미국의 지진학자 찰스. F. 리히터가 처음으로 정의했다. 진도가 1도 증가할 때마다 에너지는 32배 커진다.

15. Ecology①

Deforestation ranks with the destruction of the ozone layer as one of the greatest threats to the ecology of plant life, animals and humans worldwide. The lack of sustainable forest cultivation and the widespread cutting of trees is said to have resulted in an estimated 53,000 square miles of forests, including tropical rain forests, being destroyed each year. The impact on the environment has often been disastrous. It has resulted in less precipitation and higher temperatures which in turn have contributed to global warming. The habitat of many rare plants and animals has also been destroyed. A large number of them have become endangered species; some have even become extinct. The emission of carbon dioxide into the atmosphere has increased, intensifying the greenhouse effect. The causes of deforestation are many. Overpopulation, for example, forces people to cut down forests for living space, and acid rain causes extensive damage to trees in forests. (152 words)

3171 ☑	**deforestation** [diːfɔ́ːristéiʃən]	명 삼림파괴
1888 ☑	**ozone** [óuzoun, ouzóun]　※재게	명 오존 ozone layer　오존층
3172 ☑	**ecology** [iːkálədʒi]	명 생태 파 ecological 형 생태상의, 환경친화적인
3173 ☑	**sustainable** [səstéinəbl]	형 지속가능한 파 sustain 지속시키다, 유지하다
3174 ☑	**tropical rain forest** [trápikl réin fɔ́rəst]	명 열대우림
3175 ☑	**global warming** [glóubl wɔ́ːrmiŋ]	명 지구온난화
886 ☑	**habitat** [hǽbətæt]　※재게	명 서식지
3176 ☑	**endangered species** [endéindʒərd spíːʃi(ː)z]	명 멸종위기종
3177 ☑	**extinct** [ikstíŋkt, eks-]	형 멸종된 파 extinction 명 사멸, 절멸

15. 생태학①

삼림파괴는 오존층 파괴와 함께 세계의 식물, 동물, 인간의 생태에 대한 가장 큰 위협 중 하나로 자리잡고 있다. 지속가능한 산림육성의 결여와 광범위한 벌목은 매년 열대 우림을 포함해 53,000평방마일로 추정되는 삼림이 파괴되는 결과를 낳았다고 한다. 환경에 대한 영향은 종종 파괴적이었다. 그것은 결과적으로 강수량 감소와 기온 상승을 불러일으켰고, 다음에는 지구온난화의 원인이 되었다. 많은 희귀한 동식물의 서식지는 파괴되었다. 이들 동식물 중 상당수가 멸종위기종이 되었고, 심지어 어떤 경우에는 멸종되기도 했다. 대기 중으로 배출되는 이산화탄소가 증가해 온실효과도 커졌다. 삼림 파괴의 원인은 많다. 예를 들어 인구과잉 때문에 사람들은 생활공간을 찾아 삼림을 벌채하게 되었고, 산성비도 숲의 나무에 심각한 피해를 입혔다.

4
UNIT 8

3178 ☑	**emission** [imíʃən]	명 배출
		파 emit 타 내보내다, 내뿜다
3179 ☑	**greenhouse effect** [gríːnhàus ifékt]	명 온실효과
3180 ☑	**overpopulation** [ouvərpàpjuléiʃən]	명 인구과잉, 인구과밀
3181 ☑	**acid rain** [æsid réin]	명 산성비

| 배경지식 |

온실효과 (greenhouse effect)

온실효과란 대기권을 가지고 있는 행성의 표면에서 방출되는 열이나 전자기파(복사에너지)가 대기권 밖으로 나가기 전에 일부가 대기 중 물질에 흡수되어 대기권 안쪽의 기온이 높아지는 현상이다. 기온이 온실(greenhouse) 속처럼 높아지기 때문에 온실효과라 부르게 되었다.

16. Ecology ②

The biosphere refers to the global ecological system; it integrates all living beings with their environment. Within this system, there exist a variety of species and ecosystems, known as the earth's biodiversity. Modern lifestyles threaten to upset the balance within the system. In some countries, the influx of people into the cities has resulted in urban sprawl. On city streets, a large number of cars cause congestion and traffic jams. The exhaust from vehicles contributes to the formation of smog and other forms of pollution, resulting in contamination of air. The disposal of waste and sewage has become a major concern for local governments. To solve these problems, cities and towns have passed laws intended to recycle trash and to reduce hazardous and toxic pollutants from factories, incinerators and vehicles. On a positive side, government and private enterprise are exploring alternative sources of energy such as solar energy. (148 words)

3182	**biosphere** [báiəsfìər]	명 생물권
3183	**biodiversity** [bàioudəvə́:rsəti]	명 생물학적 다양성
3184	**sprawl** [sprɔ́:l]	명 스프롤 현상 도시가 무계획적이고 무질서하게 퍼져나가는 현상
3185	**congestion** [kəndʒéstʃən]	명 혼잡 파 congest 타 혼잡하게 만들다, 꽉 채우다
3186	**traffic jam** [trǽfik dʒǽm]	명 교통체증
3187	**smog** [smɑ́g]	명 스모그
3188	**contamination** [kəntæ̀mənéiʃən]	명 오염 파 contaminate 타 오염시키다
3189	**disposal** [dispóuzl]	명 처리
3190	**sewage** [súːidʒ]	명 하수

16. 생태학②

생물권이란 지구상의 생태계를 가리키고, 모든 생물과 환경을 통합하는 것이다. 이 체계 안에는 지구의 생물학적 다양성으로 알려진 다양한 종의 생물들과 생태계가 존재한다. 현대의 생활양식에는 이 체계의 균형을 깨뜨릴 위협이 있다. 몇몇 국가에서는 사람들이 도시로 몰려들어 도시의 스프롤 현상을 일으키고 있다. 도시의 거리에는 많은 차들 때문에 혼잡하고, 교통체증이 생긴다. 자동차의 배출가스는 스모그와 다른 종류의 공해를 발생시키는 원인이 되어 대기오염을 일으킨다. 쓰레기와 하수처리는 지방자치단체의 주요 관심사가 되고 있다. 이런 문제를 해결하기 위해 많은 도시와 마을들은 쓰레기를 재활용하고 공장, 소각로, 자동차에서 나오는 유해하고 유독한 오염을 감소시키려는 법률안을 통과시켰다. 긍정적인 측면을 살펴보자면, 정부와 민간 기업들은 태양에너지와 같은 대체에너지원을 탐구하고 있다.

4
UNIT 8

3191	**recycle** [riːsáikəl]	타 재생 이용하다, 재순환시키다
3192	**hazardous** [hǽzərdəs]	형 유해한 파 hazard 명 위험
240	**toxic** [táksik] ※ 재계	형 유독한 늑유 poisonous
3193	**incinerator** [insínərèitər]	명 소각로
3194	**solar energy** [sóulər énərdʒi]	명 태양에너지

| 배경지식 |

생물학적 다양성 (biodiversity)

생물학적 다양성이란 생물이 존재하고 있는 상태나 정도를 나타내는 말이다. 1986년 곤충학자 E. U. 윌슨이 처음 쓰기 시작했다. 그 이후 생물학자, 환경보호 활동가, 정치가, 또는 환경에 관심 있는 시민단체들이 생물학적 다양성이란 말과 개념을 널리 쓰기 시작했다.

Other Important Words

■ Astronomy (천문학)

3195	**Galaxy** [ɡǽləksi]	명 은하, 소우주
3196	**Milky Way** [mílki wéi]	명 하늘의 강, 은하수
3197	**quasar** [kwéizɑːr, -sɑːr]	명 퀘이사, 준성전파원 강한 전파를 내는 성운(星雲)
3198	**super cluster** [súːpər klʌ́stər]	명 초은하계 능유 supergalaxy
3199	**pulsar** [pʌ́lsɑːr]	명 펄서 펄스(pulse)상태의 전파를 방사하는 천체
3200	**supernova** [sùːpərnóuvə]	명 초신성 항성의 일생이 끝나는 때 일어나는 대규모 폭발현상
3201	**sunspot** [sʌ́nspɑ̀t]	명 태양흑점

■ Meteorology (기상학)

3202	**troposphere** [tróupəsfìər]	명 대류권 지표 1~2km의 대기층
3203	**stratosphere** [strǽtousfìər]	명 성층권 지표 10~50km의 대기층
3204	**mesosphere** [mésəsfìər]	명 중간권 지표 50~80km의 대기층
3205	**thermosphere** [θə́ːrməsfìər]	명 열권 지표 100~200km의 대기층
3206	**cold front** [kóuld frʌ̀nt]	명 한랭전선
3207	**warm front** [wɔ́ːrm frʌ̀nt]	명 온난전선
3208	**barometer** [bərámətər]	명 기압계

■ Earth Science (지구과학)

3009	**Arctic** [ɑ́ːrktik]	형 북극(지방)의, 명 북극(지방)
3210	**Antarctic** [æntɑ́ːrktik]	형 남극(지방)의, 명 남극(지방) 파 Antarctica 명 남극대륙
3211	**estuary** [éstʃuèri]	명 하구, 큰 강의 어귀
3212	**ravine** [rəvíːn]	명 계곡
3213	**ridge** [rídʒ]	명 산마루, 산등성이
3214	**sediment** [sédəmənt]	명 퇴적물
3215	**stratum** [stréitəm, strǽt-]	명 지층, 단층 복수형은 strata

■ Ecology (생태학)

3216	**biodegradable** [bàioudigréidəbl]	형 생물분해성의 세균작용으로 무해한 물질로 분해할 수 있는 성질
3217	**decompose** [dìːkəmpóuz]	타 분해하다, 부패시키다 파 decomposition 명 분해, 부패
3218	**photochemical smog** [fòutoukémikl smɑ́g]	명 광화학스모그
3219	**oxidant** [ɑ́ksidnt]	명 옥시던트 광화학스모그의 주요한 원인이 되는 물질
3220	**landfill** [lǽndfìl]	명 매립지, 쓰레기처리장
3221	**rubbish** [rʌ́biʃ]	명 폐기물
3222	**litter** [lítər]	명 찌꺼기, 쓰레기

17. Medical Science ①

Today, people in many countries are living longer, healthier lives than their grandparents thanks to advances in medical science. Within the last 100 years, scientists have found cures for cholera, diphtheria, polio, tuberculosis and other diseases that formerly caused epidemics to break out. Children receive vaccinations at an early age which protect them from contagious diseases. When once people might have suffered from tetanus if they stepped on a rusty nail, now they can get a shot that will prevent the wound from becoming infected. People are also more concerned about maintaining their own health. To reduce the risk of heart disease and strokes, they watch their diet, exercise moderately and go for regular checkups. Yet, many people have become extremely overweight due to improper diet and a lack of exercise. Because of their obesity, they have become susceptible to diabetes. (140 words)

3223	**cholera** [kálərə]	명 콜레라
3224	**diphtheria** [difθíəriə]	명 디프테리아
3225	**polio** [póuliòu]	명 소아마비
3226	**tuberculosis** [tjuːbə̀ːrkjəlóusəs]	명 결핵
3227	**epidemic** [èpidémik]	명 전염병
3228	**vaccination** [væksənéiʃən]	명 (백신)접종 파 vaccinate 타 (백신)접종을 하다
3229	**contagious** [kəntéidʒəs]	형 전염성의 득유 infectious
3230	**tetanus** [tétənəs]	명 파상풍
3231	**heart disease** [háːrt dizìːz]	명 심장병

17. 의학①

오늘날 많은 나라의 국민들은 의학의 발달 덕분에 조부모보다 더 오래 더 건강하게 살고 있다. 과거 100년 동안 과학자들은 콜레라, 디프테리아, 소아마비, 결핵, 그리고 이전에는 전염병을 발생시켰을 다른 질병들에 대한 치료법을 발견했다. 어린이들은 어렸을 때 전염성 질병을 예방해줄 백신 접종을 받는다. 이전이라면 녹슨 못을 밟아 파상풍에 걸렸을지 모르지만, 지금은 상처가 감염되는 것을 막아주는 주사를 맞을 수 있다. 사람들은 또 건강을 유지하는 일에 더 많은 관심을 가지게 되었다. 심장병과 뇌졸중 위험을 줄이기 위해 식사에 주의하고, 적절히 운동하고, 정기적인 건강검진을 받으러 간다. 하지만 많은 사람들은 부적절한 식사와 운동부족 때문에 극단적인 비만이 되었다. 그들은 비만 때문에 당뇨병에 걸리기 쉽게 되었다.

4
UNIT 9

3232	**stroke** [stróuk]	명 뇌졸중
3233	**checkup** [tʃékʌp]	명 건강검진
3234	**overweight** 형 [óuvərwéit] 명 [óuvərwèit]	형 과체중인, 중량 초과인, 명 과체중
3235	**obesity** [oubíːsəti]	명 비만 파 obese 형 비만인
3236	**diabetes** [dàiəbíːtiːz]	명 당뇨병

─┤ 배경지식 ├─

백신 (vaccine)

백신은 사람이나 동물에 접종해 감염성 질병을 예방하는 의약품이다. 독성을 없앤 약한 병원균으로 만든다. 약한 병원균을 체내에 주입하면 체내에서는 항체가 만들어져, 이후 그 병원균에 감염되지 않는다. 약하긴 해도 병원균을 접종하는 것이므로 드물게 부작용이 생긴다.

18. Medical Science ②

Parents are usually the primary people who care for ill children. After they listen to the children's complaints about cramps, headaches or stomachaches, parents give children home remedies or over-the-counter medicines. While children receive vaccinations to prevent serious diseases like smallpox and yellow fever, they generally have to go through the childhood illnesses caused by the measles and the mumps before they can build up immunity to these diseases. Some children go through childhood with only minor cuts and bruises. Their parents can handle most illnesses and injuries with the aid of a first-aid kit in which they keep antiseptics, bandages and ointments. But the most effective medical treatment parents learn to give their children is TLC— tender loving care. (123 words)

3237	**cramp** [kræmp]	명 경련
3238	**headache** [hédèik]	명 두통
3239	**stomachache** [stʌ́məkèik]	명 위통, 복통
3240	**home remedy** [hóum rémədi]	명 가정상비약
3241	**over-the-counter** [óuvərðəkáuntər]	형 (의사 처방 없이)약국에서 쉽게 살 수 있는, 시판중인
3242	**smallpox** [smɔ́:lpὰks]	명 천연두
3243	**yellow fever** [jélou fíːvər]	명 황열병(黃熱病)
3244	**measles** [míːzlz]	명 홍역
3245	**mumps** [mʌ́mps]	명 볼거리

18. 의학②

보통 아픈 아이를 돌보는 일차적인 사람은 부모이다. 아이들이 근육경련, 두통, 복통을 호소하면, 부모는 가정상비약이나 약국에서 쉽게 살 수 있는 약을 준다. 아이들은 천연두나 황열병 같은 치명적인 질병을 예방하기 위해 예방접종을 받는 동안, 보통 어린 시절에 걸리는 질병인 홍역이나 볼거리를 경험해야 한다. 그 후 이런 질병들에 대한 면역이 생긴다. 어떤 아이들은 베거나 부딪혀서 생긴 작은 상처만 입으면서 어린 시절을 지낸다. 이런 아이들의 부모는 소독약, 붕대, 연고를 넣어둔 구급상자를 이용해 대부분의 병과 상처를 치료할 수 있다. 하지만 부모가 아이들에게 해주도록 익혀야 할 가장 효과적인 의료는 '부드러운 사랑의 보살핌(TLC)' 이다.

4
UNIT 9

3246	**bruise** [brúːz]	명 타박상, 상처
3247	**first-aid** [fə́ːrstéid]	형 구급의
3248	**antiseptic** [æ̀ntiséptik]	명 소독약
3249	**bandage** [bǽndidʒ]	명 붕대
3250	**ointment** [ɔ́intmənt]	명 연고

┃ 배경지식 ┃

천연두 (smallpox)

천연두는 유사 이래 전 세계적인 공포의 대상이 되었던 전염병으로, 악마의 병이자 불치병으로 여겨졌다. 현재는 백신의 보급으로 박멸되었다. 황열병(yellow fever)은 열대 아프리카와 중남미의 풍토병이다. 보통 '흑토병' 이라고도 한다. 일상생활에서 사람들끼리 접촉할 때 직접 전염되지는 않는다.

19. Medical Science③

Symptoms such as diarrhea or vomiting tell doctors about the type of illness or injury a patient has. Noisy and erratic breathing often accompanies attacks of asthma, persistent coughing may indicate bronchitis or pneumonia, and a rash may be caused by an allergy. However, before doctors can come up with a diagnosis to treat a patient, they must conduct a series of tests. They might start by listening to a patient's heartbeat with a stethoscope. Then they might take the patient's blood pressure. High blood pressure, known as the silent killer, could cause severe damage to the heart. As a rule, the lower the blood pressure the better. However, low blood pressure can also be dangerous. It could be caused by the effects of dehydration or certain nervous system disorders. (131 words)

926	**symptom**		명 증상, 징후
	[símptəm]	※ 재게	파 symptomatic 형 징후가 되는, 나타나는
3251	**diarrhea**		명 설사
	[dàiəríːə]		
3252	**vomiting**		명 구토
	[vámətiŋ]		파 vomit 자 토하다, 내뱉다
3253	**asthma**		명 천식
	[æzmə]		파 asthmatic 형 천식의
3254	**bronchitis**		명 기관지염
	[braŋkáitis]		
3255	**pneumonia**		명 폐렴
	[njuːmóunjə]		
3256	**rash**		명 발진
	[ræʃ]		
3257	**allergy**		명 알레르기
	[ǽlərdʒi]		파 allergic 형 알레르기 체질의
3258	**diagnosis**		명 진단
	[dàiəgnóusis]		파 diagnose 타 진단하다

19. 의학③

설사나 구토와 같은 증상은 의사에게 환자의 병과 상처의 종류를 알려준다. 격하고 불규칙적인 호흡은 천식의 발병과 함께 하고, 계속되는 기침은 아마 기관지염이나 폐렴의 징후일지도 모른다. 그리고 발진은 알레르기가 원인이 되어 일어날 수도 있다. 하지만 의사가 환자를 치료하기 위해 진단을 내리기 전에 일련의 검사를 해야만 한다. 그들은 환자의 심장박동을 청진기로 들으며 시작할지도 모른다. 그리고 나서 환자의 혈압을 잴 것이다. 조용한 살인자로 알려진 고혈압은 심장에 심각한 해를 입힐 수도 있다. 일반적으로 저혈압이 더 좋다. 하지만 저혈압도 위험할 수 있다. 그것은 탈수증상이나 어떤 신경계 장애의 결과로 일어난 것일지도 모른다.

4
UNIT 10

3259	**stethoscope** [stéθəskòup]	명 청진기
3260	**high blood pressure** [hái blʌd prèʃər]	명 고혈압
3261	**low blood pressure** [lóu blʌd prèʃər]	명 저혈압
3262	**dehydration** [di:hàidréiʃən]	명 탈수증상 파 dehydrate 자 탈수하다

▌배경지식▐

천식 (asthma)

천식이란 일반적으로 기관지천식을 가리킨다. 알레르기 반응, 세균 감염 등에 의한 기관지 염증이 만성화된 것이다. 과민반응으로 인한 기도 협착이 일어나 발작적 기침, 호흡 곤란 등의 증상을 보이는 호흡기 질환이기도 하다. 발작 때 이런 증상이 심해지면 죽음에 이를 수도 있다.

20. Medical Science ④

Chronic diseases are often life-long and require constant treatment. Arthritis, for example, is the inflammation of the joints. It can speed the normal degeneration process of joints as people grow older. Arthritic aches and pains often make those afflicted irritable and can account for sudden shifts in mood. Diabetes, another chronic disease, means that the body does not make enough insulin, which is produced in the pancreas. Some forms of anemia can also be chronic. Anemia can result when the level of red blood cells becomes too low. This indicates that the bone marrow cannot keep up with the body's demand for new cells. Certain medications, such as antibiotics, inhibit the bone marrow from its work. Psoriasis is a chronic skin condition for which treatment can only provide temporary relief. Another skin disease is athlete's foot, which can be cured when treated. (142 words)

3263	**arthritis** [ɑːrθráitis]	명 관절염
3264	**inflammation** [ìnfləméiʃn]	명 염증 파 inflame 타 염증을 일으키다
3265	**joint** [dʒɔ́int]	명 관절
3266	**degeneration** [didʒènəréiʃn]	명 퇴화 파 degenerate 자 퇴화시키다
3267	**ache** [éik]	명 통증
3268	**irritable** [írətəbl]	형 짜증내는, 성급한 파 irritate 타 짜증나게 만들다
3269	**insulin** [ínsələn]	명 인슐린
3270	**pancreas** [pǽŋkriəs]	명 췌장
3271	**anemia** [əníːmiə]	명 빈혈

20. 의학④

만성질환은 오랫동안 계속되고, 지속적인 치료를 필요로 한다. 예를 들어 관절염은 관절의 염증이다. 사람이 나이가 들어가면 관절염이 관절의 퇴화 과정을 촉진시킬 수 있다. 관절염의 쑤시고 아픈 통증은 고통당하는 사람들을 짜증내게 만들고, 기분이 갑자기 변하는 원인이 될 수도 있다. 또 다른 만성질환인 당뇨병은 몸이 충분한 인슐린을 만들지 못한다는 것을 의미한다. 인슐린은 췌장에서 만들어진다. 몇몇 빈혈 증상도 만성이 될 수 있다. 빈혈은 적혈구 수가 너무 낮아질 때 일어난다. 빈혈은 골수가 새로운 세포를 만들기 위한 몸의 요구에 따라갈 수 없음을 나타낸다. 항생제와 같은 약물은 골수의 활동을 억제한다. 건선은 치료해도 일시적인 고통완화만 가능한 만성 피부병이다. 다른 피부병으로는 무좀이 있는데, 이것은 치료하면 나을 수 있다.

4
UNIT 10

3272 ☑	**red blood cell** [réd blʌ́d sèl]	명 적혈구
3273 ☑	**bone marrow** [bóun mǽrou]	명 골수
3274 ☑	**antibiotic** [æ̀ntibaiɑ́tik, æ̀ntai-]	명 항생제, 항생물질
3275 ☑	**psoriasis** [sɔráiəsis]	명 건선(乾癬)
3276 ☑	**athlete's foot** [ǽθliːts fút]	명 무좀

▎배경지식▏

건선 (psoriasis)

건선은 피부 증상을 동반하는 자가면역 질환으로, 극히 치료하기가 어렵다. 피부에 붉은 반점이 생기고, 그 위에 하얀 비늘 같은 것(피부 상피의 각질 세포가 가늘게 벗겨져 떨어지는 것)이 보인다. 주로 두피, 무릎, 팔꿈치 등에 생기지만 전신으로 퍼지는 경우도 있다.

21. Medical Science⑤

Blisters, cuts and abrasions are minor injuries which can be treated with ointment and covered with an adhesive plaster. Far more serious injuries require more extensive treatment. An athlete sprains the ankle and he or she must undergo physical therapy to regain the use of the ankle. A driver has an accident and suffers a skull fracture. That driver might have to spend days or even weeks in a hospital. A person with a cracked rib might have to have a cast put around his chest. A photographer with a detached retina must have an operation to prevent blindness. Minor illnesses can develop into major ones. People sneeze, for instance, because they have hay fever or because they might be coming down with a cold. The common cold, if left untreated, could develop into pneumonia. Influenza, also known as the flu, could result in death in extreme cases. (148 words)

3277	**blister** [blístər]	명 물집, 수포
3278	**abrasion** [əbréiʒən]	명 찰과상
3279	**adhesive plaster** [ədhíːsiv plǽstər]	명 반창고
3280	**sprain** [spréin]	타 삐다, 염좌하다, 명 염좌
1391	**therapy** [θérəpi] ※재게	명 치료법 파 therapeutic 형 치료법의
3281	**skull** [skʌl]	명 두개골
3282	**fracture** [frǽktʃər]	명 골절 늑유 breaking
3283	**rib** [ríb]	명 갈비뼈
3284	**cast** [kǽst]	명 깁스

21. 의학⑤

물집, 자상, 찰과상은 연고를 바르고 반창고를 붙이면 되는 작은 상처이다. 좀더 심각한 상처에는 좀더 광범위한 치료가 필요하다. 운동선수가 발목을 삐면 그 발목을 다시 사용하기 위해서 물리치료를 받아야 한다. 운전자는 교통사고를 당하고, 두개골 골절을 겪는다. 이 운전자는 병원에서 며칠 혹은 몇 주를 보내게 될지도 모른다. 갈비뼈에 금이 간 사람은 가슴 주위에 깁스를 해야 할 것이다. 망막 분리를 당한 사진가는 실명을 방지하기 위해 수술을 해야만 한다. 사소한 질병도 심각한 질병으로 발전할 수 있다. 예를 들어 어떤 사람이 재채기를 하면 건초열 때문일 수도 있고, 감기에 걸렸기 때문일 수도 있다. 일반적인 감기는 치료하지 않고 그대로 두면 폐렴이 될 수도 있다. 흔히 독감이라고 하는 인플루엔자는 극단적인 경우에 죽음이라는 결과를 낳기도 한다.

4
UNIT 11

3285 ☑	**chest** [tʃést]	명 가슴, 흉곽
3286 ☑	**retina** [rétənə]	명 망막
3287 ☑	**sneeze** [sníːz]	자 재채기하다, 명 재채기
3288 ☑	**hay fever** [héi fìːvər]	명 건초열(乾草熱), 꽃가루병
3289 ☑	**flu** [flúː]	명 독감, 인플루엔자 늦유 influenza

— | 배경지식 |

인플루엔자 (influenza)

인플루엔자는 인플루엔자 바이러스에 의한 급성 감염증의 하나로, 유행성감기(혹은 독감)라고도 한다. 발병하면 고열, 근육통 등을 동반하는 감기와 비슷한 증상이 보이지만, 감기와 전혀 다른 유행병이다. 극히 드물지만, 급성 뇌질환이나 이차 감염으로 발전해 사망하는 경우도 있다.

22. Medical Science ⑥

Common sense is one of the best prescriptions for maintaining good health. Chew your food well to aid in digestion. Avoid foods that are high in fat to help prevent heart disease. To relieve the discomfort caused by constipation, choose foods high in fiber. When it comes to carbohydrates, reduce the amount of processed foods you eat. Processed foods may cause an increase of sugar content in the blood stream. See your dentist and have your teeth and gums checked regularly. A regular checkup of the internal organs is one way to detect the early signs of serious diseases affecting the esophagus, the liver, the kidneys and the intestines. Regular blood tests will help you monitor the cholesterol in the blood stream. It will also reveal abnormally high number of white blood cells, an indication of leukemia. An ounce of prevention could save you from having to convalesce after a serious illness. (152 words)

2924	**prescription**		명 처방전
✓	[priskrípʃən]	※ 재계	파 prescribe 타 (약 등을) 처방하다
3290	**chew**		타 씹다
✓	[tʃúː]		
3291	**fat**		명 지방, 지질, 형 뚱뚱한
✓	[fǽt]		
3292	**constipation**		명 변비
✓	[kɑnstəpéiʃən]		파 constipate 자 변비를 일으키다
3293	**carbohydrate**		명 탄수화물
✓	[kɑ̀ːrbouháidreit]		
3294	**gum**		명 잇몸
✓	[gʌ́m]		
3295	**internal organ**		명 내장
✓	[intə́ːrnl ɔ́ːrgn]		
3296	**esophagus**		명 식도
✓	[isɑ́fəgəs]		
1199	**liver**		명 간장
✓	[lívər]	※ 재계	

22. 의학⑥

상식은 건강을 유지하기 위한 최고의 처방전 중 하나이다. 소화를 돕기 위해서는 음식물을 잘 씹어라. 심장병을 피하기 위해서는 지방이 많은 음식을 피하라. 변비로 인한 불쾌감을 완화시키기 위해서는 식이섬유가 많은 음식을 택하라. 탄수화물에 대해서라면 먹고 있는 가공식품량을 줄여라. 가공식품은 혈류 중 당함유량을 증가시킬지도 모른다. 치과의사에게 이와 잇몸을 정기적으로 검사받아라. 내장 정기검진을 하는 것은 식도, 간장, 신장, 장에 영향을 주는 중병의 초기증상을 발견하는 하나의 방법이다. 정기적인 혈액검사는 혈류 중 콜레스테롤을 알아보는 데 도움이 된다. 이 검사는 백혈병의 징조인 비정상적으로 높은 백혈구 수치를 보여주기도 한다. 조그만 예방 조치가 중병에 걸려 회복해야 하는 상황에 빠지지 않게 구해줄지도 모른다.

4
UNIT 11

3297 ☑	**kidney** [kídni]	명 신장
3298 ☑	**intestine** [intéstin]	명 장 파 intestinal 형 장의
3299 ☑	**white blood cell** [hwáit blʌ́d sèl]	명 백혈구
3300 ☑	**leukemia** [luːkíːmiə]	명 백혈병
3301 ☑	**convalesce** [kànvəlés]	자 회복하다 파 convalescence 명 (병후) 건강회복

▎배경지식▕

백혈병 (leukemia)

백혈병이란 종양의 성격을 띠게 된 조혈세포가 무제한적으로 증식해 혈액 중에 나타나는 질환을 말한다. 백혈구계의 세포가 종양이 되는 경우가 많기 때문에 백혈병이라 불리지만, 실제로는 적혈구 계통과 혈소판 계통의 세포가 종양이 되는 경우도 있다. 어쨌든 이 모든 경우가 백혈병이라 불린다.

23. Chemistry ①

Many chemistry students laugh when they read about alchemy and how people attempted to convert metal alloys into gold. Alchemists, however, through their studies of chemical elements and compounds, laid the foundation of modern chemistry. Today chemistry students learn about the arrangement of elements according to their atomic number on the periodic table. In the classroom, they memorize chemical formulas and study chemical reactions. They learn definitions of chemical terms such as fermentation, the conversion of sugar molecules into ethanol and carbon dioxide by yeast. In the laboratory, they observe the process of dissolution. One simple experiment they conduct is throwing salt into water. The salt dissolves and creates a solution, which is a homogeneous mixture of one or more substances dissolved in another substance known as a solvent. At home, they might take medicines that increase the alkalinity inside an upset stomach. (143 words)

3302	**alchemy** [ǽlkəmi]	명 연금술 파 alchemist 명 연금술사
3303	**alloy** [ǽlɔi, əlɔ́i]	명 합금
492	**element** [éləmənt] ※ 재게	명 원소, 요소
2437	**compound** [kámpaund] ※ 재게	명 화합물
3304	**periodic table** [pìəriádik téibl]	명 주기율표
3305	**chemical formula** [kémikl fɔ́ːrmjələ]	명 화학식
3306	**chemical reaction** [kémikl riːǽkʃən]	명 화학반응
3307	**fermentation** [fəːrmentéiʃən]	명 발효 파 ferment 타 발효시키다
3308	**yeast** [jíːst]	명 효모균

23. 화학 ①

화학을 배우는 많은 학생들은 사람들이 어떻게 금속 합금을 금으로 바꾸려고 했는지와 연금술에 대해 읽으면 웃는다. 하지만 연금술사들은 화학 원소와 화합물에 대한 연구를 통해 현대 화학의 기초를 닦았다. 오늘날 화학을 공부하는 학생들은 주기율표의 원자번호에 따른 원소정렬법을 배운다. 교실 수업에서 학생들은 화학식을 외우고, 화학반응을 배운다. 효모균에 의해 당분자가 에탄올과 이산화탄소로 변하는 과정인 발효와 같은 화학 용어의 정의도 배운다. 실험실에서는 용해 과정을 관찰한다. 학생들이 행하는 간단한 실험 중 하나는 소금을 물에 넣는 것이다. 소금은 녹아 용액을 만드는데, 이것은 하나 이상의 물질이 용매로 알려진 다른 물질에 용해되는 균일한 혼합물이다. 가정에서는, 상태가 나쁜 위 속의 알칼리도를 높이는 약을 먹을지도 모른다.

4
UNIT 12

2326 ✓	**dissolution** [dìsəlúːʃən] ※재계	명 용해 파 dissolve 타 녹이다
392 ✓	**solution** [səljúːʃən] ※재계	명 용액 파 soluble 형 녹이기 쉬운
3309 ✓	**mixture** [míkstʃər]	명 혼합물
3310 ✓	**solvent** [sálvənt]	명 용매 solute 명 용질
3311 ✓	**alkalinity** [ǽlkəlínəti]	명 알칼리도 파 alkaline 형 알칼리성의

┤ 배경지식 ├

연금술 (alchemy)

연금술이란 좁은 의미로는 화학수단을 이용해 비금속에서 귀금속을 정련해내는 것이다. 넓은 의미로는 금속에 한정하지 않고 여러 가지 물질, 심지어는 인간의 육체와 영혼을 포함해 모든 것들을 보다 완전한 존재로 다듬어내는 것이다. 연금술이 발달하는 과정에서 현재의 화학 약품이 많이 발견되었으며, 그 성과는 지금도 화학발전에 영향을 끼치고 있다.

24. Chemistry ②

A stroll through the aisles of a supermarket reveals a magical showcase of how chemistry makes our lives more convenient, healthier and more enjoyable. In canned and frozen foods, preservatives prevent the deterioration of nutrients. The glass in jars of jams and jellies is partially made from silicon, a metalloid. Beer is a brew of barley kernels that undergoes a series of chemical reactions. At the condiment counter, you can find flavoring agents to make foods more palatable and digestible. Refrigerant compounds in the store's refrigerators keep PET bottles of drinks cool. PET bottles are made from polyesters. Plastic spatulas and other nonmetal utensils help save Teflon surfaces in pans from scratching. Pots and pans made from aluminum, which is second to gold in its malleability, are inexpensive and easy to use. Over-the-counter stomach medicines neutralize the acidity of people suffering from ulcer. And in some supermarkets, you can find nylon stockings. (152 words)

3312	**preservative** [prizə́ːrvətiv]	명 방부제 파 preservation 명 보존
3313	**nutrient** [njúːtriənt]	명 영양소 파 nutrition 명 영양물
3314	**metalloid** [métəlɔ̀id]	명 반금속 금속과 비금속의 중간물질
3315	**brew** [brúː]	명 양조주, 타 양조하다
3316	**flavor** [fléivər]	타 풍미를 더하다, 명 양념
3317	**digestible** [daidʒéstəbl, -di]	형 소화하기 쉬운 파 digest 타 소화하다
3318	**refrigerant** [rifrídʒərənt]	명 냉매, 냉각재 파 refrigeration 명 냉동, 냉각
3319	**polyester** [pàliéstər] [páliè-]	명 폴리에스테르
3320	**nonmetal** [nànmétl]	명 비금속

24. 화학 ②

수퍼마켓의 통로를 걸어가다 보면, 화학이 우리 삶을 얼마나 더 편리하고 건강하고 즐거운 것으로 만들었는지를 드러내는 놀라운 진열장이 보인다. 통조림 식품이나 냉동 식품에 들어있는 방부제는 영양소의 파괴를 막아준다. 잼이나 젤리 병의 유리는 부분적으로 반금속인 규소로 만들어졌다. 맥주는 일련의 화학 반응을 거친 보리로 만든 양조주이다. 향신료 매장에서는 음식을 좀더 맛있고 소화되기 쉽게 만드는 양념을 발견할 수 있다. 가게의 냉장고 안에 있는 냉매 화합물은 페트병에 들어있는 음료를 차갑게 유지시킨다. 페트병은 폴리에스테르로 만든다. 플라스틱 주걱과 그 외 다른 비금속은 평평한 냄비 표면의 테플론에 상처가 나지 않게 도와준다. 금 다음으로 가연성이 큰 알루미늄제 냄비나 솥은 싸고도 사용하기 편리하다. 약국에서 쉽게 살 수 있는 위장약은 궤양으로 고통받는 사람들의 위산과다를 중화시켜 준다. 그리고 일부 수퍼마켓에서는 나일론 스타킹을 발견할 수 있다.

4
UNIT 12

3321 ☑	**Teflon** [téflɑn]	명 테플론
3322 ☑	**malleability** [mæ̀liəbíləti]	명 가단성(可鍛性), 전성(展性) 파 malleable 형 가단성의, 전성의
3323 ☑	**neutralize** [njú:trlàiz]	타 중화하다 파 neutralization 명 중화
3324 ☑	**acidity** [əsídəti]	명 산도, 산성도, 위산과다 파 acidic 형 산성의
3325 ☑	**nylon** [náilɑn]	명 나일론

━┤ 배경지식 ├━

양조주 (brew)

양조주란 원료를 효모로 발효시켜 만든 술이다. 증류 등의 작업을 거치지 않고, 알코올 발효시킨 상태 그대로 마실 수 있다. 포도주, 맥주 등이 있다.

■ Medical Science (의학)

3326 ☑	**acupuncture** [ǽkjupλ̀ŋktʃər]	명 침술(鍼術), 침 치료 늑유 needle therapy
3327 ☑	**transplantation** [trænsplæntéiʃən]	명 이식(한 것) 파 transplant 타 이식하다, 명 이식(수술)
3328 ☑	**anesthesia** [æ̀nəsθíːʒə]	명 마비
3329 ☑	**antibody** [ǽntibὰdi]	명 항체, 항독소
3330 ☑	**antigen** [ǽntidʒən]	명 항원
3331 ☑	**artificial respiration** [ὰːrtifíʃl rèspəréiʃən]	명 인공호흡
3332 ☑	**clot** [klάt]	명 (엉긴) 덩어리, 응혈괴(凝血塊)
3333 ☑	**platelet** [pléitlət]	명 혈소판
3334 ☑	**dislocation** [dìsloukéiʃən]	명 탈구(脫臼) 파 dislocate 타 관절을 삐게 하다, 탈구시키다
3335 ☑	**dose** [dóus]	명 복용량, 방사선량
3336 ☑	**malady** [mǽlədi]	명 병
3337 ☑	**scurvy** [skə́ːrvi]	명 괴혈병 비타민C의 결핍으로 생기는 병
3338 ☑	**typhoid** [táifɔid]	형 장티프스의, 명 장티프스
3339 ☑	**jaundice** [dʒɔ́ːndəs, dʒɑ́ːn-]	명 황달
3340 ☑	**hydrophobia** [hὰidroufóubiə]	명 광견병 늑유 rabies

■ Chemistry (화학)

3341	**organic chemistry** [ɔːrgǽnik kémistri]	명 유기화학 유기화합물의 합성·성질을 연구하는 화학
3342	**inorganic chemistry** [ìnɔːrgǽnik kémistri]	명 무기화학 원소, 단체, 무기화합물을 연구하는 화학
3343	**synthetic chemistry** [sinθétik kémistri]	명 합성화학 유기화합물의 합성방법을 연구하는 화학
3344	**biochemistry** [bàioukémistri]	명 생화학 생명현상을 화학적으로 연구한다
3345	**melting point** [méltiŋ pɔ̀int]	명 녹는점, 융점(融點)
3346	**boiling point** [bɔ́iliŋ pɔ̀int]	명 끓는 점
3347	**compression** [kəmpréʃən]	명 압축 파 compress 타 압축하다
3348	**conduction** [kəndʌ́kʃən]	명 (열·소리·전기 등의) 전도 파 conductance 명 전기전도력
3349	**diffusion** [difjúːʒən]	명 방산(放散), 확산 파 diffuse 타 방산하다, 발산하다
3350	**dilution** [dailúːʃən, di-]	명 희석(물) 파 dilute 타 묽게 하다
3351	**distillation** [distiléiʃən]	명 증류(작용) 파 distill 타 증류하다
3352	**oxidation** [àksidéiʃən]	명 산화 파 oxidize 타 산화시키다, 녹슬게 하다
3353	**adhesion** [ədhíːʒən, æd-]	명 부착, 점착 파 adhere 자 부착하다, 점착하다
3354	**cohesion** [kouhíːʒən]	명 결합, 응집(력) 파 cohere 자 결합하다, 응집하다
3355	**isotope** [áisətòup]	명 아이소토프, 동위원소

25. Physics ①

Physicists seek to explain the natural world by employing the scientific method. They study quarks, superconductivity and other natural phenomena. The study of physics is divided into five branches, in which central theories have been experimentally tested and proven numerous times. In classical mechanics, the subtopics include acoustics and kinematics. In this branch, physicists study such concepts as acceleration. In electromagnetism, optics is one of the many subtopics they research. In thermodynamics, they focus their attention on concepts such as entropy and viscosity. In quantum mechanics, they developed theories that have solved the problem of computing energy radiated by an atom when it drops from one quantum state to another of lower energy. The final branch is perhaps the most recognized, though least understood, among ordinary people because of Albert Einstein's theory of relativity. (134 words)

3356 ✓	**quark** [kwɔ́ːrk]	명 쿼크 미립자의 구성요소가 되는 입자
3357 ✓	**superconductivity** [sùːpərkɑndʌktívəti]	명 초전도
3358 ✓	**mechanics** [məkǽniks, mi-]	명 역학
3359 ✓	**acoustics** [əkúːstiks]	명 음향학
3360 ✓	**kinematics** [kìnəmǽtiks]	명 운동학
3361 ✓	**acceleration** [æksèləréiʃn, ək-]	명 가속 파 accelerate 타 가속시키다
3362 ✓	**electromagnetism** [ilèktroumǽgnətìzm]	명 전자기
3363 ✓	**optics** [áptiks]	명 광학
3364 ✓	**thermodynamics** [θə̀ːrmədainǽmiks]	명 열역학

25. 물리학①

물리학자는 과학적 연구방법을 구사하여 자연계를 설명하려 한다. 그들은 퀴크, 초전도, 그리고 그 외 자연현상을 연구한다. 물리학 연구는 다섯 개 부문으로 나누어진다. 그 안에서 중심적인 이론은 실험적으로 검증되고 몇 번이고 증명되어왔다. 고전 역학에서는 부副논제로 음향학과 운동학이 있다. 이 부문에서 물리학자는 가속과 같은 개념을 연구한다. 전자기 부문에 있어서, 물리학자들이 연구하는 많은 부논제 중 하나가 광학이다. 열역학 부문에서 물리학자는 엔트로피와 점성이라는 개념에 주목하고 있다. 양자역학 부문에서는 양자 상태에서 다른 낮은 에너지 상태로 떨어질 때 원자에 의해 방출되는 에너지를 계산하는 문제를 해결하는 이론을 개발했다. 마지막 부문은, 비록 극소수만 이해했는데도, 알베르트 아인슈타인의 상대성이론 덕분에 일반인에게 가장 널리 알려진 것이다.

4
UNIT 13

3365	**entropy** [éntrəpi]	명 엔트로피
✓		열역학에서 일에 사용될 수 없는 에너지
3366 ✓	**viscosity** [viskásəti]	명 점성
3367 ✓	**quantum mechanics** [kwántəm məkániks]	명 양자역학
3368 ✓	**theory of relativity** [θíːəri əv rèlətívəti]	명 상대성이론

—| 배경지식 |—

상대성이론 (the theory of relativity)

상대성이론은 아인슈타인이 발표한 것으로, 자연법칙이 관성계에 대해 불변하고, 시간과 공간이 관측자에 따라 상대적이라는 이론이다. 단순히 상대론(relativity)이라고 불리기도 한다. 독일의 이론물리학자인 플랑크가 붙인 이름으로, 아인슈타인은 불변성 이론이라 부르고 싶어 했다.

26. Physics ②

Many consumer products and services have come from the research of physicists. From the study of nuclear physics, they have succeeded in harnessing the atom through nuclear fission to produce enough nuclear fuel in nuclear plants to generate electric current to light up a major metropolis. They now try to use nuclear fusion to produce energy. Their research in optics, which describes the behavior of visible light, infrared light, and ultraviolet light, have produced consumer products we take for granted. The most common of them are the concave lens and convex lens. They are used in contact lenses to correct eyesight. The convex lens is often used as a magnifying glass. One simple experiment in optics a person can perform is to demonstrate the reflection of beams of light with a prism. The study of the interaction of photons and matter has produced advances in optical transmissions of information. (149 words)

3369	**nuclear physics** [njúːkliər fíziks]	몡 핵물리학
3370	**nuclear fission** [njúːkliər fíʃən]	몡 핵분열
3371	**nuclear plant** [njúːkliər plǽnt]	몡 원자력발전소
3372	**electric current** [iléktrik kə́ːrənt]	몡 전류
3373	**nuclear fusion** [njúːkliər fjúːʒən]	몡 핵융합
3374	**visible light** [vízəbl láit]	몡 가시광선
3375	**infrared light** [ìnfrəréd láit]	몡 적외선
3376	**ultraviolet light** [ʌ̀ltrəváiələt láit]	몡 자외선
3377	**concave lens** [kɑnkéiv lènz]	몡 오목렌즈

26. 물리학 ②

많은 소비자 제품과 서비스가 물리학자의 연구에서 비롯되었다. 핵물리학의 연구에 의해 물리학자들은 핵분열을 통해 원자를 동력화하는 것에 성공했다. 이 과정은 대도시를 밝혀줄 전류를 생성하는 원자력발전소에서 쓰일 충분한 핵연료를 만들어낸다. 이제 그들은 에너지를 만드는 데 핵융합을 이용하려고 하고 있다. 광학에서 그들의 연구는 가시광선, 적외선 및 자외선의 움직임을 설명하는 것으로 우리가 당연하다고 생각하는 소비자 제품을 만들어왔다. 그들 중 가장 일반적인 것은 오목렌즈와 볼록렌즈이다. 이것들은 시력을 교정하는 콘택트렌즈에 사용되고 있다. 볼록렌즈는 흔히 돋보기로 이용된다. 광학에서 일반인이 행할 수 있는 가장 간단한 실험은 프리즘으로 광선을 반사시키는 것이다. 광자와 물질의 상호작용에 관한 연구는 정보의 광학적인 전송을 발전시키고 있다.

4
UNIT 13

3378	**convex lens** [kɑnvéks lènz]	명 볼록렌즈
3379	**magnifying glass** [mǽgnəfàiŋ glæs]	명 돋보기
3380	**reflection** [riflékʃən]	명 반사 파 reflect 타 반사하다
3381	**prism** [prízm]	명 프리즘
3382	**photon** [fóutɑn]	명 광자 전자기장에서 전자기 상호작용을 매개하는 입자

▬▬▬| 배경지식 |▬▬▬

핵물리학 (Nuclear Physics)

핵물리학은 원자핵을 연구하는 물리학의 분야로, 이름에 '핵'이 들어가기 때문에 원자물리학(atomic physics)과 혼동되기도 한다. 핵 자체의 특성, 핵 속에 있는 핵자들 사이의 상호작용, 핵자를 구성하는 쿼크와 글루온의 상호작용 등이 모두 핵물리학의 영역이다.

27. Physics ③

We can see the concepts of physics in our daily lives. Pedal a bicycle to a desired speed and then rely on kinetic energy to maintain the momentum of the bicycle. Following the principle of inertia, the bicycle will retain its velocity along a straight line. By attaching a dynamo to the wheel, this energy can produce light. Place a spoon in a glass of water and see the principle of refraction at work. Turn on an incandescent lamp and inside it observe a vacuum, a space that is empty and free of friction. Look inside your computer and look at the integrated circuits composed of thousands of miniature transistors. Place a magnet under a piece of paper and create a magnetic field. When you drive and come to a crossroad, look into a parabolic mirror. The focal points allow you to see if cars are coming from both directions. (150 words)

3383	**kinetic energy** [kənétik énərdʒi]	몡 운동에너지
3384	**momentum** [mouméntəm]	몡 힘, 타성, 운동량
3385	**inertia** [inə́:rʃiə, inə́:rʃə]	몡 관성, 타성 파 inert 혱 스스로 행동할 수 없는, 타성적인
3386	**velocity** [vilásəti]	몡 속도 ≒유 speed
3387	**dynamo** [dáinəmòu]	몡 발전기
3388	**refraction** [rifrǽkʃən]	몡 굴절 파 refract 타 굴절시키다
3389	**incandescent lamp** [ìnkəndésnt lǽmp]	몡 백열등
1480	**vacuum** [vǽkjuəm]　※ 재게	몡 진공
2691	**friction** [fríkʃən]　※ 재게	몡 마찰

27. 물리학③

우리는 일상생활 속에서 물리학의 개념을 알 수 있다. 원하는 속도에 이를 때까지 자전거의 페달을 밟고, 그 다음엔 자전거의 힘을 유지해주는 운동에너지에 의지해보자. 관성의 법칙에 따라 자전거는 직선으로 나아가며 그 속도를 보존할 것이다. 바퀴에 발전기를 설치하면, 이 에너지로 빛을 만들어낼 수 있다. 물이 담긴 컵에 숟가락을 넣고 굴절의 원리가 적용되는 장면을 보자. 백열등을 켜고 그 안에 텅 비어 있고, 마찰이 없는 공간인 진공을 관찰하자. 컴퓨터 안을 들여다보고 몇 천 개의 소형 트랜지스터로 이루어진 집적회로를 관찰해보자. 종이 아래에 자석을 두어 자기장을 만들어보자. 운전을 하다가 교차로에 이르렀을 때 포물면거울을 들여다보자. 거울의 초점들이 차가 양쪽 방향에서 다가오고 있는지 어떤지를 볼 수 있게 해준다.

4
UNIT 14

3390	**integrated circuit** [íntəgrèitid sə́ːrkit]	명 집적회로
3391	**transistor** [trænzístər]	명 트랜지스터 증폭, 또는 스위치 역할을 하는 반도체 소자
3392	**magnetic field** [mægnétik fíːld]	명 자장
3393	**parabolic mirror** [pæ̀rəbálik mírər]	명 포물면거울
3394	**focal point** [fóukl pɔ̀int]	명 초점

| 배경지식 |

관성의 법칙 (the principle of inertia)

관성의 법칙은 관성계에서 힘을 받지 않는 질점質點의 운동을 기술하는 경험법칙으로 운동의 제1법칙이라고도 한다. 갈릴레이와 데카르트가 거의 비슷한 형태의 이론으로 주장했던 것을 뉴턴이 하나의 기본 법칙으로 정리했다. 힘을 가하지 않는 한, 정지해 있는 질점은 계속 정지해 있고, 운동중인 질점은 계속 등속직선운동을 한다는 법칙이다.

28. Mathematics ①

Children learn to count or do other calculations by using their fingers. In some cultures, they use the abacus for addition, subtraction, division and multiplication. In school, they learn the terminology for the different types of numbers they use in more complex mathematical problems. Cardinal numbers, they learn, are for counting, while ordinal numbers are used for positioning. Some superstitious students may prefer odd numbers to even numbers. As they advance in their studies of mathematics, they learn about fractions and decimals and how to work with them in class and in real life. Customers at restaurants in countries where tipping is customary make use of fractions and decimals to calculate the amount of tip they should give their waiter. In university classes, students study calculus, algebra and other advanced mathematical courses. (132 words)

3395 ☑	**calculation** [kæ̀lkjəléiʃən]	몡 계산 파 calculate 타 계산하다
3396 ☑	**abacus** [ǽbəkəs]	몡 주판
3397 ☑	**addition** [ədíʃən]	몡 더하기, 덧셈 파 add 타 더하다, 합산하다, 늘리다
3398 ☑	**subtraction** [səbtrǽkʃən]	몡 빼기, 뺄셈 파 subtract 타 빼다, 감하다
2966 ☑	**division** [divíʒən] ※재게	몡 나누기, 나눗셈 파 divide 타 나누다, 분할하다
3399 ☑	**multiplication** [mʌ̀ltəplikéiʃən]	몡 곱하기, 곱셈 파 multiply 타 곱하다, 증가시키다
3400 ☑	**cardinal number** [káːrdnl nʌ́mbər]	몡 기수 one, two, three…등
3401 ☑	**ordinal number** [ɔ́ːrdənl nʌ́mbər]	몡 서수 first, second, third…등
3402 ☑	**odd number** [ɑ́d nʌ́mbər]	몡 홀수

28. 수학 ①

아이들은 손가락을 이용해 수를 세거나 다른 계산법들을 배운다. 어떤 문화에서는 덧셈, 뺄셈, 곱셈, 나눗셈을 하기 위해 주판을 이용한다. 학교에서 아이들은 좀더 복잡한 수학문제에서 사용하는 여러 가지 수를 나타내는 전문용어를 배운다. 기수는 수를 세기 위한 것이고, 서수는 순서를 나타내기 위한 것이라고 배운다. 몇몇 미신을 믿는 학생들은 짝수보다 홀수를 더 좋아한다. 수학공부에서 더 발전하게 됨에 따라 학생들은 분수와 소수에 대해, 그리고 그것을 수업과 실생활에서 어떻게 써먹을지를 배운다. 관습상 팁을 주는 나라의 식당에서는 웨이터에게 줄 팁을 계산하기 위해 분수와 소수를 사용한다. 대학수업에서 학생들은 미적분학, 대수학, 그리고 다른 고등수학과정도 배운다.

4
UNIT14

3403 ✓	**even number** [íːvn nʌ́mbər]	명 짝수
3404 ✓	**decimal** [désəml]	명 소수
3405 ✓	**calculus** [kǽlkjələs]	명 미적분(학)
3406 ✓	**algebra** [ǽldʒəbrə]	명 대수(학)

┤ 배경지식 ├

홀수 (odd number)

우리 선조들은 홀수는 불길한 징조이고, 짝수는 길한 징조로 보았다. 하지만 일본에서는 홀수가 나누어지지 않는 수이기 때문에 좋은 수라고 인식된다. 그런데 1, 3, 5, 7, 9 중 9는 고(苦)와 발음이 비슷해 운이 나쁜 수로 본다. 한편, 서양에서는 '럭키 세븐'이라 하여 7을 좋아하고, 13을 운이 나쁜 수로 여긴다.

29. Mathematics ②

Students begin their study of geometry by learning basic terms. They learn that lines extend infinitely in both directions. A ray is a straight line that begins at an endpoint and extends forever in one direction. Two endpoints that meet form an angle. An acute angle is any angle less than 90 degrees, while an obtuse angle is an angle between 90 degrees and 180 degrees. Right angles are exactly 90 degrees. When a vertical line and a horizontal line meet, they are perpendicular, forming a right angle. When a third line intersects parallel lines it forms corresponding angles. When three or more lines form a closed figure, it is known as a polygon. Examples of polygons are triangles, rectangles and trapezoids. Once students understand the basic terms, they begin working on solving geometric problems. (135 worlds)

3407	**geometry**	명 기하(학)
	[dʒiːámətri]	파 geometric 형 기하학(상)의
3408	**ray**	명 반직선, 사선
	[réi]	
3409	**acute angle**	명 예각
	[əkjúːt ǽŋgl]	
3410	**obtuse angle**	명 둔각
	[əbtʃúːs ǽŋgl]	
3411	**right angle**	명 직각
	[ráit ǽŋgl]	
3412	**vertical line**	명 연직선, 종선
	[vǝːrtikl láin]	
3413	**horizontal line**	명 수평선, 횡선
	[hɔ̀ːrəzántl láin]	
3414	**perpendicular**	형 수직의, 명 수직선, 수직면
	[pǝ̀ːrpəndíkjələr]	
3415	**parallel**	형 평행의, 명 평행선, 평행
	[pǽrəlèl]	

29. 수학 ②

학생들은 기본 용어를 배우는 것으로 기하학 공부를 시작한다. 그들은 선이 양방향으로 무한히 연장된다고 배운다. 반직선은 하나의 종점에서 시작해 한쪽 방향으로 무한히 연장되는 직선이다. 두 개의 종점이 만나면 각을 만든다. 예각은 90도보다 작은 각이고, 둔각은 90도에서 180도 사이의 각이다. 직각은 정확히 90도이다. 연직선과 수평선이 만나면, 이 선들은 수직이고 직각을 이룬다. 세 번째 선이 평행하는 선들을 가로지르면 동위각을 만든다. 세 개 이상의 선으로 닫혀 있는 도형을 만들면 그것을 다각형이라 한다. 다각형의 예로는 삼각형·직사각형·사다리꼴이 있다. 학생들이 일단 기본 용어를 이해하면 기하학 문제를 푸는 일과 씨름하기 시작한다.

4

UNIT 15

3416	**corresponding angle** [kɔːrəspándiŋ ǽŋgl]	몡 동위각
3417	**polygon** [páligàn]	몡 다각형
3418	**triangle** [tráiæ̀ŋgl]	몡 삼각형 파 triangular 혱 삼각의
3419	**rectangle** [rètǽŋgl]	몡 직사각형 파 rectangular 혱 직사각형의, 직각의
3420	**trapezoid** [trǽpəzɔ̀id]	몡 사다리꼴

┤ 배경지식 ├

기하학 (geometry)

기하학은 수학의 한 분야로 도형 및 공간에 대해 연구한다. 유럽에서는 오랫동안 '기하학적 정신'이라는 말이 엄밀함을 중시하는 수학의 왕도이자 본연의 자세로 여겨졌다. 또 기하학은 즐겁게 배우기가 어렵기 때문에 '기하학에는 왕도가 없다' 라는 말도 있다.

30. Mathematics ③

Algebra, geometry, trigonometry and other areas of mathematics are tools people use to find the answers to something unknown such as the square root of a number. They might start with a theorem, or an assumption. Then they might decide which factors are constants and which are variables. They use formulas in their equations to help them think through the problem. Of course, they employ integers, which are natural numbers, their negatives and zero. However, in order to think beyond what is obvious and observable, they must rely on complex numbers, which is a combination of a real number and an imaginary number. Electronic engineers, for example, often use complex numbers in their calculations. In determining the magnitudes of earthquakes, seismologists make use of logarithm, as do astronomers computing the scale of stellar brightness. (134 worlds)

3421	**trigonometry** [trìgənámətri]	명 삼각법
3422	**square root** [skwéər rúːt]	명 제곱근
3423	**theorem** [θíːərəm, θíə-]	명 정리
465	**factor** [fǽktər]　　※ 재게	명 인수
3424	**constant** [kánstənt]	명 상수 값이 정해져 변하지 않는 수
3425	**variable** [vέəriəbl]	명 변수 값이 정해지지 않는 수를 가리키는 문자기호
2591	**formula** [fɔ́ːrmjələ]　　※ 재게	명 공식
3426	**equation** [i(ː)kwéiʒən, -ʃən]	명 방정식
3427	**integer** [íntidʒər]	명 정수 능유 whole number

30. 수학③

대수학, 기하학, 삼각법, 그리고 수학의 다른 분야는 사람들이 어떤 수의 제곱근과 같은 미지의 것에 대한 답을 찾기 위해 이용하는 도구이다. 사람들은 정리나 가정을 사용하며 출발할 수도 있다. 그리고 그들은 어떤 인수가 상수이고, 어떤 것이 변수인지를 정할 것이다. 문제를 풀어나가도록 도와줄 방정식에서는 공식을 이용한다. 물론 그들은 정수를 사용하고, 여기에는 자연수, 0, 음수가 포함된다. 하지만 명백하고 관찰할 수 있는 것을 넘어 생각하기 위해 복소수에 의존해야 한다. 복소수는 실수와 허수의 조합이다. 예를 들어 전기기술자들은 계산할 때 자주 복소수를 사용한다. 지진학자들은 지진의 진도를 결정할 때 마치 천문학자들이 별의 밝기 등급을 계산하듯이 대수를 이용한다.

4

UNIT 15

3428	**natural number** [nǽtʃərəl nʌ́mbər]	명 자연수
3429	**complex number** [kámplèks nʌ́mbər]	명 복소수
3430	**real number** [ríːə nʌ́mbər]	명 실수
3431	**imaginary number** [imǽdʒənèri nʌ́mbər]	명 허수
3432	**logarithm** [lɔ́ːgərìðəm, -θm]	명 대수 '로그(log)'의 구용어

┃ 배경지식 ┃

제곱근 (square root)

음수가 아닌 실수 a에 대해 $a=b^2$이 되도록 하는 b를 a의 제곱근이라 한다. $a=0$이라면 a의 제곱근은 0일 뿐이다. a가 양수라면 a의 제곱근은 양수와 음수 두 가지가 존재하고, 그 중 양수인 쪽은 $+\sqrt{a}$로 표시한다. $\sqrt{\ }$는 근호(root sign)라 부른다.

■ Physics (물리학)

3433	**centrifugal force** [sentrífjəgl fɔːrs]	명 원심력
3434	**centripetal force** [sentrípitl fɔːrs]	명 구심력
3435	**potential energy** [pəténʃəl énərdʒi]	명 위치에너지
3436	**absolute zero** [ǽbsəlùːt zíərou]	명 절대영도 물질에 있어서 온도의 하한(−273.15℃)
3437	**electric charge** [iléktrik tʃɑːrdʒ]	명 전하
3438	**negative charge** [négətiv tʃɑːrdʒ]	명 부전하, 마이너스전하
3439	**positive charge** [pázətiv tʃɑːrdʒ]	명 정전하, 플러스전하
3440	**volt** [vóult]	명 볼트 전압의 단위
3441	**ampere** [ǽmpiər, -peər]	명 암페어 전류 세기의 단위
3442	**watt** [wát]	명 와트 전력의 단위
3443	**alternating current** [ɔ́ːltərnèitiŋ kə́ːrənt]	명 교류전류
3444	**direct current** [dərékt kə́ːrənt]	명 직류전류
3445	**inverter** [invə́ːrtər]	명 인버터, 변환장치 직류전류를 교류전류로 교환하는 장치
3446	**rectifier** [réktəfàiər]	명 정류기, 정류장치 교류전류를 직류전류로 교환하는 장치
3447	**insulation** [ìnsəléiʃən]	명 절연체, 절연물

3448	**grid** [gríd]	명 배전망
3449	**fuel cell** [fjú:əl sèl]	명 연료전지
3450	**photovoltaic cell** [fòutovɑltéiik sél]	명 광전지
3451	**solar cell** [sóulər sél]	명 태양전지
3452	**diode** [dáioud]	명 이극진공관, 다이오드
3453	**electric circuit** [iléktrik sə́:rkət]	명 전기회로
3454	**transformer** [trænsfɔ́:rmər]	명 변압기

■ Mathematics (수학)

3455	**prime number** [práim nʌ́mbər]	명 소수
3456	**rational number** [rǽʃənl nʌ́mbər]	명 유리수
3457	**irrational number** [irǽʃənl nʌ́mbər]	명 무리수
3458	**vector** [véktər]	명 벡터
3459	**exponential** [èkspounénʃəl]	명 지수함수
3460	**cube root** [kjú:b rú:t]	명 입방근
3461	**permutation** [pə̀:rmju:téiʃən]	명 순열, 치환

Other Important Words

■ Mathematics (수학)

3462	**arc** [ɑ́ːrk]	명 호(弧), 호형(弧形)
3463	**diagonal** [daiǽgənl]	명 대각선(면), 사선
3464	**circumference** [sərkʌ́mfərəns]	명 원주, 범위
3465	**semicircle** [sémisə̀ːrkl]	명 반원, 반원형
3466	**oval** [óuvl]	명 달걀 모양, 타원형
3467	**parallelogram** [pæ̀rəléləgræm]	명 평행사변형
3468	**exterior angle** [ikstíəriər ǽŋgl]	명 외각
3469	**interior angle** [intíəriər ǽŋgl]	명 내각
3470	**opposite angle** [ápəzit ǽŋgl]	명 대각
3471	**right triangle** [ráit tráiæ̀ŋgl]	명 직각삼각형
3472	**equilateral triangle** [ìːkwəlǽtərəl tráiæ̀ŋgl]	명 정삼각형
3473	**isosceles triangle** [aisásəlìːz tráiæ̀ŋgl]	명 이등변삼각형
3474	**sine** [sáin]	명 사인, 정현(正弦)
3475	**cosine** [kóusain]	명 코사인
3476	**tangent** [tǽndʒənt]	명 탄젠트

■ Architecture (건축학)

2677	**cathedral** [kəθíːdrəl] ※ 재게	명 대성당, 대회당
3477	**abbey** [ǽbi]	명 대수도원, 교회당
3478	**pagoda** [pəgóudə]	명 불탑
3479	**stupa** [stúːpə]	명 사리탑
3480	**pantheon** [pǽnθiàn]	명 판테온 고대 로마의 신전
3481	**acropolis** [əkrápəlis]	명 아크로폴리스, 성채(城砦)
3482	**canopy** [kǽnəpi]	명 닫집, 닫집 모양의 덮개
3483	**vault** [vɔ́ːlt]	명 아치형 지붕, 둥근 천장
3484	**dome** [dóum]	명 돔
3485	**spire** [spáiər]	명 뾰족탑, (탑의) 뾰족한 꼭대기
3486	**atrium** [éitriəm]	명 아트리움, (고대 로마 건축의) 안뜰
3487	**cloister** [klɔ́istər]	명 회랑(回廊)
3488	**gargoyle** [gáːrgɔil]	명 석누조(石漏槽), 이무기돌 괴물형상을 한 빗물받이
3489	**railing** [réiliŋ]	명 난간
3490	**aisle** [áil]	명 (좌석의 사이의) 통로

Chapter 5

TOEFL 특유의 분야별 전문어!

전문어휘 Humanities & Social Science

TOEFL 시험에 자주 나오는 인문학 및 사회과학 분야의 원문과
이의 이해에 필요한 전문어를 모았다.

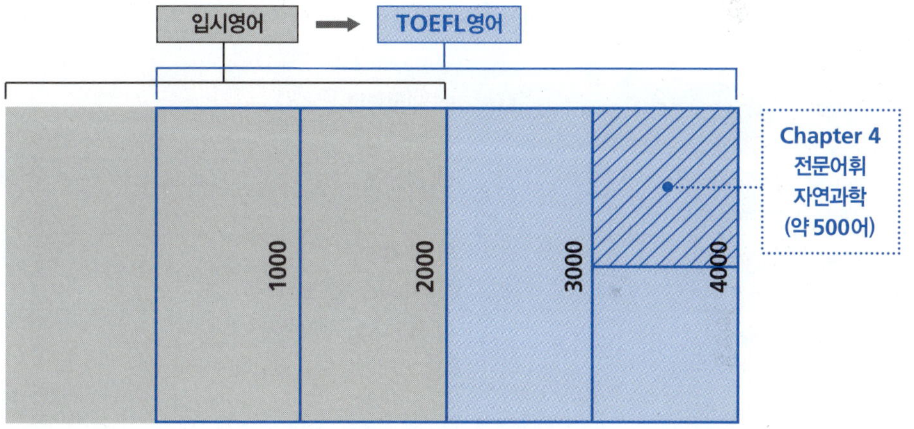

31. American History ①

After the American Revolution, Benjamin Franklin referred to the U.S. as a place where "not as slaves, but as freemen our money we'll give." Nonetheless, slavery continued as a way of life for Americans of African descent. This issue eventually divided the country for five long bloody years. When abolitionists from the North attempted to squash slavery, the Southern States banded together to form the Confederacy and seceded from the Union. Union states fought them to reestablish the country. Before the Civil War, the South had great prosperity with many estate and plantation homes, but many were destroyed. General Sherman's slash-and-burn march through Georgia and the Carolinas made it impossible for the South to survive and the war ended. Unfortunately, the segregation of the black community continued. In the 1950s and 1960s, the Civil Rights Movement once again took up the cause of equal opportunities for Black Americans and tolerance for ethnic diversity. (153 words)

3491 ✓	**American Revolution** [əmérikən rèvəl(j)úːʃən]	명 미국혁명
3492 ✓	**freeman** [fríːmen]	명 자유인
3493 ✓	**slavery** [sléivəri]	명 노예제도 파 slave 명 노예
3494 ✓	**abolitionist** [æbəlíʃənist]	명 노예제도 폐지론자 파 abolish 타 폐지하다
3495 ✓	**squash** [skwɑ́ʃ]	타 짓이기다 늑유 crush
3496 ✓	**Confederacy** [kənfédərəsi]	명 연합, 남부연합 남북전쟁시에 합중국에서 탈퇴한 주들의 연합
3497 ✓	**secede** [sisíːd]	자 탈퇴하다 파 secession 명 탈퇴, 분리
3498 ✓	**Union** [júːnjən]	명 연방, 북부 모든 주 남북전쟁 때 합중국
3499 ✓	**Civil war** [sívl wɔ́ːr]	명 남북전쟁

31. 미국역사 ①

미국혁명 이후 벤저민 프랭클린은 미국을 "노예가 아니라 자유인으로서 우리가 돈을 내는 곳"이라고 했다. 그렇지만 노예제도는 아프리카계 미국인들에게 하나의 생활양식으로 오랫동안 계속되었다. 이 문제는 결국 피로 물든 5년이란 오랜 시간 동안 나라를 둘로 나누었다. 북부 출신의 노예제도 폐지론자들이 노예제도를 짓이기려 하자, 남부의 주들은 연방에서 탈퇴해 함께 연합을 결성했다. 연방에 남아있던 주들은 나라를 재건하기 위해 그들과 싸웠다. 남북전쟁 이전에는 남부는 많은 사유지와 대농원을 가지고 번영했지만, 그들 중 다수가 파괴되었다. 셔먼 장군이 조지아주와 캐롤라이나주를 초토화시키며 나아가자, 남부는 더 이상 버틸 수 없었고 전쟁은 끝났다. 불행히도 흑인 사회의 격리는 그 후에도 계속되었다. 1950년대와 1960년대에 시민권운동이 다시 한번 아프리카계 미국인의 평등한 기회와 민족다양성에 대한 관용이라는 대의를 지지하고 나섰다.

5
UNIT 1

3500	**plantation** [plæntéiʃən]	명 대농원, 플랜테이션
		파 planter 명 농원주, 플랜테이션 경영자
3501	**slash-and-burn** [slǽʃəndbə́ːrn]	형 초토화시킨, 화전식의
3502	**segregation** [sègrəgéiʃən]	명 격리
		파 segregate 자 인종차별하다
3503	**Civil Rights Movement** [sívl ràits múːvmənt]	명 시민권운동
3504	**ethnic diversity** [éθnik dəvə́ːrsəti]	명 민족다양성

┤ 배경지식 ├

플랜테이션 (plantation)

플랜테이션은 대규모 공장 생산방식으로 열대·아열대 지역의 광대한 농지에 대량자본을 투입해 단일작물을 대량 재배하는 농장이다. 주로 원주민과 흑인 노예 등의 값싼 노동력을 사용한다. 경영주체는 국가·기업·민간 등 다양하다. 대농원식 농사법 자체를 플랜테이션이라 부르기도 한다.

32. American History ②

In 1620, 102 Puritans set out from Plymouth Bay in England to journey across the Atlantic Ocean. What awaited these pilgrims on the other side, where they formed Plymouth Colony, were the harsh New England winters, illness, and insufficient food supplies. However, the Indian Chieftain Massasoit stretched out his hand in friendship. They signed a treaty with the Indians, and learned to cultivate maize and harvest maple syrup. Europeans settling in the Jamestown Colony in Viriginia had dealings with the Powhatan Tribe. Native American groups had their wigwams across the continent. There were the Iroquois nations in what became Connecticut and New York; the Sioux Tribe of South Dakota (who called their dwellings teepees); the Cherokee Tribe of the Carolinas, Georgia and Tennessee; and the Apache, Navajo and Pueblo groups in Arizona, Colorado, New Mexico, Oklahoma and Texas. (138 words)

3505	**Puritan** [pjúərətən]	명 청교도 파 Puritanism 명 청교도주의
3506	**pilgrim** [pílgrim]	명 순례자
3507	**Plymouth Colony** [plíməθ kάləni]	명 플리머스 식민지
3508	**maize** [méiz]	명 옥수수
3509	**Jamestown Colony** [dʒéimztàun kάləni]	명 제임스타운 식민지 북미대륙에서 최초로 성공적인 식민지가 된 곳
1364	**tribe** [tráib] ※재게	명 부족 파 tribal 형 부족의, 종족의
3510	**wigwam** [wígwɑm]	명 위그웜 아메리카 인디언의 천막식 오두막집
3511	**Iroquois** [írəkwɔ̀i, kwɔ̀iz]	명 이러쿼이족(族)
3512	**Sioux** [sú:]	명 수족(族)

32. 미국역사 ②

1620년에 102명 정도의 청교도가 대서양을 횡단하려고 영국의 플리머스만을 출발했다. 이 순례자들은 대서양 건너편에 플리머스 식민지를 조성했지만, 그곳에서 기다리고 있던 것은 혹독한 뉴잉글랜드주의 겨울 날씨, 질병, 부족한 식량공급이었다. 하지만 인디언 추장 매서소잇은 우정의 손길을 뻗었다. 그들은 인디언과 협정을 맺어 옥수수를 재배하고 메이플 시럽을 수확하는 것을 배웠다. 버지니아주에 있는 제임스타운 식민지에 정착한 유럽인들은 포하탄족과 거래를 했다. 토착 아메리카 원주민 집단들은 대륙 전체에 걸쳐 위그웜을 짓고 살았다. 코네티컷주와 뉴욕주가 된 곳에는 이러쿼이족이 살았다. 사우스다코타주에는 수족이(그들은 자신의 집을 티피라 불렀다), 조지아주 · 테네시주 · 캐롤라이나주에는 체로키족이, 애리조나주 · 콜로라도주 · 멕시코주 · 오클라호마주 · 텍사스주에는 아파치족 · 나바호족 · 푸에블로족이 살았다.

5
UNIT 1

3513	**teepee** [tíːpiː]	명 티피
		아메리카 인디언의 원추형 천막집
3514	**Cherokee** [tʃérəkìː]	명 체로키족
3515	**Apache** [əpǽtʃi]	명 아파치족
3516	**Navajo** [nǽvəhòu]	명 나바호족
3517	**Pueblo** [pwéblou, puéb-]	명 푸에블로족

| 배경지식 |

플리머스 (Plymouth)

플리머스는 잉글랜드 남서부의 데번주에 있는 항구도시이다. 청교도 102명(필그림파더스)은 이 항구에서 메이플라워호를 타고 신대륙으로 출발했다. 그 도착점이 되었던 해안지역이 현재 미국 동부 해안 도시인 플리머스(메사추세츠주)이다. 이들은 도착지에 출발지와 같은 이름을 붙여 플리머스라 불렀다.

33. American History③

In the days when transportation was limited to stagecoach, steamboat, train or covered wagon, many brave American pioneers traveled west to find a better life. They moved from encampment to encampment establishing trails in the wilderness. It was a hard life and a long trip. When they finally came to the area they wanted to settle, they staked out their homesteads. Surviving on the new frontier meant relying on hunter-gatherer instincts. But to get a better life, these settlers had to begin cultivation of the new land and domestication of the wild animals. Perhaps the best-known creature used for food and hides was the bison, which has mistakenly been called a buffalo. Much of the rest of frontier cuisine was dependent on the place and season. With the help of irrigation and the windmill, however, farming eventually flourished on the new frontier. (142 words)

3518 ☑	**stagecoach** [stéidʒkòutʃ]	명 역마차
3519 ☑	**steamboat** [stí:mbòut]	명 증기선
132 ☑	**pioneer** [pàiəníər] ※ 재게	명 개척자
3520 ☑	**encampment** [enkǽmpmənt]	명 야영지 파 encamp 자 야영하다
1551 ☑	**trail** [tréil] ※ 재게	명 오솔길, 흔적, 타 추적하다
884 ☑	**wilderness** [wíldərnəs] ※ 재게	명 황야
3521 ☑	**homestead** [hóumstèd]	명 집과 대지, 이주민에게 주는 땅 파 homesteader 명 이주자
906 ☑	**frontier** [frʌntíər, frɑn-] ※ 재게	명 변경지대 (식민 이전의 서부 변경지대)
3522 ☑	**hunter-gatherer** [hʌntərgǽðər]	명 수렵채집자

33. 미국역사③

교통기관이 역마차, 증기선, 열차와 포장마차로 제한되었던 시대에 많은 용감한 미국인 개척자들은 보다 나은 삶을 찾아 서부로 갔다. 그들은 야영지에서 야영지로 이동하며 황야에 길을 만들었다. 그것은 힘든 생활이자 오랜 여행이었다. 드디어 정착하고 싶은 곳에 도착하자 그들은 집과 대지 위에 말뚝을 박아 경계를 정했다. 새로운 변경지대에서 살아남는다는 것은 수렵채집자의 본능에 의존한다는 것을 의미했다. 하지만 보다 나은 삶을 얻기 위해서는, 이주자들은 새로운 토지를 경작하고 야생동물들을 길들여야 했다. 아마도 식량과 피혁에 이용되었던 가장 유명한 동물은 바이슨일 것이다. 하지만 이것은 잘못 알려져 지금까지 버펄로라고 불리고 있다. 변경지대의 독특한 요리법들 대부분은 장소와 계절에 따라 달랐다. 하지만 관개와 풍차 덕분에 결국 새로운 변경지대에도 농업이 번성했다.

5

3523 ✔	**settler** [sétlər]	명 이주자 파 settle 자 이주하다
3524 ✔	**cultivation** [kʌltəvéiʃən]	명 경작 파 cultivate 타 경작하다
3525 ✔	**domestication** [doumèstikéiʃən]	명 가축화, 길들임 파 domesticate 타 길들이다
2015 ✔	**irrigation** [ìrəgéiʃn] ※ 재게	명 관개 파 irrigate 타 관개하다, 물을 끌어들이다
3526 ✔	**windmill** [wíndmìl]	명 풍차

| 배경지식 |

관개 (灌漑 · irrigation)

관개란 외부에서 인공적으로 끌어온 물을 농지에 공급하는 것이다. 기술적으로는 작물·토양·물 사이의 유기적인 관계를 조절하는 농학적인 측면, 각종 시설 기기를 이용해 농지에 물을 공급하고 관리하는 좁은 의미의 관개기술 측면, 수원지에서 물을 끌어오는 토목공학적인 측면으로 나눠볼 수 있다.

34. Archaeology

Recently, a Greek archaeologist specializing in the Late Bronze Age and Early Iron Age, published information regarding Gorham's Cave in Gibraltar. Excavation in Gibraltar has revealed relics of the Paleolithic Age from what could be the last resting place of the Neanderthals. These findings indicate that Homo Sapiens and Neanderthals coexisted for thousands of years. Determining exact dates is difficult. Experts say that radiocarbon dating can be affected by contamination, which can take several thousand years off the age. Artifacts include rudimentary spearheads, knives and hand axes. Archaeologists speculate that the cave may have been a burial site. During an earlier find in the Gibraltar area, archaelogists dug up remnants of a prehistoric dinner. Those Neanderthals were dining on mussels, pistachio and tortoise. Neanderthal bodies were better equipped for cold weather, actually, which is how they survived the last Ice Age. (141 words)

3527	**Bronze Age** [bránz èidʒ]	명 청동기시대
3528	**Iron Age** [áiərn èidʒ]	명 철기시대
3529	**excavation** [èkskəvéiʃən]	명 발굴 파 excavate 타 발굴하다
3530	**Paleolithic Age** [pèiliəlíθik èidʒ]	명 구석기시대
3531	**Neanderthal** [niǽndərθɔ̀:l, -tɔ̀:l]	명 네안데르탈인
3532	**Homo Sapiens** [hóumə séipiənz]	명 호모 사피엔스
3533	**radiocarbon dating** [rèidioukáːrbən déitiŋ]	명 방사성탄소연대측정법
3534	**spearhead** [spíərhèd]	명 창끝 spear 명 창
3535	**hand ax** [hǽnd ǽks]	명 손도끼 ax 명 도끼

34. 고고학

후기 청동기시대와 초기 철기시대를 전공하고 있는 그리스인 고고학자가 최근에 지브롤터의 고함동굴에 대한 정보를 발표했다. 지브롤터의 발굴에서 네안데르탈인의 최후의 묘라고 생각되는 것으로부터 석기시대 유물이 나왔다. 이 발굴물은 네안데르탈인과 호모 사피엔스가 수천 년 동안 공존했음을 나타낸다. 정확한 시기를 결정하는 것은 어렵다. 전문가들은, 방사성탄소연대측정법은 오염의 영향을 받아 실제 연대에서 수천 년을 깎아낼 수 있다고 한다. 유물로는 원시적인 창끝·칼·손도끼가 있다. 고고학자들은 이 동굴이 묘지 유적일지 모른다고 추측하고 있다. 지브롤터 지역 초기발굴에서 고고학자는 선사시대 사람들이 먹던 식사의 잔여물을 파냈다. 이 네안데르탈인들은 홍합·피스타치오·거북을 먹고 있었다. 네안데르탈인의 몸은 사실 추운 기후에 더 적합하게 되어 있었다. 이것이 그들이 최후 빙하시대를 지나 살아남은 이유이다.

5
UNIT 2

3536	**burial** [bériəl]	몡 묘지
		파 bury 타 매장하다
3537	**remnant** [rémnənt]	몡 유물, 나머지, 생존자
		≒유 rest
3538	**prehistoric** [prì:histɔ́:rik]	혱 선사시대의, 유사이전의
		파 prehistory 몡 선사시대
3539	**Ice Age** [áis èidʒ]	몡 빙하시대

┤ 배경지식 ├

방사성탄소연대측정법 (radiocarbon dating)

방사성탄소연대측정법은 탄소14법이라고도 한다. 생물이나 탄소화합물 중 탄소에 1조분의 1 정도 함유되어 있는 방사성동위원소 탄소14의 반감기를 이용해 연대를 측정하는 것이다. 탄소14는 약 5730년의 반감기로 줄어드는 성질을 가지고 있기 때문에 이것을 이용해 동식물이 죽은 시점을 알아낼 수 있다.

35. Politics ①

The United States Constitution was adopted in 1787. Representatives of the constituents of nine of the original thirteen states approved it. Their ratification of the document (in accordance with its seventh Article) marked the birth of a sovereign democracy formerly controlled by the British Empire, the dominant monarchy at the time. The US Constitution has seven articles. These articles establish important checks and balances. Article One defines the legislative branch, or Congress, which includes the Senate and House of Representatives. Article Two establishes the Presidency (executive branch). It also makes it possible to impeach a President. Article Three establishes the Supreme Court, defines treason, and requires trial by jury for criminal cases. Article Four sets out the relationship between the States and Federal Government. Article Five delineates methods for amending the Constitution. Article Six elevates Federal law as supreme. It also—in strict contrast to theocracies— eliminates religious requirements for holding office. (152 words)

3540	**representative**	명 대표자
✓	[rèprizéntətiv]	파 represent 타 대표하다
3541	**constituent**	명 유권자
✓	[kənstítʃuənt]	파 constituency 명 (집합적으로) 유권자
3542	**ratification**	명 비준
✓	[rætəfikéiʃən]	파 ratify 타 비준하다, 승인하다
3543	**empire**	명 제국
✓	[émpaiər]	
3544	**monarchy**	명 군주국가
✓	[mánərki]	파 monarch 명 군주, 황제
3545	**legislative**	형 입법상의
✓	[lédʒislèitiv]	파 legislature 명 입법부, 주의회
1151	**Congress**	명 의회
✓	[káŋgrəs] ※ 재게	
3546	**Senate**	명 상원
✓	[sénət]	
3547	**House of Representatives**	명 하원
✓	[háus əv rèprizéntətivz]	

35. 정치학 ①

아메리카합중국법은 1787년에 채택되었다. 독립할 때 13주 중에서 9주의 유권자 대표들이 승인을 했다. 이 문서에 대한 비준(이 비준 자체도 제7조에 따라 행해진 것이다)에 의해 그 당시 지배적인 군주국가였던 대영제국으로부터 독립한 민주국가가 탄생했다. 아메리카합중국법은 7개 조항으로 구성되어 있다. 이들 조항에서는 중요한 억제와 균형에 대해 정하고 있다. 제1조에서는 입법부, 즉 의회에 대해 정하고 있는데, 이 의회에는 상원과 하원이 포함되어 있다. 제2조에서는 행정부, 즉 대통령의 지위에 대해 정하고 있는데, 이 조항에 의해 대통령을 탄핵하는 것도 가능하다. 제3조에서는 최고재판소에 대해 정하고, 나아가 반역죄를 규정하며, 범죄에 대한 배심원재판을 의무로 하고 있다. 제4조에서는 주정부와 연방정부의 관계가 자세히 설명하고 있다. 제5조에서는 헌법의 수정과정에 대해 서술하고 있다. 제6조에서는 연방법을 최고법규로 격상시키고 있다. 나아가 이 조항에서는 공직에 재직할 때 종교적으로 필요한 요건들을 없애 신정정치와는 현저한 대조를 보이고 있다.

5
UNIT 3

3548 ☑	**Presidency** [prézədənsi]	명 대통령의 지위
3549 ☑	**impeach** [impíːtʃ]	명 탄핵하다 파 impeachment 명 탄핵
3550 ☑	**Supreme Court** [supríːm kɔ́ːrt]	명 최고재판소, 연방대법원
3551 ☑	**treason** [tríːzn]	명 반역죄
3552 ☑	**theocracy** [θi(ː)ákrəsi]	명 신정정치 파 theocratic 형 신정의

┤ 배경지식 ├

신정정치 (theocracy)

신정정치란 국가의 통치권자들과 우세한 종교지도자들이 실제로 같은 경우를 말한다. 국가원수나 집정관 자리를 종교지도자인 교주나 대신관大神官 등이 겸임하고 있는 국가의 정치체제이다. 정부는 종교통치의 시스템과 같고, 최고신관인 교황이나 교주가 '신神'을 대신해 나라를 다스린다.

36. Politics ②

Although Walter Mondale is probably best-known for his failure—winning a mere 13 electoral votes as the Democratic Party candidate who ran against Republican Party incumbent Ronald Reagan in 1984—he boasts an impressive and varied political resume. Mondale's auspicious political career began with his appointment as Minnesota State Attorney General in 1960. Mondale began his first term on the Senate in 1964. Famous for his liberal politics, ability to cut through red tape, and criticism regarding the 1967 Apollo 1 fire, he was re-elected senator in 1972 with over 57% of the vote. When Jimmy Carter won the Democratic nomination, he chose Mondale as his running mate, and Mondale's inauguration as Vice President occurred in January 1977. From 1993 to 1996, he was U.S. ambassador to Japan. (128 worlds)

3553 ✓	**electoral vote** [iléktərəl vóut]	명 대통령 선거인에 의한 투표
3554 ✓	**Democratic Party** [dèməkrǽtik pá:rti]	명 민주당
3555 ✓	**Republican Party** [ripʌ́blikn pá:rti]	명 공화당
3556 ✓	**incumbent** [inkʌ́mbənt]	명 현직자, 형 현직의
3557 ✓	**appointment** [əpɔ́intmənt]	명 임명 파 appoint 타 임명하다, 지명하다
3558 ✓	**Attorney General** [ətə́:rni dʒénərəl]	명 사법장관
3559 ✓	**red tape** [réd téip]	명 관료적 형식주의
3560 ✓	**criticism** [krítəsizm]	명 비판 파 criticize 타 비판하다
3561 ✓	**senator** [sénətər]	명 상원의원

36. 정치학 ②

월터 먼데일은 그의 실패, 즉 1984년에 공화당 현직 로널드 레이건과 경쟁해 민주당 후보로서 단지 13표의 대통령 선거인 투표 지지를 얻었다는 점으로 가장 잘 알려졌다. 하지만 그는 인상적이고 다양한 정치적인 이력을 자랑하고 있다. 먼데일의 순조로운 정치적인 이력은 1960년에 미네소타주 사법장관에 임명된 것으로 시작한다. 먼데일은 1964년에 상원에서 최초의 임기를 시작했다. 그는 자유주의 정치, 관료적 형식주의 타파, 1967년의 아폴로1호 화재에 대한 비판으로 유명해져 1972년에 57% 이상의 표를 얻어 상원의원에 재당선되었다. 지미 카터가 민주당 대통령 후보로 지명되자 부통령 후보로 먼데일을 선택했다. 1977년 1월에 먼데일은 부통령에 취임했다. 1993년부터 1996년까지는 주일미국대사로 근무했다.

5

UNIT 3

3562 ☑	**nomination** [nàmənéiʃən]	명 지명
		파 nominate 타 지명하다, 추천하다
3563 ☑	**running mate** [rʌ́niŋ mèit]	명 부통령 출마자
3564 ☑	**inauguration** [inɔ̀:gjəréiʃən]	명 취임
3565 ☑	**Vice President** [váis prézədənt]	명 부통령

┃ 배경지식 ┃

월터 먼데일 (Walter Mondale)

월터 먼데일은 제42대 미국 부통령(1977~1981)을 지냈다. 1984년 대통령 선거에서는 민주당 지명후보자로 나서 공화당 후보 로널드 레이건과 경쟁했다. 2002년 중간 선거에서는 미네소타 상원민주당 후보가 투표일 전에 사고로 죽자 대신 출마했지만, 공화당 후보에게 패배했다.

37. Law ①

Time restrictions on how long before a person can no longer be convicted of a crime are called "statute of limitation laws." Although different states have different policies, homicide and terrorism usually have no statute of limitation. In Nevada, the limitation for kidnapping or attempted murder can be extended if a written report is filed before the period expires. Nevada requires that complaints of felonies such as theft, robbery, burglary, sexual assault or any other violation of criminal code NRS 90.570 or crimes punishable by subsection 3 of NRS 598.0999 be filed within four years of the commission of the crime. An indictment for a misdemeanor must be submitted within two years. If an indictment is found to be defective and no judgment can be given, another prosecution may be instituted for the same offense if it is done within six months. (142 words)

3566 ✓	**convict** [kənvíkt]	타 유죄로 결정하다 파 conviction 명 유죄판결
3567 ✓	**statute of limitation** [stǽtʃuːt ɔv lìmitéiʃən]	명 시효
3568 ✓	**homicide** [háməsàid]	명 살인 늑유 murder
3569 ✓	**kidnap** [kídnæp]	타 유괴하다, 명 유괴
3570 ✓	**felony** [féləni]	명 중죄
197 ✓	**theft** [θéft]　　※ 재게	명 절도, 도둑질 늑유 stealing, robbery
3571 ✓	**robbery** [rábəri]	명 강도 파 rob 타 빼앗다
3572 ✓	**burglary** [bə́ːrgləri]	명 불법침입 파 burglar 명 강도
3573 ✓	**violation** [vàiəléiʃən]	명 위반 파 violate 타 위반하다

37. 법률학①

유죄라고 선고되지 않으려면 얼마나 지나야 하는가에 대한 시간제한을 시효법이라고 한다. 주에 따라 방침이 다르지만, 살인과 테러 행위에는 일반적으로 시효가 없다. 네바다주에서는 유괴나 살인 미수의 시효는 그 기간이 끝나기 전에 서면으로 신고하면 연장할 수 있다. 절도, 강도, 불법침입, 성폭력 등의 중죄, 혹은 그 외 네바다주 개정법 90조 570항에 대한 위반행위, 혹은 네바다주 개정법 598조 0999항의 제3관에 의해 처벌받아야 할 범법행위는 범죄 발생으로부터 4년 이내에 고소되어야 한다. 경범죄에 대한 기소는 2년 이내에 행해져야 한다. 만일 기소가 불충분하다고 판명되어 어떤 판결도 나지 않으면, 6개월 이내에 같은 위반행위에 대해 새로운 기소가 행해질 수 있다.

3574 ☑	**punishable** [pʌ́niʃəbl]	형 처벌할 만한, 받아야 할 파 punish 타 벌주다
3575 ☑	**indictment** [indáitmənt]	명 기소 파 indict 타 기소하다
3576 ☑	**misdemeanor** [mìsdimí:nər]	명 경범죄
3577 ☑	**institute** [ínstətjùːt]	타 실시하다 파 institution 명 제도, 조직

━━┥ 배경지식 ┝━━

시효 (statute of limitation)

시효는 법률 용어의 하나로, 어떤 사건이나 상태로부터 일정한 기간이 지난 것을 주요한 법률 요건으로 삼는다. 현재의 사실이나 상태가 법률상 근거와 일치하든 일치하지 않든, 그에 적합한 법률효과를 발생시키는 제도이다. 일반적으로 민사民事에는 취득시효와 소멸시효, 형사刑事에는 공소시효가 있다.

38. Law ②

The goal of a defense attorney in a jury trial is to have the jury acquit their client, regardless of guilt or innocence. The attorney, however, must weigh the overall outcome and advise a client how to plead. There have been some situations where the prosecution has evidence or access to testimony that is so damaging that the lawyer will advise the client to take a plea bargaining and go to jail for a short time, rather than go to trial and serve the long sentence that would result from a guilty verdict. Years ago when the prosecution alleged that a crime had been committed, they needed strong physical evidence or witnesses. Today, science is often involved in solving crimes. While this has saved many innocent defendants, it also is possible that someone on the plaintiff's side may manipulate science to frame the accused. (144 words)

3578	**attorney**	명 변호사
✓	[ətə́ːrni]	늘유 lawyer
3579	**jury**	명 배심재판
✓	[dʒúəri]	파 juror 명 배심원
3580	**acquit**	타 무죄를 선고하다
✓	[əkwít]	파 acquittal 명 무죄선고, 석방
3581	**guilt**	명 유죄
✓	[gílt]	파 guilty 형 유죄의
3582	**innocence**	명 무죄
✓	[ínəsəns]	파 innocent 형 무죄의
3583	**prosecution**	명 검찰당국
✓	[pràsəkjúːʃən]	파 prosecute 타 기소하다
3584	**testimony**	명 증언
✓	[téstəmòuni]	파 testify 자 증언하다
3585	**plea bargaining**	명 사법거래
✓	[plíː báːrgəniŋ]	
3586	**verdict**	명 (배심원이 내리는) 평결
✓	[vɚ́ːrdikt]	늘유 judgment 명 (재판관이 내리는) 판결

38. 법률학②

배심재판에서 피고의 변호사는 자신이 담당하는 피고가 유죄이든 무죄이든 상관없이 배심원에게 무죄를 선고하게 만드는 것을 목표로 한다. 하지만 변호사는 전체적인 결과를 고려해 피고가 어떻게 진술해야 하는지를 조언한다. 검찰당국이 피고에게 상당히 불리한 증거나 증언을 가지고 있어 재판 결과 유죄 평결을 받고 장기형을 복역하느니 차라리 단기복역을 위해 사법거래를 받아들이도록 충고하는 경우도 있다. 몇 년 전만 해도 검찰이 범죄가 행해졌다고 주장하려면 유력한 물적 증거와 증인이 필요했다. 오늘날에는 종종 과학이 범죄를 해결하는 데 이용된다. 이것은 결백한 피고를 많이 구해주기는 하지만, 한편으로는 원고측이 피고를 모함하기 위해 과학을 조작할 가능성도 있다.

5
UNIT 4

3587 ✓	**allege** [əlédʒ]	타 주장하다
		파 allegation 명 주장
3588 ✓	**defendant** [diféndənt]	명 피고
		반 plaintiff 명 원고
3589 ✓	**plaintiff** [pléintif]	명 원고
		반 defendant 명 피고
3590 ✓	**the accused** [ði əkjúːzd]	명 피고

▌배경지식▐

배심원제 (jury system) 와 사법거래 (plea bargaining)

배심원제란 시민 중에서 선출된 성인 남녀가 배심원이 되어 증거인정과 피고의 유죄 여부를 결정하는 제도이다. 미국이나 영국에서 사용된다. 사법거래란 형사판결에서 검찰과 피고가 협상해 피고가 유죄를 시인하는 대가로 형량을 감해 주는 것이다.

■ American History (미국역사)

3591 ☑	**Declaration of Independence**	몡 미국독립선언
3592 ☑	**Manifest Destiny** [mǽnəfèst déstəni]	몡 명백한 천명 미서부에 대한 영토확대는 신의 사명이라는 것
3593 ☑	**Emancipation Proclamation** [imænsəpéiʃən pràkləméiʃən]	몡 노예해방선언
3594 ☑	**Reconstruction** [rìːkənstrʌ́kʃən]	몡 (남북전쟁후 남부 여러 주의 합중국으로의) 재통합
3595 ☑	**women's suffrage** [wíminz sʌ́fridʒ]	몡 여성참정권
3596 ☑	**New Deal** [njúː díːl]	몡 뉴딜정책 루스벨트 대통령의 경제부흥정책
3597 ☑	**Cold War** [kóuld wɔ́ːr]	몡 냉전 1950~80년대의 미소간 대립

■ Archaeology (고고학)

3598 ☑	**Mesolithic Age** [mèzəlíθik éidʒ]	몡 중석기시대
3599 ☑	**Neolithic Age** [nìːəlíθik éidʒ]	몡 신석기시대
3600 ☑	**petroglyph** [pétrəglif]	몡 암석조각(彫刻) 특히 유사 이전에 만들어진 것을 가리킨다
3601 ☑	**pictograph** [píktəgræf]	몡 상형문자
3602 ☑	**Mayan Civilization** [máiən sìvələzéiʃən]	몡 마야문명
3603 ☑	**Incan Civilization** [íŋkən sìvələzéiʃən]	몡 잉카문명
3064 ☑	**Aztec Civilization** [æztèk sìvələzéiʃən]	몡 아스텍문명

■ Politics (정치학)

3605	**governor** [gʌ́vənər]	명 지사(知事), 지배자
3606	**lieutenant governor** [luːténənt gʌ́vənər]	명 (미) 주부지사, (캐나다) 주지사
3607	**county** [káunti]	명 군(郡) state(주)의 하위 행정구획
3608	**township** [táunʃ̀ip]	명 (미, 캐나다) 군구(郡區), (영) 읍구(邑區)
3609	**ward** [wɔ́ːrd]	명 구(區)
3610	**precinct** [príːsiŋkt]	명 투표구, 경찰관구
3611	**non-partisan** [nànpáːrtəzən]	형 무소속의, 초당파의, 명 무소속의 사람

■ Law (법학)

3612	**amendment** [əméndmənt]	명 수정조항, 개정안 파 amend 타 수정하다, 개정하다
3613	**arbitration** [àːrbətréiʃən]	명 중재, 조정 파 arbitrate 타 중재하다, 조정하다
3614	**mediation** [miːdiéiʃən]	명 중재, 조정 파 mediate 타 중재하다, 조정하다
3615	**probation** [proubéiʃən]	명 보호관찰, 집행유예
3616	**capital punishment** [kǽpətl pʌ́niʃmənt]	명 사형 늑유 death penalty
3617	**civil rights** [sívl ráits]	명 공민권, 시민권
3618	**natural right** [nǽtʃərəl ráit]	명 (자연법에 기초한 인간의) 자연권

39. Sociology ①

America maintained the status quo on illegal immigration until the 2006 Immigration Reform Act. Immigration was easier in past generations. Through gradual assimilation, ethnic groups found their way into America's melting pot. Their descendants, however, want immigrants out. Since they have low-paying blue-collar jobs, people fear they might put their American-born children on welfare and receive benefits. Some even feel that such action is grounds for deportation. New laws stipulate that employers must take responsibility and know the identity of employees. Illegal aliens, unlike American-born welfare recipients, actually join the workforce and take jobs nobody else wants, living on the poverty line. Unfortunately, they don't have the support, or in some cases even the literacy to seek legal immigration. Consequently, the white-collar workers that used to employ them as gardeners and nannies are now voting for them to leave. (139 words)

3619	**status quo** [stéitəs kwóu]	명 현상유지
3620	**immigration** [ìməgréiʃən]	명 이민 파 immigrate 자 이민을 오다
3621	**assimilation** [əsìməléiʃən]	명 동화 파 assimilate 타 동화하다
3622	**ethnic group** [éθnik grúːp]	명 민족집단
3623	**melting pot** [méltiŋ pàt]	명 인종의 도가니
3624	**descendent** [diséndənt]	명 자손 반 ancestor 명 선조, 조상
3625	**immigrant** [ímigrənt]	명 이민자
3626	**blue-collar** [blúːkálər]	형 육체노동자의 작업복을 입는 임금노동자를 가리키는 말
3627	**deportation** [dìːpɔːrtéiʃən]	명 국외추방 파 deport 타 국외로 추방하다

39. 사회학 ①

미국은 2006년의 이민개혁법안 제출까지 불법이민에 대한 현상유지를 계속했다. 이민은 과거세대에게는 더 쉬웠다. 민족집단은 서서히 동화되어가면서 미국이라는 인종의 도가니로 들어갔다. 하지만 그들의 자손들은 이민자들이 나가기를 바란다. 왜냐하면 이민자들은 급여가 적은 육체노동직에 종사하기 때문에 사람들은 그들이 미국에서 태어난 아이들과 함께 생활보호를 받고 수당을 받을까봐 두려워한다. 심지어 어떤 사람들은 그런 조치가 국외추방을 위한 조치라고 생각한다. 새로운 법안은 고용주가 종업원을 책임지고 종업원의 신원을 파악해야 한다고 규정하고 있다. 미국에서 태어난 생활보호수급자와는 달리, 불법입국한 외국인은 사실상 노동인구 속으로 들어가 빈곤선의 생활을 하며 아무도 하려 들지 않는 일을 한다. 불행하게도 그들에게는 합법적인 입국을 도모하기 위해 필요한 지원이나, 심지어 어떤 경우엔 읽고 쓰는 능력조차 없다. 그 결과 이미 그들을 정원사나 유모로 고용했던 정신노동자들도 그들이 떠나가게 하는 법안에 찬성하고 있다.

3628 ☑	**identity** [aidéntəti, idén-]	명 신원, 정체 파 identification, 명 신원확인, 신분증명서
3629 ☑	**workforce** [wə́:rkfɔ̀rs]	명 노동인구, 노동력
3630 ☑	**poverty line** [pávərti làin]	명 빈곤선
3631 ☑	**white-collar** [hwáitkálər]	형 정신노동의, 샐러리맨의 사무직에 종사하는 노동자를 가리키는 말
3632 ☑	**nanny** [nǽni]	명 유모

5
UNIT 5

┃ 배경지식 ┃

인종의 도가니 (melting pot)

인종의 도가니는 다양한 민족이 섞여서 생활하는 도시, 혹은 그 상태를 가리키는 말이다. 다민족국가 미국을 대상으로 하는 말로 알려져 있다. 한편, 다문화주의의 영향과 '섞여도 결코 서로 용해되지 않는다'는 이유로 '인종의 샐러드보울(salad bowl)'이라는 말을 사용하는 경우도 많다.

40. Sociology ②

A big issue dividing Americans is abortion. Early abortion laws were designed to protect women that were victims of molestation or were physically or mentally incapable of childbirth. Liberal politicians and feminists who take the pro-choice stand maintain that government should not control abortion rights. Feminists call it sexism and interference from political paternalism when male politicians make pro-life decisions. The liberal side promotes knowledge about contraception, believing that birth control can keep young people from becoming parents during their adolescence. The other side claims that understanding birth control encourages premarital sex. In reality, the highest rate of abortions is in women over 25, so the demographics do not support concerns about teen pregnancy. Legalized abortion may have lowered the fertility rate slightly in some sectors, but it is more common in urban centers than in rural areas. For religious reasons, there is no birth control and even a population explosion in certain communities. (154 words)

3633	**molestation**	명 (부녀자에 대한) 폭행
✓	[màlestéiʃən]	파 molest 타 (여성을) 괴롭히다
3634	**feminist**	명 페미니스트, 여성해방론자
✓	[fémənist]	파 feminism 명 페미니즘, 남녀동권주의
3635	**pro-choice**	형 낙태에 찬성하는
✓	[proutʃɔis]	반 pro-life 형 낙태에 반대하는
3636	**sexism**	명 성차별
✓	[séksizm]	파 sexist 명 성차별주의자
3637	**paternalism**	명 가부장적 태도, 간섭주의
✓	[pətə́ːrnəlizm]	
3638	**pro-life**	형 낙태에 반대하는
✓	[prouláif]	반 pro-choice 형 낙태에 찬성하는
3639	**contraception**	명 피임, 산아제한
✓	[kàntrəsépʃən]	파 contraceptive 형 피임용의
3640	**birth control**	명 피임, 산아제한
✓	[bə́ːrθ kəntròul]	
3641	**adolescence**	명 사춘기
✓	[æ̀dəlésns]	파 adolescent 형 사춘기의, 명 젊은이

40. 사회학②

미국을 양분하는 큰 문제는 낙태이다. 초기의 낙태법은 폭행 피해자이거나 육체적·정신적으로 출산이 불가능한 여성을 보호하기 위해 제정되었다. 낙태를 찬성하는 자유주의 정치가와 페미니스트들은 정부가 낙태의 권리를 통제해서는 안 된다고 주장한다. 페미니스트들은 남성정치가들이 낙태에 반대하는 결정을 내리면, 그것은 성차별이고 정치적인 가부장적 태도에서 나온 간섭이라고 한다. 자유주의 측은 피임이, 젊은 이들이 사춘기 동안 부모가 되는 것을 막아줄 것이라고 믿고 피임에 대한 지식을 장려하고 있다. 반대 측은 피임에 대한 이해가 혼전 성교를 부추기게 될 것이라고 주장한다. 사실 낙태율이 가장 높은 것은 25세 이상 여성이기 때문에 인구통계는 10대의 임신에 대한 걱정의 근거가 되지 못한다. 어떤 지역에서는 합법화된 낙태가 출생률을 조금 떨어뜨릴지 모르지만, 그것은 시골보다는 도심에서 흔하다. 어떤 지역 사회에서는 종교적인 이유 때문에 피임이 없고, 심지어 인구폭발현상조차 보인다.

3642 ✓	**premarital** [priːmǽrətl]	형 혼전의
3643 ✓	**demographics** [dèməgrǽfiks, dìːmə-]	명 인구통계 파 demography 명 인구통계학
3644 ✓	**fertility rate** [fəːrtíləti rèit]	명 출생률
3645 ✓	**population explosion** [pàpjəléiʃən iksplóuʒən]	명 인구폭발현상

5
UNIT 5

⊩ 배경지식 ⊩

인구폭발현상 (population explosion)

아프리카 등에서는 피임 지식과 피임 기구가 제대로 보급되지 않는 것이 급격한 인구 증가의 원인 중 하나이다. 원하지 않은 출산이 계속되면 빈곤은 더욱 심해진다. 출산 후 곧 자식을 방치해 죽음에 이르게 하는 것과 같은 사회적인 문제도 생긴다. 빈곤 가정이 많은 지역에서는 피임 기구가 비싸서 제대로 보급되지 못하고 있기도 하다.

41. Sociology ③

Suicide is a major problem among senior citizens in the U.S. While they make up 13% of the population, they account for 20% of the suicide mortality rate. Recently, research has been conducted in the gerontology community. Psychiatrists specializing in geriatrics say depression is rampant in people over 65. For many, depression goes hand in hand with aging. Today's Americans mostly live in simple nuclear families, rather than in multigenerational situations with extended families. Older people who are widowed or divorced and living alone can experience social isolation. Without old friends or neighbors their age, they may be left without a peer group. They can also experience financial difficulties. The retirement pensions that they established when they began working did not take into account today's life expectancy and it becomes hard for people to live on their very restricted fixed incomes. Besides, Social Security, America's national pension system, is in danger of going bankrupt. (154 words)

3646 ☑	**mortality rate** [mɔːrtǽləti rèit]	명 사망률
3647 ☑	**gerontology** [dʒèrəntάlədʒi]	명 노인학
3648 ☑	**geriatrics** [dʒèriǽtriks]	명 노인의학
3649 ☑	**nuclear family** [njúːkliər fǽməli]	명 핵가족
3650 ☑	**multigenerational** [mʌltidʒènəréiʃnl]	형 여러 세대에 걸친
3651 ☑	**extended family** [iksténdid fǽməli]	명 확대가족 핵가족 외에 친척을 포함한 것
3652 ☑	**widow** [wídou]	타 과부가 되게 만들다, 명 과부
3653 ☑	**isolation** [àisəléiʃən]	명 고립 파 isolate 타 고립시키다
3654 ☑	**peer group** [píər grùːp]	명 동료집단

41. 사회학③

미국 고령자들 사이에서 자살은 큰 문제이다. 그들은 인구의 13%를 차지하는데, 자살 사망률로는 20%에 이르고 있다. 최근에 노인학을 연구하는 단체에서 조사가 행해졌다. 노인의학을 전공한 정신의학자에 의하면, 우울증이 65세 이상의 사람들 사이에 빠르게 번지고 있다고 한다. 많은 경우에 우울증은 노화와 함께 진행된다. 오늘날 미국인들은 확대가족과 함께 여러 세대에 걸친 사람들 속에서 생활하기보다는, 대개 단출한 핵가족 생활을 하고 있다. 과부가 되었거나 이혼했거나 독신인 고령자는 사회적인 고립을 경험할 수 있다. 같은 연배의 친구나 이웃이 없으면, 그들은 동료집단 없이 버려질 것이다. 그들은 또 경제적인 어려움도 겪게 될 것이다. 그들이 일을 시작할 때 설정했던 퇴직연금은 오늘날의 수명을 고려하지 않아, 그들이 극히 제한된 고정수입으로 생계를 이어가기가 어려워졌다. 게다가 미국의 국민연금제도와 같은 사회보장제도는 파산 위기에 처해 있다.

3655	**retirement pension** [ritáiə*r*mənt pénʃən]	명 퇴직연금
3656	**life expectancy** [láif iklspèktnsi]	명 수명
3657	**fixed income** [fíkst ínkʌm]	명 고정수입
3658	**Social Security** [sóuʃl sikjúəriti]	명 사회보장
3659	**national pension system** [nǽʃənl pénʃən sìstəm]	명 국민연금제도

─┤ 배경지식 ├─

노인학 (gerontology)

노인학은 비교적 새로운 학문이다. 발달심리학에서 파생된 학문이기 때문에 노령화에 대해 심리학적인 입장에서 고찰한다. 인간의 노령화 과정과 노년기의 제반 문제점을 포괄적으로 다루는 학문이다. 1930년 경부터는 사회 변화에 따라 사회학 분야와 생물학 분야를 도입해 폭넓은 경지에서 노령화에 대해 연구가 이루어져 현재 다양한 연구로 확대되고 있다.

42. Journalism

The term "Journalism" covers a wide range of news reporting and social commentary. The broadcast anchorperson is one of the most visible icons of the mass media industry, but social commentary can even appear in the form of a comic strip. Nightly news shows are usually looked to for coverage of daily events, but during major events, stations often televise special editions of the news that range from thought-provoking to just sensational. Many people still get their news from newspapers. Famous ones with a large circulation, like the *New York Times*, have readership that extends outside the local area. These days, some look to the Internet as their news source. They can see news highlights right on their computer. Press conferences are held for political matters as well as the announcement of business deals or new products. Publications, whether conservative or liberal, the professional journals along with the tabloids, may send correspondents to these events. (154 words)

3660 **commentary** [káməntèri]	명 논평	
3661 **broadcast** [brɔ́:dkæst]	명 방송프로, 타 방송하다	
3662 **anchorperson** [ǽŋkərpə̀:rsn]	명 종합사회자	
3663 **mass media** [mǽs míːdiə]	명 매스미디어	
3664 **comic strip** [kámik strìp]	명 연재만화	
3665 **coverage** [kʌ́vəridʒ]	명 보도 파 cover 타 보도하다	
3666 **televise** [téləvàiz]	타 텔레비전으로 방송하다	
3667 **sensational** [senséiʃənl]	형 선풍적인, 선정적인 파 sensation 명 센세이션, 물의	
1912 **circulation** [sə̀:rkjəléiʃən] ※ 재게	명 발행부수	

42. 저널리즘

'저널리즘'이라는 용어는 뉴스보도와 논평까지 폭넓은 영역을 포함한다. 방송프로의 종합사회자는 매스미디어 산업에서 가장 눈에 띄는 상징이다. 하지만 사회적인 논평은 연재만화라는 형태에서도 나타난다. 밤의 뉴스 프로는 보통 하루하루의 일상사에 대한 보도가 기대되지만, 주요 사건이 일어나는 동안에 방송국은 여러 가지 생각을 자극하는 것에서부터 단순히 선풍적인 것에 이르기까지 특별 편성한 뉴스를 텔레비전으로 방송하는 경우가 종종 있다. 지금도 많은 사람들이 신문에서 뉴스를 본다. 뉴욕타임스처럼 발행부수가 많은 유명한 신문들은 발행지역 밖으로 확장되는 독자를 가지고 있다. 요즈음 일부 사람들은 인터넷을 뉴스를 접하는 원천으로 삼는다. 그들은 컴퓨터에서 바로 뉴스의 하이라이트를 볼 수 있다. 기자회견은 사업상 거래나 신제품 발표뿐만 아니라 정치적인 문제를 위해서도 열린다. 보수적인 출판물이든 진보적인 출판물이든, 타블로이드판 신문과 함께 전문 잡지도 이러 사건 현장에 통신원을 보낼 것이다.

3668 ✓	**readership** [ríːdərʃip]	명 독자
3669 ✓	**highlight** [háilàit]	명 하이라이트, 가장 밝은 부분, 인기의 초점 타 강조하다
3670 ✓	**press conference** [prés kànfərəns]	명 기자회견
3671 ✓	**tabloid** [tæbloid]	명 타블로이드판 신문
3672 ✓	**correspondent** [kɔ̀ːrəspándant]	명 통신원, 기자 파 correspondence 명 통신

5
UNIT 6

▬ 배경지식 ▬

타블로이드판 신문 (tabloid)

타블로이드는 신문 용지의 크기와 스타일을 뜻하는 말이다. 신문의 두 가지 표준 사이즈 중에서 작은 쪽을 가리킨다. 큰 쪽은 대판(broadsheets)이라고 한다. 최근 많은 일간지들이 타블로이드판을 채택하고 있다.

43. Art ①

An important component of art history and art appreciation courses is regular visits to art museums and galleries. New York is one of the best places for the purpose. Students can view collections in the Renaissance and Romanticism gallery, along with other displays featuring Avant-garde, Pop art and Impressionism works at some local art museums there. Students interested in Abstract Expressionism or Neoclassicism can find their way to a variety of these sorts of displays. The local museums and galleries contain excellent examples of sculpture in bronze and plaster that bring alive the photos in the course textbooks. Students will learn to look at art and be able to identify the time period and genre of the piece. Toward the end of the course, students will begin to critique portrait, still life and landscape pieces along with watercolors and oil paintings. (141 words)

3673	**gallery** [gǽləri]	명 화랑, 갤러리
3674	**Renaissance** [rènəsáːns, -záːns]	명 르네상스
3675	**Romanticism** [roumǽntəsìzm]	명 낭만파
3676	**Avant-garde** [àːvaːngáːrd]	명 전위예술
3677	**Pop art** [páp áːrt]	명 대중예술
3678	**Impressionism** [impréʃənìzm]	명 인상파
3679	**Abstract Expressionism** [ǽbstrækt ikspréʃənìzm]	명 추상표현파
3680	**Neoclassicism** [nìːəklǽsisìzm]	명 신고전파
3681	**bronze** [bránz]	명 청동

43. 미술 ①

미술사와 미술비평의 중요한 요소는, 정기적으로 미술관과 화랑을 방문하는 것이다. 뉴욕은 이런 목적을 위해 가장 좋은 장소이다. 학생들은 르네상스와 낭만파의 화랑에서 많은 작품을 감상할 수 있고, 마찬가지로 다른 전위예술, 대중예술, 인상파의 작품을 특징으로 하는 전시작품을 뉴욕에 있는 몇 군데 지역 미술관에서 볼 수 있다. 추상표현파와 신고전파에 관심이 있는 학생들은 이런 종류의 다양한 작품들도 접할 수 있다. 지역 미술관과 화랑에는 수업에서 배우는 교과서의 사진을 생생하게 되살린 멋진 청동과 석고 조각의 견본이 있다. 학생들은 예술을 감상하는 방법을 배우고 작품의 시대와 장르를 감정할 수 있게 될 것이다. 과정이 끝나가면, 학생들은 수채화와 유화와 함께 초상화, 정물화, 풍경화를 비평하기 시작한다.

3682	**plaster** [plǽstər]	명 석고
3683	**critique** [kritíːk]	타 비평하다, 명 비평, 평론
3684	**still life** [stíl láif]	명 정물화
3685	**watercolor** [wɔ́ːtərkʌ̀lər]	명 수채화
3686	**oil painting** [ɔ́il pèintiŋ]	명 유화

5

UNIT 7

┃ 배경지식 ┃

인상파 (Impressionism)

인상파는 19세기 후반 프랑스에서 시작해 유럽과 아메리카뿐만 아니라 동양에까지 파급된 예술 운동이다. 1874년 파리에서 열린 그룹전을 계기로 많은 화가들이 동참하면서 퍼져나갔다. 인상파란 개념은 음악 세계에도 적용된다.

44. Art ②

Two decades ago, when university art students started taking their skills to the streets, community art program projects sprouted up across the country. In the beginning, these projects were regarded as little more than glorified graffiti, but they caught the attention of a patron of the arts who took on the task of organizing the group of budding artists. Now, twenty years later, students continue to bring their art to various neighborhoods in the form of murals, mosaics and frescoes. These young people are anxious to be included in improving urban aesthetics. Each project is designed to reflect the unique ambiance of the community. Projects begin with student artists setting up easels and sketching illustrations of existing street scenes. Then, appropriate locations are chosen and permission from property owners secured. Texture as well as hue is considered in the composition of the artwork, incorporating woodcarving, engraving and etching into projects. (150 words)

3687	**graffiti** [grəfíːti]	명 낙서
3688	**patron** [péitrən]	명 예술 후원자 파 patronage 명 (예술 등에 대한) 후원
3689	**mural** [mjúərəl]	명 벽화
3690	**mosaic** [mouzéiik]	명 모자이크
2044	**fresco** [fréskou]　　※ 재게	명 프레스코 화법
3691	**ambiance** [æmbiəns]	명 환경, 분위기 늑유 atmosphere
3692	**easel** [íːzl]	명 이젤, 화가(畵架)
3693	**illustration** [iləstréiʃən]	명 일러스트, 삽화 파 illustrate 타 삽화를 넣다
2402	**texture** [tékstʃər]　　※ 재게	명 구성, 질감

44. 미술②

20년 전, 대학의 미술 전공 학생들이 그들의 기술을 거리로 가지고 나가기 시작하자, 지역사회 예술 프로그램 계획이 여기저기서 나타났다. 초기에 이 계획은 미화된 낙서나 다름없이 간주되었다. 하지만 그들은 신진 예술가들을 조직화하는 활동을 떠맡은 예술 후원자의 주목을 받게 되었다. 그 후 20년이 흐른 지금, 학생들은 자신들의 예술을 벽화, 모자이크, 프레스코 벽화의 형태로 여러 지역으로 가져오고 있다. 이들 젊은 이들은 도시 미관을 개선하는 데 한몫을 하기를 갈망한다. 각 계획들은 그 지역사회의 독특한 분위기를 반영하도록 설계되었다. 계획은 학생 화가가 이젤을 세우고, 자신이 있는 거리의 풍경 일러스트를 그려내면서 시작된다. 그 후, 적절한 장소가 선택되고, 그 장소의 소유자에게 허가를 받는다. 색조와 마찬가지로 구성도 예술작품을 구성하는 데 고려되고, 목판화, 판화, 동판화도 계획의 일부로 넣는다.

3694	**hue** [hjúː]	명 색조
		늑유 tone
3695	**artwork** [ɑ́ːrtwə̀ːrk]	명 예술작품, 공예품
3696	**woodcarving** [wúdkɑ̀ːrviŋ]	명 목판화
3697	**engraving** [engréiviŋ]	명 판화
		파 engrave 타 새기다, 조각판으로 인쇄하다
3698	**etching** [étʃiŋ]	명 동판화

5
UNIT 7

┤ 배경지식 ├

모자이크 (mosaic)

모자이크는 돌, 광물, 유리, 조개껍질 등의 작은 조각들을 촘촘히 붙여 그림과 모양을 나타내는 장식 예술 기법이다. 건축물의 바닥이나 벽·공예품의 장식에 주로 쓰인다. 고대부터 세계 여러 곳에서 나타났고, 대성당의 내부공간이나 모스크 외벽 장식기법으로 널리 알려졌다.

45. Music & Theater ①

University choirs are very active in many universities in America. In many cases, students who want to join a choir must audition for it. Most compositions that the members learn are classical, but among the requiems and madrigals is the occasional light piece accompanied by piano or strings. Most arrangements are Soprano, Alto, Tenor and Bass, but there are some scores that call for Soprano I and ll, Alto I and ll, Tenor I and ll, Baritone and Bass. In these eight-part pieces, there are often male and female parts that are similar, but sung an octave apart. Much time is devoted to learning and rehearsing parts, but mechanics such as breathing and phrasing are also covered. (117 words)

3699	**choir** [kwáiər]	명 성가대
3700	**audition** [ɔːdíʃən]	자 오디션을 받다
3701	**requiem** [rékwiəm]	명 진혼곡 죽은 사람을 위한 미사곡
3702	**madrigal** [mǽdrigl]	명 마드리갈 무반주 합창곡의 일종
3703	**string** [stríŋ]	명 현악기
3704	**soprano** [səprǽnou]	명 소프라노
3705	**alto** [ǽltou]	명 알토
3706	**tenor** [ténər]	명 테너
3707	**bass** [béis]	명 베이스

45. 음악과 연극 ①

미국의 많은 대학에서 대학 성가대가 활발히 활동하고 있다. 많은 경우에, 성가대에 들어가려는 학생들은 오디션을 봐야 한다. 대원들이 배우는 곡의 대부분은 고전적인 음악이다. 하지만 이따금 피아노와 현악기 반주가 있는 가벼운 곡이 진혼곡이나 마드리갈 중에 있다. 대부분의 편곡은 소프라노·알토·테너·베이스로 되지만, 어떤 악보는 제1·2 소프라노, 제1·2 알토, 제1·2 테너, 바리톤, 베이스를 필요로 하기도 한다. 이런 8개 부문 구성에서는 종종 여성 부문과 남성 부문이 비슷하기는 해도, 서로 한 음계 떨어져 부른다. 각 부문을 배우고 예행연습하는 데 많은 시간을 들이지만 호흡법이나 구절법과 같은 기술도 배운다.

3708	**baritone** [bǽritòun]	명 바리톤
3709	**octave** [ɑ́ktiv, -teiv]	명 음계
3710	**rehearse** [rihə́ːrs]	타 예행연습을 하다, 리허설하다 파 rehearsal 명 예행연습, 리허설
3711	**phrasing** [fréiziŋ]	명 구절법(句節法), 표현법

5

UNIT 8

━━┃ 배경지식 ┃━━

성가대 (choirs)

성가대는 교회, 성당, 기독교 계통 학교에서 볼 수 있다. 이들은 예배나 미사, 부활절과 같은 기독교 관련 행사, 결혼식이나 장례식 등에서 성가나 찬송가를 부르면서 하나님의 사랑을 찬양한다. 보통 성가대는 교회나 성당의 성도, 학교의 학생들로 구성된다.

46. Music & Theater ②

Drama and music students at universities in America put on performances for the university on a regular basis. In terms of plays and musicals, in addition to the official theatrical ensembles there are often small independent groups that have an extensive repertoire and also present improvisation pieces. Some university drama departments even offer courses in the history of comedy in America. In such courses, students will get the chance to perform as stand-up comics or comedic duos. Also, the music departments at many universities encourage student performances. These performances range from country & western groups to ragtime pianists and Dixieland jazz bands. Recently, a few rhythm & blues groups have emerged as well. Students studying instrumental music sometimes form brass quartets or woodwind quintets. These groups play a mixture of classical and pop pieces. Several times a year, university orchestras perform on stage campuses, as well as at community locations. (150 words)

3712	**ensemble** [ɑːnsáːmbl]	명 앙상블, 합주곡
3713	**repertoire** [répərtwàːr]	명 레퍼토리, 상연목록
3714	**improvisation** [imprɑ̀vəzéiʃən, ìmprəvə-]	명 즉흥연주 파 improvise 타 즉흥으로 연주하다
3715	**duo** [djúːou]	명 이중주, 이중창, 2인조, 듀오
3716	**country & western** [kʌ́ntri ənd wéstərn]	명 컨트리 앤 웨스턴
3717	**ragtime** [rǽgtàim]	명 래그타임(재즈 음악의 일종)
3718	**Dixieland jazz** [díksilæ̀nd dʒǽz]	명 딕시랜드 재즈
3719	**rhythm & blues** [ríðəm ənd blúːz]	명 리듬 앤 블루스
3720	**instrumental** [ìnstrəméntl]	명 기악곡 파 instrument 명 악기

46. 음악과 연극②

미국 대학에서 연극이나 음악을 전공하는 학생들은 정기적으로 대학에서 공연을 한다. 연극과 뮤지컬에 대해 얘기하자면, 공인된 극장 앙상블은 물론이고, 폭넓은 레퍼토리를 가지고 즉흥연주도 하는 작은 독립 그룹들이 많다. 몇몇 대학 연극과에서는 미국 코미디 역사를 가르치는 과정도 제공하고 있다. 그런 수업에서 학생들은 코믹쇼나 2인조로 코미디 연기를 할 기회를 얻을 것이다. 또 많은 대학의 음악과는 학생들에게 공연을 하도록 격려한다. 이런 공연들은 컨트리 앤 웨스턴 그룹에서부터 래그타임 피아니스트와 딕시랜드 재즈 밴드에까지 이른다. 최근에는 몇몇 리듬 앤 블루스 그룹도 나타났다. 기악곡을 공부하는 학생들은 종종 금관악기 사중주단과 목관악기 오중주단을 결성한다. 이들 그룹들은 고전음악과 대중음악을 섞은 것을 연주한다. 대학의 오케스트라는 지역사회에서뿐만 아니라 캠퍼스의 무대에서도 1년에 몇 차례씩 공연을 한다.

3721	**brass** [brǽs]	명 금관악기
3722	**quartet** [kwɔːrtét]	명 사중주단
3723	**woodwind** [wúdwìnd]	명 목관악기
3724	**quintet** [kwintét]	명 오중주단
3725	**orchestra** [ɔ́ːrkəstrə]	명 악단, 오케스트라

5
UNIT 8

| 배경지식 |

앙상블 (ensemble)

앙상블은 원래 음악 용어로, 두 사람 이상이 동시에 연주하는 것이다. 주로 실내악을 연주하는 적은 인원의 합주단을 가리키는 말이기도 하고, 연극이나 영화에서 배우들이 모두 협력해 통일적인 효과를 얻는 연출법을 가리키기도 한다.

Other Important Words

■ Sociology (사회학)

3726	**subculture** [sʌ́bkʌ̀ltʃər]	명 하위문화, 이(異)문화
3727	**counterculture** [káuntərkʌ̀ltʃər]	명 반체제문화(그룹) 전통문화를 거부하는 젊은이 문화
3728	**gender** [dʒéndər]	명 성 사회적, 문화적 관점에서 본 성별·성차
3729	**heterosexuality** [hètərəsèkʃuǽləti]	명 이성애 파 heterosexual 형 이성애의
3730	**homosexuality** [hòuməsèkʃuǽləti]	명 동성애, 호모 파 homosexual 형 동성애의
3731	**marital status** [mǽrətl stéitəs]	명 결혼상황 미혼, 기혼, 이혼 중 하나를 가리킨다
3732	**monogamy** [mənágəmi]	명 일부일처제, 단혼제
3733	**polygamy** [pəlígəmi]	명 복혼제(複婚制), 일부다처
3734	**patriarchy** [péitriàːrki]	명 (사회) 부권제(夫權制), 가부장정치 반 matriarchy 명 (사회) 모권제, 여가장제
3735	**matriarchy** [métriàːrki]	명 (사회) 모권제(母權制), 여가장제(女家長制) 반 patriarchy 명 (사회) 부권제(父權制)
3736	**kinship** [kínʃip]	명 친척관계, 혈족관계 파 kin 명 혈연, 친족
3737	**egalitarianism** [igæ̀lité͡əriənizm]	명 평등주의 파 egalitarian 형 평등주의의
3738	**acculturation** [əkʌ̀ltʃəréiʃən]	명 문화변용 이문화와의 접촉에 의한 변용
3739	**stratification** [stræ̀təfikéiʃən]	명 계층화 파 stratify 타 계층화하다, 계층으로 나누다
3740	**snob** [snáb]	명 속물 하층 사람들을 바보취급하는 상류사회의 교만한 사람

■ Art (미술)

3741 ☑	**Cubism** [kjúːbizm]	명 입체파
3742 ☑	**Realism** [ríːəlìzm]	명 사실주의
3743 ☑	**Symbolism** [símbəlìzm]	명 상징주의(파)
3744 ☑	**torso** [tɔ́ːrsou]	명 토르소 머리, 손발이 없는 나체 조상(彫像)
3745 ☑	**bust** [bʌ́st]	명 흉상, 반신상
3746 ☑	**canvas** [kǽnvəs]	명 캔버스
3747 ☑	**chisel** [tʃízl]	명 끌, (조각용) 정, 조각칼, 조각술

■ Music & Theater (음악·연극)

3748 ☑	**solo** [sóulou]	명 솔로, 독창, 독주
3749 ☑	**serenade** [sèrənéid]	명 세레나데, 소야곡
3750 ☑	**sonata** [sənáːtə]	명 소나타, 주명곡
3751 ☑	**symphony** [símfəni]	명 심포니, 교향곡
3752 ☑	**lullaby** [lʌ́ləbài]	명 자장가
3753 ☑	**nocturne** [nɑ́ktəːrn]	명 야상곡
3754 ☑	**opera** [ɑ́pərə]	명 오페라, 가극

47. Literature ①

Small publishing houses usually focus on a specific genre, but large publishing companies have departments for each one. Authors sometimes use pennames and write for more than one genre. In other words, playwrights or screenwriters may also write detective stories, historical sagas, parodies or even fairy tales using a different name. Changing genres gives the writer the freedom to experiment with different styles of narrative, prose and even verse. Not every book cover is as it seems. The manuscript of an autobiography of a famous person, for example, may need a rewrite. The publisher hires a professional writer and it technically becomes a biography. If the real author's name appears at all, however, it may come after the famous person's byline following the word "with." Publishers must know their audience. Short story anthologies, for example, are not so popular in the U.S. mainstream, but these do very well in certain specific genres. (152 words)

3755	**publishing house** [pʌ́bliʃiŋ hàus]	명 출판사
3756	**penname** [pénnèim]	명 필명
3757	**playwright** [pléiràit]	명 극작가 늘유 dramatist
3758	**screenwriter** [skríːnràitər]	명 시나리오작가
3759	**detective story** [ditéktiv stɔ̀ːri]	명 추리소설
3760	**saga** [sɑ́ːgə]	명 영웅이야기, 전설, 무용담
3761	**fairy tale** [fɛ́əri tèil]	명 동화
3762	**verse** [vɚ́ːrs]	명 운문 반 prose 명 산문
3763	**manuscript** [mǽnjəskrìpt]	명 원고, 초고

47. 문학 ①

작은 출판사들은 특정 장르에 초점을 맞춘다. 하지만 큰 출판사들은 각 장르에 해당하는 부서를 가지고 있다. 이따금 작가들도 필명을 사용해 여러 장르의 글을 쓴다. 달리 말하면, 극작가나 시나리오작가가 다른 이름을 이용해 추리소설이나 역사상의 영웅이야기, 패러디나 동화를 쓰기도 한다. 장르를 바꾸면 작가는 여러 가지 스타일의 이야기, 산문, 심지어는 운문까지 시험해보는 자유를 누린다. 모든 책의 표지가 사실 그대로는 아니다. 예를 들어 유명인의 자서전 원고는 고쳐쓰기가 필요할 수 있다. 그럴 경우 출판사는 전문작가를 고용하고, 그 원고는 기술적으로 전기가 된다. 하지만 그 책을 실제로 쓴 작가의 이름이 표지에 실리게 된 경우에는, 그 이름은 유명인의 서명 뒤에 '…와 함께(with)'라는 말 뒤에 붙어서 온다. 출판사는 독자를 알고 있어야 한다. 예를 들어 단편 작품집은 미국 주요 독자층에게 그다지 인기가 없다. 하지만 특정 장르에서는 이런 작품집도 널리 읽히고 있다.

3764 ✓	**autobiography** [ɔ̀ːtoubaiɑ́grəfi]	명 자서전	
3765 ✓	**rewrite** 명 [ríːràit] 동 [rìːráit]	명 고쳐쓰기, 타 고쳐쓰다	
3766 ✓	**byline** [báilàin]	명 서명	
3767 ✓	**anthology** [ænθɑ́lədʒi]	명 작품집	

5
UNIT 9

| 배경지식 |

자서전 (autobiography) 과 전기 (biography)

자서전은 자기 눈으로 본 자기 인생을 쓴 것이다. autobiography는 그리스어의 auton(self), bion(life), grahein(write)에서 유래한 말이다. '전기'라는 뜻인 biography는 일반적으로 폭넓은 자료와 시점을 바탕으로 하고 있지만, 자서전은 완전히 집필자 자신의 기억, 회고, 회상을 기초로 한다는 점에서 전기와 다르다.

48. Literature ②

On the surface, the reviews of the famous author's long-awaited new fantasy are very positive. The protagonist's forced exile turns into an odyssey that drives the story; and the reader's interest is held by the pathos that appears around every corner. The ever-changing antagonists, against which our hero always prevails by virtue of his wit and faith, represent the evils of his homeland, which he will have faced upon his return. His work is a good example of the basic good-versus-evil theme, but lightened by regular touches of whimsical comedy and idyllic folklore. Well-drawn, likable characters help the reader identify with the hero's various dilemmas. As an antithesis of a dark, mystical allegory, the author has created a world of myths and legends that involve and entice the reader. The only enigma occurs in the lengthy epilogue where, presumably, the author is setting the stage for a sequel. (147 words)

3768	**fantasy** [fǽntəsi, -zi]	명 공상소설
		파 fantastic 형 공상소설적인, 상상의
3769	**protagonist** [proutǽgənist]	명 주인공, (사상 등의) 주창자
3770	**odyssey** [ádəsi]	명 장기간의 방랑여행
3771	**pathos** [péiθas]	명 애수, 비애감
3772	**antagonist** [æntǽgənist]	명 적
		늘유 opponent
3773	**comedy** [kámədi]	명 코미디, 희극
		파 comedian 명 코미디언, 희극배우
3774	**idyllic** [aidílik]	형 목가적인, 전원시풍의
		파 idyll 명 목가, 전원시
3775	**folklore** [fóuklɔ̀ːr]	명 민화
3776	**antithesis** [æntíθəsis]	명 정반대, 대조
		늘유 opposite

48. 문학②

얼핏 보기에, 오랫동안 기다려온 그 유명작가의 공상소설에 대한 서평은 상당히 호의적이다. 주인공의 강제추방은 이 이야기를 이끄는 방랑여행이 된다. 이 책 곳곳에 나타나는 애수는 독자의 흥미를 끈다. 우리의 주인공이 항상 지혜와 믿음으로 무찌르는 변화무쌍한 적들은, 주인공이 돌아오는 길에 마주칠 조국의 악을 나타낸다. 그의 작품은 선악 대립이라는 기본적인 주제의 좋은 예이지만, 기묘한 코미디풍과 목가적인 민화풍의 집필로 가벼워졌다. 능숙하게 묘사되어 호감가는 인물들은 주인공의 다양한 딜레마에 독자가 공감하도록 도와준다. 작가는 어둡고 신비로운 우화와 정반대의 것으로서, 독자의 마음을 사로잡아 유혹하는 신화와 전설의 세계를 창조했다. 길게 늘어지는 결말에는 유일한 수수께끼가 나오는데, 아마도 작가는 이 부분에서 속편을 위한 준비 단계를 만들고 있을 것이다.

3777	**allegory** [ǽləgɔ̀ːri]	명 우화, 비유한 이야기
		늑유 fable
3778	**enigma** [ənígmə, e-]	명 수수께끼
		늑유 mystery
3779	**epilogue** [épəlɔ̀ːg]	명 에필로그, 결말
3780	**sequel** [síːkwəl]	명 속편

5
UNIT 9

┤ 배경지식 ├

소설 (novel)

소설이란 산문으로 쓴 허구의 이야기이다. 내용면에서는 수필, 비평, 전기, 역사서와 대립된다. novel은 스페인어인 novela, 프랑스어인 nouvelle과 어원이 같고, 라틴어로 '새로운 이야기'라는 말에서 비롯된 것이다. novel을 '새로운'이란 뜻의 형용사로 사용할 때도 많다는 데 주의하자.

49. Literature ③

Students majoring in Literature may study the works of classic mystery writers. The stories deemed "masterpieces" hold the readers' attention despite frequent long anecdotes that sometimes contain obvious hyperbole. One of the effective ways to achieve this is to use figurative language. Students will learn such language devices as metaphors, simile, oxymoron and personification. These often work by creating imagery in the story. Students will also look for recurring motifs and analyze the personalities of main characters. Some stories, despite modern rhetoric, have all the elements of early twentieth century mysteries, where, right up to the climax, the reader still believes that several characters could be the killer, as each had a motive to kill the victim. To chronicle the actions and reactions of a group of different people who end up in close proximity at the time of a fatal tragedy is the formula for this type of story. (150 words)

3781	**classic** [klǽsik]	형 고전적인, 일류의, 최고 수준의
		≒유 classical 형 고전적인
3782	**mystery** [místəri]	명 미스터리, 추리소설, 비밀
		파 mysterious 형 불가사의한
3783	**anecdote** [ǽnikdòut]	명 일화, 비화
3784	**hyperbole** [haipə́ːrbəliː]	명 과장(법), 과대표현
3785	**figurative** [fíɡjərətiv]	형 비유적인, 문자그대로가 아닌
		반 literal 형 문자 그대로의
3786	**simile** [síməliː]	명 직유, 명유
		반 metaphor 명 은유, 암유
3787	**oxymoron** [ɑksimɔ́ːrɑn]	명 모순어법
		'공공연한 비밀' 처럼 표현 속에 모순이 있는 것
3788	**personification** [pəːrsɑ̀nəfikéiʃn]	명 의인법
		파 personify 타 의인화하다
3789	**imagery** [ímidʒəri]	명 비유적 묘사, 화상, 심상

49. 문학 ③

문학을 전공하는 학생들은 고전적인 미스터리 작가의 작품을 연구하게 될 것이다. '걸작' 으로 여겨지는 작품은 명백한 과장을 포함한 일화가 빈번하게 반복되는데도 불구하고, 독자의 관심을 끈다. 이를 위한 효과적인 방법 중 하나는 비유적인 언어를 사용하는 것이다. 학생들은 은유나 직유, 모순어법, 의인법과 같은 언어적인 장치를 배운다. 이것들은 종종 작품에 비유적 묘사를 형성하는 것으로 효과를 발휘한다. 학생들은 작품 중에 반복되는 주제를 찾고, 주요 등장인물의 성격도 분석한다. 몇몇 작품은 현대적인 수사법을 사용하는데도 불구하고, 20세기 초의 미스터리 요소를 모두 가지고 있다. 이런 작품에서는 이야기가 절정에 이를 때까지, 모든 등장인물이 피해자를 살해할 동기를 가지고 있기 때문에 누구든 범인이 될 수 있다고 독자는 믿는다. 결정적인 비극의 순간에 함께 모인 여러 등장인물들이 서로 영향을 주고받는 모습을 시간의 흐름에 따라 서술하는 것은 이런 종류의 이야기에 하나의 공식이다.

3790 ✓	**motif** [moutíːf]	명 주제, 테마
		늑유 theme
3791 ✓	**climax** [kláimæks]	명 절정
3792 ✓	**motive** [móutiv]	명 동기, 자극
		파 motivate 타 동기를 부여하다
3793 ✓	**chronicle** [kránikl]	타 시간의 흐름에 따라 서술하다, 명 연대기

5
UNIT 10

┤ 배경지식 ├

추리소설과 영국

추리소설이란 장르가 확립되는 데는 1830년대 영국에서 정비된 경찰제도의 영향이 컸다. 급속한 도시화로 인한 스트레스의 출구로서 '살인사건' 이라는 비일상적인 주제가 필요했다고 보는 견해도 있지만, 도시의 암흑가에 대한 시민의 불안이 높아졌다는 사실도 무시할 수 없다.

50. Linguistics

Students in the linguistics program first study sound systems in phonology and phonetics courses. They learn to transcribe the precise vowels, consonants and inflections of a variety of utterances, syllable by syllable, in the International Phonetic Alphabet. A large variety of samples from major world languages, as well as pidgins and Creoles, will be presented. Next, they study language patterns and decoding the internal structure of words in morphology classes. The study of syntax follows, helping students understand sentence structure. Students will learn to represent sentences in tree-diagrams. Basic studies conclude with semantics, where learners examine the meaning of words and sentences. Advanced studies continue with pragmatics, observing the effect that context and general principles of communication have on language. Students also have the option of studying etymology along with the historical reconstruction of words. (135 words)

3794	**phonology** [fənάlədʒi]	몡 음운론
3795	**phonetics** [fənétiks, fou-]	몡 음성학
3796	**vowel** [váuəl]	몡 모음
3797	**consonant** [kάnsənənt]	몡 자음
3798	**inflection** [inflékʃən]	몡 억양, 어미변화, 굴절요소 ≒유 intonation 몡 억양
3799	**utterance** [ʌ́tərəns]	몡 말, 발언 파 utter 타 (말을) 꺼내다, (말로) 표현하다
3800	**syllable** [síləbl]	몡 음절
3801	**pidgin** [pídʒən]	몡 피진언어 다른 언어들 사이의 의사소통을 위해 만들어진 혼성어
3802	**Creole** [kríːoul]	몡 크리올언어 피진언어가 정착해 모국어가 된 경우

50. 언어학

언어학 과정의 학생들은 우선 음성체계를 음운론과 음성학 코스에서 배운다. 학생들은 여러 가지 말의 정확한 모음, 자음, 억양을 음절마다 국제음성기호로 바꾸는 것을 배운다. 피진언어와 크레올언어만이 아니라 세계주요 언어로부터도 많은 샘플이 제시된다. 다음으로, 어형론 수업에서 언어패턴과 단어의 내부구조를 공부한다. 그리고 구문론이 뒤따르는데, 이것은 문장의 구조를 이해하는 데 도움이 된다. 학생들은 문장을 수형도(樹型圖)로 나타내는 것을 배운다. 기초학습은 의미론으로 끝나고, 이 수업에서는 단어와 문장의 의미에 대해 고찰한다. 상급 과정의 학습은 어용론과 함께 계속되고, 문맥과 커뮤니케이션의 일반적 원칙이 언어에 주는 효과에 대해 관찰한다. 학생들은 또 단어의 역사적인 변화와 함께 어원론을 공부할 선택권을 갖는다.

3803 ✓	**morphology** [mɔːrfɑ́lədʒi]	명	어형론, 형태론
3804 ✓	**syntax** [síntæks]	명	구문론, 통어론
3805 ✓	**semantics** [səmǽntiks]	명	의미론
3806 ✓	**pragmatics** [prægmǽtik]	명	어용론(語用論), 화용론(話用論)
3807 ✓	**etymology** [ètəmɑ́lədʒi]	명	어원론

ㅣ 배경지식 ㅣ

음운론 (phonology) · 의미론 (semantics) · 구문론 (syntax)

청각, 시각적인 요소의 배열에 관한 음운론과 의미요소의 배열에 관한 의미론은 각각 감각-운동의 시스템, 개념-의도의 시스템에서 일어나는 해석과 산출로 연결된다. 그리고 이들 두 시스템을 오가며 문장으로 연결하는 법에 관한 것이 구문론이다.

There is no doubt that Adam Smith's *The Wealth of Nations* is one of the founding texts in the discipline of economics. In order to fully appreciate this great exponent of the capitalist system -as well as its influence on communism and socialism-it is important to understand it in its historical context. The book was published in 1776, at a time when the stimulation of free trade and market competition was not well understood. At the time, protectionism was rampant; governments often granted monopolies to protect their subsidiaries against "unfair" competition. Local artisans formed guilds(the original bourgeoisie) that operated like cartels, severely restricting the movement and commerce of artisans from other towns. Poverty and low standards of living were widespread and accepted as the norm. In *The Wealth of Nations* Smith advocates a laissez-faire approach, directing a powerful critique against mercantilism and forms of government interference such as tariffs. (151 words)

3808	**discipline** [dísəplin]	명 학문분야, 훈련, 규율
		파 disciplinary 형 학문의, 훈련의, 규율의
3809	**capitalist system** [kǽpətəlist sístəm]	명 자본주의제도
3810	**communism** [kámjənìzm]	명 공산주의
		파 communist 명 공산주의자
3811	**socialism** [sóuʃəlìzm]	명 사회주의
		파 socialist 명 사회주의자
3812	**stimulation** [stímjəléiʃən]	명 활성화, 자극, 격려
		파 stimulate 타 자극하다
3813	**market competition** [máːrkit kàmpətíʃən]	명 시장경쟁
3814	**protectionism** [prətékʃənìzm]	명 보호주의
		파 protectionist 명 보호무역론자
3815	**artisan** [áːrtəzən]	명 장인, 숙련공
		늑유 craftsman
3816	**guild** [gíld]	명 길드, 상인단체, 동업조합

51. 경제학 ①

아담스미스의 『국부론』이 경제학이라는 학문분야에서 기초가 되는 교과서 중 하나라는 사실은 의심의 여지가 없다. 공산주의나 사회주의에 미친 영향뿐만 아니라 자본주의체제의 위대한 대표자인 이 책의 가치를 충분히 인정하려면, 그것을 역사적인 맥락 속에서 이해하는 것이 중요하다. 이 책은 1776년에 출판되었지만, 당시에는 자유무역의 활성화 및 시장경쟁이 잘 이해되지 않았다. 그 시대에는 보호주의가 만연했고, 정부는 하부조직들을 '불공평한' 경쟁으로부터 지키기 위해 독점권을 승인했다. 지역의 숙련공들은 카르텔과 같은 역할을 하는 길드(최초의 중산계급)를 형성하고, 다른 마을에서 온 숙련공들의 활동과 상행위를 제한했다. 빈곤과 낮은 수준의 생활이 널리 퍼져 있었고, 당연한 것으로 받아들여졌다. 스미스는 『국부론』에서 자유방임주의식 접근을 옹호했고, 관세와 같은 여러 형태의 정부 간섭과 중상주의에 대한 강력한 비판을 이끌었다.

3817 ☑	**bourgeoisie** [bùərʒwɑːzíː]	몡 중산계급, 부르주아계급
3818 ☑	**cartel** [kɑːrtél]	몡 카르텔, 기업연합
3819 ☑	**laissez-faire** [lèseiféər]	몡 자유방임주의, 혱 자유방임주의의
3820 ☑	**mercantilism** [mə́ːrkəntilìzm]	몡 상업주의, 중상주의 ≒유 commercialism 몡 상업주의

5
UNIT 11

⊣ 배경지식 ⊢

『국부론』(The Wealth of Nations)

『국부론』은 근대경제학의 기초를 확립한 명저이다. 스미스는 이 책에서 공익共益을 추구하려는 의도가 없는 개인들이 오직 자기 이익을 위해 자유경쟁을 하면 수요와 공급이 차츰 균형을 이루어 사회적으로 안정된다고 주장한다. 이 과정에서 작용한다고 본 '보이지 않는 신의 손'은 『국부론』 전체에서 딱 한 번 나오지만, 지금까지도 유명한 말이다.

52. Economics ②

The 1979 energy crisis had a tremendous impact on the U.S. Although the 1973 oil crisis was caused by the imposition of an embargo by the oligopoly known as OPEC, the oil shortage in 1979 resulted from a downturn in oil production in the wake of the Iranian revolution. By the summer of 1979, the stagnant U.S. economy was in a slump, suffering from double-digit inflation and high interest rates. Since the price of oil often undergoes fluctuation according to the principle of supply and demand, it is understandable that the shortage would result in higher oil prices. With U.S. oil consumption at an all-time high, the shortage also affected consumer spending, and relations between employers and employees at major corporations and small businesses alike. (125 words)

| 3821 | **imposition** [ìmpəzíʃən] | 명 (의무·짐·세금 등을) 지움, 과함, 과세 |
| | | 파 impose 타 과하다, 부과하다 |

| 3822 | **embargo** [embáːrgou, im-] | 명 금수(禁輸), 수출입금지 |

| 3823 | **oligopoly** [àləgápəli] | 명 과점기구, 소수독점 |

| 3824 | **downturn** [dáuntə̀ːrn] | 명 감소, 하락 |
| | | 늑유 downswing |

| 3825 | **slump** [slʌ́mp] | 명 불황, 부진상태 |
| | | 반 boom 명 호황 |

| 3826 | **inflation** [infléiʃən] | 명 인플레, 통화팽창 |
| | | 반 deflation 명 디플레, 통화축소 |

| 3827 | **interest rate** [íntərəst rèit] | 명 금리 |

| 3828 | **fluctuation** [flʌ̀ktʃuéiʃən] | 명 변동 |
| | | 파 fluctuate 자 변동하다 |

| 3829 | **supply and demand** [səplái ənd diménd] | 명 수요와 공급 |

52. 경제학 ②

1979년의 에너지 위기는 미국에 큰 타격을 주었다. 1973년의 석유 위기는 OPEC로 알려진 과점기구에 의한 수출입금지조치가 원인이었지만, 1979년의 석유부족은 이란 혁명의 결과인 석유생산의 감소가 원인이었다. 1979년 여름까지 정체되었던 미국경제는 불황에 빠졌고, 두 자리수 인플레와 고금리로 괴로워했다. 석유가격은 종종 수요와 공급의 영향을 받아 변동을 겪기 때문에 석유부족이 석유가격의 상승을 낳는 것은 이해할만한 일이다. 미국의 석유소비가 사상 최고에 이르렀기 때문에 이런 부족은 소비지출, 대기업과 소규모 기업의 고용자와 종업원 관계에도 영향을 끼쳤다.

3830	**consumption** [kənsʌ́mpʃən]	몡 소비
		반 production 몡 생산
3831	**consumer spending** [kənsúːmər spéndiŋ]	몡 소비지출, 개인소비
3832	**employer** [emplɔ́iər]	몡 고용자
		반 employee 몡 종업원
3833	**employee** [emplɔ́iiː]	몡 종업원
		반 employer 몡 고용자
3834	**corporation** [kɔ̀ːrpəréiʃən]	몡 기업, 법인
		파 corporate 혱 법인(조직)의

5
UNIT 11

── | 배경지식 |

석유수출국기구 (OPEC)

석유수출국기구(Organization of the Petroleum Exporting Countries의 약자)는 석유수출국의 이익을 지키기 위해 이란, 이라크, 쿠웨이트, 사우디아라비아, 베네수엘라 등 5개국이 1960년 9월 14일에 설립했다. 본부는 오스트리아 빈에 있다. 2007년 기준으로 회원국은 12개국이다.

53. Economics ③

Milton Friedman, an eminent scholar of both microeconomics and macroeconomics, won the Nobel Prize in 1976. Friedman began studying economics during the Great Depression. He blamed the Federal Reserve Board for turning a normal sluggish period into a catastrophe. Friedman is known for advocating a laissez-faire capitalist system and reviving interest in the money supply. He attempts to show how money supply fluctuations influence economic fluctuations. Promoting free-floating exchange rates, he also rejects government manipulation of currency markets. A supporter of many libertarian policies, he believes that the government should not try to manage demand through fiscal policy. In his 1962 book *Capitalism and Freedom*, Friedman seeks to minimize the role of government in a free market and thereby increase political and social freedom. He is an adamant supporter of establishing free, deregulated markets to help create incentives, alleviate unemployment, increase personal freedom, improve standards of living, and contribute overall to economic upturn. (153 words)

3835 ☑	**microeconomics** [màikrouèːkənámiks]	명 미시경제학
3836 ☑	**macroeconomics** [mæ̀krouèːkənámiks]	명 거시경제학
3837 ☑	**Great Depression** [gréit dipréʃən]	명 대공황
3838 ☑	**Federal Reserve Board** [fédərəl rizə́ːrv bɔ́ːrd]	명 연방준비제도이사회
3839 ☑	**money supply** [mʌ́ni səplài]	명 통화공급량
3840 ☑	**free-floating** [fríːflóutiŋ]	형 변동하는, 자유롭게 움직이는
3841 ☑	**exchange rate** [ikstʃéindʒ rèit]	명 환율, 외환시세
3842 ☑	**currency** [kə́ːrənsi]	명 통화, 화폐

53. 경제학 ③

밀턴 프리드먼은 미시경제학과 거시경제학 분야에서 저명한 학자이고, 1976년에 노벨상을 탔다. 프리드먼은 대공황 시기에 경제학을 공부하기 시작했다. 그는 연방준비제도이사회가 일반적인 불경기를 대참사로 바꾸어놓았다고 비난했다. 프리드먼은 무간섭자본주의제도를 주장하고, 통화공급량에 대한 관심을 부활시킨 것으로 알려졌다. 그는 통화공급량의 변동이 경제의 변동에 어떤 영향을 끼치는지를 보여주려 한다. 또 변동환율을 장려하면서 통화시장을 정부가 조작하는 것을 반대한다. 많은 자유론자의 정책을 지지하는 사람으로서, 그는 정부가 재정정책을 통해 수요를 관리하려고 해서는 안 된다고 믿고 있다. 1962년에 발간된 저서 『자본주의와 자유』에서, 그는 자유시장에서 정부의 역할을 최소화하고, 그럼으로써 정치적이고 사회적인 자유를 증가시키기를 원했다. 그는 자유롭고 규제가 완화된 시장 설립이 자극을 창출하고, 실업을 누그러뜨리고, 개인의 자유를 증가시키고, 생활수준을 개선하며, 전체적으로 경기 상승에 기여하도록 도와준다고 철석같이 믿는 지지자이다.

3843	**libertarian** [lìbərtέəriən]	몡 자유론자, 혱 자유론자의, 자유를 옹호하는
3844	**fiscal** [fískl]	혱 재정상의, 국고의
3845	**deregulate** [diːrégjəlèit]	탄 규제를 완화하다 파 deregulation 몡 규제완화
3846	**incentive** [inséntiv]	몡 자극, 동기 유 motive, inducement
3847	**standard of living** [stǽndərd əv líviŋ]	몡 생활수준
3848	**upturn** [ʌ́ptə̀ːrn]	몡 상승, 향상 유 upswing

5

UNIT 12

54. Investment

Many investors are overwhelmed by all the choices among mutual funds, individual stocks and bonds. Those who can anticipate the appreciation or depreciation of the blue chips, pick the right futures, or predict foreign exchange patterns will always have good capital gains. But investors can incur a heavy loss if such expectations are disappointed. One such example is the Black Monday. On October 19, 1987, the Dow Jones Industrial Average, one of the very famous stock price indexes, nosedived, leaving many stockholders losing a lot of money. To lessen such risks, many financial advisors recommend diversified portfolios containing different securities, cash and in some cases real estate. For example, bond returns often rise when stock prices drop. If a diversified portfolio includes both bonds and stocks, the bonds' gains can offset the stocks' losses, limiting the risk of investment. The old proverb "Don't put all your eggs into one basket" still remains good advice in investing. (157 words)

3849	**mutual fund** [mjúːtʃuəl fʌnd]	명 투자신탁
3850	**appreciation** [əpriːʃiéiʃən]	명 가격 상승, 감사 파 appreciate 자 값이 오르다
3851	**depreciation** [depriːʃiéiʃən]	명 폭락, 감가상각 파 depreciate 자 값이 내려가다
3852	**blue chip** [blúː tʃip]	명 우량주
3853	**futures** [fjúːtʃərz]	명 선물(先物)
3854	**foreign exchange** [fɔ́rin ikstʃéindʒ]	명 외환
3855	**capital gain** [kǽpətl géin]	명 자본이익 유가증권이나 자산을 매각해서 얻은 이익
3856	**Black Monday** [blǽk mʌ́ndei]	명 검은 월요일
3857	**stock price index** [sták práis índeks]	명 주가지수

54. 투자

많은 투자자들은 투자신탁, 개개의 주식과 채권들과 같은 선택사항들에 압도되어 있다. 우량주의 가격상승과 폭락을 예견하고, 바른 선물을 선택하고, 외환 변동패턴을 인식할 수 있는 사람들은 늘 상당한 자본이익을 얻을 수 있다. 하지만 투자자들은 이런 기대가 빗나갈 경우 손실을 입을 수 있다. 그런 하나의 예가 검은 월요일이다. 1987년 10월 19일, 유명한 주가지수의 하나인 다우존스 산업지수가 폭락했고, 많은 투자가들이 다액의 자금을 잃어버렸다. 이런 위험을 줄이기 위해 많은 재정고문들은 다른 유가증권, 현금, 그리고 때로는 부동산을 포함해 분산된 투자자산 구성을 권했다. 예를 들어 채권 이익은 종종 주식 가격이 떨어질 때 오른다. 만약 분산된 투자자산 구성에 채권과 주식이 둘 다 포함되어 있을 경우, 채권의 이익은 주식의 손실을 상쇄할 수 있고, 투자 위험을 줄일 수 있다. "모든 달걀을 한 바구니에 담지 마라"라는 오래된 속담은 오늘도 여전히 투자할 때 좋은 충고이다.

3858	**nosedive** [nóuzdàiv]	자 폭락하다, 급강하하다, 명 폭락, 급강하
3859	**diversified portfolio** [daivə́ːrsəfàid pɔːrtfóuliòu]	명 분산된 투자자산 구성
3860	**securities** [sikjúərətiz]	명 유가증권
3861	**real estate** [ríːəl istèit]	명 부동산
3862	**return** [ritə́ːrn]	명 이익 ≒유 profit, gain

5

UNIT 12

┤ 배경지식 ├

검은 월요일 (블랙 먼데이, Black Monday)

1987년 10월 19일 월요일, 뉴욕 주식 시장이 사상 최대규모로 폭락했다. 다우지수가 그날 하루 동안 508포인트, 비율로는 전일 대비 22.6%가 폭락했다. 이것은 세계 대공황의 계기가 된 1929년의 검은 목요일(하락률 12.8%)을 크게 웃도는 값이다. 이런 폭락은 다음날 아시아와 유럽의 주식시장에까지 이어졌다.

Other Important Words

■ Literature (문학)

3863	**prologue** [próulɔːg]	명 프롤로그, 서막
3864	**rhyme** [ráim]	명 운, 압운(押韻)
3865	**alliteration** [əlìtəréiʃən]	명 두운(頭韻)
3866	**euphemism** [júːfəmìzm]	명 완곡어법
3867	**elegy** [élədʒi]	명 애가(哀歌), 만가(輓歌)
3868	**epigram** [épigræm]	명 경구(警句), 촌철시(寸鐵詩) 날카로운 기지와 풍자를 넣은 짧은 시
3869	**fable** [féibl]	명 우화 늑유 allegory

■ Linguistics (언어학)

3870	**conjugation** [kɑndʒəgéiʃən]	명 어형변화, 활용
3871	**lexicology** [lèksikálədʒi]	명 어휘론
3872	**dialect** [dáiəlèkt]	명 방언, 사투리
3873	**idiolect** [ídiəlèkt]	명 개인언어
3874	**language acquisition** [læŋgwidʒ ækwizíʃən]	명 언어습득
3875	**generative grammar** [dʒénərətiv græmər]	명 생성문법
3876	**sign language** [sáin læŋgwidʒ]	명 수화(手話)

■ Economics (경제학)

3877	**deflation** [difléiʃən, dì:-]	명 통화축소 반 inflation 명 통화팽창, 인플레이션
3878	**stagflation** [stægfléiʃən]	명 스테그플레이션 불황에 일어나는 인플레이션
3879	**deregulation** [di:règjəléiʃən]	명 규제완화, 자유화 파 deregulate 타 규제완화를 하다
3880	**liberalization** [líbərəlaizéiʃən]	명 자유(주의)화, 해방 파 liberalize 타 자유주의화하다
3881	**nationalization** [næʃənəlaizéiʃən]	명 국유화, 국영화 파 nationalize 타 국유화하다
3882	**gross domestic product** [gróus dəméstik prádəkt]	명 국내총생산
3883	**trade imbalance** [tréid imbǽləns]	명 무역불균형

■ Investment (투자)

3884	**checking account** [tʃékiŋ əkàunt]	명 당좌예금
3885	**savings account** [séiviŋs əkàunt]	명 보통예금계좌
3886	**liquidity** [likwídəti]	명 유동성 현금으로 바꿀 수 있는 가능성의 정도
3887	**mortgage** [mɔ́:rgidʒ]	명 (양도) 저당(권)
3888	**premium** [prí:miəm]	명 할당금, 프리미엄
3889	**speculation** [spèkjəléiʃən]	명 투기, 투기매매 파 speculate 자 투기하다
3890	**stakeholder** [stéikhòuldər]	명 이해관계자

55. Business ①

In the early 1990s there were several promising conglomerates in the medical technology field. The business climate seemed ripe for growth. Several corporations in this field, however, tried to leverage their gains in high-tech areas to advance other divisions of their business and failed miserably. Even some departments that had been profitable before the so-called boom found themselves barely at the break-even point. Some of these companies never regained their competitive advantage. They experienced a downward spiral. What looked like cash flow issues initially, turned out to be systemic organizational problems. All attempts to boost sales and reduce expenses failed. Insolvency led to downsizing. Layoffs were rampant, starting with middle and spreading to upper management, moving from regional to head offices. Rather than seeing it as a sign of the times, shareholders looked for someone to blame. In some instances, they appealed to the board of directors to dismiss the CEO. (151 words)

3891	**conglomerate** [kənglámərət]	명 거대 복합기업
3892	**business climate** [bíznəs kláimət]	명 비즈니스 환경
2700	**leverage** [lévəridʒ, líːv-]　　※재게	타 이용하다
3893	**boom** [búːm]	명 호황 반 slump 명 불황
3894	**break-even point** [bréikíːvn pɔ́int]	명 손익분기점
3895	**competitive advantage** [kəmpétətiv ədvǽntidʒ]	명 경쟁력
3896	**cash flow** [kǽʃ flòu]	명 현금유출입
3897	**insolvency** [insálvənsi]	명 지불불능 파 Insolvent 형 지불불능의
3898	**downsizing** [dáunsàiziŋ]	명 인원감축, 업무축소 파 downsize 타 (인원을) 감축하다

55. 상업 ①

1990년대 초반에는 의학기술 분야에 전도가 유망한 거대 복합기업이 있었다. 비즈니스 환경은 성장하기에 알맞게 성숙해 있었다. 이 분야에서 몇몇 기업은 첨단기술부문의 수익을 이용해 다른 분야 사업의 발전을 도모했지만, 비참하게도 실패로 끝나고 말았다. 소위 호황 이전에는 이익을 내던 부문조차도 간신히 손익분기점을 지키고 있는 것을 발견하게 되었다. 이들 기업 중에서 몇몇은 두 번 다시 경쟁력을 되찾지 못했다. 이들은 계속되는 하락을 경험했다. 초기에는 현금유출입의 문제라고 생각되었던 것이 구조적이고 제도적인 문제임이 드러났다. 매출을 올리고 지출을 줄이려는 모든 노력은 실패했다. 지불불능에 빠져 업무축소를 단행했다. 인원감축의 태풍은 중간관리층에서 상층부 경영진으로, 지방 지사에서 본사로 번져갔다. 주주들은 그것을 시대의 징표로 보지 않고, 비난할 누군가를 찾았다. 어떤 경우에는 이사회에 최고경영자를 해임하라고 호소하기도 했다.

3899	**layoff** [léiɔ̀(ː)f]	명 인원감축, 일시해고
3900	**head office** [héd àfis]	명 본사
3901	**shareholder** [ʃέərhòuldər]	명 주주 늑유 stockholder
3902	**board of directors** [bɔ́ːrd əv dəréktərz]	명 이사회, 임원회
3903	**CEO**	명 최고경영자 chief executive officer 의 약자

5
UNIT 13

| 배경지식 |

구조조정 (restructuring)

기업의 사업·조직 구조를 기능이나 효율면에서 더 효과적으로 운영하고자 실시하는 개혁작업이다. '사업구조조정' 또는 '기업구조조정' 이라고 하며, 부실기업이나 비능률적인 조직을 미래지향적인 구조로 개편한다. 성장성이 없는 사업분야의 축소 및 폐지, 중복되는 사업 통폐합, 인원 감축, 소유자산의 매각 같은 방법이 있다.

56. Business ②

As corporations look to increase their global presence, international law firms have emerged that specialize in merger control and antitrust law. These firms form alliances with a wide range of international affiliates to litigate on behalf of clients involved in issues raised by multinational mergers, acquisitions, joint ventures and numerous other transactions. While the management of these companies may be familiar with the laws of their home county, they must rely on these international law firms for clear counsel as to the legal responsibilities or liabilities of their subsidiaries or subcontractors abroad. One of the most difficult issues, of course, is hostile takeover litigation. Companies may also be faced with claims against brokers or dealers. There are even cases where a large international company is successful in many markets yet has some sort of failure in a foreign country and needs legal advice on filing for bankruptcy. (147 words)

3904	**merger** [mə́ːrdʒər]	명 기업합병
		파 merge 타 (회사 등을) 합병하다
3905	**antitrust law** [æntitrʌ́st lɔ̀ː]	명 반트러스트법
3906	**alliance** [əláiəns]	명 협력, 제휴, 동맹
		파 ally 타 동맹시키다
3907	**litigate** [lítəgèit]	자 소송을 제기하다
		파 litigation 명 소송
3908	**multinational** [mʌltinǽʃənl]	형 다국적의
3909	**joint venture** [dʒɔ́int véntʃər]	명 공동사업, 합작
3910	**liability** [làiəbíləti]	명 책임, 의무, 부담
		파 liable 형 법적 책임이 있는, 의무 있는
3911	**subsidiary** [səbsídièri]	명 자회사
3912	**subcontractor** [sʌbkántræktər]	명 하청회사
		파 subcontract 명 하청계약, 타 하청을 맡다

56. 상업②

기업들이 국제적인 영향력을 확대하기를 기대함에 따라, 기업합병 규제와 반트러스트 법을 전문적으로 다루는 국제법률사무소가 나타났다. 이런 사무소는 광범위한 전세계적인 지부와 협력해, 다국적 기업의 합병, 매수, 공동사업, 그 외 많은 거래에서 일어나는 문제와 관련된 고객들을 대신해 소송을 제기한다. 이런 기업의 경영진은 본국의 법률에 정통할지는 모르나, 해외 자회사와 하청회사의 법적 책임 및 의무에 대해서는 국제법률사무소에 명쾌한 조언을 구해야 한다. 당연히 가장 어려운 문제 중의 하나는 적대적 매수에 관한 소송이다. 기업들은 브로커나 딜러를 상대로 한 배상청구에 직면할 수도 있다. 국제적인 대기업이 여러 시장에서 성공하고 있는데도, 외국에서는 어떤 실패를 해 파산 신청에 관한 법적 조언을 필요로 하는 경우도 있다.

3913 ☑	**takeover** [téikòuvər]	명 인수, 경영권 취득
3914 ☑	**broker** [bróukər]	명 브로커, 중개인
3915 ☑	**dealer** [díːlər]	명 딜러, 상인
3916 ☑	**bankruptcy** [bǽŋkrʌptsi]	명 파산, 도산 파 bankrupt 명 파산자, 형 파산한

┫ 배경지식 ┣

기업합병과 매수 (M&A)

기업합병과 매수를 줄여서 M&A(mergers and Acquisitions)이라 한다. 둘 이상의 기업이 하나로 통합되는 합병(merger)과 다른 기업의 주식이나 자산을 취득해 경영권을 획득하는 매수(acquisition)가 결합된 개념이다. 기업의 성장을 도모하는 가장 적극적인 경영 기업전략이다.

5
UNIT13

57. Religious Studies ①

Judaism is the oldest religion in the Western world. Major principles can be seen in both Christianity and Islam. While there are other sacred writings, Jews mainly follow the Old Testament. The most important belief is monotheism, the belief in a single deity. Although in ancient times, Abraham was a missionary for monotheism, modern Jews do not seek new members. A person can convert to Judaism, but will be challenged by a group of rabbis, Jewish clergymen, as to his or her intentions. Jews celebrate the Sabbath from sundown Friday until sunset Saturday. They stop work and attend worship services. Pious Jews walk to services, as the very devout consider driving in a car to be "work" and to be avoided. The holiest day of the Jewish year is Yom Kippur, the "Day of Atonement." Jews spend this day asking for forgiveness from sin and to be inscribed in the Book of Life for another year. (156 words)

3917 Judaism [dʒúːdiìzm, -də-]	명 유대교	
3918 Christianity [krìstʃiǽnəti]	명 기독교	
3919 Islam [íslɑːm, iz-, -lǽm]	명 이슬람교	
3920 Jew [dʒúː]	명 유대교도	
3921 Old Testament [óuld téstəmənt]	명 구약성경 New Testament 신약성경	
3922 monotheism [mánəθiːìzm]	명 일신론	
3923 deity [déiəti, díːəti]	명 신	
3924 missionary [míʃənèri]	명 전도사 파 mission 명 전도, 포교	
3925 rabbi [rǽbai]	명 랍비 직업적인 유대교 지도자	

57. 종교학①

유대교는 서양에서 가장 오래된 종교이다. 주요 신조는 기독교와 이슬람교 양쪽 모두에서 볼 수 있다. 다른 성스런 문서들이 있기는 하지만, 유대교도는 구약성경만을 따른다. 가장 중요한 믿음은 일신론, 즉 유일신에 대한 믿음이다. 비록 고대에 아브라함은 일신교의 전도사였지만, 오늘날 유대교도는 새로운 신자를 구하지 않는다. 누구든 유대교로 개종할 수는 있지만, 유대교의 성직자인 랍비들이 그 의도를 캐물을 것이다. 유대교도들은 금요일 일몰 때부터 토요일 일몰 때까지 안식일을 지킨다. 일을 쉬고 예배에 참석한다. 신앙심 깊은 유대교도는 예배에 걸어간다. 왜냐하면 정말 신앙심 깊은 사람은 운전하는 것이 '일' 이기 때문에 피해야 한다고 생각하는 것이다. 유대력에서 가장 신성한 날은 '속죄의 날' 인 욤키푸르이다. 유대교도는 죄의 용서와 내년에도 '생명의 책' 에 이름이 새겨질 것을 기도하면서 보낸다.

3926 ☑	**clergymen** [klə́ːrdʒimən]	명 성직자
3927 ☑	**Sabbath** [sǽbəθ]	명 안식일
3928 ☑	**pious** [páiəs]	형 신앙심 깊은 파 piety 명 경건, 신앙심
3929 ☑	**devout** [diváut]	형 믿음이 깊은 늑유 religious
3930 ☑	**atonement** [ətóunmənt]	명 속죄 파 atone 자 보상하다

5
UNIT 14

┤ 배경지식 ├

유대교 (Judaism)

유대교는 고대 중근동에서 생겨난 종교로, 유일신 야훼를 믿고 선민사상과 메시아사상을 특색으로 한다. 기독교와 이슬람교의 기원이기도 하다. 일신론(monotheism)의 반대말은 다신론(polytheism)이다.

58. Religious Studies ②

J. Gordon Melton, author of the *Encyclopedia of American Religions*, divides the denominations of Christianity into about 15 groups such as the Baptist family, the Methodist family and Presbyterianism. Historically, the first big power struggle in Christianity occurred in 1054 when east and west split into Catholicism and Eastern Orthodoxy. Another split, called the Reformation, occurred in 1517 and began with Martin Luther attacking beliefs of the church and the authority of the Pope. The reformation swept over Europe and left various Protestant sects. Christianity in the 20th century was characterized by accelerating fragmentation. So much so that Protestantism has fractured into over 1,500 sects. For Christians, Jesus Christ, about which the gospels speak, is the revelation of divine truth and the unique savior of the world, and they believe that accepting these tenets will bring redemption. (137 words)

3931	**denomination** [dinàmənéiʃən]	몡 종파
3932	**Baptist** [bǽptist]	몡 침례교파
3933	**Methodist** [méθədist]	몡 감리교파
3934	**Presbyterianism** [prèzbitíəriənìzm]	몡 장로교파
3935	**Catholicism** [kəθáləsìzm]	몡 가톨릭
3936	**Reformation** [rèfərméiʃən]	몡 종교개혁
3937	**Pope** [póup]	몡 로마교황
3938	**sect** [sékt]	몡 파, 종파 파 sectarian 혱 분파의, 종파의
3939	**Protestantism** [prátəstəntìzm]	몡 프로테스탄트주의, 개신교

58. 종교학②

『아메리카 종교백과사전』의 저자인 고든 멜튼은 기독교 종파를 약 15개 그룹으로 분류하고 있다. 예를 들면, 침례교파, 감리교파, 장로교파와 같은 것이 있다. 역사적으로 기독교 안에서 처음으로 큰 권력투쟁이 일어난 것은 1054년이고, 그때 동쪽 세력과 서쪽 세력이 가톨릭과 동방정교로 나누어졌다. 1517년에는 종교개혁이라 불리는 또 다른 분리가 일어났다. 이것은 마르틴 루터가 교회의 신조와 로마 교황의 권위에 도전하면서 시작되었다. 종교개혁은 전 유럽을 덮쳤고, 다양한 프로테스탄트 교파를 남겼다. 20세기의 기독교는 가속화된 분열이 특징이다. 그 가속은 프로테스탄트주의가 1500개 이상으로 갈라질 정도로 빨랐다. 기독교도에게 있어 그리스도는 복음서에서 말하는 대로 신성한 진실의 계시이자 유일한 구세주이다. 그들은 이런 교의를 받아들이면 구원받는다고 믿는다.

3940 ☑	**gospel** [gáspl]	명 복음서
3941 ☑	**revelation** [rèvəléiʃən]	명 계시
3942 ☑	**savior** [séivjər]	명 구세주
3943 ☑	**tenet** [ténət]	명 교의, 주의 ≒유 doctrine
3944 ☑	**redemption** [ridémpʃən]	명 구원, 속죄 ≒유 salvation

5
UNIT14

━┥ 배경지식 ┝━

프로테스탄트 (Protestantism)

가톨릭은 소속된 모든 교회가 교황청의 지도 아래에서 같은 교의와 전례를 공유하는 복합체이다. 이에 반해 프로테스탄트(개신교)는 루터에 의해 주도된 16세기 종교개혁의 중심 사상을 바탕으로 하면서도 신학과 교의 해석이 각각 다른 여러 교파들을 아우르는 총칭이다.

59. Psychology

In recent years, the number of practitioners of psychotherapy specializing in children has grown. An overall heightened awareness of child abuse in society has more children than ever being treated for trauma. In some cases, a specific incident triggers anxiety and the child suffers from PTSD. Chaotic episodes in childhood can also lead to a variety of neuroses including delusions, obsessions, compulsions or phobias, often resulting from the lack of a strong adult role model. In many cases, because of this early negative conditioning, children are severely damaged and do not trust adults, or lack empathy and critical social skills. Children who were not properly cared for may not even recognize that the absence of nurturing is an abnormality. Their limited understanding may cause lack of motivation in therapeutic situations. Unfortunately, beginning to understand that the rest of world operates differently can lead to depression among these young patients. (149 words)

3945	**psychotherapy** [sàikou θérəpi]	명 심리요법
3946	**trauma** [tráumə, trɔ́-:]	명 정신적 외상, 트라우마
3947	**anxiety** [æŋzáiəti]	명 불안 파 anxious 형 걱정하는, 불안한
3948	**PTSD**	명 심적외상후 스트레스성장애 post-traumatic stress disorder의 약자
3949	**delusion** [dilúːʒən]	명 망상
3950	**obsession** [əbséʃən, ab-]	명 강박관념 파 obsess 타 사로잡다
2783	**compulsion** [kəmpʌ́lʃən]　　　※재게	명 충동강박
3951	**conditioning** [kəndíʃəniŋ]	명 조건형성

59. 심리학

최근에 아이들을 전문적으로 다루는 심리요법 종사자의 수가 늘고 있다. 사회 전체의 아동 학대에 대한 의식이 높아져 그 어느 때보다 많은 아이들이 정신적외상에 대한 치료를 받고 있다. 어떤 경우에는 특정한 사건이 불안을 유발하고, 어린이가 심적외상후스트레스성장애로 고통받는다. 유년시대에 겪은 혼란스러운 사건은 망상, 강박관념, 충동강박, 공포를 포함한 다양한 신경증을 낳는데, 이것은 종종 강력한 역할 모델이 될 어른의 부재로 인해 일어난다. 이와 같은 유년기의 부정적인 조건 형성 때문에 아이들이 심하게 상처받고 어른을 믿지 못하며, 공감과 필수적인 사회적 기능이 떨어지게 되는 경우가 많다. 적절한 보살핌을 받지 못한 아이들은 양육을 받지 못한 것이 이상한 것이라는 사실조차 깨닫지 못한다. 그들의 제한된 이해력은 치료의 상황에서 의욕 부족을 일으킬 수 있다. 불행하게도 자기 이외의 세상이 자신과 다르게 돌아간다는 사실을 이해하는 것은 이 어린 환자들 사이에서 우울증이라는 결과를 낳는다.

3952 ✓	**empathy** [émpəθi]	명 공감
3953 ✓	**abnormality** [æ̀bnɔːrmǽləti]	명 이상한 것 파 abnormal 형 이상한
3954 ✓	**motivation** [mòutəvéiʃən]	명 의욕, 동기 파 motivate 타 의욕을 불러일으키다
3955 ✓	**therapeutic** [θèrəpjúːtik]	형 치료의 파 therapy 명 치료, 요법
3956 ✓	**depression** [dipréʃən]	명 우울증 파 depress 타 우울하게 하다

5
UNIT 15

60. Campus Life

For most undergraduate, master's degree and Ph. D programs in the United States, the academic year begins in late August or early September and commencement occurs in late May or early June. Students may sometimes enroll during winter semester, but slots in competitive programs may already be filled for the year. Generally, applications for the fall are processed by the admissions office in the early spring. Students are expected to maintain high grade point averages, but they may take some elective courses "pass-fail." Universities often publish a list of their top-achieving students called "The Dean's List." American universities have become expensive. At one of the more exclusive private universities, for example, it costs about $160,000 to earn a bachelor's degree. In order to afford graduate school, many students apply for teaching assistant (TA) fellowships. These TAs are often alumni who received their undergraduate degree from the same institution. (148 words)

3957	**undergraduate** [ʌ̀ndərgrǽdʒuət]	몡 학부
3958	**master's degree** [mǽstərz digrì:]	몡 석사(학위)
3959	**Ph. D**	몡 박사 Doctor of Philosophy의 약자
3960	**academic year** [ækədémik jíər]	몡 학년
3961	**commencement** [kəménsmənt]	몡 졸업식, 학위수여식
3962	**semester** [siméstər]	몡 학기
3963	**admissions office** [ædmíʃənz áfəs]	몡 입학사무국, 입학담당사무국
3964	**grade point average** [gréid póint ǽvəridʒ]	몡 성적평균점
3965	**elective course** [iléktiv kɔ́:rs]	몡 선택과목

60. 대학생활

대부분 미국 대학의 학부, 석사, 박사 과정에서 학년은 8월말부터 9월초에 시작되고, 졸업식은 5월말부터 6월초에 행해진다. 때때로 학생들은 겨울학기에 등록할 수도 있다. 하지만 경쟁이 심한 강의의 자리는 한 해 동안 벌써 다 차 있을 것이다. 일반적으로 입학사무국은 가을학기의 신청을 이른 봄에 처리한다. 학생들은 높은 성적평균점을 유지하도록 기대되지만, 합격·불합격만을 판정하는 평가 방식의 선택과목을 몇 개 정도 수강하기도 한다. 종종 대학들은 '학장의 리스트' 라 불리는 성적 우수자 명단을 발행하기도 한다. 미국 대학들은 학비가 점점 비싸지고 있다. 예를 들어 한 상류 사립대학에서 학사학위를 받는 데 약 16만 달러가 들어간다. 많은 학생들이 대학원에 다니기 위해서 조교 장학금을 신청한다. 이들 조교들은 같은 대학에서 학사학위를 받은 동창생일 경우가 많다.

3966 ✓	**dean** [díːn]	몡 학장
3967 ✓	**bachelor's degree** [bǽtʃələrz digríː]	몡 학사(학위)
3968 ✓	**graduate school** [grǽdʒuèit skùːl]	몡 대학원
3969 ✓	**teaching assistant** [tíːtʃiŋ əsístənt]	몡 조교
3970 ✓	**alumnus** [əlʌ́mnəs]	몡 동창생 복수형은 alumni

5
UNIT15

--- | 배경지식 | ---

학위 (degree)

학위란 대학이나 국가의 학술평가기관이 연구자나 일정 교육과정 수료자에게 학술상 능력과 연구 업적을 평가해 수여하는 칭호이다. 학사(bachelor), 석사(master), 박사(doctor)의 3단계로 나누어져 있다. doctor란 단순히 의사를 가리키는 말이 아니라, 문학박사나 경제학박사도 doctor라고 하는 데 주의하자.

■ Business (산업)

3971	**auditor** [ɔ́ːdətər]	명 회계검사관, 감사역
		파 audit 명 회계검사, 감사
3972	**deduction** [didʌ́kʃən]	명 공제액, 차감액
		파 deduct 타 빼다, 공제하다
3973	**inventory** [ínvəntɔ̀ːri]	명 (재고) 목록
3974	**output** [áutpùt]	명 생산고
3975	**productivity** [pròudʌktívəti]	명 생산성
3976	**remuneration** [rimjùːnəréiʃən]	명 보수
3977	**labor union** [léibər jùːnjən]	명 노동조합

■ Religious Studies (종교학)

3978	**theism** [θíːzm]	명 유신론
3979	**atheism** [éiθiìzm]	명 무신론, 무신앙 생활
3980	**deism** [díːizm, déi-]	명 이신론(理神論), 자연신론(自然神論)
3981	**polytheism** [pɑliθíːizm]	명 다신론, 다신교
3982	**heathen** [híːðn]	명 이교도
		기독교, 유대교, 이슬람교의 이교도
3983	**pagan** [péigən]	명 이교도, 이단자
3984	**secular** [sékjələr]	형 비종교적인, 종교와 관계가 없는
		반 religious, sacred

3985	**nonconformist** [nὰnkənfɔ́ːrmist]	몡 종교를 믿지 않는 사람, 비국교도
3986	**Buddhism** [búːdizm]	몡 불교
3987	**Confucianism** [kənfjúːʃənizm]	몡 유교
3988	**Hinduism** [hínduːìzm]	몡 힌두교
3989	**Fundamentalism** [fʌ̀ndəméntəlizm]	몡 원리주의
3990	**theology** [θiːálədʒi]	몡 신학·종교학
3991	**Resurrection** [rèzərékʃən]	몡 예수의 부활
3992	**reincarnation** [rìːinkɑːrnéiʃən]	몡 영혼 재래설(再來說), 환생, 화신
3993	**monastery** [mánəstèri]	몡 수도원, 승원(僧院)
3994	**mosque** [másk]	몡 모스크 이슬람교의 사원
3995	**parochial** [pəróukiəl]	몡 교구의
3996	**hymn** [hím]	몡 찬송가
3997	**sermon** [sə́ːrmən]	몡 (교회에서의) 설교
3998	**sanctity** [sǽŋktəti]	몡 신성함, 존엄 늑유 holiness
3999	**occult** [əkʌ́lt]	몡 초자연적인, 마술적인

■ Psychology (철학)

4000	**rationalization** [ræʃənəlaizéiʃən]	명 합리화 파 rationalize 타 합리화하다, 정당화하다
4001	**repression** [ripréʃn]	명 억압 파 repress 타 억압하다
4002	**behaviorism** [bihéivjərìzm]	명 행동주의 행동을 순객관시한다
4003	**functionalism** [fʌ́ŋkʃənəlizəm]	명 기능주의, 기능심리학
4004	**paranoia** [pæ̀rənɔ́iə]	명 편집증, 망상증 파 paranoid 형 편집광의, 편집증적인
4005	**schizophrenia** [skìsəfríːniə]	명 정신분열증 파 schizoid 형 정신분열증의
4006	**psychosis** [saikóusis]	명 정신병
2182	**hallucination** [həlùːsənéiʃən] ※ 재게	명 환각증상, 환각, 환영
4007	**imprinting** [impríntiŋ]	명 각인(刻印) 생후 곧 학습되어 정착하는 행동양식
4008	**conditioned response** [kəndíʃnd rispáns]	명 조건반사
4009	**narcissism** [nɑ́ːrsəsìzm]	명 자기도취, 나르시시즘
4010	**introvert** [íntrəvə̀ːrt]	명 내향성(의 사람)
4011	**amnesia** [æmníːzia]	명 건망증, 기억상실
4012	**placebo** [pləsíbou]	명 위약(僞藥) 환자를 안심시키기 위해 주는 약
4013	**autism** [ɔ́ːtizm]	명 자폐증

■ Campus Life (대학생활)

4014 ✓	**assignment** [əsáinmənt]	몡 연구과제
4015 ✓	**take-home exam** [téik hòum igzǽm]	몡 자택에 가지고 가서 하는 시험
4016 ✓	**term paper** [tə́:rm pèipər]	몡 학기말 리포트
4017 ✓	**research paper** [rísə̀:rtʃ pèipər]	몡 연구논문
4018 ✓	**graduation thesis** [grǽdʒuéiʃən θí:sis]	몡 졸업논문
2253 ✓	**dissertation** [dìsərtéiʃən] ※ 재게	몡 학술논문, 박사논문
4019 ✓	**enrollment** [enróulmənt]	몡 입학 파 enroll 자 입학하다
4020 ✓	**qualification** [kwὰləfikéiʃən]	몡 자격, 자격증명서 파 qualify 타 자격을 주다, 적임으로 하다
4021 ✓	**certification** [sə̀:rtifikéiʃən]	몡 증명, 증명서 파 certify 타 정식으로 증명하다, 인정하다
4022 ✓	**prerequisite course** [pri:rékwəzit kɔ́:rs]	몡 필수과목
4023 ✓	**scholarship** [skálərʃ̀ip]	몡 장학금
4024 ✓	**internship** [íntə:rnʃ̀ip]	몡 인턴십, 실무연수
4025 ✓	**tutor** [tjú:tər]	몡 가정교사, 수험지도교사
4026 ✓	**auditorium** [ɔ̀:dətɔ́:riəm]	몡 강당, 대강의실
4027 ✓	**dormitory** [dɔ́:rmətɔ̀:ri]	몡 기숙사

INDEX

Baptist	452	bias	210	bond	155
barbarian	91	biennial	337	bone marrow	363
bare	73	bilateral	291	boom	446
barely	122	bill	58	boost	194
bargain	124	billion	165	border	60
baritone	423	bimonthly	207	boring	210
barometer	354	bind	208	borrow	79
baroque	245	Bing Bang Theory	339	botany	328
barren	235	biochemistry	373	bother	140
barrier	104	biodegradable	355	bottom	140
barter	236	biodiversity	352	boundary	109
base	244	biography	139	bourgeoisie	437
bash	257	biology	123	bow	174
basin	226	biosphere	352	bowel	336
basis	197	biotechnology	334	bracket	290
bass	422	birth control	412	branch	149
bay	15	bite	163	brand-new	302
bear	80	bitter	63	brass	425
beard	144	bizarre	242	breadth	193
bearish	239	Black Monday	442	breakdown	155
beast	97	blackmail	267	break-even point	446
beat	199	blame	150	breakthrough	126
beauty	84	blast	243	breathe	131
beforehand	52	blatant	222	breed	193
beg	58	blaze	240	breeding	330
beginning	39	bleak	276	breeze	149
behavior	24	bleed	101	brew	370
behaviorism	460	bless	202	bribery	254
bend	201	blister	64	brief	86
beneficiary	211	blizzard	232	bright	76
benefit	109	blockage	271	brilliant	31
benevolent	279	bloom	179	brink	298
benign	301	blossom	149	broad	81
bequeath	279	blue chip	442	broadcast	416
bereave	271	blue-collar	410	broadleaf tree	326
besides	210	blurry	296	brochure	302
besiege	252	board	80	broker	449
bestow	301	board of directors	447	bronchitis	360
bet	70	boil	236	bronze	418
betray	191	boiling point	373	Bronze Age	398
beverage	307	bold	30	brook	274
bewilder	29	bolster	252	brow	201

dehydration	361	designate	212	digit	226
deism	458	desire	51	dignity	120
deity	450	despair	171	diligent	180
delay	196	desperate	207	dilute	285
delete	205	despise	151	dilution	373
deliberate	92	despite	192	dim	172
deliberately	198	destination	20	diminish	315
delight	34	destiny	70	diminution	261
delineate	312	destroy	34	dine	101
delinquent	222	detach	278	dinosaur	231
deliver	89	detail	176	diode	387
delusion	454	detain	250	diphtheria	356
demand	23	detect	119	diploma	169
democracy	144	detective story	428	diplomacy	286
Democratic Party	402	detergent	304	direct current	386
demographics	413	deteriorate	308	direction	54
demonstrate	124	determine	83	disadvantage	169
denomination	452	detrimental	258	disagree	171
denounce	213	devastating	289	disappear	182
dense	208	develop	28	disappoint	148
deny	92	deviate	288	disaster	94
departure	160	device	164	discard	15
depend	79	devoid	238	discern	277
depict	287	devote	71	discharge	223
deplete	214	devout	451	discipline	436
deplorable	308	dew	343 344	disclose	185
deploy	253	diabetes	357	discomfort	251
deportation	410	diagnosis	360	discount	300
deposit	111	diagonal	388	discourage	125
depreciation	442	dialect	444	discourse	168
depress	204	diameter	274	discredit	267
depression	455	diarrhea	360	discreetly	11
deprive	201	dictate	157	discrepancy	238
deputy	310	didactic	312	discrimination	195
deregulate	441	differ	57	discuss	68
deregulation	445	differential calculus	233	disdain	313
derive	112	differentiate	335	disease	137
descend	124	diffuse	284	disguise	144
descendent	410	diffusion	373	disgust	100
describe	57	dig	163	dislocation	372
desert	87	digest	183	dismal	307
deserve	174	digestible	370	dismantle	244

firm	181	formula	279	furnish	171
first-aid	359	fortunate	88	furniture	40
fiscal	441	fortune	31	furor	219
fixed income	415	fossil	117	furthermore	209
flamboyant	288	foster	289	fusion	187
flame	45	foul	201	fuss	151
flammable	240	found	111	futile	280
flatter	174	fraction	205	futures	442
flavor	370	fracture	364		
flaw	148	fragile	174		

G

flee	128	fragment	117	gain	65
fleet	276	frame	112	Galaxy	354
flexible	116	framework	98	gale	226
float	75	frank	32	gallery	418
flock	124	frantic	295	garbage	15
flood	25	fraud	250	gargle	286
flora	320	free-floating	440	gargoyle	389
flourish	181	freeman	392	garment	260
flow	21	freeze	202	gastric	230
flu	365	freight	276	gather	14
fluctuation	438	frequency	277	gauze	277
fluent	99	frequently	100	gaze	33
focal point	379	fresco	224	gem	303
foe	269	friction	289	gender	426
fold	184	frigid	270	gene	334
folk	127	fringe	238	gene recombination	334
folklore	430	frontier	104	generate	180
follow	39	frost	133	generation	49
fond	61	frown	178	generative grammar	444
footnote	245	frugal	239	generous	26
forbearance	248	frustrate	31	genetic	99
forbid	93	fuel	126	genetic engineering	334
force	60	fuel cell	387	genetically-modified	335
forecast	133	fulfill	81	genius	26
forehead	178	function	43	genome	334
foreign exchange	442	functionalism	460	genotype	337
foresee	181	fund	155	genre	245
foresight	263	fundamental	118	gentle	95
forge	282	Fundamentalism	59	genuine	147
form	77	funeral	127	genus	321
former	191	fungus	327	geography	137
formidable	310	fur	274		

impromptu	255	individual	67	innocence	406
improve	67	induce	161	innocent	15
improvisation	424	indulge	139	innovation	126
improvise	275	industry	28	innumerable	215
impulse	59	inert	230	inorganic chemistry	373
inadvertently	264	inertia	378	inquiry	157
inauguration	403	inevitable	153	insane	129
inbreeding	331	infallible	281	inscribe	244
Incan Civilization	408	infamous	152	insect	96
incandescent lamp	378	infant	93	insecticide	214
incentive	441	infect	137	insectivore	322
inception	263	infection	223	insensible	260
incessantly	298	infer	281	insert	210
incidence	234	inferior	105	insight	25
incident	44	infinite	202	insist	22
incinerator	353	inflame	227	insolent	257
incisive	259	inflammation	362	Insolvency	446
incite	293	inflate	315	insolvent	213
incline	105	inflation	438	inspect	123
include	57	inflection	434	inspire	55
income	57	inflict	257	install	85
incompatible	248	influence	74	installment	264
incongruous	231	influenza	220	instance	45
incontrovertible	241	influx	252	instantly	99
incorporate	143	informal	188	instinct	93
increase	19	infrared light	376	institute	405
incredible	154	infrastructure	221	institution	153
incubate	330	infringe	316	instruction	197
incumbent	402	ingenious	165	instrument	149
incur	264	ingrate	278	instrumental	424
Indeed	89	ingredient	183	insulation	386
independent	28	inhabitant	91	insulin	362
index	39	inherent	266	insult	159
indicate	63	inherit	99	insurance	158
indict	254	initial	176	intangible	227
indictment	405	initiate	220	integer	384
indifferent	63	initiative	134	integral	161
indigenous	229	inject	206	integral calculus	233
indigestion	230	injure	48	integrate	98
indignation	224	injustice	292	integrated circuit	379
indiscriminate	287	innate	310	integrity	223
indispensable	153	inner	57	intellect	27

lately	189	life expectancy	415	lucid	222
latent	312	ligament	337	lucrative	269
lateral	302	light year	339	luggage	32
latest	152	lighthouse	275	lullaby	427
latter	108	lightning	140	luminary	275
launch	104	likely	55	luminousness	231
lava	346	limb	140	lump	182
lavish	254	limestone	224	lunar	231
law	32	limit	71	lung	131
layer	171	linger	153	lure	296
layoff	447	linguistic	151	luxury	107
lead	53	liquid	123		
leaf	49	liquidate	300		
leak	156	liquidity	445		
lean	201	list	66	macroeconomics	440
leap	184	literacy	103	madrigal	422
leather	32	literal	162	magma	346
leave	70	literally	142	magnetic field	379
legacy	157	literary	190	magnificent	132
legal	63	literature	119	magnify	243
legend	80	litigate	448	magnifying glass	377
legislation	270	litigation	283	magnitude	348
legislative	400	litter	355	maintain	40
legitimate	301	liver	136	maize	394
leisure	75	livestock	214	major	67
letha	l 230	load	202	major planet	338
leukemia	367	loan	110	majority	97
leverage	290	local	15	malady	372
levity	303	locate	60	male	27
levy	270	lofty	249	mall	260
lexicology	444	log	101	malleability	371
liability	448	logarithm	385	mamma	l 323
liable	56	logical	41	manage	93
liaison	291	longitude	302	mandate	281
liberal	24	loom	296	mandatory	234
liberalization	445	loose	101	maneuver	266
libertarian	441	loquacious	242	manifest	209
lick	273	lord	142	Manifest Destiny	408
lid	213	loss	143	manipulate	307
lie	71	low blood pressure	361	mankind	147
lieu	283	low pressure system	345	manner	90
lieutenant governor	409	loyal	44	mantelpiece	244

M

mantle	347	meet	35	Milky Way	354
manual	57	meiosis	333	million	60
manufacture	27	melancholy	156	mind	25
manuscript	428	melt	87	mine	131
margin	143	melting point	373	mineralogy	303
marijuana	237	melting pot	410	minister	148
marital	272	memorialize	304	minor	48
marital status	426	memory	17	minor planet	339
maritime	261	menace	262	mirage	296
mark	88	mend	87	miscellaneous	219
market competition	436	mental	55	mischief	152
Mars	139	mention	86	misdemeanor	405
marsh	348	mentor	304	miserable	178
marvelous	188	mercantile	252	misery	119
mass media	416	mercantilism	437	misleading	97
massacre	228	merchant	108	miss	88
massive	181	mercury	294	missing	63
master's degree	456	mercy	167	missionary	450
masterpiece	116	merely	59	mist	68
material	29	merge	108	mistake	16
materialism	272	merger	448	mitigate	291
maternal	266	merit	86	mitochondria	332
mathematics	26	merry	48	mitosis	333
matriarchy	426	Mesolithic Age	408	mixture	369
matrix	223	mesosphere	354	mob	293
mature	107	mess	190	mobile	77
maximum	27	metalloid	370	mock	118
Mayan Civilization	408	metamorphosis	325	mode	210
mayor	134	metaphor	134	moderate	134
meadow	140	meteor	338	modern	84
meager	316	meteorologist	302	modest	142
mean	91	method	89	modify	174
meanwhile	90	methodical	255	moisture	29
measles	358	Methodist	452	mold	327
measure	86	meticulous	284	mole	295
mechanics	374	metropolitan	118	molecule	243
mediate	266	microeconomics	440	molestation	412
mediation	409	microorganism	332	mollusk	322
medical	16	microscope	123	molt	324
medicine	25	midst	167	moment	91
medieval	91	mighty	153	momentous	221
meditation	222	migration	203	momentum	378

P

placebo	460	polygamy	426	preclude	314
placid	314	polygon	383	predecessor	252
plague	96	polytheism	458	predict	196
plain	61	ponder	266	predominant	119
plaintiff	407	Pop art	418	preface	297
planet	42	Pope	452	prefer	93
plankton	332	population	28	pregnant	161
plant	49	population explosion	413	prehistoric	399
plantation	393	pore	337	prejudice	125
plaster	419	portrait	45	premarital	413
plateau	298	positive	74	premise	197
platelet	372	positive charge	386	premium	445
plausible	292	possess	42	preoccupied	246
playwright	428	possible	64	prepare	46
plea bargaining	406	postpone	196	prerequisite course	461
plead	191	postscript	300	Presbyterianism	452
pleasant	48	postulate	305	prescribe	112
pledge	283	posture	116	prescription	313
plentitude	272	potential	147	present	62
plenty	176	potential energy	386	preservative	370
plight	260	poultry	294	preserve	165
plot	122	pound	169	preside	314
plow	173	pour	156	Presidency	401
plunge	261	poverty	128	president	45
plural	200	poverty line	411	press conference	417
Plymouth Colony	394	practicable	199	prestige	165
pneumonia	360	practical	106	presume	108
poet	52	practice	25	presumption	317
poison	49	practitioner	313	pretend	49
poke	306	pragmatic	290	pretentious	224
polar climate	342	pragmatics	435	pretty	49
policy	19	praise	64	prevail	199
polio	356	pray	39	prevalent	125
polite	35	preach	19	prevent	45
politician	44	precariously	295	previous	59
politics	35	precaution	220	prey	234
poll	97	precede	207	priest	19
pollen	328	precinct	409	primary	88
pollination	329	precious	72	primate	173
pollutant	286	precipitation	344	prime number	387
pollution	23	precipitous	226	primitive	198
polyester	370	precisely	149	principal	185

radiation	230	reassure	159	refrigerant	370
radical	186	rebel	171	refrigerator	36
radioactive	244	rebut	215	refugee	128
radiocarbon dating	398	recall	62	refuse	58
radius	274	receive	56	refute	314
rag	156	recession	156	regard	86
rage	169	recipe	227	regardless	61
ragtime	424	recipient	251	regime	251
raid	263	reciprocal	286	region	63
railing	389	recitation	311	register	176
raise	28	recite	205	regret	89
rally	225	reckless	139	regulate	131
ranch	250	reckon	167	rehabilitate	276
range	189	reclaim	250	rehearse	423
ransom	263	recognize	66	reign	205
rapid	55	recollection	157	reincarnation	459
rare	66	recommend	20	reinforce	110
rash	360	reconcile	175	reject	51
rate	166	Reconstruction	408	rejoice	180
ratification	400	recover	69	relative	42
ratify	258	recruit	177	relatively	112
ratio	200	rectangle	383	release	89
rational	92	rectangular	229	relevant	185
rational number	387	rectifier	386	relic	246
rationalization	460	rectify	295	relief	94
rattle	188	rectum	336	religion	35
ravine	355	recurrent	299	relinquish	280
raw	36	recycle	353	relish	207
ray	382	red blood cell	363	reluctant	94
reach	71	red tape	402	rely	90
react	69	redemption	453	remain	50
readership	417	reduce	53	remark	192
ready	82	redundant	213	remarkable	157
real estate	443	refer	81	remedy	194
real number	385	refine	112	remember	194
Realism	427	reflect	69	remind	94
realize	51	reflection	377	reminisce	275
realm	112	reform	24	remit	300
reap	94	Reformation	452	remnant	399
rear	210	refraction	378	remorse	235
reason	59	refrain	35	remote	42
reasonable	82	refreshing	201	remove	45

S

Sabbath	451	scratch	101	separate	106
sacred	192	scream	193	sequel	431
sacrifice	19	screenwriter	428	sequence	55
safety	211	script	20	serenade	427
saga	428	Scripture	241	serious	76
saliva	336	scrutinize	303	sermon	459
salvation	219	sculpture	36	serve	177
sanction	251	scurvy	372	setback	248
sanctity	459	search	187	settle	141
sanctuary	229	secede	392	settle	397
sand dune	348	seclusion	293	sew	143
sanitation	121	secondhand	124	sewage	352
satellite	56	secretary	22	sewer	240
satire	242	sect	452	sexism	412
satirical	292	secular	458	shabby	240
satisfy	108	securities	443	shade	35
saturate	307	security	191	shake	196
Saturn	255	sediment	355	shallow	75
savage	64	seed	66	shape	20
save	19	seek	183	share	154
savings account	445	seemingly	75	shareholder	447
savior	453	seep	270	shatter	165
scan	213	segregation	393	shed	177
scapegoat	260	seismic wave	348	sheer	71
scar	257	seismology	237	shelf	150
scarcely	59	seize	66	shelter	27
scare	127	seizure	247	shift	162
scatter	34	seldom	101	shimmer	270
scene	75	self-esteem	83	shin	336
scent	36	selfish	22	shipping	47
scheme	70	semantics	435	shiver	277
schizophrenia	460	semester	456	shockwave	349
scholar	121	semicircle	388	shooting star	338
scholarship	461	Senate	400	shortage	199
scold	142	senator	402	shortcoming	31
scope	197	senior	166	shred	289
scorching	296	sensation	196	shrewd	279
score	127	sensational	416	shrine	147
scorn	198	sensible	110	shrink	177
scrape	257	sensitive	30	shrug	54
		sentence	33	shudder	285
		sentiment	65	shy	193

sideline	218	snap	168	spasm	237
sift	232	sneeze	365	spearhead	398
sigh	39	snob	426	specialize	108
sight	59	soak	156	species	95
sign	184	soar	166	specific	99
sign language	444	sob	199	specimen	165
significant	47	sober	235	spectacle	144
similar	194	so-called	75	spectacular	205
simile	432	Social Security	415	spectator	127
simultaneous	166	socialism	436	spectrum	225
sin	19	society	101	speculate	269
sincere	24	sociology	103	speculation	445
sine	388	soil	49	sperm	330
sink	153	solar	131	sphere	200
Sioux	394	solar cell	387	spill	39
site	6	solar energy	353	spinal column	322
situation	200	solar system	340	spine	297
skeleton	336	sole	113	spiral	293
skeptical	24	solemnly	157	spire	389
skill	109	solicit	271	splendid	179
skip	194	solid	208	split	65
skull	364	solitary	172	spoil	212
slang	151	solo	427	spontaneous	193
slap	265	solution	53	sporadic	226
slash-and-burn	393	solve	31	spore	328
slaughter	23	solvent	369	spouse	148
slave	109	somber	211	sprain	364
slavery	392	somehow	60	sprawl	352
sled	306	somewhat	78	spread	131
sleet	344	sonata	427	sprinkle	275
slender	54	soothe	132	sprout	235
slight	76	sophisticated	104	spur	179
slope	170	soprano	422	squall	343
sluggish	239	sore	52	squander	272
slump	438	sorrow	119	square	109
smallpox	358	sort	77	square root	384
smash	52	sound	106	squash	392
smell	123	sour	178	squeeze	168
smog	352	souvenir	38	squid	243
smother	268	sovereign	242	stable	77
smuggle	269	spacecraft	341	stage	154
snail	268	span	77	stagecoach	396

thermosphere	354	township	409	trend	47
thesis	305	toxic	37	trial	166
thick	121	trace	112	triangle	383
thief	37	track	103	tribe	153
thigh	228	tract	235	tribunal	242
thin	78	tractable	215	trigger	128
thirsty	167	trade	60	trigonometry	384
thorn	274	trade imbalance	445	trim	188
thoroughly	197	tradition	39	triumph	109
thread	38	traffic	21	trivial	168
threaten	37	traffic jam	352	troop	69
thrill	154	tragedy	159	tropical climate	343
thrive	37	trail	172	tropical rain forest	350
throat	97	trait	93	troposphere	354
throne	218	tranquil	311	trouble	78
throng	219	transaction	77	trunk	326
thrust	209	transcend	222	trust	107
thumb	39	transfer	194	tuberculosis	356
thus	191	transform boundary	347	tuition	180
tide	203	transformer	387	tumble	143
tidy	177	transfusion	248	tumor	76
tilt	306	transistor	379	tune	185
timber	138	transition	74	turbulence	208
timid	62	transitory	281	turbulent	278
tip	174	translate	99	turmoil	258
tirade	242	transmit	170	tutor	461
tissue	194	transparent	195	twist	39
toast	194	transplant	78	typhoid	372
toe	132	transplantation	372	typical	196
token	203	transport	76	tyranny	29
tolerate	192	trap	182		
toll	79	trapezoid	383		
tomb	135	trash	51		
tongue	30	trauma	454	ulcer	227
tool	174	treason	401	ultimately	203
topography	348	treasure	43	ultraviolet	35
torment	159	treat	112	ultraviolet light	376
tornado	232	treaty	192	unanimous	265
torso	427	tremble	196	uncover	173
torture	192	tremendous	51	undergo	136
touchy	298	tremor	237	undergraduate	456
tow	277	trench	237	underlying	162

U

직독·직청! TOEFL iBT 영단어
CHOICE 4000

초판 1쇄 펴낸 날 2010년 6월 25일

지은이 Izumi Tadashi, Kevin Glenz, Kermit Carvell
옮긴이 유윤한
감수인 장경기

펴낸곳 행담출판
펴낸이 남궁은

등록 1993년 2월 10일 제22-145호
주소 서울 은평구 녹번동 95-12
전화 (02) 385-1172
팩스 (02) 385-1174
교열 장민철
인쇄 프린팅하우스
제본 일광문화사
계좌 국민은행(남궁은) 834-21-0060-825

디자인 viewmark.co.kr

ISBN 978-89-86989-84-0
ⓒ Izumi Tadashi, Kevin Glenz, Kermit Carvell